2015
北京市国土资源年鉴
BEIJINGSHI GUOTU ZIYUAN NIANJIAN

北京市国土资源局　编

中国社会科学出版社

图书在版编目(CIP)数据

北京市国土资源年鉴. 2015/北京市国土资源局编.
—北京:中国社会科学出版社, 2015.12
ISBN 978-7-5161-7339-8

Ⅰ.①北… Ⅱ.①北… Ⅲ.①国土资源-资源管理-北京市-2015-年鉴 Ⅳ.①F129.91-54

中国版本图书馆 CIP 数据核字(2015)第300760号

出 版 人 赵剑英
责任编辑 孙铁楠
责任校对 林福国
责任印刷 张雪娇

出　　版 中国社会科学出版社
社　　址 北京鼓楼西大街甲158号
邮　　编 100720
网　　址 http://www.csspw.cn
发 行 部 010-84083685
门 市 部 010-84029450
经　　销 新华书店及其他书店

印刷装订 北京宝德伟业印刷有限公司
版　　次 2015年12月第1版
印　　次 2015年12月第1次印刷

开　　本 880×1230mm 1/16
印　　张 22
字　　数 425千字
定　　价 298.00元

凡购买中国社会科学出版社图书，如有质量问题请与本社营销中心联系调换
电话：010-84083683
版权所有 侵权必究

2014 年 12 月 26 日，北京市副市长陈刚（左五）主持召开北京市不动产统一登记联席会第一次会议

2014 年 5 月 16 日，北京市副市长林克庆（左一）到房山区下石堡村崩塌灾害点调研指导工作

2014 年 1 月 15 日，北京市国土资源局局长魏成林（左二）带队参加 2014 年度市“两会”政务询问活动

2014 年 4 月 22 日，北京市国土资源局举办第 45 个世界地球日主题宣传活动周

2014 年 7 月 5 日，北京市国土资源局组织处长下基层活动，到石景山首钢园区学习考察

2014 年 7 月 10 日，北京市国土资源局怀柔分局邀请北京市国土资源局副局长谢俊奇（左二）就不动产统一登记给分局全体干部职工解读

2014 年 5 月 20 日，北京市国土资源局副局长李军（左二）赴西城区调研城区土地集约节约利用、棚户区改造等重点工作

2014 年 6 月 4 日，北京市国土资源局总规划师丁晓（左四）带队实地踏勘丰台区花乡高立庄村、长辛店镇张郭庄村和王佐镇庄户村三个土地整理项目

2014 年 11 月 28 日，北京市国土资源局副局长师宏亚（左五）赴东城区前门历史文化保护区东区旧城保护整治项目调研

2014 年 8 月 13 日，北京市国土资源局副巡视员樊文祯（右二）带队“走进直播间”介绍北京市第二次土地调查工作

2014 年 6 月 6 日，北京市国土资源局副巡视员周旭峰（左四）赴密云县指导地质灾害演练工作

2014 年 9 月 4 日，北京市国土资源局副巡视员杨洪范（右二）深入怀柔区北部山区指导执法监察工作

2014 年 3 月 24 日，北京市延庆县井庄镇 110 国道不稳定斜坡治理项目施工照片

2014 年 10 月，北京市朝阳区 Z15 中信地块核心筒俯瞰图

编辑说明

一、《北京市国土资源年鉴 2015》是一部全面记载 2014 年度北京市国土资源现状、国土资源利用与管理情况的综合性年刊，是北京市国土资源局主编的具有基础性、综合性、全面性特点的公报性、年史性的工具书，为各级领导、各级部门了解北京市国土资源情况、实施科学决策，为各行各业及有关单位查询资料、获取信息等提供服务。自 2007 年起，每年出版一期，本书为第 9 期。

二、《北京市国土资源年鉴 2015》篇目由特稿及重要文献、大事记汇总、市级国土资源管理、区县国土资源管理、学术社团、统计资料及附录等 7 个部分构成，全面记录 2014 年北京市行政区域范围内的国土资源现状及国土资源利用管理等基本情况。为免累赘，凡年鉴表述年内、年底、本年度，以及只有月、日而未写年份，即为 2014 年。本书使用的是 2013 年度北京市土地利用现状调查数据。

三、参照《国家技术监督局、国家土地管理局、农业部关于改革全国土地面积计量单位的通知》（技监局量发〔1990〕660 号）要求，本书中平方公里（Km^2）用于领土、地区疆域等大面积的测量统计；公顷（hm^2）用于较大的农田耕地面积、林地和草地面积等的测量统计；平方米（m^2）用于较小的耕地面积、建筑用地包括农村宅基地面积的测量统计；万平方米用于建筑面积统计。

四、《北京市国土资源年鉴 2015》的编辑工作得到北京市国土资源局领导的高度重视。北京市国土资源局各区县分局、机关各处室、直属各事业单位、北京土地学会、北京市房地产估价师和土地估价师协会积极撰稿，提供资料，使年鉴编辑工作得以顺利进行，在此一并表示感谢。

五、文中纰漏与不足之处，恳请广大读者批评指正。

《北京市国土资源年鉴 2015》编辑部

2015 年 8 月

《北京市国土资源年鉴 2015》

编　委　会

主　　任：魏成林

副 主 任：张　维　李燕飞　周新华　谢俊奇　金兴利
李　军　丁　晓　师宏亚　郭创兴　樊文祯
周旭峰　杨洪范

编　　委：（按姓氏笔画排序）
丁世华　于秀治　王　兵　王秋红　王　瑾
尹　岷　朱　兵　刘刚生　刘振河　关爱军
孙连喜　李　林　吴建生　张继安　陈一昕
陈少琼　陈　轲　范忠伟　郑全智　赵　舒
赵蓬璐　高英军　黄　刚　曹　慧　董京云

《北京市国土资源年鉴2015》

编　辑　部

主　　编： 丁　晓

副 主 编： 史贤英　张继安　高英军　刘俊兰

编　　辑： 王黎明　燕　彦　詹向雯　刘善顺

撰稿人员：（按姓氏笔画排序）

丁加良　于铭夫　于清昌　马思腾　王　冉

王永刚　王建华　王　艳　尹绪兵　田　成

曲　波　朱燕琳　乔锦玉　许绪明　杜月阳

李江楠　李建林　李绍学　李晓文　李晓林

李　爽　李　敏　李　静　张乐刚　张　先

张　凯　张晨筱　陈文东　范　晨　周丹丹

庞荣珍　孟庆展　胡桂兰　独艳霞　秦　剑

贾洪刚　徐　勇　郭文静　唐　玮　黄　蔚

曹思聪　梁　旭　董海舰　缪　苗　薛守娥

《北京市国土资源年鉴 2015》

规范性简称对照表

名　称	规范性简称
国土资源部	国土部
北京市国土资源局	市国土局
办公室	办公室
研究室	研究室
法制处	法制处
科技与对外合作处	科技合作处
调控和监测处（综合处）	调控监测处
规划处	规划处
耕地保护处	耕保处
地籍处	地籍处
土地利用处	利用处
征地处	征地处
矿产资源勘查储量处	勘储处
矿产资源开发处	矿开处
地质环境处	地环处
地热处	地热处
财务处	财务处
审计处	审计处
信访处	信访处
人事处	人事处
机关党委（基层工作处）	机关党委
离退休干部处	离退处

监察处	监察处
北京市国土资源执法监察总队（执法监察处）	执法总队
北京市国土资源勘测规划中心	规划中心
北京市土地权属登记事务中心	登记中心
北京市土地利用事务中心	利用中心
北京市土地整理储备中心	储备中心
北京市国土资源局信息中心	信息中心
北京市国土资源局业务受理中心	受理中心
北京市国土资源局机关后勤服务中心	服务中心
北京市国土资源局东城分局	东城分局
北京市国土资源局西城分局	西城分局
北京市国土资源局朝阳分局	朝阳分局
北京市国土资源局海淀分局	海淀分局
北京市国土资源局丰台分局	丰台分局
北京市国土资源局石景山分局	石景山分局
北京市国土资源局昌平分局	昌平分局
北京市国土资源局通州分局	通州分局
北京市国土资源局大兴分局	大兴分局
北京市国土资源局门头沟分局	门头沟分局
北京市国土资源局顺义分局	顺义分局
北京市国土资源局房山分局	房山分局
北京市国土资源局平谷分局	平谷分局
北京市国土资源局密云分局	密云分局
北京市国土资源局延庆分局	延庆分局
北京市国土资源局怀柔分局	怀柔分局
北京市国土资源局经济技术开发区分局	经济技术开发区分局

目　　录

第一部分　重要文献及特稿

第二部分　大事记汇总

第三部分　市级国土资源管理

第四部分　区县国土资源管理

第五部分　学术社团

第六部分　统计资料

第七部分　附录

第一部分
重要文献及特稿

在北京市第十四届人民代表大会第三次会议上的讲话（摘录）

北京市市长　王安顺

（2015 年 1 月 23 日）

积极推动京津冀协同发展。推动京津冀协同发展，是党中央、国务院在新的历史条件下作出的重大战略决策，也是我们适应新常态、落实新定位、迈向新目标的必由之路。要认真对接和落实京津冀协同发展规划纲要，牢固树立“三地一盘棋”的思想，主动担当、主动作为，推进协同发展实现良好开局。

加快疏解非首都核心功能。严格控制增量，有序疏解存量，对不符合首都城市战略定位的功能和产业，逐一列出清单，拿出具体方案，尽快组织实施，确保取得实质性进展。严格执行新增产业的禁止和限制目录，疏解一般制造业，禁止在首都功能核心区新建扩建制造业。加快疏解动物园地区批发市场、大红门地区批发市场、天意小商品批发市场，对其他区域性批发市场逐步制定调整疏解计划。积极推动部分教育、医疗等社会公共服务功能向外转移和疏解，促进京津冀区域教育合作和人员交流，探索共建大学新区、研发新区、创业园区和职教园区；深化医疗卫生领域合作，共建一批高水平的护理医院和康复医院；鼓励有实力的养老服务机构在周边地区建设养老服务基地，提高区域间公共服务均等化发展水平。

率先突破三个重点领域。制定实施交通一体化、生态环保、产业对接协作年度任务项目清单，尽快取得新的成效。抓好京沈客专、京张铁路、京台高速等跨省市铁路、高速公路和国省干线公路建设，打通一批断头路，促进区域重点城市公交“一卡通”。以张承生态功能区建设为重点，深入实施水源保护林、风沙源治理等区域生态保护与发展合作项目，推进京津冀保中心区过渡带生态建设。

立足合作共赢，推动曹妃甸协同发展示范区、天津滨海—中关村科技园区建设。加快新机场征地拆迁和外围设施建设，推动临空经济合作区规划编制和实施工作。探索建立协同发展机制。做好跨行政区、跨领域规划对接，推动建立统一的生态环境规划、标准、监测、执法体系，积极探索共建产业园区税收、节能减排等方面的利益分配和责任分担机制。逐步建立三地统一的企业产权、知识产权、林权矿权等市场化流转制度，推动制定跨区域的技术、人才等要素流动和优化配置的政策措施，促进金融、旅游等资源共享，加快区域市场一体化进程。

深入推进行政审批制度改革，再精简200项以上审批事项，不再保留非许可类审批事项，依法加强事中事后监管。深化投资项目审批流程改革，市级具有审批职能的部门进驻政务服务中心开展工作，实现审批规范化和集中化。

充分发挥规划龙头作用。创新规划理念，加强顶层设计和统筹力度，切实提高规划的前瞻性、系统性和科学性。高质量完成城市总体规划修改，以人口资源环境承载能力为底线，统筹功能疏解、人口控制、用地减量、空间优化等目标任务，促进城市可持续发展。高水平做好“十三五”规划和各专项规划编制工作，认真对接国家“十三五”规划，深入研究重点难点问题，推动经济社会发展、城乡、土地、人口、环境等“多规合一”。强化规划的严肃性、权威性，从严实施，红线管理，确保一张蓝图绘到底。

深入推进新农村建设。以“土地流转起来、资产经营起来、农民组织起来”引领农村改革与发展，引导城市现代生产要素向农业农村流动。健全土地资源节约集约利用制度体系，严守耕地保护红线。加快农村土地承包经营权确权登记颁证，支持发展农业适度规模经营。积极争取集体经营性建设用地入市试点，促进集约高效利用。

改善群众住房条件。加大住房保障力度，通过新建、收购、租赁和货币补贴等多种方式，筹集各类保障房10.5万套，确保完成“十二五”期间新增100万套的任务。加强统筹联动，抓好资金保障、政策制定、对接安置等关键环节，分类推进棚户区改造，累计完成8万户搬迁任务。加快中心城棚户区和文保区改造，启动实施天坛周边简易楼、前门东区、菜园街和光源里等重点项目，务必取得突破性进展。实施1150万平方米老旧小区综合改造，完成8万户农宅抗震节能改造任务。

改革创新　依法行政
推动国土资源事业持续健康发展

——在2015年北京市国土资源工作会议上的报告

张　维

（2015年3月4日）

同志们：

这次会议的主要任务是，认真贯彻落实党的十八大、十八届三中、四中全会、市委十一届五次、六次全会和全国国土资源工作会议精神，回顾总结2014年工作，研究部署2015年任务，改革创新、依法行政，推动首都国土资源事业持续健康发展。我受局党组委托作北京市国土资源局2015年工作报告。

一、2014年工作回顾

2014年，北京市国土资源局认真学习贯彻落实党的十八大、十八届三中、四中全会精神，以习近平总书记视察北京时的重要讲话精神为统领，紧紧围绕新时期首都城市战略定位，按照市委、市政府的决策部署，积极稳妥推进各项改革工作，巩固党的群众路线教育实践活动成果，认真接受市委巡视并积极整改，全面配合国家审计署对我市开展土地出让收支和耕地保护情况专项审计，尽职尽责保护资源、节约集约利用资源、尽心尽力维护群众权益，不断提高资源保障能力和管理服务水平，有力促进了首都经济提质增效、转型升级和持续健康发展。

（一）深入贯彻落实习近平总书记视察北京重要讲话精神

一是加强新增建设用地管控。严格控制新增建设占用农用地和生态用地，积极盘活存量建设用地。调整耕地和基本农田数量和空间布局，支持发展高效节水农业。积极会同市规划委，结合城市总体规划修编，明确未来我市建设用地“减量提质”目标。

二是严格审核产业项目用地供应。调整产业项目供地审核方式，成立全市工业项目供地审核小组，对新增供应的工业用地从产业发展定位、空间规划布局、项目经济指标、用地规模、环境保护和用水能耗等方面进行全面审核，严格控制非首都核心功能的产业项目用地供应。结合城市功能疏解，对全市工业园区未办理征供地手续的建设项目进行清理，为市领导研究产业转移项目提供决策参考。

三是积极推动京津冀协同发展。加强顶层设计，推进《京津冀协同发展土地利用规划（2014—2020年）》编制工作。主动赴天津和河北国土资源厅（局），就津冀承接北京产业转移和功能疏解、加强土地利用合作和信息共享以及建立国土部门联席会议制度进行商讨，并向市政府提交统筹三地的土地利用的工作设想和建议。

四是创新试点新型适老社区供地。深入研究养老设施供地政策，联合市发改、规划、民政等部门，试点在新建住宅用地项目中按照与北京市老龄人口相适应的比例配建养老设施。在顺义、平谷等九个区县部分土地一级开发住宅项目中，分别配建3—5公顷的养老设施用地建设适老社区。

（二）稳步推进国土资源领域改革任务

一是启动不动产统一登记前期工作。成立不动产统一登记协调小组，初步完成全市土地、房屋、林地等各类不动产登记的人员、机构和信息化建设等基本情况现状调研。成立不动产统一登记联席会，拟定北京市不动产统一登记职责和机构整合初步方案。

二是稳步推进集体建设用地使用制度改革。向市政府报送北京市农村集体经营性建设用地入市工作总体思路和集体建设用地利用建议，起草《北京市农村集体经营性建设用地出让、租赁、入股试点管理办法》，甄选申报我市具体试点区县。印发《北京市利用农村集体土地建设租赁住房试点实施意见》，加快推进已批试点项目建设实施。加强农村宅基地政策机制研究，开展设施农业项目自查整改工作，研究集体建设用地乡镇统筹利用相关政策措施。

三是积极推进城乡规划一体化。与市规划委对接搭建基础数据共享平台，开展集体建设用地专题研究。主动与市规划委协商“两规”同步审核、同步报批相关程序。开展规划调整技术审查和数据库更新，完成2013年度全市土地利用总体规划实施评价。

四是深化征地制度改革。对重点工程及土地储备项目中采取的实物补偿、留地安置等多元化补偿安置方式进行规范。完善征地公告程序，规范《一书四方案》等申报材料，推进历史遗留项目征地进展。开展征地拆迁中损害群众利益问题专项整治工作，2013年以来的征地拆迁项目征地补偿费已全部支付到位。

五是加快行政审批制度改革。行政审批事项取消6项，下放23项。对投资项目市级审批事项从“审批流程、审查内容、办理时限”等16个方面进行规范，并向社会公布。对我局行政处罚职能进行梳理并绘制行政处罚权力运行流程图报市政府法制办。首次通过网站公开征求规范性文件意见。

（三）积极保障首都科学发展用地供应

一是有效保障符合首都城市战略定位用地需求。加快环境整治、轨道交通等重点工程用地供应，积极推进首钢老工业区改造调整和转型发展。全年批准征地面积1591公顷，涉及新增建设用地756公顷，其中农用地转用597公顷（含耕地244公顷）。供应国有建设用地3161公顷，完成计划的61.4%。批复用地预审项目996件，用地总面积13755公顷。办理国有土地登记17747件，其中使用权登记6815件，抵押权登记5782件，抵押金额8881.06亿元。积极推进145个重大项目用地手续办理，协调南水北调等民生公益项目补办用地手续。

二是提前完成全年土地出让收入计划，保障土地市场平稳运行。完成基准期日为2014年1月1日的基准地价更新，并由市政府公布实施。按照“瘦身、控增、提速”的总体思路开展土地储备开发工作，逐步实现“项目推进和债务规模匹配”的良性循环。全年完成土地储备开发1028公顷，新增项目面积354公顷，实现投资987亿元。全市土地储备机构累计筹措资金602亿元，归还债务998亿元，年末债务余额2168亿元，超额完成市政府确定的控制土地储备存量债务规模的任务目标。全年土地市场成交土地141宗，成交金额1917亿元，政府土地收益965亿元。出让收入上缴国库2594.66亿元，其中政府收益1354.58亿元，超额完成全年出让收入计划。

三是落实节约优先战略，推进节约集约用地。研究搭建体现首都特色的节约集约用地制度框架体系和工作组织架构。开展“十三五”时期我市提高土地资源集约利用水平路径课题研究。启动2014年度开发区土地集约利用更新评价，推行工业用地弹性年期出让、先租赁后出让和租赁出让结合等供地方式。开展存量工业用地盘活政策研究，健全完善闲置土地处置工作机制。

（四）尽心尽力维护群众合法权益

一是连续五年提前超额完成保障性安居工程用地供应。不断完善住宅用地供应体系，优先安排保障性安居工程用地需求，加大棚户区改造用地政策支持力度。全年累计供应住宅用地1195公顷，完成计划的72.4%。其中，商品住宅用地供应517公顷，完成计划的51.7%，含自住型商品房用地供应193公顷，建筑规模约295万平方米，预计可提供自住型商品住房约3.3万套；保障性安居工程用地供应678公顷，完成计划的104%，计划总量、公开配租配售房型供地任务均超额完成。

二是积极推进农村集体建设用地使用权确权登记颁证及土地调查工作。全市现存集体建设用地的13个区县共调查宗地48117宗，其中符合发证条件的宗地9994宗，完成发证的宗地8871宗，发证率88.76%。组织开展全市村庄宅基地地籍调查试点准备工作。公布全市二次调查主要数据成果并进行宣传解读。规范地籍基础数据建设标准，有序开展宗地统一编码应用。

三是地质灾害防治成效显著，连续三年安全度汛。对全市4614个地质灾害隐患点的避险路线和避险场地进行安全性调查评价，在局门户网站实现电子地图便民查询。10个山区县全部实现自主地质灾害气象风险预警、分别成立应急调查小队，地质灾害宣传和应急演练工作不断加强。加大地质灾害工程治理力度，51个工程治理项目完成42个。全年发布市级地质灾害气象风险预警7次，开展应急调查28次，实现安全度汛，无人员伤亡。

（五）坚守耕地红线，严厉打击国土资源违法行为

一是严格落实耕地保护责任。与区县政府签订2014年度耕地保护目标管理责任书，增设高标准基本农田建设任务量。开展2011—2013年度耕地保护责任目标履行情况自查和2011—2015年度耕地保护责任目标期中考核。严格落实耕地占补平衡政策，全年共编制、审核补充耕地方案123件。拟定《北京市土地整治项目管理办法》，组织验收项目34个，新增耕地1.6万亩。组织开展耕地质量等别年度更新评价和耕地后备资源调查评价工作。

二是对违法违规用地保持高压态势。制定政府土地收益拨付与区县遏制违法用地、违法建设联动的奖惩措施。建立土地一级开发、土地储备资金拨付与土地执法联动机制。积极推进视频监控系统和快速反应机制平台建设。深入开展土地矿产卫片执法检查，2014年我市卫片违法问责比例为8.4%。全面督导检查“小产权房”清理整治，加强对高尔夫项目的定期巡查。全年共发现土地违法违规行为959件，立案查处400件，结案320件。发现矿产违法违规行为28件，结案28件。开展联合执法行动和“六打六治”打非治违专项行动，严厉打击非法开采矿产资源行为。

三是土地督察工作有序推进。积极配合国家土地督察北京局开展通州区土地例行督察。继续督导昌平区推进2013年例行督察发现问题后续整改工作。积极配合开展节约集约利用土地专项督察，对2009年至2013年批而未供、供而未用、未供即用等情况进行自查整改。

（六）矿政管理水平和地质公共服务能力不断提升

一是严格规范矿产资源开发秩序。全年办理采矿权登记审批23个，完成采矿权项目的公开交易16个。首云铁矿等4个矿山成为国家级绿色矿山，鲁家山等9个矿山成为国土资源部绿色矿山试点单位。开展矿产资源节约与综合利用以奖代补绩效评价。《北京市主要矿产资源“三率”调查与评价报告》通过验收。

二是加强矿产资源勘查储量管理。开展2014年度地质勘查资质集中受理审批。登记地热探矿权12个。围绕老矿山挖潜，开展密云铁矿资源勘查评价工作。完成《北京市十二五时期地质勘查发展规划》中期评估，完成各类储量报告评审、备案45份，办理压覆矿产资源核查申请160件。

三是加强地热资源管理。确认地热矿业权价款13个，完成公开交易27个，征收地热资源补偿费2187万元。完成北京市地热资源综合利用现状调查，启动昌平新城地热资源调查评价项目，出具浅层地温能地质条件评估意见14份。制定地热井泵室和地热井封井、回填井技术要求，进一步规范地热资源的开发利用。

四是拓展地质服务工作领域。完成北京市典型区域小城镇水工环地质综合调查试点等4个全市性重点基础地质调查工作。开展2014年度“北京数字城市地质资料数据中

心建设试点”项目，加强地质资料汇交监管平台建设与利用，地质资料管理不断加强。密云水库周边、西部山区百花山地区矿山地质环境治理示范工程项目有序开展，在生产矿山地质环境治理实施顺利，地质环境图系编制工作初步完成。地质遗迹保护和地质（矿山）公园建设继续推进。

（七）推进国土资源管理科技化、信息化、规范化

一是加强重点领域科技支撑，全面实现管理信息化。组织申报《京津冀土地优化利用一体化管控关键技术与应用》国土资源公益性行业科研专项项目。初步建立北京市国土资源标准体系。利用“一张图”大数据技术，推广综合监管移动平台，全面提升国土资源业务工作的管理深度和规范化程度。成立北京市地质灾害应急事务中心，建成并推广地质灾害预警预报系统和移动地灾系统，系统应用效果得到市领导充分肯定。

二是行政效能进一步提升。完成市政府折子工程、为民办实事项目以及建议、提案办理任务。全年受理各类业务事项 23362 件，办结 21931 件，完成督办件 177 件。主动公开政府信息 12176 条，受理政府信息公开申请 7390 件，答复 7337 件。办理行政复议答复 205 件，办理人民法院受理诉讼案件 411 件。建立“1 +2”信访举报事项处理模式，信访量保持低位运行。加强舆情监测，牢牢把握正确的舆论导向，强化政务微博快速反应能力。全面开展内部控制制度建设工作，按照权责一致、有效制衡的原则，系统梳理岗位职责，再造业务流程，完善政策规定，调整人员配置和部门职责，建立起对各类经济风险事前防范、事中控制、事后监督和及时纠偏的有效机制。从严从紧管好公共资金，预算财政拨款基本经费执行率达到 95%。完善审计工作制度体系，首次开展延庆分局、门头沟分局领导干部的任中经济责任审计。机关后勤服务保障工作得到改进和加强。完成局级领导办公用房改造，开展市局机关拟进驻市政府政务中心大楼前期工作。

（八）加强党建工作，提升干部队伍素质能力

一是党建工作不断创新提升。深入学习贯彻党的十八届三中、四中全会和习近平总书记系列讲话精神，不断推进学习型党组织建设。印发局党组工作规则，修订基层党组织发展党员工作规程，完成党和国家机关基层组织工作条例及实施办法贯彻落实情况专项检查。赴首钢园区等地开展“深入基层、服务基层”活动、深入开展“国土资源十年改革与展望”调研活动和“最佳党日活动”。加强基层党组织建设，扎实推进换届工作。工会桥梁纽带作用进一步增强，共青团的吸引力和凝聚力不断提升。

二是深化人事制度改革。研究制定干部选拔任用工作管理办法，坚持正确用人导向，开展局级后备干部集中调整工作，全年核定职务 169 人次。拓宽系统内外干部交流渠道，组织 12 名区县分局干部到市局轮训学习，选派 2 名处级干部到外单位挂职，接收 4 名外单位干部到我局挂职。有效开展多层次立体化的干部培训，组织培训 9865 人次。积极推进老干部工作转型发展，全年共走访看望离退休干部 260 多人次。

三是认真落实市委巡视组整改任务，积极配合开展土地出让收支和耕地保护情况专项审计。积极配合市委第五巡视组顺利完成巡视工作，明确整改措施和时间进度，整改工作有序开展并取得了阶段性成效。积极配合开展北京市土地出让收支和耕地保护情况审计，在对接业务、沟通政策、按时提供审计所需材料、集中取证等方面扎实开展工作。

四是全面深化群众路线教育实践活动成果。整改落实取得积极成效，24 项整改任务中，9 项需要近期解决的已全部办结，15 项需要长期坚持的已完成阶段性工作。在深化整改过程中，建立健全制度规定 14 个。我局牵头的 22 项上下联动整改事项中，已经完成整改落实 17 项，剩余 5 项已列入中长期整改计划，34 项协办事项已按有关要求做好配合工作。深入贯彻落实中央八项规定和北京市实施意见，严控“三公经费”支出，降低行政运行成本。

五是深入推进党风廉政建设和反腐败工作。印发《关于落实党风廉政建设党组主体责任纪检组监督责任的实施意见》，积极推进党风廉政建设责任制和“两个责任”的落实。深入开展“正风肃纪”系列专项整治工作，强化党内监督和执纪检查。开展端正党风政风、依法廉洁从政教育，对落实中央八项规定及党风政风情况进行监督检查。加强行政效能监察，围绕行政审批制度改革和国土资源执法监察工作开展立项检查。聚焦中心工作，坚持案件线索集体排查制度，严肃查处违法违纪案件。

回首过去的一年，我们深刻感到各项成绩的取得来之不易，这是市委、市政府和国土资源部正确领导的结果，是各区县党委、政府和有关部门理解、支持的结果，是全市国土资源系统广大干部职工开拓创新和不懈努力的结果。在此，我代表局党组和成林局长，向全系统广大干部职工表示衷心的感谢！

与此同时，我们应该清醒的看到我们的工作与领导的要求、群众的期盼、发展的需要还有一定的差距。一是国土资源管理工作还需要进一步适应经济发展新常态要求，需要转变职能、简政放权、服务发展，需要更有力的促进转方式、调结构、稳增长，需要更有效的在全面推进京津冀协同发展国家战略进程中发挥好作用。二是国土资源管理科学化水平需要进一步提高，资源利用方式亟待向集约节约利用转变，国土资源管理服务和促进首都实现城市战略定位、经济提质增效、破解“城市病”的能力需要进一步提升。三是违法违规用地存在反弹压力，制止难、查处难、移送难、执行难的问题仍然存在。四是改革进入攻坚期和深水区，需要我们善于运用法治思维谋划改革、化解矛盾、推动发展。五是国土资源领域反腐败形势依然严峻，少数工作人员责任意识、服务意识不强，作风建设和廉政建设需要警钟长鸣。

二、2015 年工作安排

2015 年是全面深化改革的关键之年，是全面推进依法治国的开局之年，是全面完成“十二五”规划的收官之年。2015 年国土资源工作总体要求是：在市委、市政府和国土资源部的正确领导下，深入贯彻落实党的十八届三中、四全会和习近平总书记视察北京重要讲话精神，按照市委十一届五次、六次全会和今年北京市“两会”的部署安排，稳中求进、改革创新、依法行政，主动适应经济发展新常态，认真履行国土资源管理职责，实现国土资源管理规范有序，资源保障坚强有力，服务民生持续有效，不断提升国土资源管理法治化水平，为首都经济社会持续健康发展作出积极贡献。

（一）深入学习贯彻习近平总书记视察北京重要讲话精神，积极推动京津冀协同发展

一是按照首都城市战略定位优化用地布局，研究制定适应首都特点的“瘦身健体”差别化供地政策。严格控制非首都核心功能的产业项目用地供应，配合有关部门积极推动部分教育、医疗等社会公共服务功能向外转移和疏解，与相关部门配合逐步清退镇村工业大院，以产业疏解带动人口疏解。推进重大项目加快落地，积极支持首都新机场、2022 年冬奥会、2019 年北京世界园艺博览会等重点项目建设。依托市政府发布的新版基准地价，开展工业用地价格调研，研究和制定工业用地差别化地价政策。在部分区县试点开展工业用地弹性供应制度，探索实施盘活存量工业用地相关政策。

二是着力破解国土资源领域的人口、资源、环境协调发展难题，统筹落实市委、市政府部署的治理“城市病”各项任务。严格控制城乡建设用地规模和开发强度，划定永久基本农田、城市增长边界和生态红线，形成生产、生活、生态空间的合理结构。加强新增建设用地管控，在建设用地预审阶段强化与耕地占补平衡工作的衔接。结合十三五规划制定，构建节约集约利用制度体系，研究我市节约集约用地思路和路径。继续落实“十二五”单位 GDP 建设用地下降 30% 目标，完善开发区用地评价动态更新机制，持续开展开发区集约用地更新评价，建立产业用地调查评价基础信息数据库，推动产业用地集约利用。全面开展新一轮国土资源节约集约模范县（市）创建活动。

三是做好跨行政区、跨领域规划对接，着力推进京津冀协同发展。配合市规划委完成城市总体规划修改，探索“三规合一”，形成统一衔接、功能互补、相互协调的规划体系，搭建统筹实施的平台和政策机制。完成市、区（县）、乡（镇）三级土地利用总体规划调整完善工作和第三轮矿产资源总体规划修编工作。开展《北京市“十三五”时期土地资源整合利用规划》编制，完成 2014 年度土地规划实施评价、《北京市市区乡三级基本农田专项规划实施管理政策研究》和《京津冀协同发展土地利用总体规划（2014—2020）》。完善长辛店镇集体建设用地专项规划编制试点工作。

（二）突出重点，积极稳妥推进国土资源领域改革

一是全力做好集体经营性建设用地入市国家试点工作。按照中央和国土资源部统一部署，在市委市政府领导下，深入研究集体经营性建设用地入市政策措施，认真研究制定试点工作方案，研究拟订试点管理办法，扎实推进各项工作，确保试点“封闭运行、风险可控”，完成国家试点各项任务。同时要继续推进集体建设用地各项改革工作，积极稳妥推进海淀区土地整治规划综合试点工作，完善农村宅基地管理政策机制，继续推

进集体土地租赁住房试点工作，加强试点项目筛选论证。支持推进重点小城镇、新农村、城乡结合部、新型农村社区试点建设。完善设施农用地管理政策，规范设施农用地利用。进一步规范和约束政府的征地行为，研究制订多元化补偿和占地转征地的指导意见，配合开展市政府148号令修改调研工作。认真梳理解决历史遗留的轨道交通、市政道路工程补办用地手续问题。

二是抓紧协调推进不动产统一登记。组建市级层面不动产统一登记机构，制定针对区（县）的不动产统一登记指导意见，确保年底前全市市、区（县）两级机构职责整合到位。研究制定我市不动产统一登记工作方案，并为起草地方法规做准备。开展对市属有关部门和区（县）不动产登记情况的专项细化调研，进一步摸清土地、房屋、林地等现有不动产登记机构、职责、颁证、信息化程度、档案资料管理等情况。制定《不动产登记工作规范》和《办理规则》，统一不动产登记受理窗口，制作便民办事指南。健全完善不动产登记信息数据库，开展统一登记发证的业务操作系统软件建设。

三是进一步简政放权，深化行政审批制度改革。完善职能配置，加快建立权力清单、责任清单和负面清单。认真做好行政许可和全部非行政许可审批事项调整和精减工作。对区县分局实施的全部审批事项清单进行审核，并向社会公开。推进行政审批标准化，最大限度减少自由裁量权。对每一审批事项制定业务手册和办事指南，明确事项名称、设定依据、办理时限、审批要素等具体事项，进一步细化“批不批”标准和规则，并向社会公开。

（三）全面推进依法行政，切实提高国土资源管理法治化水平

一是切实加强国土资源法制建设。加强国土资源重点领域立法，完善国土资源立法工作机制、社会公众沟通和意见反馈机制、论证咨询机制，事前事后的立法评估机制和国土资源领域规范性文件审查备案制度。切实规范行政执法行为，提高违法案件查处透明度。组织研究行政处罚裁量基准，完成备案和公开工作。加强法治宣传教育，高度重视国土资源法制机构建设和人才培养。实行信访联系人制度，发挥基层在化解矛盾中的主渠道作用。进一步加强政府信息公开制度和平台建设，深化主动公开，规范依申请公开。强化政策宣传和舆论引导，多层次、多渠道、利用好新媒体广泛宣传国土资源管理工作。

二是合理规范做好土地供应工作。科学制定、有效执行2015年土地供应计划，合理引导市场预期。梳理在施储备开发项目进展情况，继续按照“瘦身、控增、提速”原则，有序开展土地储备开发工作。有序推进经营性用地供应，构建良性竞争的土地市场环境。优化商服用地布局，严控用地规模。规范国有土地使用权划拨工作，对代征地供应、基础设施项目用地手续办理等问题进行专题研究。千方百计提高供地率，实现供地率提升到60%以上目标。

三是坚守耕地保护红线。健全耕地保护责任机制、激励机制，强化地方政府履行耕

地保护责任。完善耕地占补平衡政策，严格控制建设占用耕地规模，加强补充耕地质量管理。积极推进土地整治项目实施，加快新增耕地指标形成，大力建设高标准基本农田。全面开展耕地质量等别年度更新评价，继续开展年度监测评价试点。规范推进耕地后备资源调查评价，全面查清耕地后备资源的面积、类型、权属和分布情况。

四是加强土地批后监管，加大闲置土地处置力度。完善和规范土地批后监管工作。各分局要严格贯彻《关于进一步完善土地利用动态巡查制度有关问题的通知》，全面建立土地利用动态巡查制度。市局要加强对各分局土地动态巡查工作的培训和指导。逐年梳理欠费项目，加大地价款清理、追缴力度，主动在门户网站和公开媒体曝光多年欠账项目和单位。完善闲置土地处置工作机制，加大闲置土地处置工作力度，本着“依法依规、促进利用”的原则，年内对173个闲置土地项目进行全面清理和处置。

五是加强国土资源执法监察。继续发挥“早发现、早报告、早制止、早处置”机制优势，强化打击新增违法违规用地建设行为。全面建成远程监控指挥系统，提高执法效率，健全完善立体监管体系。加大查处拆改执法力度，加强方式创新与长效遏违机制建设。坚持执法与宣教并举的“两手抓”策略，不断完善公开挂牌督办案件机制，确保震慑教育警示效果。加强对“小产权房”、大棚房、高尔夫等违法违规用地的动态监管，保持发现非法快速反应、露出苗头严查严打的高压态势。加大打击非法开采矿产资源工作力度，做好破坏矿产资源价值鉴定工作。积极稳妥做好我市12336国土资源违法线索热线纳入我市12345非紧急救助体系相关工作。

六是加强矿产资源保护和合理开发利用。紧密结合首都发展实际，深入开展前期相关调研，科学编制本市“十三五”时期地质勘查发展规划。严格矿产资源开发审批管理、矿产资源补偿费征收、采矿权出让价款确认收取工作，积极推进矿业权有形市场建设。开展固体矿山和矿泉水相关调研。做好全市性重点基础地质工作，完成北京数字城市地质资料数据中心试点项目收尾，做好北京市重要地质钻孔数据库建设和北京市房山区高庄东部地区汉白玉资源预查工作。加快地热矿业权行政审批，优化地热矿业权交易程序，规范地热矿业权价款评估机制。加强地热监管各个环节的衔接和管理，完善地热井验收工作的内容和程序，进一步引导地热用户保护性限量开采地热资源。加强对矿山地质环境治理项目精细化、规范化管理，开展北京市矿山地质环境保护与治理恢复工程技术规程的研究。加强地质公园建设和地质遗迹保护，协助房山区和延庆县做好申办2018年第八届世界地质公园大会相关工作。加快推进数字档案馆部署应用工作，逐步提高地质资料管理的现代化水平。

七是进一步夯实依法行政基础工作。加强预算执行分析、强化沟通机制，制订《单位内部控制规范手册》，实现财务内部管理的流程化、规范化。做好党政领导干部经济责任同步审计、年度部门预算执行情况审计监督和重大项目的事前事中审计，形成对权力运行和责任监督的长效机制。积极推动国土资源管理科技创新，探索建立北京市国土资源标准化工作运行机制、标准数据库、地方标准制定项目储备库。强化系统整合，继续推进综合监管平台和国土资源“一张图”深化应用，促进业务管理深度和规范化程度不断提升。加快推进北京“国土资源云”不动产统一登记信息平台规划设计和实施，完成不动产统一登记平台建设前期技术研究。更加重视数据汇交和集约利用工作，提升大数据支撑辅助决策水平。加强工作任务落实的督查、督办、考核，提高工作效率和行政效能。做好市局机关办公楼拟进驻市政府政务中心大楼相关工作。

（四）着力保障和改善民生，切实维护群众利益

一是做好保障性安居工程用地供应。确保保障性安居工程用地供应“应保尽保”。合理编制2015年新增保障房用地供应计划，确保“十二五”时期保障性安居工程用地供应任务按期完成。加大住宅用地的供应，通过集中建设、配建、竞建等方式，优先保证民生工程用地供应。加强棚户区改造的用地政策支持和土地供应保障工作。大力推进养老社区试点，采取多种方式保障养老设施用地供应。

二是深入开展农村集体土地确权登记发证及土地调查工作。全面完成农村集体建设用地使用权确权发证检查验收。启动全市村庄地籍调查试点工作。按照国土资源部统一部署完成全天候遥感监测试点工作任务，组织开展2015年季度遥感监测及年度变更调查工作。继续开展土地登记规范化建设，积极推进《地类认定规范》的推广应用。

三是加强常态化地质灾害防治。及时更新地质灾害隐患点台账，汛前向社会公布。扩展地质灾害宣传覆盖范围，加强地质灾害宣传针对性，利用群众喜闻乐见的形式向山区群众、普通市民，特别是“驴友”、外地游客等宣传防灾避险常识。加强地质灾害预警能力建设，提高预警发布准确性、时效性。加强地质灾害应急演练，不断提高各级政府部门应对突发地质灾害处置能力和公众防灾避险技能。加快地质灾害治理项目建设。

（五）深入推进惩治和预防腐败体系建设，提升党建和干部管理科学化水平

一是深入推进党风廉政建设和反腐败工作。坚决贯彻落实中央纪委第五次全会、市纪委第四次全会的工作部署。加强党的纪律建设，严格执行党的政治纪律和政治规矩，维护党规党纪的严肃性。以落实“主体责任和监督责任”为抓手，推动“两个责任”向下延伸，逐步建立健全责任明确、责任落实、责任追究的制度机制。深入推进贯彻落实中央八项规定和市委实施意见，驰而不息纠正“四风”，坚决防止“四风”问题反弹。加强行政效能监察，确保行政权力在阳光下运行。进一步加强警示教育和廉政文化建设，坚持有案必查、有腐必反，严肃查处违法违纪案件。继续深化纪检监察队伍转职能、转方式、转作风，切实加强和改进监督方式，不断提高监督执纪问责的能力水平。

二是加强机关党建工作。落实“三会一课”，确保基层支部生活常态化、规范化，强化基层党组织的战斗堡垒作用。注重基层党建与机关党建工作的配合和倍增效应。强化党员的党性修养，践行社会主义核心价值观，加强国土系统文化建设，增强职工认同感、归属感、凝聚力，引导教育党员干部发挥模范带头作用。继续抓好“最佳党日”活动的品牌建设，广泛开展文化体育活动。做好机关党委换届选举工作。继续发挥机关

工会组织和团组织的作用，保障中心工作开展。加强离退休干部党组织建设，认真做好老同志服务工作。

三是深化干部人事制度改革。加强干部选任科学化水平，提高选人用人公信度。进一步健全干部交流轮岗长效机制，采取横向纵向相结合，上挂下派相结合，平级交流与提拔交流相结合等方式，拓宽干部交流渠道，扩大干部交流范围，增强干部交流力度。适时开展处级后备干部调整、补充工作。探索建立公平客观的干部评价机制和干部队伍动态分析机制，努力形成人尽其才、优势互补、梯次配备、充满活力的干部队伍格局。加强干部培训力度，提升干部综合素质和业务水平。强化机构编制管理，配合做好本市不动产登记职责整合工作。严格工资统发规范管理，稳妥实施机关事业单位工资制度改革。

同志们，做好新常态下国土资源工作，任务艰巨，责任重大，让我们在北京市委、市政府和国土资源部的正确领导下，紧密团结在局党组周围，以奋发有为的状态，昂扬向上的斗志，攻坚克难的勇气，扎实开展工作，为推动首都国土资源事业持续健康发展，为加快建设国际一流的和谐宜居之都做出更大的贡献！

在 2015 年北京市国土资源局工作会议上的讲话

魏成林

（2015 年 3 月 4 日）

同志们：

刚才张维同志代表局党组和领导班子做了工作报告，系统总结了全系统去年工作完成情况、部署了今年各项重点任务。去年全局系统较好完成了各项工作任务，全系统干部职工付出了大量的努力和心血，很多处室、事业单位、分局的工作都很出色，取得的成果值得珍惜。今年我们要继续鼓足干劲、明确目标、团结起来真抓实干，确保完成全年各项工作任务。对于今年的各项工作我再强调几点。

一、深刻认识国土资源管理工作面临的形势

一要认真学习贯彻党的十八届四中全会精神，深刻认识全面推进法治建设对国土资源管理工作的重大意义。要把深入学习贯彻落实中央依法治国重大决定和市委对全市法治建设的战略部署作为一项重大政治任务，切实提高运用法治思维和法治方式推进工作的能力，不断提升我市国土资源管理法治化水平。**二要准确把握中央领导和国土资源部的工作要求**。认真贯彻落实李克强总理批示精神和国土部提出的五项重点工作。大力深化改革，严格总量控制保护国土资源，严格分类指导做到有保有压，严格国土执法敢于动真碰硬，推进国土资源节约集约利用，走出一条新常态下国土资源事业改革发展新路。**三要积极研究落实市委市政府布置的工作任务**。积极推动京津冀协同发展，加快疏解非首都核心功能；全面深化改革开放，处理好政府与市场的关系；划定基本农田、城市增长边界和生态红线，形成生产、生活、生态空间的合理结构；全力破解城市发展难题，切实保障和改善民生。

二、把握重点、突破难点，确保完成今年各项任务

今年的工作任务繁重而艰巨，对我们的思想认识、精神状态、能力素质等都是不小的考验。全市国土资源系统要进一步统一思想，加强组织领导，围绕中心工作，树立大局意识，把握重点、突破难点，全力确保完成。

一要充分认识经济发展新常态的阶段性特征，全面推进依法行政，切实提高国土资源管理法治化水平。要科学分析新常态的内涵要求，主动适应行业发展新变化，找准国土资源管理工作在全局中的定位，着眼服务首都经济社会可持续发展的大局，主动融入京津冀协同发展的新格局，围绕首都城市战略定位优化产业用地布局，采取有力措施保障和改善民生，探索治本之道破解城市病难题。

深入推进行政审批制度改革，按照市政府统一公布的行政审批事项清单、行政处罚权力清单，规范权力运行。同时要在严格管理、认真执行清单的同时，继续简政放权，提高工作质量和服务水平，切实履行好国土资源管理的各项职责。要依法审批，进一步推进审批规范化、标准化，明确审批依据、标准和时限。要强化建设用地审批与耕地占补平衡工作的衔接。要加强督查督办工作，建立健全督办机制和督办情况定期通报制度。要规范文明执法，严肃查处违法违规用地用矿问题。今年要全面启用执法监察远程视频监控指挥系统，提升执法效率和科技化水平。要加强方式创新与长效遏违机制建设，保持对“小产权房”、大棚房、高尔夫等违法违规用地的高压态势，对新增违法建设只要露出苗头就要严厉打击。对12336转办的违法线索要认真核查、及时反馈，对于涉及公共安全的职责履行必须到位、决不能马虎。

二要按照统一部署，深入推进国土资源领域改革。集体经营性建设用地入市作为国家试点，是改革工作的重中之重，要高度重视、加强领导、周密制定工作计划、确保试点各项任务完成。对集体经营性建设用地使用制度改革、征地制度改革、宅基地制度改革要加强研究和政策储备，慎重稳妥推进，坚持底线思维、试点先行。《不动产登记暂行条例》已于3月1日实施，不动产统一登记工作时间紧、任务重、协调难度大、社会关注度高，相关改革要全力以赴推进，要与有关部门同心协力，采取切实可行的措施，确保年内市、区两级机构职责整合到位。

三要聚焦突出问题，破解关键难题。对于耕地占补平衡问题，各区县要高度重视土地出让收支和耕地保护情况专项审计和国土部例行督察提出的问题和整改意见，研究解决耕地占补平衡历史欠账问题，抓紧整改到位。对于闲置土地处置问题，克强总理已经指出要对审计督查发现的问题采取铁腕措施、严肃问责，既要查处土地出让收支管理违规等乱作为，又要纠正土地闲置中反映出的不作为。各单位对闲置土地处置问题要高度重视，今年要对173个闲置项目进行全面清理处置，取得实实在在成效，同时加大曝光力度。今年还要一如既往的积极保障首都科学发展的用地需求，加大棚户区改造政策支持力度，全力保障民生用地和重点工程、基础设施用地供应，要加强重点工程的综合协调，千方百计提高供地率。要全面推进集约节约用地，积极盘活存量土地。要主动适应首都经济发展新常态，积极推进城乡一体化，不断提升资源环境的承载力。要继续开展内部控制制度建设，同时要建立督查、考核的长效机制，确保各项工作落实到位。

三、以召开民主生活会为契机，进一步增强各级班子的凝聚力和战斗力

近日，按照中央、市委的要求，局领导班子紧扣“严格党内生活、严守党的纪律、深化作风建设”主题，用一天时间召开民主生活会，班子成员以“三严三实”为标尺，认真查摆问题，深入剖析根源，严肃开展批评和自我批评，达到了在更高层次上统一思想、增进团结的目的。

通过对照检查，领导班子从四个方面认真梳理了存在的问题：一是在贯彻执行民主集中制方面，制度机制不完善，执行议事规则和议事程序不严谨，决策之前酝酿不够充分。二是在遵守党的政治纪律、组织纪律、廉政纪律方面，对党建工作的重视程度还不够，落实党风廉政建设主体责任还不到位。三是在落实中央八项规定和市委十五条实施意见、坚决反对“四风”方面，整改效果离群众的期望还有一定差距，深入基层服务基层的意识不强，关心关爱干部职工工作、生活、学习的主动性不够。四是在履职尽责、攻坚克难方面，加强统筹协调的力度不够，破解发展难题的效果与上级要求和群众期盼还有差距。在梳理问题的同时，局领导班子也深刻剖析了问题产生的原因，认真研究制定了今后的努力方向和改进措施，下一步将坚决贯彻落实。

这段时间，各单位也都按要求召开了民主生活会，相信大家的心灵又受到了一次震撼和洗礼，包袱放下了，身心轻松了，但轻松不是放松，不能有“闯关”思想。我们要以这次民主生活会为加油站，进一步加强思想理论武装，把学习贯彻习近平总书记系列重要讲话精神引向深入。要切实加强各级班子自身建设，进一步增强班子和党组的凝聚力、战斗力，更高水平、更有成效地推动国土资源管理各项工作。要带头遵守政治纪律和政治规矩，自觉做政治上的“明白人”。要落实好从严治党责任，坚持党建工作和中心工作一起谋划、一起部署、一起考核，加强机关党建和基层党建工作，切实抓出成效。要进一步巩固和拓展教育实践活动成果，不断推动作风建设取得新成效。

四、保持警钟长鸣，深入推进党风廉政建设和反腐败工作

今年以来，中纪委、国土部、北京市相继召开会议，对党风廉政建设工作进行部署。节前，我局也专门召开了党风廉政建设会议，兴利同志代表局党组对今年的党风廉政工作进行了安排，各单位要认真抓好贯彻落实。我再强调几点：

一是党风廉政建设和反腐败斗争形势依然严峻，正风肃纪高压反腐一刻不能放松。近年来，全系统党风廉政建设和反腐败工作力度不断加大，取得了明显成效，总的形势是好的。但由于国土资源领域利益诱惑巨大，滋生腐败的土壤依然存在，党风廉政建设和反腐败斗争形势依然复杂严峻，正风肃纪、高压反腐任务依然艰巨。我们要按照党中央、市委、市政府的要求，旗帜鲜明、态度坚决的反腐败，对腐败行为“零容忍”。要按照国土部的统一部署，开展土地管理和矿产资源领域两大专项整治行动，并对去年开展的土地出让收支和耕地保护情况专项审计和市委巡视发现的问题严肃整改、严厉查

处。各级党组和纪检监察机关要冷静判断形势，进一步增强忧患意识、风险意识、责任意识，坚决打赢党风廉政建设和反腐败斗争这场攻坚战、持久战。

二要切实明责知责，认真履责尽责，严格考责问责，推动主体责任和监督责任层层落实。市局、区县分局党组要认真履行主体责任，把党风廉政建设当作分内之事、应尽之责，把该管的管起来、管到位，把该严的严起来、严到位。党组书记要认真履行第一责任人的责任，既要挂帅又要出征，真正把担子担起来，种好自己的责任田。班子其他成员要切实履行“一岗双责”，认真负责地抓好职责范围和分管领域的党风廉政建设工作。纪检监察部门要认真履行监督责任，特别是分局纪检组不能代替分局党组履行职责，要聚焦党风廉政建设和反腐败斗争主业，强化监督执纪问责。要抓紧制定完善党风廉政建设责任追究办法，健全责任分解、检查监督、倒查追究的完整链条，坚决执行“一案双查”制度，做到有错必究、有责必问。同时，要进一步完善纪检监察队伍自我监督机制，做到打铁必须自身硬。

三要切实驰而不息纠正“四风”，持之以恒转变作风。要继续深化“四风”整治，巩固和拓展党的群众路线教育实践活动成果，全面落实各项整改任务，切实兑现承诺。要认真贯彻落实中央八项规定和市委实施意见，合理控制行政成本，确保“三公”经费只减不增。各级领导干部要充分发挥表率作用，认真落实“三严三实”的要求，切实做到为民务实清廉，以上率下改进作风。要大兴自主调查研究之风，全面推行机关联系基层、干部联系群众“双联系”制度，以良好的作风、优异的业绩赢得群众的支持和信任。

同志们，新常态带来新机遇，新定位开启新征程。让我们在市委、市政府和国土资源部的坚强领导下，解放思想、改革创新、团结一致、真抓实干、攻坚克难，为推动首都国土资源事业持续健康发展做出更大的贡献！

第二部分

大事记汇总

2014 年北京市国土资源局工作大事记

一月

1 月 2 日，市国土局举办“稳定市场预期，促进北京土地市场持续健康发展”论坛。副巡视员樊文祯主持，副局长张维、总规划师丁晓与媒体代表和各界专家就北京市 2013 年土地市场总体情况以及舆情分析进行座谈。

1 月 6 日，副市长陈刚召开会议，专题听取市国土局关于企业投资土地一级开发项目利润规范有关意见的汇报。会议议定，下一步将参照京国土市〔2005〕540 号文，以委办局联合发文的形式就该规范重新上报。副局长张维参加会议。

1 月 9 日，副局长李燕飞和矿开处、中国国土资源报记者搭乘警用直升机对涉及违法开采矿产资源的房山、门头沟、怀柔等重点地区进行了巡查。

1 月 14 日、24 日，副局长谢俊奇召开不动产统一登记工作研究会议。研究讨论本市不动产统一登记工作有关问题，建立了由主管局领导牵头，相关处室参加的工作研究协调联席会议制度，对下一步工作进行了安排部署。

1 月 16 日，副局长李军召开执法监察工作会。各郊区县分局汇报 2013 年度国土资源部卫片执法检查工作情况、2013 年第三季度卫片执法检查发现新增违法用地上台账工作落实情况。

1 月 23 日，市国土局召开党的群众路线教育实践活动总结会。局党组书记张国玉主持会议，局长魏成林作总结报告。中共北京市委第 13 督导组组长张文山、副组长邓京出席会议，张文山同志代表督导组讲话。局领导班子成员、近 3 年退出领导班子的老同志、局机关全体党员干部、各区县分局和直属单位主要负责人参加会议。

1 月 23 日，市国土局召开党的群众路线教育实践活动学习交流会。驻局纪检组组长周新华主持会议，会上观看了《向兰辉同志学习的先进事迹报告会》录像片，科技合作处、登记中心和朝阳分局作了开展最佳党日活动情况交流。

1 月 25 日，市国土局会同市发展改革委等相关委办局和区县政府编制的《北京市 2014 年土地利用计划（草案）》经市政府批准同意。本市 2014 年新增建设用地指标控制在 2360 公顷，其中农转用指标 2160 公顷，耕地指标 1000 公顷。

1 月 26 日，局创建办召开第三届国土资源节约集约模范县（市）创建活动北京市达标考核工作会。会议通过了朝阳、门头沟、大兴、密云和延庆五个新申请区县的达标考核，对已经完成达标考核工作的八个区县（东城、西城、石景山、平谷、海淀、丰台、顺义、怀柔）进行复核。

二月

2 月 11 日，副市长陈刚召开会议，研究制止违法建设和整治小产权房工作措施。市国土局和市规划委分别汇报具体措施。局长魏成林、副局长李军参加会议。

2 月 11 日，驻局纪检组组长周新华召开会议，部署分局、直属单位党的群众路线教育实践活动总结工作。

2 月 19 日，副局长谢俊奇主持接收北京昭德投资有限公司捐赠 367 件历史房地契档案的捐赠仪式。局长魏成林出席并讲话。此批历史房地契档案，时间跨度从明代至新中国早期，其中北京梨园会馆房屋所有权契约长卷真实记录了该处房产从 1686 年到 1925 年间进行的 36 次买卖交易全过程，是目前中国房地产界发现的时间跨度最长，保存最完整的房地产交易契约长卷。

2 月 20 日，市国土局召开 2014 年北京市国土资源局工作会议暨党风廉政建设工作会议。局党组书记张国玉主持会议，局长魏成林作了题为《深入贯彻落实十八届三中全会精神积极稳妥推进首都国土资源改革创新》的工作报告，驻局纪检组组长周新华作了题为《围绕中心任务锐意开拓进取不断开创首都国土资源系统党风廉政建设和反腐败工作新局面》的工作报告。

2 月 21 日，市国土局会同市财政局联合印发《关于暂缓拨付违法用地违法建设重点区县政府收益暂行规定》(京国土监〔2014〕74 号)，该规定自发布之日起正式实施。

2 月 24 日，市国土局被国土资源部办公厅评为“2013 年度国土资源信息工作先进单位”，办公室副主任李鸿雁、办公室张俊涛被评为“2013 年度国土资源系统优秀信息工作者”。

2 月 25 日，局长魏成林主持召开局长专题会，审议《北京市 2014 年度土地储备开发计划》(征求意见稿)。该计划历时 6 个月，由市国土局会同市发展改革委、市规划委、市财政局和中国人民银行营业管理部共同编制完成。会议要求，由储备中心牵头，按照会议提出的意见，对《北京市 2014 年度土地储备开发计划》(征求意见稿) 做进一步的修改完善。副局长张维、副巡视员樊文祯参加会议。

2 月 27 日，副局长谢俊奇主持召开农村集体建设用地使用权确权登记发证区县工作会，听取区县工作进度汇报，研究 2014 年农村土地确权登记发证重点工作，明确了工作任务目标及要点。

三月

3 月 5 日，副局长李军主持召开执法监察暨信访工作会，局党组书记张国玉、局长魏成林出席会议并讲话。会议总结了 2013 年执法监察工作和信访工作，部署了 2014 年相关工作，昌平分局和石景山分局分别作了典型发言。各分局局长、机关处室处级干部、直属单位科级以上干部和执法监察总队全体人员在市局主会场参会；各分局全体干部职工在分会场参会。

3 月 6 日，局长魏成林主持召开专题会议，听取 2014 年地质灾害防治工作情况汇报。会议研究通过了 2014 年汛期地质灾害防治宣传、应急演练、气象风险预警等工作方案。副局长李燕飞、副巡视员郭创兴、汛期地质灾害防治工作领导小组成员和局新宣办领导参会。

3 月 6 日，副局长谢俊奇主持召开区县颁证办会议，传达中央 1 号文件和市领导指示精神，研究 2014 年农村土地确权登记发证工作要点。地籍处、登记中心、市颁证办、各区县颁证办相关领导参会。

3 月 7 日和 11 日，副局长张维带领规划处、规划中心一行 5 人分别到天津市国土资源和房屋管理局、河北省国土资源厅调研座谈，深入探讨京津冀土地规划统筹模式，并在基础信息共享、产业联动发展、规划会商机制等方面达成多项共识。

3 月 11 日，副局长李燕飞、副巡视员郭创兴带领工作组到海淀区调研在地质灾害易发区设立警示宣传杆项目情况，同时听取了地研所对香山普安店地面塌陷勘查情况的汇报。

3 月 17 日，市政府审改办、市国土局联合印发《关于优化土地储备开发项目审批流程的意见》。优化后的审批流程将文物保护、交评、环评等部分审批环节提前至控规编制阶段统筹研究，将原需在二级开发建设中涉及的地震、人防、节能、水资源等审批环节部分内容前移至储备开发阶段研究，减少了二级建设单位后续审批环节。

3 月 18 日，北京市委第五巡视组入驻市国土局开展巡视工作，并组织召开工作动员会。局党组书记张国玉主持会议，市委第五巡视组组长仲兆军对巡视工作进行了全面部署，副组长邓京宣读通告，局长魏成林作工作情况报告和表态讲话。市委第五巡视组、局领导班子成员、近 3 年退出领导班子的老同志、北京市人大代表，机关各处室、直属各单位处级干部，各分局主要负责人在市局主会场参会。各分局副科实职以上干部在分会场参会。

3 月 26 日，市国土局、市发展改革委、市规划委联合印发《关于印发北京市 2014 年度国有建设用地供应计划的通知》（京国土调〔2014〕150 号）。2014 年国有建设用地供应计划着重保民生、调结构、促发展，计划供应总量为 5150 公顷。

四月

4 月 4 日，国土资源部下发《关于北京市海淀区创新土地整治规划实施机制工作方案的批复》（国土资函〔2014〕63 号），原则同意该方案。国土资源部要求，方案的实施要紧紧围绕科学发展主题，坚持尽职尽责保护国土资源、节约集约利用国土资源、尽心尽力维护群众权益，按照整体推进和突出重点相结合的要求，大力推进土地整治规划实施政策创新、制度创新和机制创新，从创新规划实施模式、实施“万亩良田”整治工程、开展城乡建设用地整治等方面深入探索实践，努力实现耕地保护、生态环境建设和土地产出效益全面提升的目标。

4 月 8 日，基准期日为2014 年 1 月 1 日的基准地价更新成果通过了市国土局组织的专家评审验收。本次基准地价更新，在全市居住、商业、办公、工业四种用途各 12 个级别的基础上，细分区片，在城六区和规划新城首次探索尝试适应网格化管理的街区地价表现形式，深化并丰富了修正体系，体现北京特大城市多中心、多版块、市场不均衡发展的特点。4 月 26 日，市国土局依职权公开举行基准地价更新成果听证会。20 名听证代表中，10 名由政府相关部门和行业协会推荐，10 名在报名的公民、法人和其他组织中公证抽签产生。听证代表对更新成果的科学性和实用性表示肯定，对政府土地出让收益在熟地价中所占比例进行探讨，建议深入研究基准地价的年度动态更新工作机制。6 月 30 日，基准期日为 2014 年 1 月 1 日的北京市出让国有建设用地使用权基准地价更新成果，经第 47 次市政府常务会议审议通过。

4 月 15 日，市委常委、副市长陈刚、市委组织部副部长张建春一行到市国土局宣布市委市政府关于市国土局领导班子调整的决定。魏成林同志任局党组书记、局长；师宏亚同志任局党组成员、副局长；刘占恩同志任副巡视员；周旭峰同志任副巡视员。免去张国玉同志局党组书记、副局长职务，办理退休手续；免去赵建华同志副巡视员职务，办理退休手续。会议由张建春同志主持，市委组织部相关处室领导、市国土局领导班子成员、机关处室正副处长、区县分局和直属单位主要领导参加会议。

4 月 15 日，局长魏成林主持召开专题会议，听取近年来建设项目用地预审情况汇报，并提出工作要求。一是结合北京城市功能疏解，对近年用地预审后未办理征供地手续的建设项目进行梳理，按照用途结构、用地规模、占用耕地基本农田等方面梳理详细清单，为市领导研究产业转移项目提供决策参考；二是进一步研究用地预审的审查内容，结合北京实际，制定具体硬性的工作标准，深化用地预审工作的实质性审查。副局长谢俊奇、总规划师丁晓、副巡视员樊文祯、相关处室负责人参加会议。

4 月 16 日，国家土地督察北京局召开通州区 2014 年土地例行督察对接会。市国土局总规划师丁晓主持会议，国家土地督察北京局副局长牛珏通报督察重点任务。市政府副秘书长张玉平表示，北京市将积极与国家土地督察北京局磋商，认真配合做好相关工作，并结合北京副中心定位对通州区提出工作要求。通州区委书记王云峰、区长岳鹏、副区长崔松光等出席会议。4 月 21 日，土地例行督察组进驻通州区开展为期一个月的驻点督察。

4 月 17 日，市国土局召开 2014 年北京市汛期地质灾害防治工作部署会。总结回顾 2013 年地质灾害防治工作的成效和不足，全面部署 2014 年汛期地质灾害防治工作，并进行地质灾害气象风险预警培训。此次会议标志着本市 2014 年汛期地质灾害防治工作全面启动。副局长李燕飞，副巡视员郭创兴，地环处，信息中心，10个山区县分局主管局长和科长参加会议。

4月21日，市国土局、市发展改革委、市财政局联合印发《土地储备开发项目成本预审工作规则》。确立了项目主体自审、政府委托审计、市级部门联合审核的成本审核程序。进一步明确了审核条件、征地补偿、财务费、利润或管理费等10项内容。该规则重点强调了项目成本中期的严格监控，是土地储备开发工作开展的重要依据。

4月21日，市国土局印发《关于北京市土地储备开发项目贯彻实施〈北京市大气污染防治条例〉办法的通知》。明确将土地储备开发项目大气防污费用纳入土地一级开发成本，进一步明确各单位责任分工。

4月22日，市国土局、市科委、市地勘局、西城区政府主办的“第45个世界地球日主题宣传活动周启动仪式”在北京市育才学校举行。市国土局局长魏成林、西城区政府副区长李岩分别作动员讲话，来自北京市育才学校、香港培正中学的10名中外学生发出了“爱护自然，保护地球，从我做起”的倡议。与会领导为学生代表赠送了科普图书，与600余名中学生观看科普剧表演，参观地质化石标本展示。地理特级教师王树声作主题为“地球表面多样性”专题科普知识讲座。市国土局副局长李燕飞、市国土局副巡视员周旭峰、市科委副主任朱世龙、市地勘局副局长刘剑波、国土资源部科技合作司、西城区教委、北京市地质学会、市国土局西城分局等单位负责同志出席活动。

4月22日，副局长张维就环球影城用地预审、永久基本农田划定、京津冀一体化和“三规合一”等近期重点工作，与国土资源部规划司进行沟通座谈。规划司司长董祚继详细了解了有关情况和存在问题，表示将持续关注、积极支持首都土地规划管理工作。规划处、耕保处、规划中心、通州分局相关同志参加会议。

4月23日，以阿富汗喀布尔市市长默罕默德·尤努斯·纳万迪什为团长的代表团一行4人，对北京市土地资源管理情况进行考察，就土地规划调整、土地开发再利用等进行交流座谈。局长魏成林、科技合作处、规划处、耕保处、地籍处、储备中心相关同志参加座谈。

五月

5月1日，北京市地质灾害应急事务中心印章正式启用。根据2月27日市编办《关于同意在北京市国土资源局信息中心加挂北京市地质灾害应急事务中心牌子的函》（京编办事〔2014〕20号），信息中心加挂北京市地质灾害应急事务中心牌子，人员编制3人，增加“受市国土局委托，承担本市地质灾害防治与应急管理方面的辅助性、事务性、技术性工作”职责。

5月13—30日，为落实习近平总书记北京调研讲话精神，确保新形势下土地储备开发工作顺利开展，副局长师宏亚带队到丰台、门头沟、大兴、房山等重点区县调研。摸排土地储备开发工作进展情况和存在问题，进一步明确“保障住宅用地，严控商服用地，暂停工业用地”的土地供应思路，指导区县合理安排储备开发项目进展，就当前土地储备开发、入市交易等整体工作形势和项目考古勘探、地上物处置、实物补偿等工作难点问题进行充分沟通，强调要全面、准确把握当前政策，加强统筹，建立良好的土地储备开发工作机制。

5 月 14 日，副局长谢俊奇主持召开全市土地利用工作会。市国土局利用处传达了国务院新发布的支持和鼓励有关产业的文件精神，介绍了北京市近期出台的有关供地政策，各分局汇报了本辖区土地利用工作开展情况和下一步工作计划。谢俊奇同志提出“要研究利用存量土地，加强政策学习研究，市、区土地利用部门形成联动机制，市局加强对分局土地利用工作的指导、监督和检查”的工作要求。利用处、利用中心、各分局主管局长和科室负责同志参加会议。

5 月 14 日，副局长李军主持召开区县分局法制工作会议。市国土局法制处总结了 2013 年度工作。李军同志对做好 2014 年工作提出“要明确主管领导、明确职责部门、明确职能、明确重点”的工作要求。法制处、各分局主管局长和相关负责同志参加会议。

5 月 14 日，市国土局制定印发《审计档案管理办法》(京国土审〔2014〕224 号) 和《委托社会审计工作办法》(京国土审〔2014〕225 号)，进一步完善审计工作制度体系。

5 月 16—29 日，局长魏成林、副巡视员周旭峰到丰台、房山、昌平、平谷、怀柔、密云、延庆检查指导防汛和地质灾害防治工作。地环处、各区县领导和相关部门负责同志陪同检查。

5 月 16 日，副巡视员樊文祯主持召开不动产统一登记制度工作协调小组第三次会议。会议通报了近期全国各地不动产统一登记工作进展情况，确认本市不动产统一登记工作进入实质性推进阶段。

5 月 19 日，局长魏成林主持召开北京市国土资源局全面深化改革领导小组第一次全体会议，研究布置市国土局全面深化改革工作。制定了《北京市国土资源局全面深化改革工作方案》，明确了改革的指导思想、总体目标、重点任务、机构设置和工作要求；成立了北京市国土资源局全面深化改革领导小组及领导小组办公室、领导小组专项改革工作小组，并制定了相应的工作规则和细则；梳理了市委改革任务分解方案中由市国土局承担的工作，制定了 2014 年工作要点和责任处室分工。

5 月 21 日，总规划师丁晓到解放军总后勤部，与新成立的军委和总部机关干部安置住房建设领导小组办公室对接并现场办公。就如何解决总部机关干部安置住房建设用地问题进行深入讨论，双方建立了工作协调机制。办公室、调控监测处、征地处、利用处、储备中心参加。

5 月 21 日，北京市第二次全国土地调查及近年土地变更调查主要数据成果经市政府常务会议审议通过。2007 年 7 月 1 日—2009 年 12 月 31 日，本市开展了第二次全国土地调查，在此基础上，完成了 2010—2012 年度土地变更调查。下一步，将充分发挥调查成果在调整产业结构、优化城市布局等方面的支撑作用；不断深化在全市各行业、各部门的共享应用；按照国土资源部、全国土地调查办的要求，认真做好成果整理、宣传和解读等后续工作。

5 月 27 日，市国土局在市直机关工委党校组织学习贯彻习近平总书记系列讲话暨《党政领导干部选拔任用工作条例》培训班。局党组副书记、副局长张维代表市局党组作重要讲话。市局机关各处室处长（主任）、各分局和直属各单位党政主要领导、组织人事工作主管领导和组织人事部门负责人（政工科长）共 87 人参加培训。

5 月 28 日，局机关团委、直属机关工会、服务中心组织开展“国土博爱送温暖”捐赠活动。通过捐献物品的方式帮助北京对口援建地区青海省湟中县拉尕村的困难群众。共收到捐献的棉衣、棉被等衣物 600 余件，文具、体育用品等 100 余件。

六月

6 月 3—10 日，市国土局在局外网网站“民意征集栏目”中，对《关于征收农民集体土地后集体土地所有权注销登记有关工作的意见》（征求意见稿）公开征求意见，共收到意见 7 条。这是市国土局首次通过网站公开征求规范性文件意见，有利于拓宽群众参与管理社会经济事务的渠道，保障公民的知情权、参与权和监督权。

6 月 4 日，国土资源部批复北京新机场建设项目用地预审。批复明确了关于新机场建设占用北京市耕地和基本农田的处理意见：一是在建设用地报批时，修改完善土地利用总体规划调整方案，提出核减规划耕地保有量和基本农田保护目标，一并报国务院审批；二是在项目可行性研究报告报批时，提请国务院同意由国家统筹解决耕地占补平衡问题。

6 月 4 日，北京市召开行政复议工作会议暨政府法制工作先进表彰大会。法制处被授予“北京市政府法制工作先进单位”称号，法制处杨波被授予“北京市政府法制工作先进个人”称号。

6 月 6 日和 6 月 19 日，市国土局结合年初制定的地质灾害应急演练计划，在密云县大城子镇碰河寺村、房山区史家营乡曹家坊村举办了两次市级地质灾害应急演练。演练内容涵盖了监测预警、指挥决策、群众避险疏散转移、应急调查、医疗救护、紧急动员和后勤服务等内容。副巡视员周旭峰观摩指导了密云县大城子镇碰河寺村演练。

6 月 11 日，市纪委常委、市监察局副局长杨小兵到市国土局调研座谈，通报市纪委监察局机构改革、内设机构调整以及转职能、转方式、转作风等情况，听取市国土局落实党风廉政建设主体责任、派驻纪检组监察处落实监督责任情况汇报。局党组书记、局长魏成林，党组成员、驻局纪检组长周新华，监察处参加会议。

6 月 11 日，副局长李燕飞、副巡视员郭创兴在昌平区崔村镇，参加北京水泥厂凤山矿 2014 年防洪防汛应急演练。市安监局、昌平区政府、北京金隅集团、市局矿开处、昌平分局、昌平区相关委办局参加演练。

6 月 11 日，总规划师丁晓主持召开“落实国务院稳增长促改革调结构惠民生政策措施落实情况督查动员电视电话会议暨北京市贯彻会议部署会”。传达了国务院电视电话会议和北京市贯彻会议精神；按照国务院 19 项重点督查内容，结合实际，明确了市国土局开展自查工作的重点内容和任务分工；按照市政府贯彻落实督查工作要求，部署了全面梳理市政府 2014 年工作报告中涉及市国土局的折子、实事、生态文明建设、清洁空气行动计划、大气污染治理等重点任务进展情况、存在的问题和下一步工作措施，以及梳理市政府二季度确定的 145 项重点领域、重点任务落实情况。相关处室和直属单位参加会议。

6 月 13 日，国土资源部利用司副司长窦敬丽带领部第五调研组成员，在市国土局组织召开了北京、内蒙古、福建三省（自治区、直辖市）调研座谈会，了解土地管理制度改革试点情况，听取对深化土地管理制度改革总体思路的意见建议。总规划师丁晓、副巡视员郭创兴、局改革办（研究室）、规划处、耕保处、征地处、利用处、财务处、储备中心参加会议。

6 月 17 日，副局长谢俊奇主持召开“北京市国土资源局网站群栏目主持人工作会”。市国土局信息办通报了 2013 年度国土资源部对市国土局网站群的考评结果，介绍了 2014 年第一季度网站群工作概况和全年工作计划，针对存在的问题提出了下一步工作要求，传达了市信安办《关于加强政府网站安全管理工作的通知》。市国土局办公室布置了 2014 年政务信息网上公开任务分解工作。征地处和海淀分局分别作了经验介绍。各分局、机关各处室、直属各单位主管领导和栏目主持人参加会议。

6 月 20 日，国家信访局副局长张恩玺带领国务院《信访条例》执法检查组，到市国土局检查指导《信访条例》贯彻落实情况。副局长李军代表市局，就贯彻落实《信访条例》情况、信访工作开展情况、相关意见建议向检查组进行了汇报。市信访办副主任刘志洪等参加检查，市局法制处、办公室、信访处、执法总队参加会议。

6 月 26 日，局长魏成林到密云冶金矿山公司调研并检查矿山防汛工作。实地查看了露天采矿场、矿山环境治理现场，到井下检查了地下开采和井下排水设施情况，听取了密云冶金矿山公司关于公司情况、防汛和突发地质灾害防治准备情况的汇报。副局长李燕飞、副巡视员郭创兴、密云县副县长李光辉，市局矿开处、密云分局、密云冶金矿山公司、首云矿业股份有限公司相关负责同志陪同检查。

6 月 26—27 日，北京市召开因公出入境工作会议。科技合作处周岩荣获“北京市 2012—2013 年优秀外事专办员”荣誉称号。

6 月 30 日，市国土局印发《全面开展北京市节约集约用地工作意见》和《北京市国土资源局关于促进产业用地节约集约利用工作分解方案》的通知（京国土调〔2014〕301 号）。这是为实现“控制生产用地，保障生活用地，提高生态用地比例”的目标，提出的以工业用地节约集约利用为先导、全面开展北京市节约集约用地的工作意见。

6月30日，市国土局组织开展的全局系统事业单位公开招聘工作，完成了报名、资格初审、笔试、资格复审、面试、体检、考察和公示各环节，共确定52名录用人选；局机关空缺主任科员以下职位面向各区县国土分局机关和参公事业单位在职人员开展的遴选工作，完成了面试、综合评价、考察、公示各环节，市局机关和执法总队共遴选10名公务员。

七月

7月1日，市国土局在局外网网站建立地质灾害隐患点、险村险户避险场地和避险路线电子地图服务。地图中包含本市全部地质灾害隐患点、险村险户避险路线和避险场地位置、灾种、避险常识和图片信息；提供多种查询方式，可按位置、灾种、景区、道路组合查询；提供安全出行查询，可查询出行安全路线、所在地一定范围内避险场地和避险路线。方便公众直观、形象地了解本市地质灾害现状，提高防范意识和避险自救能力。

7月2日，总规划师丁晓主持召开上半年北京土地市场形势分析座谈会，加强媒体沟通和舆论引导，介绍上半年土地市场运行情况和下半年工作设想，听取各方对本市土地市场工作的意见建议。市委宣传部、市网信办、新华社、人民网、北京日报、北京晚报、新京报等中央和市属多家媒体负责同志，业内专家，市国土局相关同志参加座谈会。

7月11日，副市长林克庆到市国土局主持召开地质灾害防治工作专题会。市国土局汇报了本市地质灾害防治、地质灾害气象风险预警系统运行和地质灾害电子地图服务有关情况，市地勘局汇报了突发地质灾害监测预警系统工程（一期）进展及二期设计情况。林克庆对本市前一阶段地质灾害防治工作给予充分肯定，对下一步工作提出四点要求：一是各委办局要加强数据共享和成果使用，利用市防汛办统一平台整合各方资源；二是市国土局、市地勘局要加强开发、创新、探索，建立并优化现有地质灾害预警模型，更好地服务当前工作；三是要注重发动区县、基层、群众参与到地质灾害防治工作中，机测和人测相结合，形成科学的预警机制；四是要加强对地质灾害防治工作的投入。市政府办公厅、市水务局、市地勘局、市发改委、市交通委、市农委、市气象局有关负责同志，市国土局局长魏成林、副巡视员周旭峰、办公室、地环处和信息中心参加会议。

7月11日，副局长李燕飞主持召开专题会，审议由北京市地勘局所属北京市地质勘察技术院编制的《昌平新城地热资源调查评价可行性研究报告》和项目立项前的准备工作，会议原则同意申报立项。勘储处、矿开处、地环处、地热处、财务处和审计处参加会议。

7月11日，市委改革办专职副主任胡雪峰一行5人，到市国土局调研推进全面深化改革工作，就全市轨道交通场站及周边土地综合利用情况进行座谈交流。总规划师丁晓主持会议，局改革办（研究室）汇报了深化改革工作的总体情况，规划处、耕保处、调控监测处、利用处和储备中心围绕调研内容，分别介绍了情况，回答了调研组提出的问题。

7 月 17 日，局长魏成林到昌平区调研国土资源管理工作。听取了昌平区对 2014 年上半年土地执法、地质灾害防治、确权登记、土地储备等重点工作完成情况的介绍，对昌平区国土资源管理各项工作给予充分肯定，对区政府对国土资源管理工作的支持表示感谢。副局长师宏亚、区委书记侯君舒、区长张燕友、常务副区长周云帆、副区长孙卫，区委办、区政府办、区发改委、住建委、规划分局、国土分局、相关镇街、公司和市储备中心主要领导参加调研。

7 月 22—24 日，联合国教科文组织专家对中国房山世界地质公园进行为期三天的再评估。副巡视员周旭峰主持评估会，世界地质公园网络执行局评估专家艾丽西亚教授（西班牙）、法索拉斯教授（希腊），对中国房山世界地质公园自 2006 年创建以来在信息化建设、科研科普、基础设施建设等方面所做的工作给予了高度评价。评估结果将于 9 月 18 日在加拿大石锤世界地质公园召开的第六届国际世界地质公园大会上最终揭晓。世界地质公园网络执行局成员、国家地质公园网络中心副主任龙长兴，中国地质科学院地质力学研究所研究员赵志中，中国地质大学（北京）教授田明中、武法东、张建平，房山区区长、中国房山世界地质公园管委会主任祁红，房山区政协主席、中国房山世界地质公园管委会常务副主任唐淑荣，房山区副区长、中国房山世界地质公园副主任吕守军、河北省国土资源厅、保定市国土资源局有关领导参加会议。

7 月 23—29 日，市国土局规划中心负责编制的拉萨市堆龙德庆县、尼木县和当雄县土地利用总体规划方案，通过西藏自治区国土资源厅组织的专家评审验收。这是市国土局落实国土资源部下达的“十二五”对口援藏计划内容之一。

7 月 24 日，市国土局印发《北京市国土资源局关于各区县分局财务工作实行集中监管的通知》（京国土财〔2014〕339 号）。要求各分局实行财务工作集中监管，遵循预算管理层级，明确责任，从人员配置、机构建设等方面积极推进。

7 月 28 日—8 月 1 日，按照市人力社保局关于科级公务员任职培训的要求，市国土局在市委党校二分校举办了首期新任科级干部任职培训班。邀请北京市委党校、首都师范大学、中国医师协会的教授进行授课，通过讲授式、互动式、案例式、小组讨论等多种形式，培养和提升新任科级干部的政策理论素养和实际业务技能。全局系统 2013 年度 103 名新任科级干部参加培训。

八月

8 月 5 日，按照《中共北京市国土资源局党组党的群众路线教育实践活动整改方案》和市编委《关于进一步规范市属议事协调机构和临时机构管理的通知》（京编委〔2014〕13 号）精神，根据市国土局具体工作实际，印发了《北京市国土资源局关于撤销市局本级有关领导小组的通知》(京国土人〔2014〕350号),“北京市国土资源局绩效管理办公室”等13个领导小组予以撤销,要求有关部门(单位)承担起相应工作,同时进一步从严控制领导小组设置,确需设立的要严格按照规定程序办理。

8月5日,市国土局印发《关于调整驻局纪检组监察处参加的议事协调机构和监督方式的通知》(京国土办(行监)〔2014〕1号),驻局监察处继续参加的议事协调机构保留7个,同时要求各分局纪检组监察科清理各自参与的相关工作,突出纪检监察主业。

8月7日,根据市委教育实践活动领导小组《关于在第二批教育实践活动中开展“四风”突出问题专项整治的补充通知》要求,市国土局会同市住房城乡建设委、市农委召开了“不按标准及时足额发放征地拆迁补偿款问题”专项整治工作动员会。此次专项整治分为安排部署、自查自纠、专项整治、监督检查和建立机制等五个阶段,主要包括两方面内容:对各区县2013年以来国务院和市政府批准征收集体土地建设项目的征地存在的问题进行整治;对各区县2013年以来按照《北京市集体土地房屋拆迁管理办法》(市政府令第124号)发放拆迁许可证项目存在的问题进行整治,预计年底前完成全部整治工作。副巡视员樊文祯主持会议并提出具体要求,各区县政府(东、西城除外)、区住房城乡建设委、区农委、区国土分局相关人员参加会议。

8月11日,市国土局党组印发《关于调整北京市国土资源局党风廉政建设领导小组及办公室成员的通知》(京国土党组〔2014〕26号),对北京市国土资源局党风廉政建设领导小组组成人员及办公室成员进行了调整,领导小组办公室由驻局监察处调整为机关党委(基层工作处),组成部门增加审计处。

8月13日,市国土局做客政风行风热线《走进直播间》栏目,就北京市第二次全国土地调查工作的整体情况、主要数据成果、运用调查成果为国土资源管理工作和经济社会发展相关领域提供服务支撑等情况进行了全面系统的介绍。副巡视员樊文祯、地籍处副处长巫鑫瑞、登记中心调研员彭宏伟为访谈嘉宾。

8月18日,北京市质量技术监督局发布了《北京市地方标准公告》(2014年标字第13号),批准了市国土局报批的《地类认定规范》标准,实施日期为2014年12月1日。该规范在国家《土地利用现状分类》标准的基础上,结合北京土地调查等相关工作制定。

8月20日,北京市信息安全测评中心依据《信息安全技术 信息系统安全等级保护基本要求》(GB/T 22239—2008),对市国土局“综合监管平台”管理和技术层面共73子类(含289个安全点)逐一核查,将“综合监管平台”定级为信息系统安全等级保护三级,在市公安局和市经信委备案。

8月26—29日,市国土局党组在市委党校举办处级领导干部能力提升培训班,邀请国家行政学院、北京市委党校6位专家教授,就领导力突破和提升领导者的执行力、新媒体时代如何创新社会管理、如何做好利益冲突和利益协调、如何加强领导者的心理调适等开展专题讲座。局党组成员、驻局纪检组长周新华就落实主体责任和监督责任作专题辅导。局党组副书记、副局长张维作培训小结，重点围绕建设强有力的领导班子提出了工作要求。各区县分局、机关各处室、直属各单位主要领导和部分副处级领导干部共 87 人参加培训。

8 月 26 日，市国土局印发《关于进一步加强土地整治实施及验收管理规范土地整治项目与土地规划衔接工作的意见》(京国土耕〔2014〕387 号)，进一步规范相关工作。

8 月 27 日，市国土局党组印发《关于落实党风廉政建设党组主体责任纪检组监督责任的实施意见》(京国土党组〔2014〕28 号)，明确规定了相关内容，要求建立健全“两个责任”的保障机制，同时，要求各分局党组按照所在区县党委的部署要求和市局实施意见精神，研究制定落实“两个责任”的具体实施办法，并报局党组、驻局纪检组备案。

8 月 27 日，市国土局“信息综合发布系统”荣获 2014 年中国地理信息科技进步三等奖。

8 月 28 日，北京市人民政府印发《关于更新出让国有建设用地使用权基准地价的通知》(京政发〔2014〕26 号)，对全市基准地价进行全面更新，京政发〔2002〕32 号文（2002 年版基准地价）同时废止。市国土局与首都之窗网站同步在官网、内网发布基准地价更新成果。

九月

9 月 4 日，澳大利亚西澳大利亚州环境保护委员会主席武保罗博士和西澳大利亚州议会与内阁部代理副部长卡特林先生到市国土局访问座谈。局长魏成林、副巡视员周旭峰参加座谈会。

9 月 9 日，国土资源部对土地储备机构名录进行了年度更新，金融街分中心、商务区分中心被正式纳入第四批土地储备机构名录，为该区域储备证的办理和融资工作开展奠定了坚实基础。

9 月 10 日，中国延庆世界地质公园举行揭碑开园仪式。国土资源部地质环境司司长关凤峻，中国地质科学院党委书记、副院长、国家地质公园网络中心主任王小烈，市国土局局长魏成林、副巡视员周旭峰等相关领导出席仪式。该公园是北京市第二个世界级地质公园。

9 月 15 日，在 2014 年中国矿业循环经济暨绿色矿山建设大会上，国土资源部通报了首批国家级绿色矿山验收情况，全国有 35 家试点单位通过验收。本市首云矿业股份有限公司首云铁矿、北京云冶矿业有限责任公司冯家峪铁矿、北京威克冶金有限责任公司巨各庄铁矿、北京水泥厂有限责任公司凤山矿等 4 家试点单位全部通过验收正式成为国家级绿色矿山。

9 月 18 日，市国土局组织开展保密知识专题党课，局保密委副主任、副局长李燕飞主持会议。机关各处室分管领导、保密员，直属各单位、各分局主管领导、办公室主任和保密员等 115 人参加会议。

9 月 23 日，副局长张维、总规划师丁晓主持召开关于贯彻落实《北京市贯彻落实国务院政策措施整改工作方案》专题会，会议对涉及市国土局工作进行了任务分解，要求相关处室高度重视，明确处室负责人和承办人，积极推进各项任务完成，做到每月一报。

9 月 29 日，市国土局组织召开 2014 年汛期地质灾害防治工作总结会。局长魏成林、副巡视员周旭峰，市地勘局副局长吕晓俭，市国土局相关处室、10 个山区县分局主管局长、地矿科长和应急调查队负责人参加会议。

十月

10 月 10 日，北京市地方志编纂委员会办公室印发《关于召开首届北京市年鉴综合质量评比颁奖会暨年鉴培训会的通知》，市国土局主编并出版的《北京市国土资源年鉴 2013》荣获首届北京市年鉴综合质量评比专业年鉴类二等奖。

10 月 15 日，市国土局印发《北京国土资源局关于调整国有建设用地使用权招标拍卖挂牌出让交易文件相关条款的通知》（京国土储〔2014〕458 号），通知对交易文件的调整内容进行了明确，新交易文件于 11 月 1 日启用。

10 月 16—30 日，副局长师宏亚分别到朝阳、丰台、昌平等 7 个区县调研土地储备开发工作，听取区县 2014 年土地储备开发工作完成情况和 2015 年供地计划，对重点项目土地入市问题进行了深入探讨，进一步明确近期土地储备开发工作思路和要求。储备中心相关人员参加调研。

10 月 20—23 日，由国土资源部、天津市人民政府和中国矿业联合会共同举办的“2014（第十六届）中国国际矿业大会”在天津市梅江会展中心召开。副巡视员周旭峰，科技合作处、勘储处、矿开处、地热处和地环处相关人员参加大会。

10 月 27 日，市国土局印发《关于进一步规范区（县、功能区）土地储备机构为主体土地一级开发项目授权审批工作的通知》（京国土储〔2014〕465 号），通知就两方面内容予以明确，一是进一步做好区（县、功能区）土地储备机构为主体土地一级开发项目授权审批及备案工作；二是自通知下发之日起，本市所有以区（县、功能区）土地储备机构为主体的土地一级开发项目授权延期审批，由各分局办理。

10 月 28 日、30 日，副局长李燕飞和副巡视员郭创兴到房山区和密云县检查打击非法开采矿产资源和涉矿安全工作，实地查看了打击非法开采小分队驻地建设和有关煤矿炸封、封堵情况。矿开处、分局相关人员参加检查。

10 月 30 日，经报市政府同意，市国土局联合市发改、规划、建设、农村、财政和税务等 7 个部门，正式印发《北京市利用农村集体土地建设租赁住房试点实施意见》

（京国土耕〔2014〕467 号），支持本市农村集体经济组织在政府监管和符合规划的前提下，规范有序利用自有土地等集体资产集中建设租赁住房，确保本市集体租赁住房试点工作规范有序，风险可控。

十一月

11 月 2 日，国土资源部发布《关于 2014 年度国土资源科学技术奖获奖项目的公告》(2014 年第 26 号)，市国土局推荐申报的由中国地质大学（北京）等单位完成的“西南三江南段新生代金成矿系统”项目、“大洋多金属结核—结壳资源—环境属性及其开发应用基础研究”项目，分别获得一、二等奖；推荐申报的由北京市地质矿产勘查开发局等单位完成的“北京规划新城区工程地质勘查评价”项目，获得二等奖。

11 月 14 日，根据年内第 9 次局党组（扩大）会议精神，市国土局印发《关于进一步加强处级领导干部因私出国（境）管理工作的通知》(京国土党组〔2014〕44 号)，对局处级领导干部因私出国（境）进行严格审查、严格管理、从严掌握，对因私出国（境）旅游事项，暂不予批准。

11 月 4—28 日，副局长师宏亚到顺义、通州、海淀等 6 个区县调研土地储备开发工作，听取区县 2014 年土地储备开发工作完成情况和 2015 年供地计划，对重点项目土地入市问题进行深入探讨，进一步明确近期土地储备开发工作思路和要求。储备中心相关同志陪同调研。

11 月 6 日，局外网网站保障房供地专题正式上线。专题设工作动态、工作计划、政策法规和项目介绍栏目，全面解读本市保障房相关政策文件，跟进安居工程落地情况进展并展示各区县住宅配套项目实景。

11 月 15 日，国土资源部利用司会同财政部预算司、综合司到市国土局专题调研北京市土地储备机构业务运行和融资管理工作。市财政局、市规划委等相关委办局负责同志，市国土局副局长张维、师宏亚，财务处、储备中心相关同志陪同调研。

11 月 24 日，副巡视员樊文祯到国土资源部与部耕地保护司副司长刘明松召开专题会议，落实习总书记关于北京新机场“年内开工，2019 年通航”的指示精神，协调北京新机场先行用地手续报批工作。国土资源部相关司局、民航总局、市新机场办、新机场指挥部、大兴区新机场办、新航城公司、市国土局征地处等相关负责同志参加会议。

11 月 24 日，市政府对《北京市国土资源局 北京市规划委员会关于加快我市养老设施用地供应和适老社区建设有关问题的请示》(京国土调〔2014〕489 号）圈批同意，标志着北京市正式试点在新建住宅用地项目中按照与北京市老龄人口相适应的比例配建养老设施，推行适于中国文化和社会国情的新型适老社区建设。

11 月 24—25 日，全国地质资料馆在福州市召开 2014 年度地质资料管理年报编报暨全国地质资料信息报送工作会议。会上通报了 2014 年度全国地质资料信息报送工作成绩显著的单位和个人。市登记中心（地质资料馆）荣获优秀组织奖，陈祥志同志荣获先进个人奖。

11 月 26 日，市国土局作为市安办“六打六治”打非治违专项行动第 9 督查组组长单位，副局长李燕飞带领督查组工作人员到大兴区开展“六打六治”打非治违专项行动综合督查工作，询问了工作开展情况，查阅了相关文件资料，实地检查了打非拆违现场。

十二月

12 月 3 日，市国土局组织专家对《北京市突发地质灾害详细调查》项目原始地质资料进行验收，该项目主要针对本市 10 个郊区县开展 1：5 万地质灾害详细调查，项目组依据《原始地质资料立卷归档规则》整理形成了底、测、观、探、样、文六类原始地质资料共 192 件。验收组确定将底（纸质版、电子版）、探（电子版）、样（电子版）三类资料共 121 件作为项目成果进行汇交，其余资料由地勘单位妥善保管。此次验收开启了本市原始地质资料项目验收的先例，对规范地勘单位野外地质工作和今后组织项目原始资料验收具有指导意义。

12 月 4 日，中编办和国土资源部调研组由国土资源部人事司副司长张绍杰带队，到市国土局开展不动产登记职责和机构整合调研，副巡视员樊文祯主持调研座谈会，局长魏成林，市编办副主任左铭飞，市住建委、园林绿化局、农委，东城、朝阳、顺义区国土、住建（房管）等部门相关同志参加调研座谈会。

12 月 5 日，受国土资源部科技与国际合作司和北京市政府委托，市国土局和房山区政府接待了老挝政府副总理阿桑・劳里一行。代表团以土地开发、安居惠民为主题，实地参观考察了房山区长阳镇土地开发示范项目。国土资源部科技与国际合作司司长姜建军，市国土局副局长师宏亚、副巡视员周旭峰，房山区区委副书记、代区长曾赞荣、副区长吴会杰等领导参与接待和陪同参观。

12 月 22—24 日，市国土局联合市发展改革委，市规划委和市住保办共同组织召开北京市 2015 年度国有建设用地供应计划区县建议方案审核会，就各区县计划建议方案的总量、结构和项目设施进度等方面进行审核，要求各区县根据参会单位的意见和建议进一步完善计划建议方案，加快保障性安居工程用地供应计划编制和发布工作。总规划师丁晓参加会议。

12 月 23 日，北京市召开遏制违法用地暨 2013 年度土地卫片执法监督检查警示约谈会议。市委常委、副市长陈刚，国家土地督察北京局有关领导出席会议并讲话。一般违法占用耕地面积居前三的区县、居前十二的镇政府和街道办事处相关负责人被市政府约谈。市国土局局长魏成林、副局长李军、市发展改革委、监察局、规划委、住房城乡建设委、交通委、农委、国资委、园林绿化局、城管执法局和其他郊区县政府相关领导参加会议。

12 月 29 日，副巡视员樊文祯主持召开 2014 年度北京市土地变更调查与遥感监测工作部署会。会议主要传达了国土资源部有关变更调查工作要求，部署全市年度变更调查和城镇地籍调查数据汇总工作任务。规划处、耕保处、地籍处、利用处、征地处、执法总队、规划中心、登记中心、信息中心和分局相关同志参加会议。

12 月 30 日，市登记中心参加第二次全国土地调查总结表彰会议，经人力资源社会保障部和国土资源部评选，市登记中心被授予“第二次全国土地调查先进集体”荣誉称号。

第三部分

市级国土资源管理

土地资源管理

土地资源概况

【辖区范围】

北京市是中华人民共和国首都，全国政治中心、文化中心、科技创新中心和国际交往中心。地理坐标是，南起北纬39°28′，北到北纬41°05′，西起东经115°25′，东到东经117°30′。市域北接滦平、丰宁、赤城和承德等县（市）；西临怀来、涿鹿等县（市），南临涞水、涿州、永清、固安、廊坊及天津市的武清等县（市）；东与大厂、香河、三河、兴隆和天津市的蓟县等县（市）为邻。

北京市位于华北平原西北隅，地势西北高，东南低，海拔最高处2303米，最低地方仅为10米。西部山地属太行山脉；北部山地属燕山山脉，北部与内蒙古高原相连；东北与松辽大平原相通，东南面向华北平原，距渤海仅约150千米，往南与黄淮海平原连片。北京平原的海拔高度在20米至60米，山地一般海拔1000米至1500米，与河北交界的东灵山海拔2303米，为北京市最高峰。境内主要河流有永定河、潮白河、北运河、拒马河、泃河等，均属海河水系，其中永定河斜贯本市西南部，是北京地区的最大河流。

北京市下辖14个区、2个县，辖区总面积16406.1606平方公里（1640616.06公顷），土地利用现状面积详见表3－1。

表3－1　2013年度北京市土地利用现状汇总　单位：公顷

行政区域		土地调查面积	耕地（01）	园地（02）	林地（03）	草地（04）	城镇村及工矿用地（20）	交通运输用地（10）	水域及水利设施用地（11）	其他土地（12）
名称	代码									
北京市	110000	1640616.06	221157.28	738036.45	300847.83	46626.41	78739.52	34286.38		
东城区	110101	4182.04					4182.04			
西城区	110102	5033.13					5033.13			
朝阳区	110105	45478.12	2690.88	713.27	3683.63	12.18	33556.9	2269.27	2163.96	388.03
丰台区	110106	30552.63	2178.84	769.65	4283.98	81.71	19093.02	2698.96	1230.71	215.76

续表 3－1

行政区域		土地调查面积	耕地(01)	园地(02)	林地(03)	草地(04)	城镇村及工矿用地(20)	交通运输用地(10)	水域及水利设施用地(11)	其他土地(12)
名称	代码									
石景山区	110107	8438.21	66.63	66.09	2371.88	7.09	5379.73	220	310.34	16.45
海淀区	110108	43076.87	2059.98	2614.33	10555.78	49.76	24121.89	1544.61	1666.33	464.19
门头沟区	110109	144785.16	883.42	5259.34	100231.3	22982.31	8205.51	1470.5	1564.87	4187.91
房山区	110111	199472.67	25180.42	15671.89	60692.03	45634.31	30691.74	5115.84	7034.92	9451.52
通州区	110112	90579.21	33799.52	3507.33	7893.73	121.86	29920.68	4785.45	8657.9	1892.74
顺义区	110113	101950.63	33797.3	4952.4	15276.7	1754.73	28262.77	7195.3	7665.62	3045.81
昌平区	110114	134246.74	11694.05	12617.01	63333.3	1498.64	33894.83	5095.68	4187.7	1925.53
大兴区	110115	103633.66	40982.51	8192.32	6493.98	342.12	34456.24	4060.48	6585.2	2520.81
怀柔区	110116	212282.33	10123.31	17706.56	162740.56	1651.37	10382.39	2893.45	4837.05	1947.64
平谷区	110117	94824.04	11763.92	23484.72	34886.31	6118.73	10380.01	2506.61	4059.27	1624.47
密云县	110228	222592.14	17550.07	29360.14	130062.92	2332.58	13929.81	3253.64	22368.45	3734.53
延庆县	110229	199488.48	28386.43	10658.32	135530.35	2761.43	9357.14	3516.62	6407.2	2870.99

土地利用规划

【土地利用总体规划管理日常业务工作】

规划调整技术审查和数据库更新工作。4月初起草下发《北京市国土资源局关于进一步规范土地规划调整工作的通知》(京国土勘规〔2014〕170号)，重点就加强重大建设项目审查、优化审查报批程序、规范规划调整方案编制等作明确具体的要求。按照中央对新时期首都工作的有关要求，组织编制完成《北京市土地利用总体规划调整工作审查细则》。总结规划调整项目经验，筛选土地规划调整方案典型案例纳入市国土局内网规划管理专栏。

北京市2013年度土地规划实施评价工作。年内，全面组织开展北京市土地利用总体规划实施评价工作。在历年工作的基础上，增加海淀区作为区县实施评价的试点，对规划实施评价的指标体系进行进一步丰富和优化，深化相关评价内容，形成《北京市2013年度土地利用总体规划实施评价报告》，并顺利通过专家评审验收。实施评价工作客观准确地反映近年来北京市土地利用总体规划的执行情况、实施成效及存在的问题，提出切实可行的政策建议，为下一年度即将开展的土地利用总体规划调整完善工作提供重要的基础支撑。

市区乡三级基本农田保护区专项规划编制工作。市区乡三级基本农田保护区专项规划是推进土地利用总体规划实施的一项推进性规划，对于落实最严格的耕地保护制度，促进耕地和基本农田集中连片保护、提高耕地和基本农田质量具有重要意义。年内，进一步加大对平谷、昌平专项规划编制的督促指导和技术审查力度，对分局上报的专项规划成果及相应的土地利用总体规划调整方案进行认真审查并多次与分局沟通。结合基本农田现状分析专项工作，年内重点对房山和昌平区基本农田保护区规划进行外业抽查，严格专项规划的实施管理，切实发挥专项规划的作用。

丰台区长辛店镇集体建设用地专项规划研究工作。长辛店镇是市领导确定的全市 6 个集体建设用地专项规划编制试点乡镇之一。年内，结合市国土局 2014 年度调研计划组织申报长辛店镇集体建设用地专项规划研究课题。通过对收集数据的整理分析，对该镇土地利用总体规划的实施情况进行系统梳理，并根据分析中发现的问题进一步联系分局及乡镇收集相关资料和数据，形成研究报告初稿。

【京津冀规划一体化发展工作】

城市总体规划修改基础数据衔接共享工作。市国土局相关部门、市规划委和市规划院多次协调沟通，在土地利用现状、规划等基础数据的相关政策和技术口径做好对接的基础上，及时将土地利用规划管理相关数据提供市规划委，为城市总体规划修改基础数据衔接工作奠定基础。

城市总体规划修改前期研究工作。城市总体规划修改 4 个前期研究专题由市规委和市国土局共同牵头，其中“盘活存量建设用地”研究专题以市国土局为主，其他 3 项以市规划委为主。

京津冀协同发展工作。3 月，市国土局副局长张维赴天津和河北国土资源主管部门，座谈研讨京津冀土地规划统筹协调、产业联动发展、重点交通基础设施互联互通以及合作推进生态环境建设等事宜，并在基础信息共享、规划会商机制等多方面达成共识，力争形成长期稳定的工作对接平台。

【专项规划】

完成存量建设用地盘活再利用政策机制研究。为落实习总书记对北京市经济社会发展的五点要求和市委市政府会议精神，适应新形势下的新变化，缓解人口的过快集聚带来的资源环境承载压力，提升土地节约集约利用水平，规划处委托相关技术单位开展《存量建设用地盘活再利用政策机制研究》，以配合北京市城市总体规划修改。通过分析 2013 年底土地利用现状数据、规划数据，城市用地现状数据、规划数据、年度统计数据，全面梳理北京市存量建设用地资源的规模、结构、布局、利用效率等，总结提炼存量建设用地盘活利用中存在问题，提出相对应的政策机制建议。

开展永久基本农田划定试点工作。为落实《国土资源部农业部关于划定基本农田实行永久保护的通知》《国土资源部农业部关于加强和完善永久基本农田划定有关工作的通知》《国土资源部办公厅关于加快开展基本农田数据库建设的通知》文件要求，更好与“京津冀一体化”“三规合一”以及城市总体规划修改等相关工作做好衔接，经与市农委、市农业局、市规划委、顺义区政府研究，以顺义区为试点，启动永久基本农田划定顺义区试点工作。此次永久基本农田划定工作主要包括落实基本农田地块、落实基本农田保护责任、设立基本农田保护标识、编制相关图表册、建立基本农田数据库五部分工作内容。试点完成后，依据试点情况，总结经验，制定相关实施标准和技术规范，计划 2015 年完成剩余区县永久基本农田划定工作。

【土地利用规划实施管理】

建设用地预审。年内，北京市共批复用地预审项目 996 件，用地总面积 13755 公顷，比 2013 年增加 39%，其中农用地约 6966 公顷（占用耕地 4260 公顷），建设用地约 6525 公顷、未利用地 266 公顷。其中，北京新机场项目用地总规模 3823 公顷，其中农用地 3084 公顷（耕地 2403 公顷），建设用地 675 公顷，未利用地 65 公顷。从预审空间分布来看，首都功能核心区占 1%；首都功能拓展区占 27%；城市发展新区占 56%；生态涵养发展区占 16%。用地预审向城市发展新区集中，有效保障城市发展和土地利用总体规划的落实，促进中心城功能疏解和土地利用总体规划的落实。

规划调整。截至年底，北京市共办理土地利用规划调整 122 件，总面积约 890 公顷，其中：报市政府批准土地利用规划调整项目有 10 个，调整面积约 356 公顷；经市国土局批准同意土地利用规划动态维护项目有 35 个，调整面积约 239 公顷；另有 77 个项目经分局批准同意对土地利用总体规划进行动态维护，调整面积约 295 公顷。

土地供应

【年度土地供应计划编制】

年内，为适应首都新时期经济社会发展要求，持续优化调整产业结构，促进人口资源环境协调发展，推进国土资源节约集约利用，努力打造国际一流的和谐宜居之都，统筹“稳增长、调结构、促改革、惠民生”的总体目标，保障首都经济社会健康可持续发展合理用地需求，按照《国有建设用地供应计划编制规范》(试行)(国土资发〔2010〕117 号）要求，结合《北京城市总体规划（2004—2020)》《北京市土地利用总体规划（2006—2020 年)》《北京市 2011—2015 年国有建设用地供应计划》和市政府 2014 年度工作部署，市国土局会同市发展改革委、市规划委共同编制了 2014 年度国有建设用地供应计划，并印发《关于印发北京市 2014 年度土地供应计划的通知》(京国土调〔2014〕150 号）正式公布实施。

本年北京市国有建设用地计划供应总量 5150 公顷，其中新增建设用地控制在 2500 公顷以内，鼓励和引导利用存量建设用地 2650 公顷。

本年土地供应总量按用途类型分：交通运输用地 1200 公顷，水域及水利设施用地 50 公顷，特殊用地 50 公顷，公共管理与公共服务用地 1200 公顷，工矿仓储用地 450 公顷，住宅用地 1650 公顷，商服用地 550 公顷。

本年土地供应总量按空间结构分，首都功能核心区和生态涵养区的土地供应量不高于全市土地供应总量的15%，城市功能拓展区和城市发展新区的土地供应量不低于全市土地供应总量的85%。规划新城范围内土地供应量占土地供应总量的70%以上，其中，重点新城规划范围内土地供应量约占土地供应总量的30%。

【年度供应计划实施】

本年北京市实际供应土地总量3160.3公顷，完成全年计划的61.4%，与2013年同比下降了20.2%，符合北京市减量发展、结构调整、产业优化等宏观经济运行预期，有效保障首都经济持续稳步发展用地需求。

本年北京市城市发展新区和城市功能拓展区土地供应量占全市土地供应总量的81%，首都核心功能区和生态涵养发展区土地供应量占全市土地供应总量的19%。土地供应空间结构不断优化，均衡协调的城市发展格局不断完善。

住宅用地供应保持平稳，用地结构进一步优化。本年北京市住宅用地供应1195公顷，其中商品住宅用地供应517公顷（含自住型商品房用地193公顷），保障性安居工程用地供应678公顷（年度计划650公顷）。住宅用地供应结构进一步优化，保障性安居工程和自住型商品房用地供应占住宅用地供应量的73%。

公共管理和公共服务、交通运输等基础设施用地供应有所下降，供应节奏趋缓。在全市固定资产投资增速趋缓的背景下，2014年北京市公共管理和公共服务、交通运输等基础设施用地供应1347.6公顷，占土地供应总量的42.6%，重点保障轨道交通、高速公路、城市道路、南水北调工程、环境治理、基础能源设施建设等重点项目用地需求。

服务型产业和生产型产业用地供应量有增有减，有效促进首都经济结构优化调整。2014年北京市商服用地供应427.1公顷，完成计划的77.7%，同比增加了40%，重点保障了APEC、京交会等重大项目的用地需求；工业用地供应190.6公顷，完成计划的42.4%，同比减少了58%，有效落实市政府关于调整疏解非首都功能，强化创新驱动，优化产业项目选择，推进节约集约用地，促进首都经济结构深度调整，适应健康绿色可持续发展的战略要求。

【国有土地使用权出让】

北京市国有建设用地使用权出让概况。年内，北京市共出让土地358宗，出让土地总面积约1522.0184公顷，合同地价款总额约为人民币1985.6034亿元（表3－2）。其中出让新建项目用地197宗，出让土地面积约为1189.5923公顷，占出让总土地面积的78.16%，合同地价款总额约为人民币1959.2905亿元，占出让地价款总额的98.67%；以现状补办出让项目用地161宗，出让土地面积约332.4261公顷，占出让总土地面积的21.84%，合同地价款总额约为人民币26.3130亿元，占全市出让地价款总额的1.33%。

按出让方式来分，其中以招拍挂方式出让项目用地141宗，出让土地面积约1014.5120公顷，占出让总土地面积的66.66%，合同地价款总额约为人民币

1935.6953亿元，占出让地价款总额的97.49%；以协议方式出让项目用地217宗，出让土地面积约507.5064公顷，占出让总土地面积的33.34%，合同地价款总额约为人民币49.9082亿元，占全市出让地价款总额的2.51%。

表3－2　　2014年北京市按区域划分国有建设用地使用权出让情况

区县	宗数（宗）	宗地面积（公顷）	合同地价款（万元）
东城区	35	4.0080	41174.51
西城区	34	6.4001	766701.39
朝阳区	39	95.8212	1586500.16
丰台区	36	109.4206	2591482.98
石景山区	7	31.0759	1346312.14
海淀区	33	68.0452	638835.53
门头沟区	13	106.2665	2945023.01
房山区	30	162.6721	964930.94
通州区	21	201.4271	2353018.53
顺义区	34	221.5272	1923518.78
昌平区	18	116.1746	1569302.45
大兴区	44	202.8064	2252968.38
怀柔区	6	114.0006	623222.50
平谷区	5	52.6840	243850.24
经济技术开发区	0	0	0
密云县	1	2.3343	233.43
延庆县	2	27.3546	8960.00
合计	358	1522.0184	19856034.97

北京市国有建设用地使用权协议出让情况。年内，北京市共协议出让土地217宗（包括现状经营性用地补办出让手续、教科文卫用地等），出让土地总面积约507.5064公顷，合同地价款总额为人民币49.9082亿元（表3－3）。其中协议出让新建项目用地56宗，出让土地面积约为175.0803公顷，占协议出让总土地面积的34.50%，合同地价款总额约为人民币23.5952亿元，占协议出让地价款总额的47.28%；以现状补办出让项目用地161宗，出让土地面积约332.4261公顷，占协议出让总土地面积的65.50%，合同地价款总额约为人民币26.3130亿元，占全市协议出让地价款总额的52.72%。

表 3－3　　2014 年北京市按用途划分国有建设用地使用权协议出让情况

		宗数（宗）	面　积（公顷）		规划建筑面积（万平方米）	成交价款（万元）
				新增		
合　计		217	507.5064	190.0191	651.1970	499082.27
商服用地		112	85.0140	30.6643	174.8214	218478.44
工矿仓储用地		22	176.3495	7.0504	24.8219	34098.57
住宅用地		46	92.8050	77.2663	208.7504	65210.61
其中	高档住宅用地					
	普通商品住房用地	33	4.9271		5.6024	11402.42
	中低价位、中小套型用地					
	经济适用住房用地					8559.87
	廉租住房用地	2	9.1323		33.7544	45418.99
	其他住房用地	11	78.7456	77.2663	169.3936	181294.65
公共管理与公共服务用地		37	153.3379	75.0381	242.8033	181294.65
特殊用地						
交通运输用地						
水利设施用地						

2001—2014 年北京市国有建设用地使用权出让情况。2001—2014 年市国土局共审批出让国有建设用地使用权 9618 宗，涉及土地面积约 26980.3484 公顷，规划建筑面积约 45567.2166 万平方米。

【国有建设用地使用权划拨】

年内，北京市共办理国有建设用地使用权划拨 249 宗，用地面积 540.30 公顷。与2013 年相比，增加 189.88 公顷。1992—2014 年度国有建设用地使用权划拨情况详见表 3－4。

表 3－4　　1992—2014 年北京市划拨分年度统计

年度	宗数（宗）	比例（%）	面积（公顷）	比例（%）
1992	25	1.09	204.64	1.74
1993	36	1.57	241.02	2.05
1994	39	1.70	404.8	3.45
1995	36	1.57	215.33	1.83
1996	24	1.05	55.16	0.47
1997	33	1.44	122.24	1.04

续表 3－4

年度	宗数（宗）	比例（%）	面积（公顷）	比例（%）
1998	38	1.66	157.76	1.34
1999	33	1.44	187.1	1.59
2000	35	1.52	67.4	0.57
2001	72	3.14	412.95	3.52
2002	65	2.83	311.21	2.65
2003	79	3.44	501.66	4.27
2004	73	3.18	447.67	3.81
2005	123	5.36	611.16	5.20
2006	183	7.97	2086.16	17.76
2007	294	12.80	1400.08	11.92
2008	181	7.88	1409.29	12.00
2009	133	5.79	721.62	6.14
2010	93	4.05	264	2.25
2011	121	5.27	585.88	4.99
2012	189	8.23	449.84	3.83
2013	142	6.18	350.42	2.98
2014	249	10.84	540.30	4.60
总计	2296	100	11747.69	100

从用地项目来看，公共管理和公共服务类用地面积达 307.55 公顷，占全年划拨用地总面积的 56.92%；公共管理和公共服务类宗数最多，共 170 宗，占全年划拨用地宗数的 68.27%。本年划拨土地按项目类型分类情况详见表 3－5，1992—2014 年度国有建设用地使用权划拨分项目类型情况详见表 3－6。

表 3－5　　2014 年北京市按项目类型分类统计

项目类型	宗数（宗）	比例（%）	面积（公顷）	比例（%）
经济适用住房用地	35	14.06	118.86	22.00
廉租住房用地	22	8.84	20.58	3.81
公共管理和公共服务用地	170	68.27	307.55	56.92
特殊用地	2	0.80	13.02	2.41
交通运输用地	20	8.03	80.29	14.86
总计	249	100	540.30	100.00

表 3－6　　1992—2014 年度划拨分项目类型统计

项目名称	宗数（宗）	比例（%）	用地面积（公顷）	比例（%）
公共管理和公共服务	1154	50.26	3643.21	31.01
经济适用住房	291	12.67	1860.24	15.83
其他住房	390	16.99	2830.10	24.09
交通运输用地	339	14.76	2582.20	21.98
特殊用地	121	5.27	829.56	7.06
水域及水利设施用地	1	0.04	2.38	0.02
总　计	2296	100	11747.69	100

审批项目涉及除东城区和经济技术开发区以外的所有区县，从用地位置来看，海淀区、大兴区、丰台区、门头沟区审批宗数较多，分别达 76、28、27、26 宗，海淀区、昌平区、房山区、丰台区供地面积最大，四区占全年划拨供地总面积的 60.67%。本年各项目用地位置分类情况详见表 3－7，1992—2014 年度国有建设用地使用权划拨分区县情况详见表 3－8。

表 3－7　　2014 年划拨按各项目用地位置分类统计

区县	宗数（宗）	比例（%）	用地面积（公顷）	比例（%）
东城区				
西城区	7	2.81	6.5223	1.21
朝阳区	14	5.62	45.7366	8.47
丰台区	27	10.84	75.9967	14.07
石景山区	6	2.41	7.7862	1.44
海淀区	76	30.52	90.1363	16.68
门头沟区	26	10.44	29.8680	5.53
房山区	16	6.43	76.4517	14.15
通州区	17	6.83	21.1662	3.92
顺义区	3	1.20	11.3691	2.10
昌平区	17	6.83	85.2282	15.77
大兴区	28	11.24	53.7631	9.95
怀柔区	4	1.61	27.0844	5.01
平谷区	2	0.80	2.6227	0.49
经济技术开发区				
密云县	5	2.01	6.2499	1.16
延庆县	1	0.40	0.3209	0.06
总计	249	100	540.3023	100

表 3－8　　1992—2014 年度划拨分区县统计

区县	宗数（宗）	比例（%）	用地面积（公顷）	比例（%）
东城区	254	11.06	1188.38	10.12
西城区	357	15.55	1262.84	10.75
朝阳区	316	13.76	2242.51	19.09
丰台区	221	9.63	942.50	8.02
石景山区	58	2.53	161.97	1.38
海淀区	382	16.64	1811.91	15.42
门头沟区	70	3.05	169.18	1.44
房山区	74	3.22	338.23	2.88
通州区	83	3.61	211.94	1.80
顺义区	75	3.27	1338.37	11.39
昌平区	106	4.62	992.79	8.45
大兴区	116	5.05	469.12	3.99
怀柔区	43	1.87	170.87	1.45
平谷区	33	1.44	89.70	0.76
经济技术开发区	7	0.30	59.80	0.51
密云县	66	2.87	188.03	1.60
延庆县	35	1.52	109.57	0.93
总计	2296	100	11747.69	100

【政策研究】

为全面实施《国务院关于加快棚户区改造工作的意见》（国发〔2013〕25 号），进一步加大棚户区改造和环境整治工作力度，市国土局会同相关委办局、区政府研究北京市中心城区棚户区改造和环境整治有关用地问题，配合市政府发布《关于加快棚户区改造和环境整治工作的实施意见》（京政发〔2014〕18 号）。

为进一步规范北京市建设项目划拨供地阶段防洪费缴纳的认定，依据《北京市征收防洪工程建设维护管理费暂行规定》（北京市人民政府令〔1994〕第 21 号）的相关规定，市国土局会同市发展改革委就有关问题进行专题研究。根据研究结果，市国土资源局下发了《关于划拨供地阶段防洪费缴纳认定有关问题的通知》（京国土用〔2014〕409 号）

【国有建设用地使用权交易】

年内，市土地交易市场和 10 个远郊区县、经济技术开发区土地交易分市场共成交土地 141 宗，土地面积 1295.28 公顷，规划建筑面积 1663.01 万平方米，成交价款 1916.90 亿元，其中，政府土地收益 964.77 亿元。详见表 3－9、3－10、3－11。

表 3－9　　2014 年北京市国有建设用地使用权入市交易成交统计

交易地点	成交宗数（宗）	土地总面积（万平方米）		规划建筑面积（万平方米）	成交价款（亿元）
		合计	其中建设用地		
市土地交易市场	96	1089.55	782.12	1464.60	1899.18
远郊区县土地交易市场	45	205.73	155.55	198.41	17.72
合计	141	1295.28	937.67	1663.01	1916.90

表 3－10　　2014 年北京市国有建设用地使用权入市交易成交统计（按用途分类）

	合计	住宅用地	商业用地	工业用地
面积（公顷）	1295.28	636.97	452.58	205.73
结构比例（%）	100	49.18	34.94	15.88

表 3－11　　2014 年北京市国有建设用地使用权入市交易成交统计（按区域分类）

区域	面积（公顷）	比例（%）
首都功能核心区	2.06	0.16
城市功能拓展区	205.53	15.87
城市发展新区	788.56	60.88
生态涵养发展区	299.13	23.09
合计	1295.28	100

【保障性住房建设用地供应】

年内，完成保障性安居工程新增落实用地 678 公顷，其中公租房用地 76 公顷，限价房用地 190 公顷，经济适用房用地 21 公顷，定向安置房用地 311 公顷，中央军队经济适用房用地 80 公顷。

【土地出让项目批后监管】

依照《国土资源部办公厅关于建立土地利用动态巡查制度加强建设用地供后开发利用全程监管的通知》（国土资厅发〔2013〕30 号）要求，继续完善出让项目后期跟踪管理的制度、流程，充分利用科技手段，协同相关部门，跟踪管理工作进入制度化、日常化管理的轨道，形成市、区（县）分工合作机制。

规范土地出让合同约定开发建设延期审批，形成常态化、规范化的工作流程。年内共收到延期申请 68 件，其中对符合要求的项目 17 件（协议出让 4 件，招拍挂出让 13 件），已分 3 个批次上报、批准。

自 2009 年国土部开展出让合同专项清理工作和 2010 年北京市建立出让项目开发利用申报制度以来，市国土局一直通过建设用地开发利用情况申报和出让后期跟踪管理工作收集的项目宗地开、竣工数据成果向国土部监管系统进行更新。年内，共收到 45 宗申报；根据申报及局监管子系统数据，完成国土部监测系统中约 52 宗（包括交地、开工、竣工信息等数据）土地的开竣工数据更新。

【出让土地批后监管系统建设】

按照《北京市国土资源局关于运行出让土地批后监管系统的通知》(京国土用〔2013〕109号)要求,自2013年4月1日起,对土地出让合同相关信息全程监督管理的“综合监管平台出让土地批后监管子系统”正式运行。该系统为进一步加强土地出让合同管理及土地批后监管,推进节约集约用地,强化项目用地开竣工管理提供技术保障。市国土局监测系统已纳入2007—2014年度出让项目总计3724个,其中需要监测开发利用情况的(即新建协议和招拍挂出让项目)1387个,其余现状、竣工补办等出让项目为2337个。需监测项目中已对1258个项目进行监测并实现数据实时更新,占需监测项目数量的90%。

地价管理和地价监测

【组织完成基准地价更新】

年内,按照市政府工作安排,市国土局组织开展了基准期日为2014年1月1日的北京市出让国有建设用地使用权基准地价更新工作。8月28日,市政府印发《北京市人民政府关于更新出让国有建设用地使用权基准地价的通知》(京政发〔2014〕26号),基准地价更新成果正式实施。

【基准地价更新情况】

本轮基准地价在全市划定居住、商业、办公、工业各十二个级别的基础上,细分出257个居住用途区片、260个商业用途区片、258个办公用途区片、237个工业用途区片,在城六区和规划新城首次探索尝试适应网格化管理的街区地价表现形式,能够适应北京市特大城市多中心、多版块、市场不均衡发展的特点。基准地价更新成果由图、表、文字说明、修正体系组成。其中图包括土地级别(区片)图、街区地价图;表包括级别基准地价表、区片基准地价表;文字说明描述土地级别(区片)范围;修正体系包括用途修正、容积率修正、商业路线价加价幅度修正、地下空间和商业楼层修正、因素修正、年期修正、期日修正、开发程度修正和特殊因素修正体系。

【调整地价监测范围、区段和标准宗地等】

年内,为更准确反映土地市场情况,对地价监测范围、地价区段、标准宗地、地价内涵等进行调整。将国家级监测范围内标准宗地由上年度的257宗(居住105宗、商业91宗、工业61宗)调整为276宗(居住97宗、商业94宗、工业85宗),市级监测范围内标准宗地由2013年度的241宗(居住55宗、商业53宗、办公133宗)调整为189宗(居住39宗、商业31宗、办公119宗)。参与单位由2013年度的57家土地估价机构238名土地估价师调整为61家监测单位的236名土地估价师。

【地价监测主要成果】

年内,标准宗地信息采集仍然采取同一宗地由两名估价师背对背分别评估的方式进行。地价监测结果客观反映北京市土地价格水平及地价变化情况，对于政府部门全面、系统、及时地掌握地价水平及动态变化情况，宏观调控土地市场提供参考依据。本年北京市国家级监测范围内地价监测结果见表3－12。

表3－12　　国家级监测范围各用途增长百分率

土地用途	2014年一季度（%）	2014年二季度（%）	2014年三季度（%）	2014年四季度（%）
居住	3.28	2.59	0.65	0.12
商业	2.34	2.03	1.47	0.41
工业	1.36	1.52	0.72	0.89
平均	2.97	2.40	0.83	0.21

表3－13　　2014年城市地价动态监测指数（年度）

年度	2013年	2014年
全市平均水平	299	318
一、住宅用地	409	437
二、工业仓储用地	227	237
三、商业、旅游、娱乐用地	252	268

【协议出让地价管理】

年内，共召开地价办公室会26次，召开地价评审专家会7次，审定项目303个。

土地储备

【土地储备计划编制及实施】

由于国务院关于加强地方政府性债务管理政策对土地储备开发投融资工作产生的不确定性，2014年度土地储备计划未公布实施。

年内，核批土地一级开发授权批复30个（含延期及主体变更），土地面积1290公顷。北京市新增土地储备开发面积354公顷，完成土地储备开发面积1027.57公顷，实现土地储备开发投资987亿元。

表3－14　　2014年北京市土地储备开发完成区域分布

区域	完成开发面积（公顷）	比例（%）
首都功能核心区	0	0
城市功能拓展区	264.09	26
城市发展新区	536.24	52
生态涵养发展区	227.24	22
合计	1027.57	100

【政府土地储备】

年内，新增收购储备项目 1 个，土地面积 2.83 公顷。组织办理储备土地证 26 个，土地面积约 82 公顷。

【土地储备资金筹措】

年内，筹措市级土地储备开发项目资金 337 亿元，其中银行贷款 112 亿元，市财政返还前期成本 145 亿元，市财政拨付国有土地收益基金 80 亿元。

土地征收

【征地管理】

深入推进征地网上审批监管。为深化行政审批制度改革，北京市规范了征地及农转用审批事项申报材料，调整集体土地征收结案、建设用地批准书等办理程序，进行全市征地工作培训，并将网上电子报盘系统同步进行优化升级。通过对网上申报数据实施严格审核，不仅加强网上行政监管，提升征地审批质量，也为用地单位提供便捷高效的服务。

开展征地补偿费落实情况清理。为切实保障被征地农民的合法权益，按照国家土地督察北京局、市委群众路线教育实践活动办相关工作部署，北京市在近几年进行征地补偿费集中清理的基础上，重点开展维护被征地农民合法权益专项督察、纠正征地拆迁中损害群众利益专项整治等工作。通过在全市范围内对征地补偿费进行清理核查，相关区县政府就清理出的问题已整改到位，拖欠的征地补偿费用已全部落实。

深入开展征地补偿多元化调研。北京市重点加大对“缩小征地范围，规范征地程序，完善对被征地农民合理、规范、多元化补偿机制”的研究，一方面，密切关注国家相关立法动向，认真梳理和总结现行征地程序、机制，为搭建征地制度改革的总体框架思路奠定基础；另一方面，积极探索在土地储备项目中采取实物补偿、留地安置等多元化补偿安置方式，多方面采取长效措施维护被征地农民权益，使农民生活水平有提高、长远生计有保障。

【征地及农用地转用审批】

本年，国务院及北京市政府共审批征地及农用地转用总用地面积约 1591 公顷，其中国务院批准用地面积约 594 公顷，北京市政府批准用地面积约 997 公顷。涉及新增建设用地约 801 公顷，其中农用地约 607 公顷，耕地约 247 公顷。

耕地保护

【耕地保护责任目标履行情况】

按照《北京市耕地保护责任目标考核办法》（京政办发〔2011〕22 号）的要求和国土部有关部署，落实相关工作。一是开展本年度耕地保护目标管理责任书的签订工作。二是组织各区县政府开展 2011—2013 年度耕地保护责任目标履行情况自查，完成北京市 2011—2015 年耕地保护责任目标期中考核工作。

【耕地占补平衡工作】

继续严格落实耕地占补平衡政策，年内共编制、审核补充耕地方案123件。积极探索补充耕地新模式，以北京新机场项目为试点，向国务院、国土资源部积极争取国家统筹政策支持。

【土地整治】

进一步规范土地整治立项、实施及验收管理。为提高项目管理的法制化和规范化，制定并下发《北京市国土资源局土地整治项目验收管理办法》，起草《北京市土地整治项目管理办法》。

加快推进土地整治项目立项及验收工作。年内，共批准立项土地整治项目（含高标准基本农田项目）25个，计划建设规模14840公顷，预计新增耕地110.67公顷；年内，共组织验收项目34个，其中已下达批复项目31个，验收建设规模10808.87公顷、新增耕地1071.8公顷。

组织开展土地整治项目备案信息复核确认工作。按照国土资源部《关于开展土地整治备案信息复核确认进一步加强监管工作的通知》（国土资厅发〔2014〕21号）的要求和部署，分三个阶段对北京市在农村土地整治监测监管系统中备案的土地整治项目进行清理复核，对于存在信息填报不全、数据有误等问题的项目进行统一修改，确保备案信息的准确性与真实性。

推进高标准基本农田建设。完成2013年度高标准基本农田建设项目的信息补录工作。按照国家下达的年度建设任务，下发《北京市国土资源局关于下达2014年高标准基本农田建设计划的函》（京国土耕函〔2014〕246号），对北京市2014年的18666.67公顷基本农田建设任务进行分解。编制完成高标准基本农田实施方案；落实高标准基本农田建设定额补助资金的拨付。

开展区县土地整治规划审核相关工作。指导相关区县分局修改土地整治规划相关内容，并做好区县土地整治规划资料备案工作。

【设施农用地利用管理】

按照国土资源部《关于开展2013年度全国土地变更调查中设施农用地审核工作的函》要求，组织对北京市13个郊区县2013年度全国土地变更调查中涉及的1362个设施农用地图斑进行全面核查。按照国家土地督察北京局2014年督察通知书要求，会同市农委、农业局组织开展全市设施农业项目自查整改工作。进一步完善设施农用地管理政策机制，组织到昌平、海淀、门头沟等区县开展实地调研，深入研究和完善本市设施农业用地管理实施办法和用地标准，撰写《关于我市设施农用地管理工作情况的报告》。组织开展国土资源部127号文贯彻落实工作，会同市农委、园林局、农业局等部门，拟订《关于贯彻落实国土资源部农业部进一步支持设施农业健康发展有关问题的通知》。

【集体建设用地管理】

加强农村宅基地政策机制研究。在指导区县政府加强农村宅基地利用管理的同时，加快落实党的群众路线教育实践活动，组织北京市相关部门专题研究农村宅基地利用管理工作，向市领导专题汇报，并向市政府提交《关于北京市农村宅基地利用管理工作的意见》，在市长专题会进行研究，为市领导提供重要决策参考。深入研究密云水库一级保护区和新城规划范围内部分村庄宅基地审批问题，积极回应社会关注热点。积极探索保障农户宅基地用益物权的实现途径，认真总结北京市近年来农村闲置土地和宅基地流转的情况，积极推进农民闲置房屋盘活利用工作。

推进集体经营性建设用地入市工作。年内，研究北京市集体经营性建设用地入市的整体工作思路，部署开展集体建设用地利用管理专项调研，向市领导提交专题工作报告。研究、推进并完成本年全市调查研究重点课题《建立城乡统一的建设用地市场探索——北京市农村集体经营性建设用地入市政策机制研究》。深入论证北京市集体经营性建设用地入市的相关政策措施和运行机制，初步草拟北京市农村集体经营性建设用地乡镇统筹出让、租赁、入股试点管理办法。研究甄选北京市农村集体经营性建设用地入市具体试点。

推进集体土地租赁住房试点工作。年内，研究下发《关于上报集体土地租赁住房试点项目实施进度相关情况的通知》，建立月报告制度，加快推进海淀区西北旺镇唐家岭、温泉镇3－3街区351地块、朝阳区平房乡平房村和海淀区西北旺021地块等4个已批试点项目的建设实施，其中海淀区温泉镇东埠头村集体土地租赁住房项目已竣工。组织协调市规划等部门，深入研究相关政策措施，进一步完善《北京市利用农村集体土地建设租赁住房试点实施意见》，经市政府同意后已正式印发，切实规范试点工作。

研究推进集体建设用地乡镇统筹利用相关政策措施。加快推进大兴区西红门镇、旧宫镇城乡一体化改造试点工作，积极指导北京市大兴区青云店镇，丰台区长辛店镇，通州宋庄镇、台湖镇，朝阳区金盏乡，顺义区高丽营镇等“五区六镇”，开展乡镇统筹利用农村集体经营性建设用地试点的规划方案编制和相关用地政策研究；会同市相关部门，指导通州区申报国家新型城镇化综合改革试点，开展北京市第二批农村改革试验区和试验项目筛选工作。

加强集体建设用地日常管理。审核办理房山区琉璃河镇综合文化活动中心等各类农村公共设施和乡镇村企业占用现状农村集体建设用地项目10宗24.3498公顷；按照国土部《关于开展2013年度全国土地变更调查临时用地审核工作的通知》要求，组织对北京市2013年度全国土地变更调查中涉及的303个临时用地图斑进行全面核查。

组织开展市国土局新型城镇化改革工作小组办公室日常工作。结合北京市新型城镇化改革工作，研究拟订工作实施计划安排，正式印发《北京市国土资源局新型城镇化改革工作小组重点工作实施计划安排和工作细则》；组织完成《北京市国土局新型城镇化重要改革举措2014—2020年实施规划》编制工作，并完成市国土局新型城镇化改革工作年度评估工作。

地籍管理

【农村集体土地确权登记颁证】

根据2014年中央1号文件《中共中央国务院印发〈关于全面深化农村改革加快推进农业现代化的若干意见〉》中关于“加快包括农村宅基地在内的农村地籍调查和农村集体建设用地使用权确权登记颁证工作”及市委、市政府的要求，本年度北京市农村集体土地确权登记颁证工作，主要围绕集体建设用地使用权确权登记发证展开，先后制定并下发《关于继续加快推进北京市农村集体建设用地使用权确权登记发证工作的通知》和《关于对农村集体建设用地确权登记发证工作中有关问题的意见》。工作中，严格确权登记程序，注重政策研究，加强督导检查，较好完成年度工作任务。截至年底，全市（除东城、西城、石景山）13个区县共调查集体建设用地宗地48117宗，其中符合发证条件的宗地为9994宗，完成发证的宗地为8871宗，发证率达到88.76%。

【启动不动产统一登记制度建设工作】

根据中央编办印发的《关于整合不动产登记职责的通知》（中央编办发〔2013〕134号）和国土资源部《关于贯彻实施〈不动产登记暂行条例〉的通知》要求，年内市国土局会同市编办、法制办、住建委、农委和园林绿化局，主要围绕不动产登记职责和机构整合开展前期工作：

1. 成立不动产统一登记联席会。9月底，市政府正式成立以副市长陈刚为召集人，局长魏成林为副召集人，市编办、国土局、法制办、住建委、农委、园林绿化局及农经办为成员的不动产统一登记联席会。在此之前，为有序推进不动产统一登记前期工作，市国土局于年初成立由办公室、人事处、法制处、研究室、地籍处、登记中心等部门组成的不动产统一登记制度局内部工作协调小组，专题研究相关工作。

2. 开展职责和机构整合现状调研。年内较好完成北京市土地、房屋、林地等各类不动产登记的人员、机构和信息化建设等基本情况现状调研。全市不动产登记包括土地登记、房屋登记、林木和林地登记、农村土地承包经营权登记，分别由市（区县）国土资源局、市（区县）住房城乡建设委、市（区县）园林绿化局、市（区县）农委负责，部分区县的房屋登记由区县房管局负责。全市涉及不动产登记的编制1000余名，其中国土系统300余名，住建系统700余名，园林绿化、农委系统各10余名。

3. 拟定职责和机构整合初步方案。按照不动产统一登记“登记机构、登记簿册、登记依据和信息平台‘四统一’”的要求，市编办牵头对整合北京市不动产登记职责和机构进行调查研究，听取市国土局、住建委等部门意见，分别到海淀区、顺义区进行调研。在此基础上，拟定在市国土局增设不动产登记处的不动产统一登记职责和机构整合初步方案。

【启动村庄宅基地地籍调查试点工作】

根据国土资源部、财政部、住房和城乡建设部、农业部、国家林业局联合印发《关于进一步加快推进宅基地和集体建设用地使用权确权登记发证工作的通知》（国土资发〔2014〕101号）要求，结合北京市新型城镇化改革专项小组重点工作安排，及时将村庄宅基地地籍调查和房屋调查工作列为重点工作，纳入全市农村土地确权登记发证整体工作统一部署。年内，在摸清村庄居民点内部宅基地、其他乡村建设用地，居民点以外零散分布的宅基地和地上房屋的权属、用地范围、位置、面积、用途等基本情况的基础上，与市农委、市住建委、市经管站等有关部门沟通协调，起草《北京市农村村庄地籍调查试点工作方案》和《北京市农村村庄地籍调查试点实施细则》，为2015年度试点工作的开展做好组织和技术准备。

【二次调查后续工作】

2013年底，国务院第二次全国土地调查领导小组办公室和国土资源部先后向国务院专题会议、国务院常务会议、中央政治局常委会议、中央政治局会议汇报第二次全国土地调查情况，并于2013年12月30日正式向社会公布主要数据成果。根据中央有关指示和国土资源部《关于做好省级第二次土地调查主要数据成果汇报与公布的通知》以及市政府领导要求，结合北京市二次调查工作实际，认真组织开展二次调查相关后续工作：

1. 向市政府汇报二次调查成果。5月21日，局长魏成林代表二次调查办公室，向市政府常务会议汇报全市二次调查工作及主要成果，会议审议通过北京市二次调查及近年变更调查主要数据成果。市政府领导对土地调查工作所取得的成果给予充分肯定，并要求进一步发挥土地调查成果在调整产业结构、优化城市布局、城市规划修编以及划定生态红线等方面的支撑作用，不断深化调查成果在全市各行业、各部门的共享应用。

2. 向社会公布北京市二次调查主要数据成果。6月13日，市国土局联合市统计局、市土地调查办向社会公布北京市二次调查主要数据成果。以2009年12月31日为标准时点汇总，全市土地调查面积1640616公顷。其中：耕地227170.43公顷，园地141617.22公顷，林地743696.19公顷，草地84843.14公顷，城镇村及工矿用地284791.79公顷，交通运输用地44446.42公顷，水域及水利设施用地80235.85公顷，另外为其他土地。

3. 及时进行二次调查成果的宣传解读。6月20日，《国土资源报》对北京市二次调查主要数据成果进行宣传解读。8月13日，副巡视员樊文祯带队，采取走进北京市政风行风热线直播间的方式，对二次调查成果及相关情况进行访谈交流。同时，根据人力资源社会保障部、国土资源部《关于做好第二次全国土地调查先进集体和先进工作者推荐评选工作的通知》（人社部函〔2014〕142号），积极协调市人社局，按照“严格程序、面向基层、确保质量”的总体要求，组织开展全国二次调查先进集体与先进工作者的推荐评选工作。市土地登记中心被评为全国二次调查先进集体，朝阳区、顺义区土地登记中心刘玖辉、李中权被评为先进工作者。

【土地利用现状调查】

年内，在完成2013年度土地变更调查与遥感监测初步成果上报的基础上，丰台区、通州区、房山区接受国家级外业核查，全面更新市级与区县级数据库，完成2013年度土地变更调查与遥感监测工作任务。截至2013年12月31日，全市土地调查面积1640616公顷，其中：耕地221157.28公顷，园地135573.37公顷，林地738036.45公顷，草地85348.82公顷，城镇村及工矿用地300847.83公顷，交通运输用地46626.41公顷，水域及水利设施用地78739.52公顷，其他土地34286.38公顷。

按照政府采购相关规定，招标确定本年度土地变更调查与遥感监测项目作业单位；组织开展第1、2、3季度土地遥感监测和新增建设用地季报工作；按照国土资源部要求，及时组织开展本年度变更调查与遥感监测工作。年底，全面完成外业调查、日常用地信息收集和数据汇总，形成并上报2014年度土地变更调查与遥感监测初步成果。

【土地登记发证】

国有土地使用权。截至年底，北京市国有土地使用权应发证（包括：总登记、初始登记和变更登记）271536本，已累计发证131956本。其中年度内发证6841本。

集体土地所有权。截至年底，北京市集体土地所有权应发证25189本，已累计发证23605本，集体土地所有权发证率为94%。

【土地权属管理】

年内，按照市、区两级分工负责的原则，认真做好日常土地权属争议案件特别是涉及部队、中央单位、跨区县等重大权属争议案件的调查处理工作。同时，在全市建立权属争议案件调解情况统计上报制度，按季度定期汇总土地权属争议案件调解进展情况。截至年底，北京市现有土地权属争议565件，其中：国有土地使用权争议24件，集体土地权属争议341件，国有土地与集体土地之间的争议200件；年内，受理现有争议89件，其中：国有土地使用权争议24件，集体土地权属争议64件，国有土地与集体土地之间的争议1件；北京市已累计处理土地权属争议25562506件，年内，已处理争议50件，其中：国有土地争议3件，集体土地争议40件，国有土地与集体土地之间争议7件。

【地籍资料应用】

截至年底，市国土局系统累计受理查询28970人次，其中本年受理公开查询6246人次，同比增长33%；在市国土局网站的登记结果公开栏目中，年内主动公开全市土地登记结果信息5415条，累计主动公开土地登记结果信息46369条，同比增长7%。

地质矿产资源

矿产资源概况

北京市位于华北平原西北隅，地处东经115°25′~117°30′，北纬39°28′~41°05′，周围与河北省和天津市相邻，地势西北高，东南低，总面积16410.1606平方公里，其中山区面积10072平方公里。北京地区大地构造位置处于中朝准台地燕山台褶带中段，各时代地层除缺失下元古界、上元古界震旦系及古生界的上奥陶统至下石炭统外，从太古界古老变质岩系直至新生界第四系均有沉积。地质构造演化漫长而复杂，成矿作用显著。地层出露良好，厚度大，沉积类型与沉积相比较复杂，生物化石繁多，沉积矿产丰富。

截至年底，北京市共发现各类矿产127种（含亚矿种，下同），其中固体矿产121种，水气矿产6种。

【固体矿产资源基本情况】

北京市查明资源储量并已编入《北京市矿产资源储量表》的固体矿产有67种354处矿产地。

1. *矿产种类*

北京市固体矿产包括能源矿产、金属矿产和非金属矿产。在已编入《北京市矿产资源储量表》的67种固体矿产354处矿产地中，能源矿产1种29个矿产地，占8%；金属矿产19种116处矿产地，占33%；非金属矿产47种209处矿产地，占59%（图3－1）。

从已探明资源储量的矿种分布上看，北京市建筑材料及其他非金属矿产种类最多，共32种，占总矿种数量的48%；能源矿种最少，仅煤1种，占1.49%，本地能源结构单一（图3－2）。

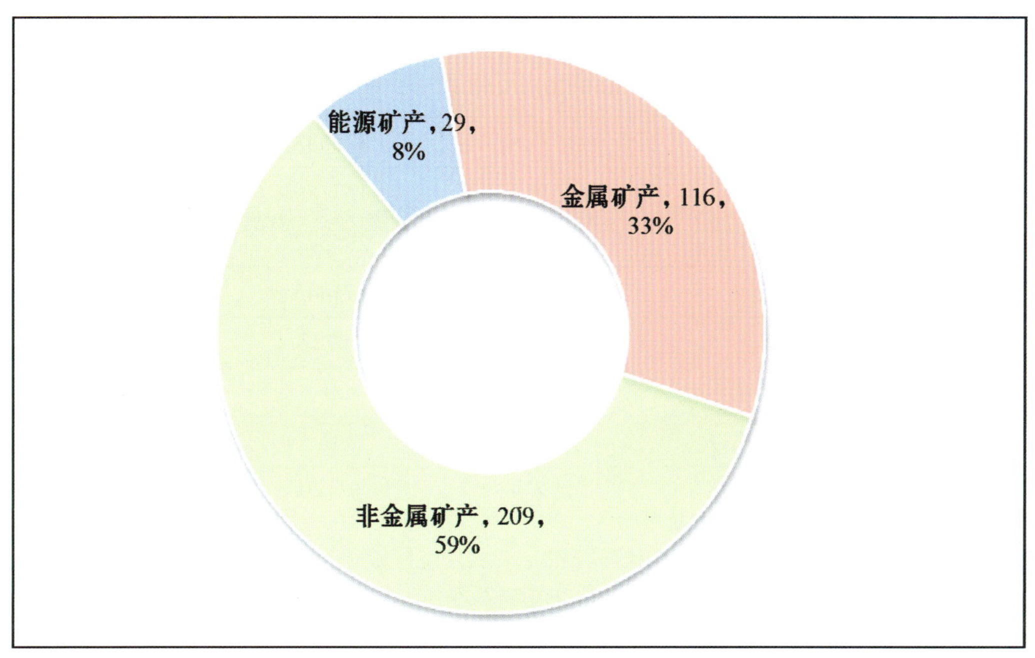

图 3－1　2014 年北京市各类固体矿区数量

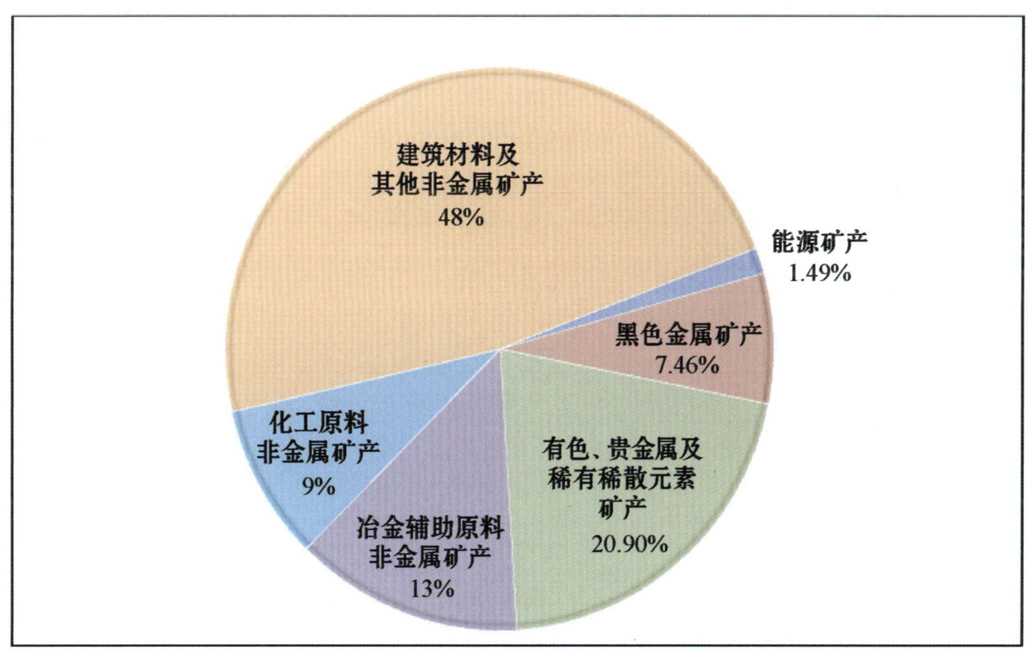

图 3－2　2014 年北京市各类固体矿产上表资源矿种数量

2. 资源储量

保有资源储量。北京市固体矿产资源相对丰富。截至年底，北京市 67 种固体矿产资源的保有资源储量情况见表 3－15。

表 3－15　　截至 2014 年底北京市固体矿产资源保有资源储量情况

序号	矿产名称	单位	矿产资源储量		
			基础储量	资源量	资源储量
1	煤炭	千吨	375533	1765888	2141421
2	铁矿	矿石千吨	133189	890565	1023754
3	水泥用灰岩	矿石千吨	295372	626076	921448
4	熔剂用灰岩	矿石千吨	171443	136587	308030
5	冶金用白云岩	矿石千吨	48723	323148	371871
6	冶金用石英岩	矿石千吨	0	186461	186461
7	制碱用灰岩	矿石千吨	0	72767	72767
8	电石用灰岩	矿石千吨	53149	43202	96351
9	饰面用大理岩	矿石千立方米	1082	33749	34832
10	饰面用花岗岩	矿石千立方米	19820	202290	222110
11	锰矿	矿石千吨	0	20	20
12	铬矿	矿石千吨	0	768	768
13	钛矿（钛铁矿）	钛铁矿 TiO_2 吨	0	249005	249005
14	钒矿	V_2O_5 吨	0	14920	14920
15	铜矿（非伴生矿）	铜吨	213	66113	66326
16	铅矿	铅吨	0	34259	34259
17	锌矿	锌吨	0	148716	148716
18	铝土矿	矿石千吨	0	420	420
19	镁矿（炼镁白云岩）	矿石千吨	0	18039	18039
20	钨矿（原生矿）	WO_3 吨	0	1583	1583
21	铋矿	铋吨	0	488	488
22	钼矿	钼吨	48	73116	73164
23	铂矿	铂千克	0	1018	1018
24	钯矿	钯千克	0	975	975
25	金矿（岩金、伴生金）	金千克	0	6361	6361
26	银矿	银吨	0	419	419
27	镓矿	镓吨	0	41	41
28	镉矿	镉吨	0	140	140
29	红柱石	红柱石吨	207798	48844	256642
30	普通萤石（矿石）	矿石千吨	0	311	311
31	铸型用砂	矿石千吨	3092	0	3092
32	冶金用脉石英	矿石千吨	0	1159	1159
33	耐火粘土	矿石千吨	3373	20510	23883

续表 3 – 15

序号	矿产名称	单位	矿产资源储量		
			基础储量	资源量	资源储量
34	铁矾土	矿石千吨	0	412	412
35	硫铁矿（矿石、伴生硫）	矿石千吨	0	178	178
36	含钾砂页岩	矿石千吨	0	208260	208260
37	含钾岩石	矿石千吨	7223	27131	34354
38	泥炭	矿石千吨	5090	4719	9809
39	石墨（隐晶质石墨）	隐晶质石墨千吨	0	102	102
40	滑石	矿石千吨	0	9	9
41	石棉	石棉千吨	0	40	40
42	长石	矿石千吨	0	1600	1600
43	叶腊石	矿石千吨	1026	3388	4415
44	透辉石	矿石千吨	889	2184	3073
45	玉石	矿石吨	47335	16491	63826
46	建筑石料用灰岩	矿石千立方米	23596	6428	30025
47	制灰用石灰岩	矿石千吨	251983	76475	328458
48	泥灰岩	矿石千吨	0	5030	5030
49	玻璃用石英岩	矿石千吨	0	7450	7450
50	玻璃用砂岩	矿石千吨	6966	1587	8552
51	水泥配料用砂岩	矿石千吨	14612	7628	22240
52	建筑用砂	矿石千立方米	30550	98950	129500
53	砖瓦用砂	矿石千立方米	0	14990	14990
54	水泥配料用脉石英	矿石千吨	110	103	213
55	天然油石	矿石千吨	0	538	538
56	陶粒页岩	矿石千吨	490	27850	28340
57	砖瓦用页岩	矿石千立方米	190	44590	44780
58	水泥配料用页岩	矿石千吨	20440	23320	43760
59	陶瓷土	矿石千吨	0	914	914
60	砖瓦用粘土	矿石千立方米	2510	1500	4010
61	水泥配料用粘土	矿石千吨	7600	5540	13140
62	饰面用角闪岩	矿石千立方米	690	1310	2000
63	铸石用辉绿岩	矿石千吨	3090	0	3090
64	饰面用辉长岩	矿石千立方米	2470	0	2470
65	饰面用闪长岩	矿石千立方米	6370	0	6370
66	建筑用花岗岩	矿石千立方米	6713	435	7149
67	饰面用板岩	矿石千立方米	10732	41	10773

矿产资源勘查程度总体偏低，基础储量所占比例不高，67 种固体矿产中有 32 个矿种基础储量为零。北京市几种主要矿产的基础储量在其资源储量中所占比例情况如图 3－3。

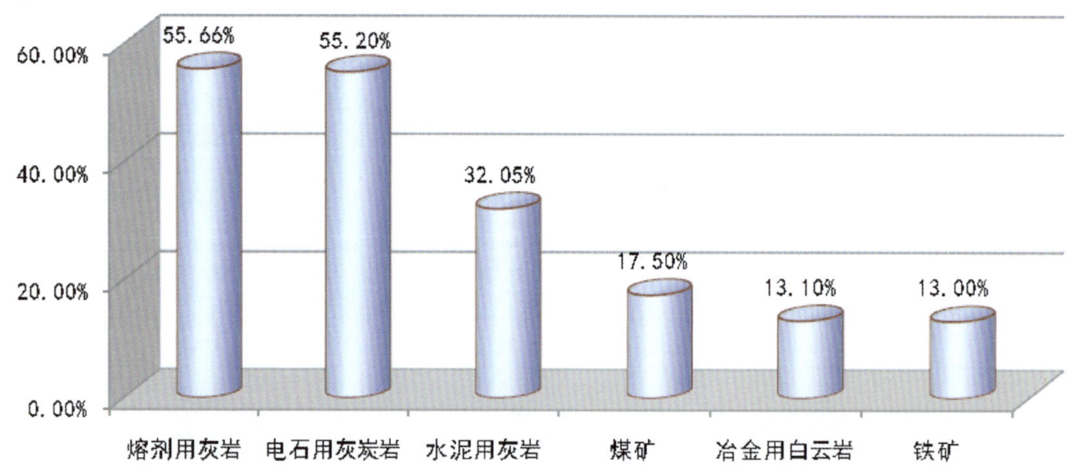

图 3－3　2014 年北京市主要矿产的基础储量在其资源储量中所占比例

矿产资源储量规模。截至年底，北京市 354 处矿产地中，以小型矿产地为主，其中：大型矿产地 42 处，中型矿产地 101 处，小型矿产地 196 处，矿点 15 处，分别占总矿产地数的 11.8%、28.5%、55.5% 和 4.2%，见图 3－4。

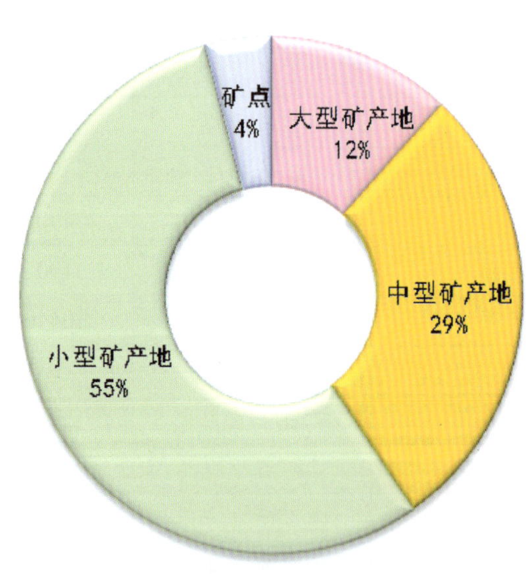

图 3－4　2014 年北京市各类矿产地总体情况

按矿种分类，铁的矿产地最多，共 46 个；其次为煤和泥炭，矿产地分别为 29 个和 28 个；发现矿产地 10 个以上的矿种依次为：冶金用白云岩 13 个，熔剂用灰岩 12 个，制灰用灰岩 11 个。

3. 矿产资源的分布

北京市固体矿产资源分布不均衡，具有分布广泛、矿种相对集中，以远郊区县为主的特点（矿产地分布情况见图 3－5），其中煤矿 90% 以上的查明资源储量分布于门头沟区和房山区；铁矿 93% 以上的查明资源储量分布于密云县；化工、冶金及建筑用各类石灰岩、白云岩等矿产主要分布于山区与平原交界的西部与北部山前地带。排名前 10 位的矿产资源主要分布于房山区、门头沟区、密云县、昌平区、怀柔区和延庆县，具体分布情况见表 3－16。

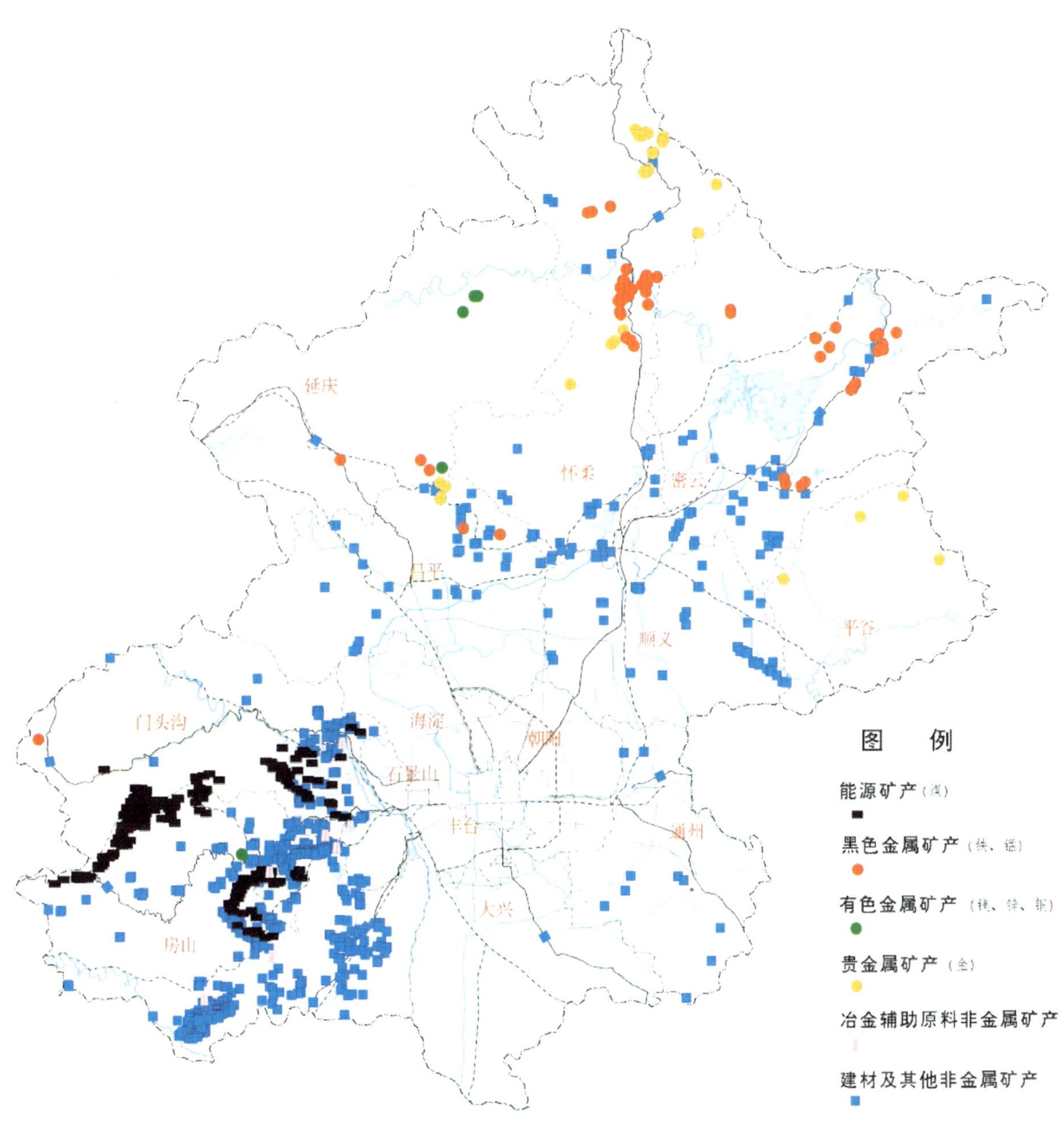

图 3－5　北京市固体矿产资源分布

表 3－16　北京市重要矿产资源在各区县的分布比例表（%）

序号	矿产名称	丰台	海淀	门头沟	房山	顺义	昌平	平谷	怀柔	密云	延庆
1	煤炭		2	59	32	7					
2	铁矿								4	93	3
3	水泥用灰岩		13	2	42	4	28		9	2	
4	熔剂用灰岩			65	26		2			6	
5	冶金用白云岩	1		1	50		44			4	
6	饰面用大理岩			21	37		2			40	
7	饰面用花岗岩						90	8	2		
8	制碱用灰岩								100		
9	电石用灰岩			57	39		3			1	
10	冶金用石英岩						10		47		43

【固体矿产资源评述】

1. 矿产资源特征

北京市矿产资源赋存条件较好，煤、铁、石灰岩、汉白玉、地热等矿产是北京地区具有优势的矿产资源。固体矿产资源分布相对集中，一些矿产的地区优势明显。固体矿产资源矿床规模以小、中型为主，可供规模开采的矿产地有限。多数金属矿产贫矿多，难采、难选，富铁、有色金属矿产明显不足；化肥用矿物原料及石油、天然气、工业用煤等明显短缺。共（伴）生矿产多，由于受采、选、冶条件的限制，综合利用程度低。

2. 矿产资源基本形势

北京因首都城市的性质、功能和发展方向对矿产资源开发利用有着严格的限制，矿产资源的供需形势较为严峻。其表现为：铁、煤也只能部分满足需求，有色金属矿产全部、贵金属及化工矿产资源大部分不能保证需求，需从外地调入；建筑用砂和砖瓦用粘土等矿产资源将全部靠外地调入。

【固体矿产资源开发利用】

1. 基本情况

北京市矿产资源比较丰富，矿种也较多，但不同矿种的矿产资源利用率差异较大。截至 2014 年年底矿产利用情况统计表（表 3－17），反映出北京市矿产资源开发利用具有以下几个特点：

表 3－17　2014 年底矿产利用情况统计

矿类名称	矿产地数（处）	开采利用情况				
		已利用矿产地数（处）	矿产地已利用率（%）	正在利用矿产地（处）	矿产地正在利用率（%）	矿山数（处）
能源矿产	29	15	51.7	4	13.8	5

续表 3－17

矿类名称	矿产地数（处）	开采利用情况				
		已利用矿产地数（处）	矿产地已利用率（%）	正在利用矿产地（处）	矿产地正在利用率（%）	矿山数（处）
黑色金属矿产	53	19	35.8	5	15.1	6
有色金属矿产	39	10	25.6	0	0.00	0
贵金属及稀有元素矿产	24	6	25.0	0	0.00	0
冶金辅助原料矿产	44	20	45.4	2	0.00	2
化工原料非金属矿产	43	27	62.8	0	0.00	0
建材非金属矿产	122	87	71.9	10	8.2	18
总计	354	184	52.0	21	5.9	31

（1）北京市共有矿种（亚矿种）69种，已利用51种，占总矿种的73.9%。目前正在利用10种，占总矿种的14.5%。

（2）截至年底，共发现固体矿矿产地354处，已利用184处，占总产地的52%；正在开采的矿产地21处，占总产地的5.9%。

（3）在已利用的矿产地中，利用程度较高的（利用率＞50%）有能源矿产、化工原料非金属矿产、建材非金属矿产；仍在开采利用矿产地有能源矿产、黑色金属矿产、建材非金属矿产，分别有4、5、10处矿产地，分别占各自总矿产地的13.8%、15.1%和8.2%，具体见图3－6。

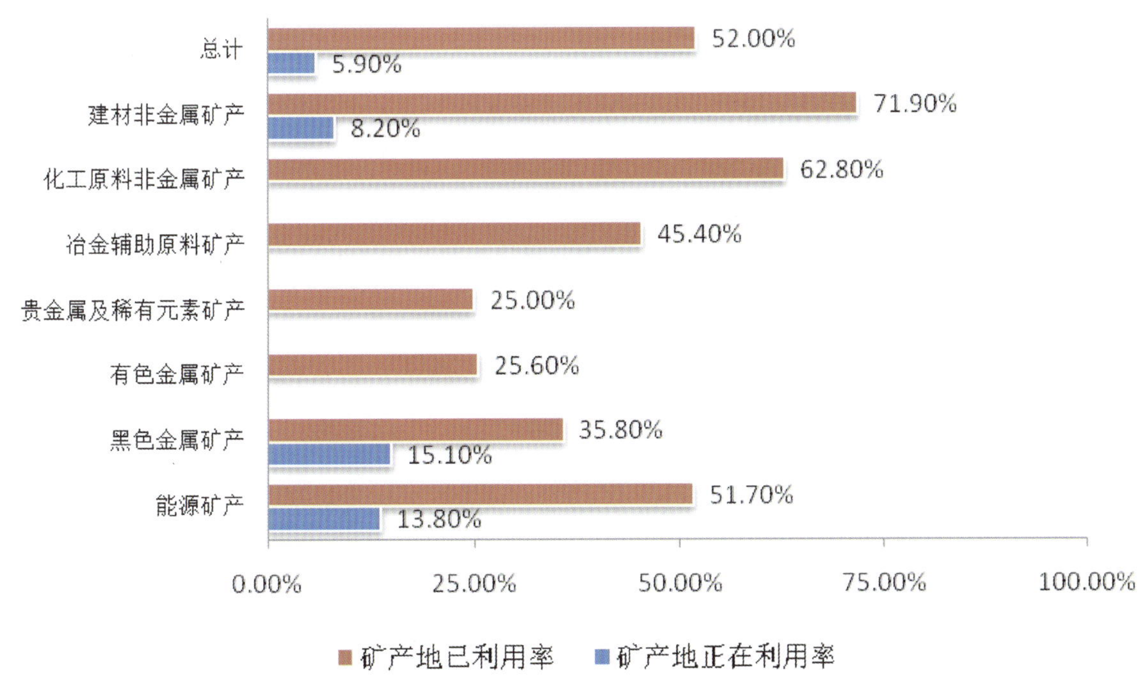

图3－6　2014年北京市各矿类矿产地利用率分布

（4）本年度在生产的固体矿产地共21处，其中：昌平4处、密云5处、顺义2处、怀柔1处、门头沟4处、房山5处。

根据矿山储量动态监测结果，本年度北京市开采的主要矿种煤炭、铁和水泥用灰炭矿的开采量较2013年度均有一定幅度的下降，见表3－18。

表3－18　2013—2014年部分主要矿种开采量情况统计

矿种	2013年消耗储量（万吨）	2014年消耗储量（万吨）	2014年末保有储量（万吨）
煤	589.3	536.2	214142
铁	465	408.7	102375
水泥用灰岩	458.9	369.5	92145

2. 矿山企业及生产情况

矿山企业。截至年底，北京市固体矿山企业31家，较2013年减少2家。其中，建材非金属矿山企业18家，占总矿山数的58%；能源矿产（煤）5家，占16%；黑色金属矿产（铁）6家，占19%；无有色金属、贵金属及稀有元素矿产、化工原料矿山企业。详细情况见图3－7。

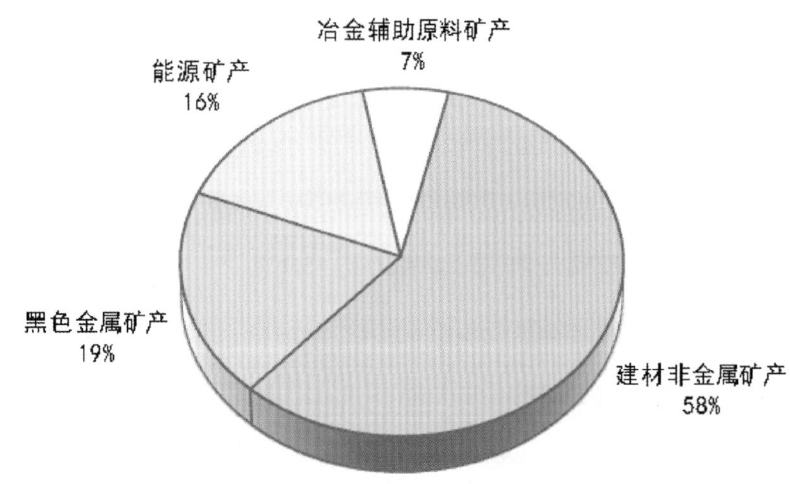

图3－7　2014年北京市各矿类矿山企业比例（单位：家）

固体矿山企业主要分布于房山区、门头沟区、昌平区、怀柔区及密云县，开采的矿种以煤、铁、水泥用灰岩为主，各区县固体矿山企业分布情况见图3－8。

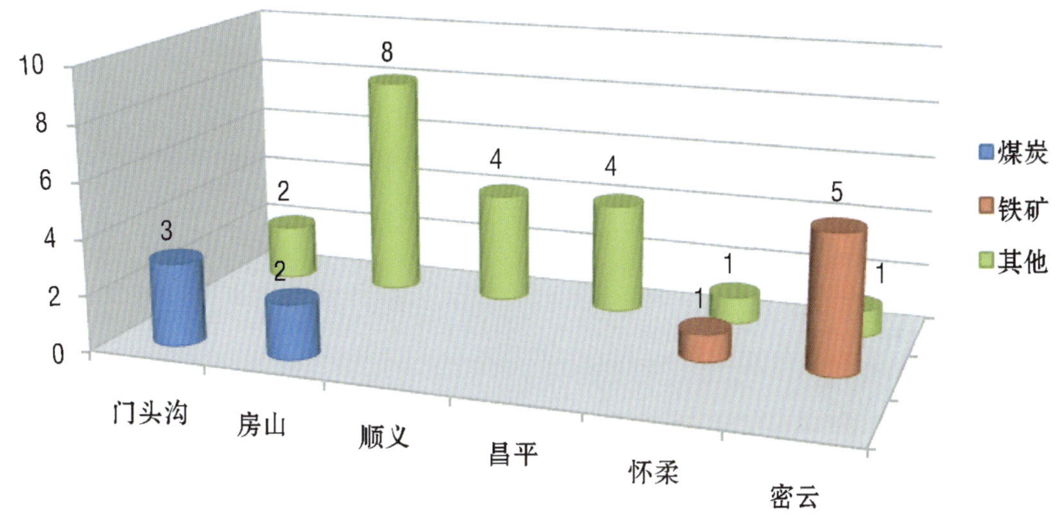

图 3-8 2014 年北京市各区县固体矿山企业分布

从业人员。本年度，北京市共有采矿从业人员 19225 人，较 2013 年减少 2895 人。其中：股份有限公司从业人员最多，共 14128 人，占 73.49%；国有企业 1501 人，占从业人员的 7.81%，见图 3-9。

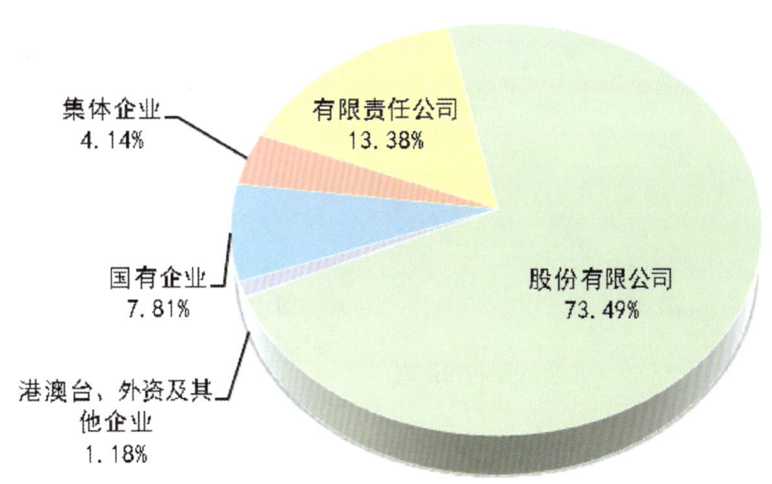

图 3-9 2014 年北京市采矿从业人员按企业经济类型分类

按矿种分类统计，从业人员以开采煤炭和铁矿为主，占总从业人数的 93.81%，两者分别为 12834 人和 5175 人，所占比例为 66.76% 和 26.92%。各矿种矿山企业从业人员情况见图 3-10。

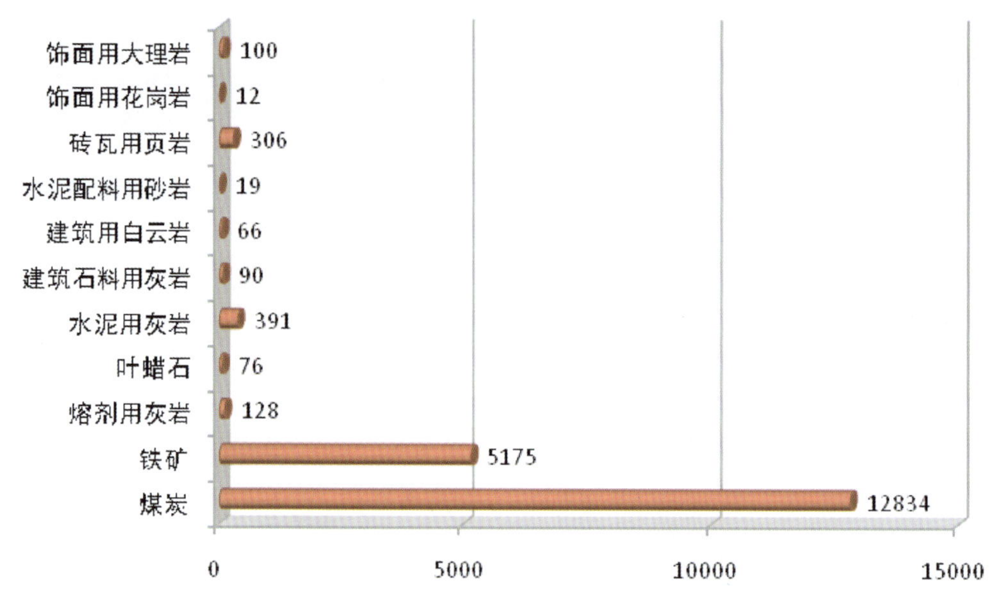

图 3－10　2014 年北京市固体矿山企业从业人员按矿种类分类（单位：人）

矿石产量。本年度北京市年产固体矿石产矿量 1731.31 万吨，同比增长 4.54%，达到实际开采能力的 70.94%。开采量较大的主要为煤矿、铁矿、水泥用灰岩、建筑石料用灰岩、建筑用白云岩。各矿种矿石产量情况见图 3－11、表 3－19。

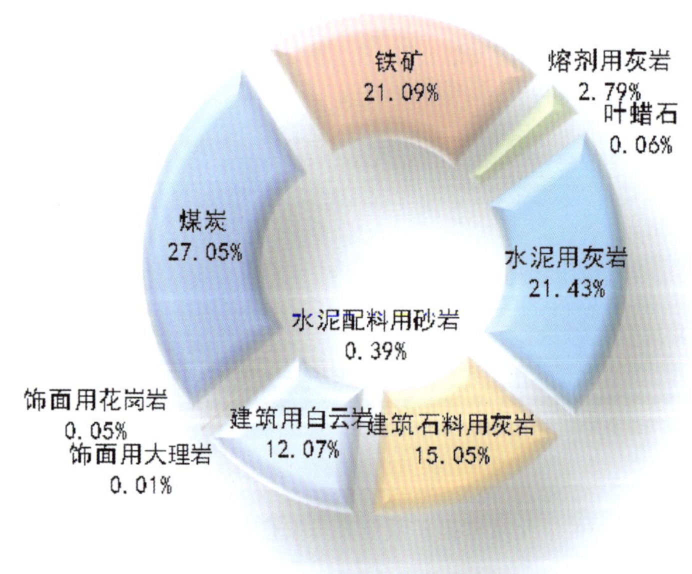

图 3－11　2014 年北京市固体矿产矿石产量

表 3－19　　2014 年北京市矿产资源开发利用情况（按矿种分列）

矿种	矿山企业数（家）					从业人员（个）	年产矿量		实际采矿能力（万吨/年）	工业总产值（万元）	综合利用产值（万元）	矿产品销售收入（万元）	利润总额（万元）
	合计	大型	中型	小型	小矿		万吨	万立方米					
合计	31	7	15	9	0	19225	1731. 309	0	2440. 669	515513. 83	62295. 79	450780. 63	22793. 55
煤炭	5	2	3	0	0	12834	459. 22	0	520	269228	0	255949	13303
铁矿	6	0	5	1	0	5175	358. 12	0	507. 59	197978	27112. 08	180188	8808. 42
熔剂用灰岩	2	0	2	0	0	128	47. 4	0	50	929	0	929	46. 3
制碱用灰岩	1	1	0	0	0	28	33. 399	0	33. 399	13512. 94	12237. 44		
叶蜡石	1	0	0	1	0	76	1. 1	0	2	1800	0	1800	445
水泥用灰岩	6	3	3	0	0	391	363. 84	0	793. 4	24591. 84	19135. 71	4649. 4	－465. 62
建筑石料用灰岩	2	0	2	0	0	90	255. 56	0	255. 93	1717. 38	0	1690	590. 98
建筑用白云岩	2	0	0	2	0	66	205	0	205	4095	3798. 56	3913. 56	44
水泥配料用砂岩	1	1	0	0	0	19	6. 63	0	30	1400	0	1400	17. 87
砖瓦用页岩	3	0	0	3	0	306	0	0	42	0	0	0	0
饰面用花岗岩	1	0	0	1	0	12	0. 81	0	0. 81	95	12	95	3. 6
饰面用大理岩	1	0	0	1	0	100	0. 23	0	0. 54	166. 67	0	166. 67	0

矿业收益。年内，北京市固体矿产资源工业总产值为 51.6 亿元，人均产值 26.81 万元；总利润 2.28 亿元，人均利润 1.19 万元。

矿业收益主要以煤矿、铁矿为主，产值 46.72 亿元，占总产值的 90.63%；利润 2.21 亿元，占总利润的 97.01%。各固体矿产资源收益情况见表 3－19 和图 3－12。

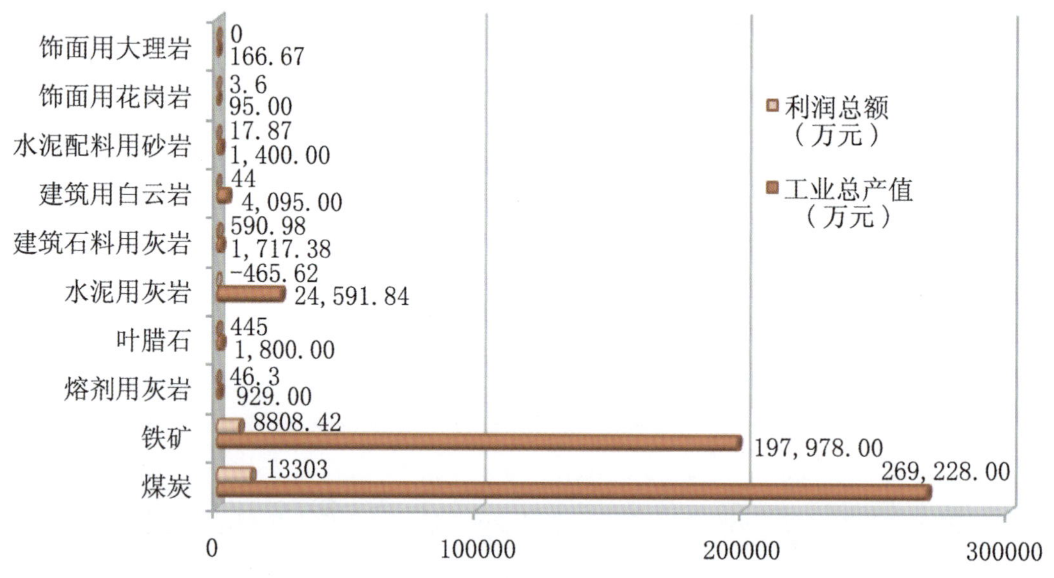

图 3－12　2014 年北京市部分固体矿种矿业收益情况

人均产值较高的（>50 万元）：水泥配料用砂岩、水泥用灰岩、建筑用白云岩，分别为 73.68 万元、62.89 万元和 62.05 万元；人均利润率较高的（>10%）：建筑石料用灰岩和叶腊石，分别为 34.41% 和 24.72%。各矿种人均收益情况见表 3－19 和图 3－13。

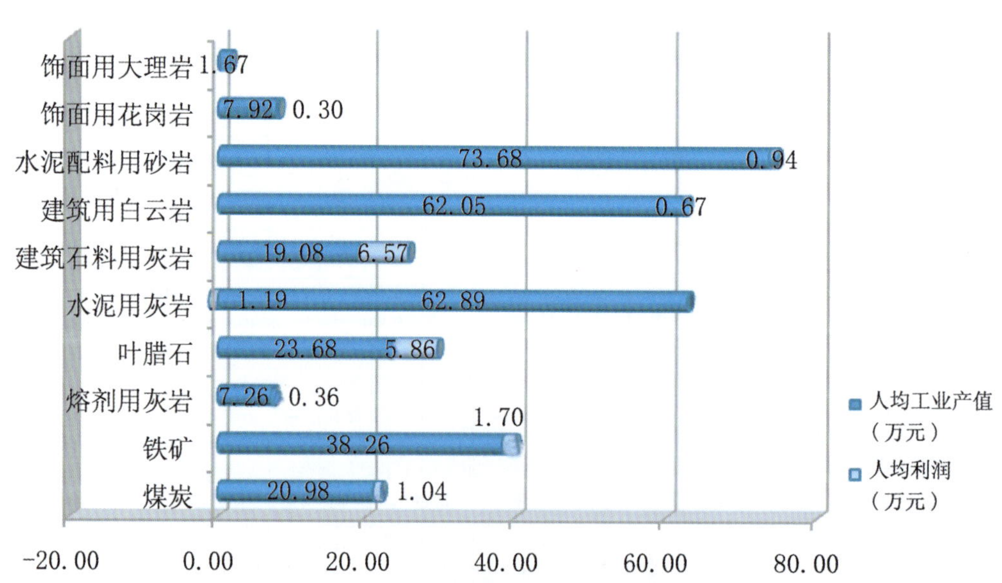

图 3－13　2014 年北京市部分矿种人均矿业收益情况

【液体矿产资源】

1. 地热

北京市地热资源主要分布于平原地区（含延庆盆地），以碳酸盐岩类地层作为主要的热储层，其中：蓟县系热储层由于厚度大、分布范围广，构成北京平原最有开发价值的热储层。北京地热属沉积盆地型低温（小于90℃）地热资源，主要以热水型地热为主，地热井出水温度一般为50℃～70℃。北京地区地热水一般有一至两项组分达到医疗矿水标准，矿化度小于1g/L，为低矿化医疗热矿水，有一定的医疗、保健、养生功效，但不宜直接饮用。

根据《北京市2006—2020年地热资源可持续利用规划》，北京平原地区深度3000米内温度大于50℃的地区面积约2760平方公里，构成相对独立又有一定联系的10个地热田（见图3－14），地热田基本情况见表3－20。

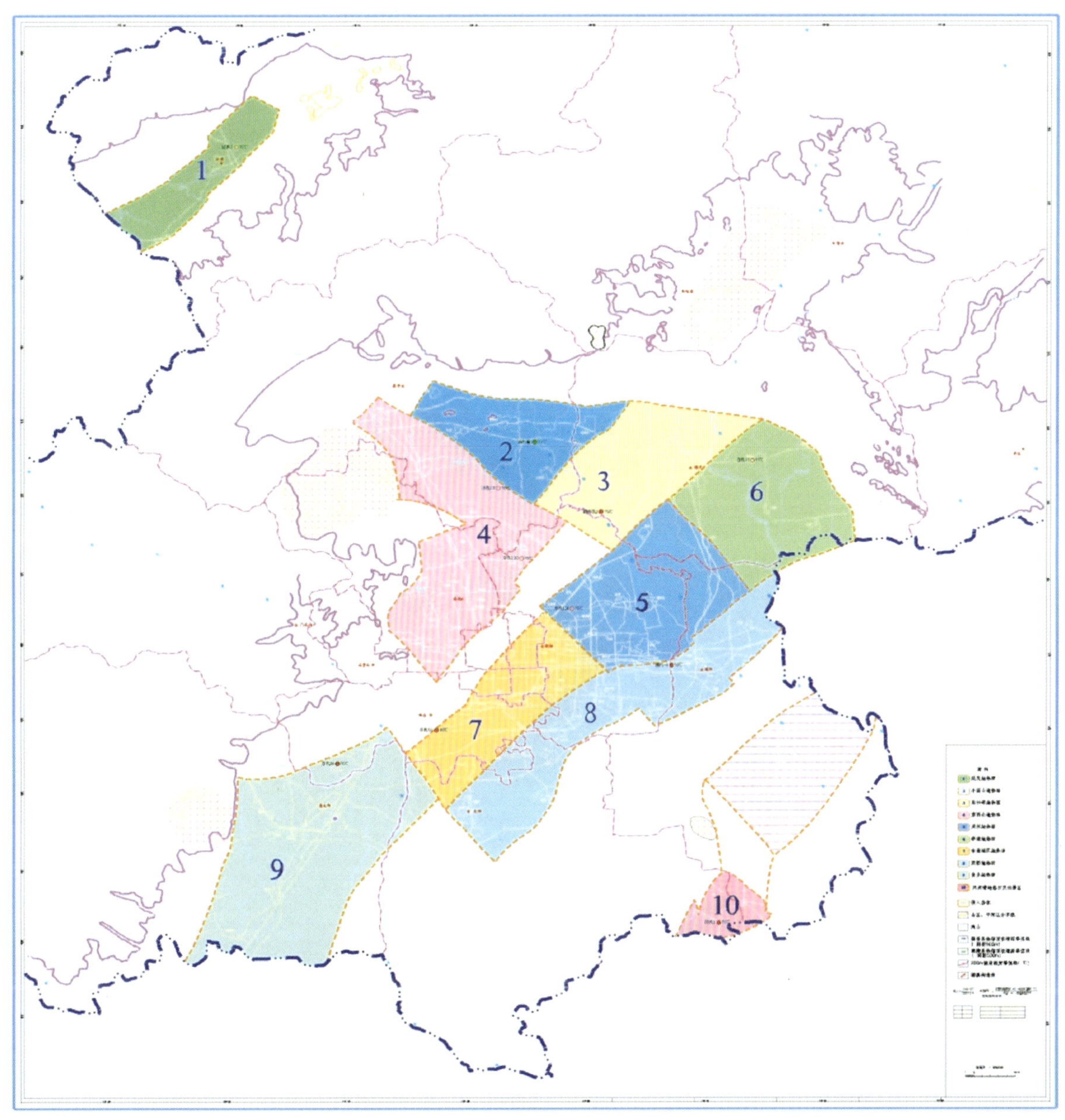

图3－14　北京市地热田分布示意图

表 3－20　　北京市地热田基本情况一览表

序号	地热田	面积（km^2）	地热田最高温度地热井		
			编号	温度（℃）	井深（m）
1	延庆	121.88	延热－2	70	2500
2	小汤山	186.42	汤热－30	70	1905
3	后沙峪	239.85	顺后热－2	75	2920
4	京西北（沙河）	363.21	沙热－13	76	2603
5	天竺	290.75	京热－128	89	3688
6	李遂	273.04	遂热－13	55	1300
7	东南城区	207.44	京热－59	88	3610
8	双桥	339	通热－4	58	2509
9	良乡	475.77	京热－96	70	2950
10	凤河营	262.51	兴热－12	117	3356

截至年底，北京市已钻探地热井 504 眼，其中在用井 200 眼，未成井 28 眼，报废井 37 眼，观测井 11 眼，待用井 228 眼。全市 16 个区县均有地热井分布，见图 3－15。全市地热井最大深度已超过 4000 米，最高出水温度 117℃。

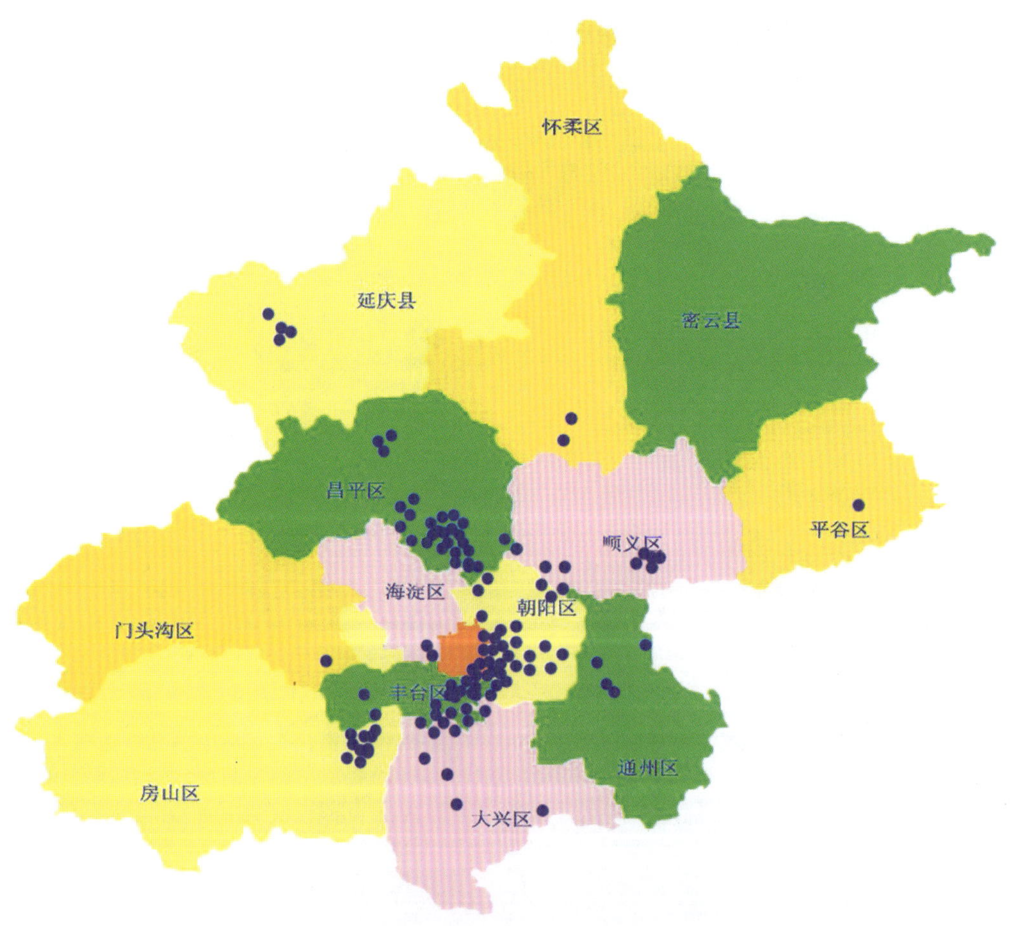

图 3－15　2014 年北京市地热井分布

地热资源开发利用情况：北京市地热开发用于地热采暖、温泉洗浴、农业温室种植养殖、地热博览、康乐休闲、养生保健等方面。

根据各热田开采量的监测数据，北京市年内采地热水总量达 1014.41 万立方米，同比降低 16.95%；回灌量达 411.63 万立方米，同比降低 26.33%；净开采量达 602.78 万立方米，同比降低 9.04%。2014 年北京市各热田开采量情况见表 3－21。

据统计，北京市地热开发用途仍以供暖和生活用水为主，主要用途占比情况如图 3－16 所示。

表 3－21　　2014 年北京市各热田开采量统计

热田名称	开采井数（眼）	开采量（万立方米）	回灌井数（眼）	回灌量（万立方米）	净开采量（万立方米）
小汤山	35	386.55	12	170.35	216.20
东南城区	39	169.11	6	39.34	129.76
京西北	17	91.54	3	27.23	64.31
良乡	16	86.87	2	21.59	65.28
天竺	14	102.18	2	14.43	87.76
李遂	4	58.39	3	52.94	5.45
延庆	5	90.71	5	85.75	4.96
后沙峪	2	2.41	0	0.00	2.41
双桥	6	13.00	0	0.00	13.00
凤河营	0	0.00	0	0.00	0.00
其他	7	13.65	0	0.00	13.65
合计	145	1014.41	33	411.63	602.78

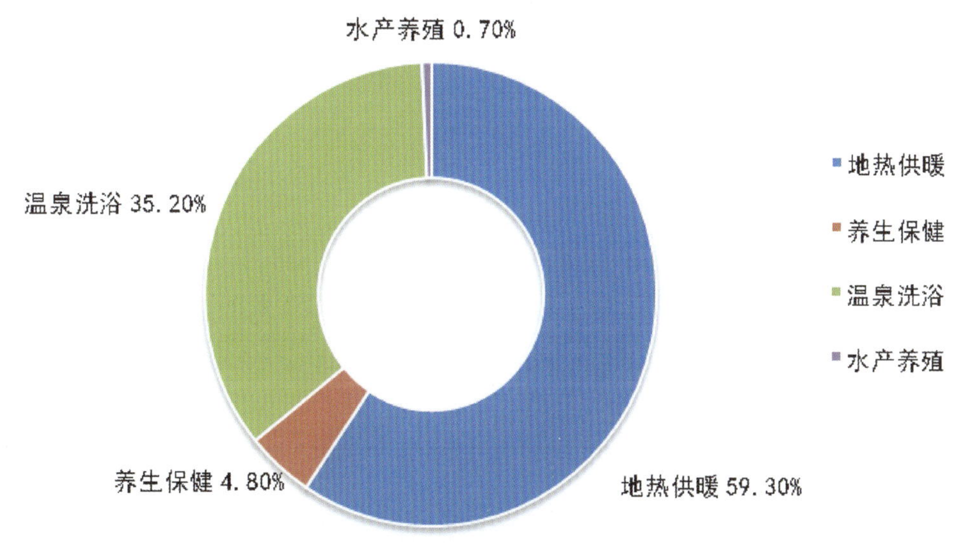

图 3－16　2014 年北京市地热资源开发用途统计

2. 矿泉水

北京市矿泉水主要为低钠、低矿化度或中等矿化度的淡矿泉水，有四种类型：锶型、锶—偏硅酸型、偏硅酸型、高矿化度型（溶解性总固体 > 1000mg/L）。

截至年底，北京市共勘查评价矿泉水水源地 147 处，其中锶型 75 处，主要分布在西部奥陶系灰岩地层中；锶—偏硅酸型 50 处，主要为平原区第四系承压水；偏硅酸型 20 处，主要分布在北部山区岩浆岩中；高矿化度型 2 处，分别位于门头沟区和房山区。本年全市有矿泉水生产厂家 30 家，开采总量 2.87 万吨，饮用天然矿泉水水源水水质检验合格品牌 21 家（表 3－22）。

表 3－22　　2014 年北京市饮用天然矿泉水水源水水质检验合格品牌

序号	矿泉水品牌	矿泉水企业名称	矿泉水类型
1	燕京	北京燕京啤酒集团矿泉水厂	锶型
2	九渡桥	北京东方九渡桥饮料有限公司	锶—偏硅酸型
3	蓝涧	北京中宝饮用水有限公司	锶型
4	中信金陵	中安国信（北京）矿泉饮品有限公司	偏硅酸型
5	中门清泉	北京中门清泉矿泉水厂	锶型
6	龙清泉	北京龙之泉技术开发有限公司	锶—偏硅酸型
7	宇亚麦饭石	北京宇亚麦饭石矿泉饮料有限公司	偏硅酸型
8	天怡然	北京天怡然饮料有限公司	锶—偏硅酸型
9	岳岩	北京奥陶矿泉饮料有限公司	锶型
10	帝思	北京帝思矿泉水厂	锶型
11	翠微山	北京市翠微山天然矿泉水公司	锶—偏硅酸型
12	石雪	北京市华城饮料有限责任公司	锶型
13	龙庆峡	北京乐得天然矿泉水有限责任公司	偏硅酸型
14	双源	北京双源矿泉水厂	锶型
15	乐百氏	乐百氏（广东）饮用水有限公司—北京分公司	锶—偏硅酸型
16	庄园雪	北京大唐庄园饮品有限公司	锶—偏硅酸型
17	不老村	北京不老保健饮料有限公司	偏硅酸型
18	赛冰	北京山口饮料有限公司	锶型
19	樱桃泉	北京樱桃泉矿泉水厂	锶型
20	京润泉	北京市自来水集团京润泉饮用水有限公司板井分公司	锶型
21	领先	北京领先饮食品有限公司	偏硅酸型

备注：公布的品牌和生产厂家不分先后。

地质勘查工作及主要成果

本年，北京市开展了基础地质调查、矿产资源勘查、地质环境与地质灾害调查评价、地质科学研究与技术方法创新等地质勘查工作，年度支出资金20011.12万元，其中：地方财政9388.21万元，占46.91%；社会资金6341.16万元，占31.68%；中央财政4281.75万元，占21.4%。详情见图3－17。

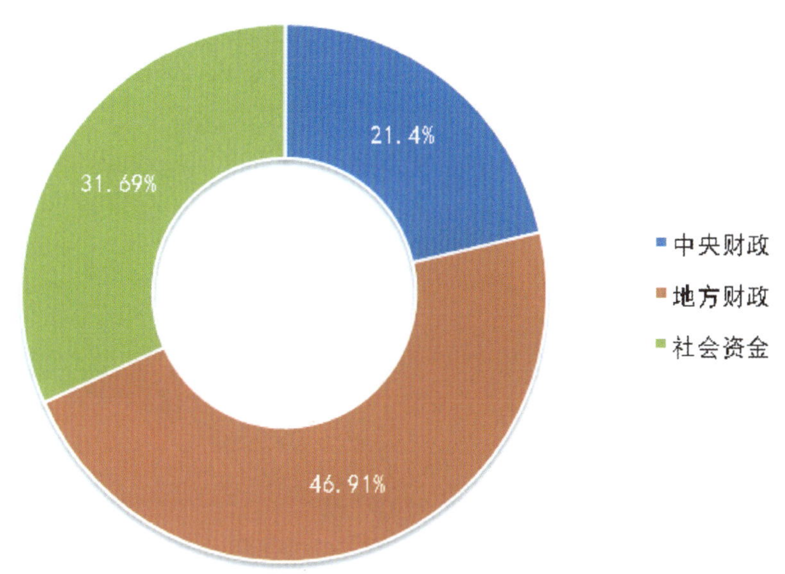

图3－17　2014年北京市地质勘查资金投入构成

资金投向：矿产勘查4862.68万元，占总量的24.29%，同比增长173.01%；基础性地质调查757万元，占总量的3.78%，同比增长242.47%；地质环境与地质灾害调查评价9904.14万元，占总量的49.49%，同比减少46.29%；地质科技及其他4487.3万元，占总量的22.42%，同比减少73.66%。

【基础地质调查】

年内，共开展8个基础地质调查项目，投入资金757万元，主要集中在城市地质调查、农业地质调查、矿产远景调查、区域地球物理调查、区域地质调查等方面，共完成调查面积4664.2平方千米。主要项目情况如下：

1. 区域地球物理调查

完成《北京平原区1:5万工程地质调查》项目在中国地调局的立项工作。年内完成实物工作量：1:5万重力测量共1420平方千米，物性标本采集、测定工作，岩石标本采集572块和疏松层大样采集30个。完成大兴幅（J50E002010）、马驹桥幅（J50E002011）、庞各庄幅（J50E003010）、安次幅（J50E003011）、固安幅（J50E004010）共5个图幅北京市域范围的1:5万重力调查和重点地区的1:5万区域工程地质调查修测，编制了1:5万重力调查基础图件。

2. 农业地质调查

开展《北京市张山营镇及其周边优质农作物种植区土地环境地质调查评价》项目，在整个调查区补充采集表层土壤样品、灌溉水样品和大气干湿沉降样品；在三个重点工区又补充采集剖面样品、苹果籽实和根系土样品，查明土壤元素地球化学分布特征，评价土壤环境质量状况，为该地区土地资源合理利用，名优特农产品开发及生态环境保护等提供依据（见图3－18）。

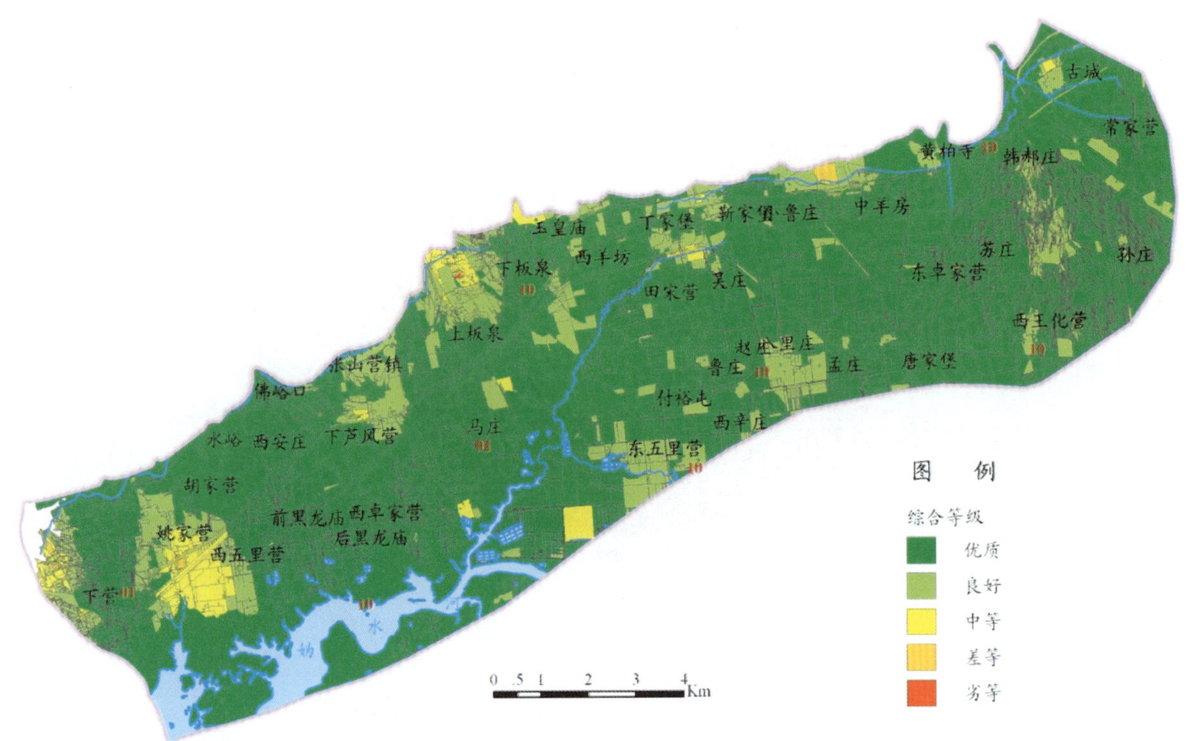

图3－18　2014年延庆县张山营镇平原区及其周边地区土壤环境地球化学综合等级图

3. 矿产远景调查

“北京市密云地区矿产地质调查”项目由中央财政资金投入103万元，实施图幅数为1幅，面积为400平方千米，本年初步圈定找矿靶区一个。

【矿产资源勘查】

年内，北京市共实施了25个矿产资源勘查项目，共支出资金4862.68万元，其中：中央财政230万元，占4.73%；社会资金4632.68万元，占95.27%；无地方财政投入。

北京市实施的矿产勘查项目主要为地热勘查项目（19项次），社会资金投入4305.68万元，共钻探19400米。

老矿山找矿工作方面，由中央财政支持开展了北京市密云县桑园铁矿接替资源勘查项目，共钻探2282米，发现中型铁矿，新增铁矿资源量0.15亿吨。

【地质环境与地质灾害调查评价】

年内，北京市共完成38个项目，支出资金9904.14万元。其中，中央财政1421.15万元，占总量的14.34%；地方财政 8282.37 万元，占总量的 83.62%；社会资金 200.62 万元，占总量的 2.02%。主要工作内容有：

1. 水文地质调查评价

本年度国家级地质环境监测与预报（北京部分）。已完成 50 个国家级监测点地下水位的常规监测和 28 个国家级监测点地下水质的常规监测；运行维护地下水自动监测仪；填报本年度北京市国家级地下水监测数据及统计报表；正在编制北京市平原区 2014 年水位监测报告和北京市地质环境监测成果报告。通过项目的实施，掌握平原区地下水水位动态变化，地下水水位漏斗的动态变化趋势、地下水水质污染的发展现状，为地下水资源评价、科学管理及环境地质问题的研究和防治提供科学依据。

一孔多层地下水监测井建设规程。开展国内外地下水监测井施工现状、吸收国内外监测井施工工艺先进技术研究，总结一孔多层地下水监测井设计、施工以及使用过程中的经验和教训，制定适合一孔多层地下水监测井的建设规程。年内正在编制成果研究报告、一孔多层地下水监测井建设规程及编制说明。

2. 环境地质调查评价

北京市典型区小城镇水工环地质综合调查试点。完成项目在中国地调局的立项工作，项目工作周期为 2014—2015 年。年内按计划完成 300 平方公里的面积性调查和 800 米的钻探工作；完成北七家镇、榆垡镇的水工环综合地质调查工作，基本查明两镇的水文地质、工程地质、环境地质的特征。

潮白河流域矿产资源开发水土环境影响调查评价。完成 1:5 万矿山地质环境调查面积 200 平方公里，调查矿山点 82 个；1:1 万调查面积 60 平方公里，调查矿山 25 个；1:2000 典型解剖调查 58 平方公里；遥感解译工作 1000 平方公里；土样采集与测试 250 件；水样采集与测试 180 件；物探采用高密度电法 240 点，槽探工程 230 立方米，查明流域内采矿活动造成水土环境污染的途径与危害，分析评价区域水土环境质量，提出保护与治理对策与建议。

北京市平原区地下水环境监测网运行。完成区域监测井 822 眼枯丰水期的监测；污染源专网 360 眼每季度监测 1 次；编制一至三季度监测简报及相关图件；对北京平原区（含延庆盆地）的地下水质进行监测和分析工作，及时、客观、准确地掌握地下水水质状况，结合区域地下水动力场等一系列的地质环境的监测，综合评价北京地区地下水环境质量、研究在人为因素影响下地下水水质变化趋势，定期向政府主管部门发布地下水环境质量信息。

3. 地质灾害调查评价

北京市突发地质灾害详细调查（1:5 万）。在以往工作基础上，组织开展北京市山区 1:5 万地质灾害详查，野外调查总面积 9697 平方公里，共发现地质灾害隐患 4614 个，其中崩塌 2379 个、滑坡 34 个、泥石流 856 个、地面塌陷 87 个、不稳定斜坡 1258 个，并选择 57 个重大灾害隐患点开展大比例尺勘查。综合地质灾害形成条件和主要影响因素，对地质灾害危害程度进行评价，划分地质灾害易发区和危险区，建立地质灾害数据库，为编制突发地质灾害应急预案和制定突发地质灾害防治规划提供依据。

华北地区“7·21”暴雨地下水动态响应研究（北京）。完成12个月的水位加密监测120眼井，取得水位监测数据242800个水位资料；地下水水位统测240点次，取得水位资料240个；自动监测仪运行维护80台。通过本项目的实施，科学评价北京平原地下水位动态变化，探讨强降雨条件下地下水的响应机制，为地下水评价与管理提供依据。

北京地区地面沉降防控与地下水资源合理开发。完成工程地质孔10眼（总进尺1000米），新建水准点30个，安装In-SAR角反射器10个，新建GPS连续监测站1座。取得地面沉降监测站点优化等多项科研课题研究成果，申请4项实用新型专利，发表科研论文12篇。

【地质科学研究与技术方法创新】

年内，北京市共完成64个项目，支出资金4376.49万元。其中，中央财政1953.6万元，占总量的44.63%；地方财政945.03万元，占总量的21.59%；社会资金1477.86万元，占总量的33.76%。主要工作内容有：

1. 北京数字城市地质资料数据中心建设试点研究

年内，完成1000个北京市重要地质钻孔数据库建设；完成三维建模用3000余个钻孔的标准化和230条剖面的连接，年内正在开展三维建模工作；完成49类数据库标准综合分析，归纳出数据库结构表和属性编码表，形成项目数据整理入库规范。已收集钻孔资料2173档，完成3002个工程钻孔的标准化工作，322个钻孔数据分层信息表中3575条分层信息整理入库工作。

2. 老矿山成果跟踪与综合集成

完成本年度实施方案的编写和评审工作；修改完善《老矿山找矿项目技术管理细则》；完成老矿山找矿项目信息管理系统开发；通过收集各老矿山找矿项目的年度工作总结和报表，编制《老矿山找矿项目2013年度成果年报》。

3. 浅层地温能开发利用关键技术研究

《浅层地温能开发利用关键技术研究》项目是《全国地热资源调查评价项目》的专题之一，工作周期为2012—2015年，本年度经费为200万元。已经完成钻探500米，抽灌试验2组，热响应试验4组，软件开发1套。

地质环境

【地质灾害概况】

北京市突发性地质灾害和缓变性地质灾害均有发育。突发性地质灾害有泥石流、崩塌、滑坡和地面塌陷等类型，主要分布在西山和北山的沟谷、陡坡、采煤分布集中地区及构造活动较强烈的地区。北京市突发性地质灾害易发区面积为9169.2平方公里，占全市总面积的55.87%，其中高、中、低易发区面积分别为3019.3平方公里、3491.1平方公里、2658.8平方公里，占全市总面积的18.40%、21.27%、16.20%（图3－19）。截至年底，全市突发性地质灾害隐患点共4614处，威胁乡镇84个，行政村683个，受威胁住户21087户，57909人，见表3－23。缓变性地质灾害主要有地面沉降和地裂缝两种，主要分布在朝阳区、昌平区、顺义区、大兴区和通州区等平原区。

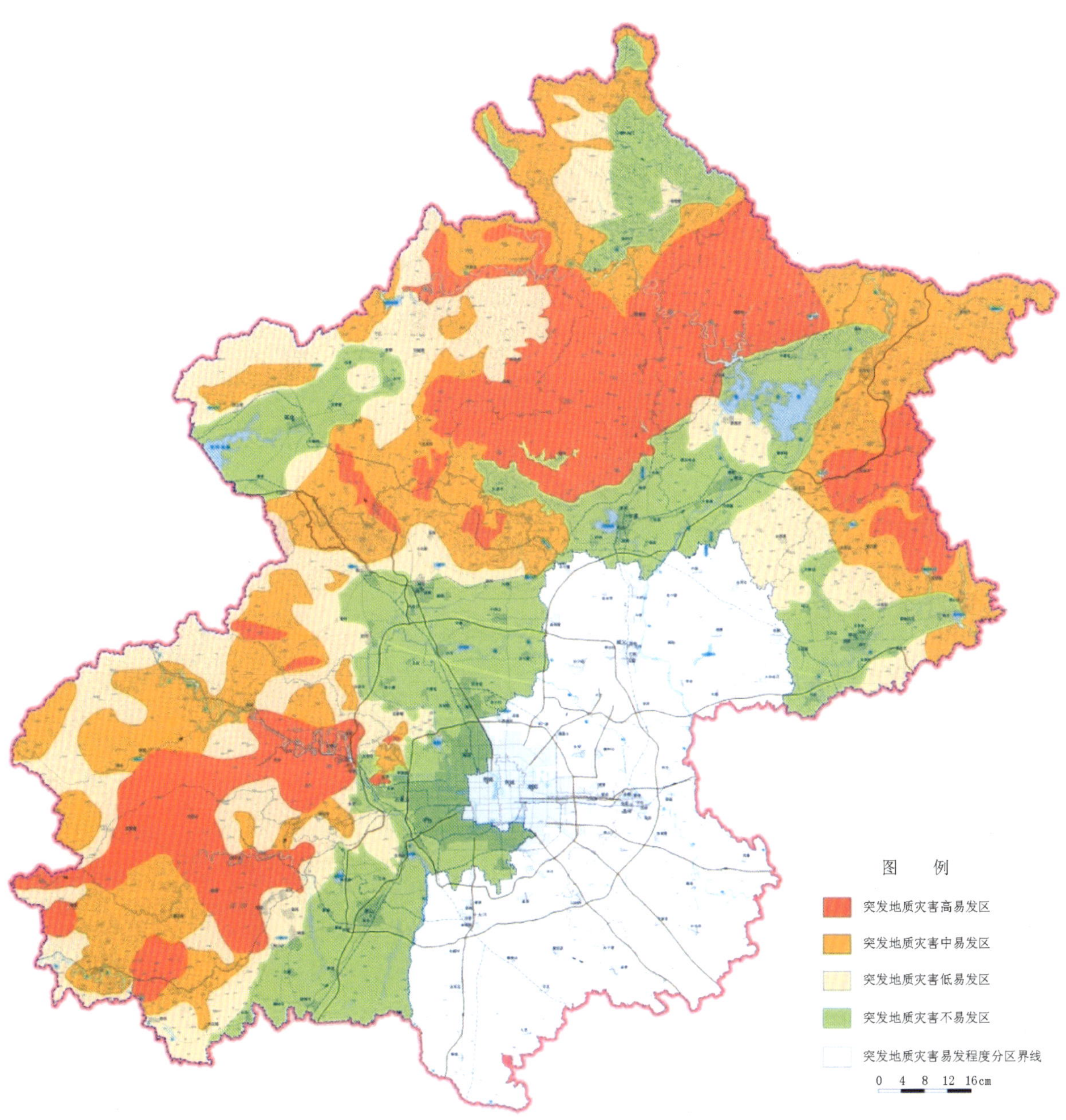

图3－19　北京市山区突发性地质灾害易发程度分区图

表 3-23　　2014 年北京市突发性地质灾害隐患点统计

区（县）	威胁对象类型及数量									地质灾害隐患类型及数量/个				
	居民点				道路（条）	景区（个）	学校（个）	矿山（个）	水库（个）	崩塌	滑坡	泥石流	地面塌陷	不稳定斜坡
	乡镇（个）	险村（个）	户数（户）	人数（人）										
房山区	14	122	9583	25125	63	17	3	4	1	355	7	139	34	275
门头沟区	12	99	2241	5668	74	13	5	0	0	473	3	42	45	81
丰台区	2	3	15	43	3	2	0	1	0	17	0	3	0	8
密云县	11	113	2556	6690	26	23	1	0	1	324	4	253	0	413
怀柔区	10	81	1678	5060	126	33	0	0	0	420	6	223	0	66
平谷区	11	67	2224	7034	52	7	0	2	1	170	13	83	6	164
昌平区	5	48	711	2152	47	8	0	6	1	228	0	40	0	100
延庆县	12	133	1400	4032	102	3	0	0	0	364	1	65	1	131
海淀区	3	7	23	78	4	3	0	0	0	19	0	7	1	6
石景山区	4	10	656	2027	8	2	0	0	0	9	0	1	0	14
北京市	84	683	21087	57909	505	111	9	13	4	2379	34	856	87	1258

【地质灾害发生情况】

1. 突发性地质灾害

2004—2014 年，北京市共发生地质灾害 147 起，其中 2012—2014 年共发生 82 起，占总数的 55.8%；灾害类型以崩塌为主，灾情级别以小型为主；多发生在房山、门头沟、延庆、密云、怀柔和海淀 6 个区（县），见图 3-20。

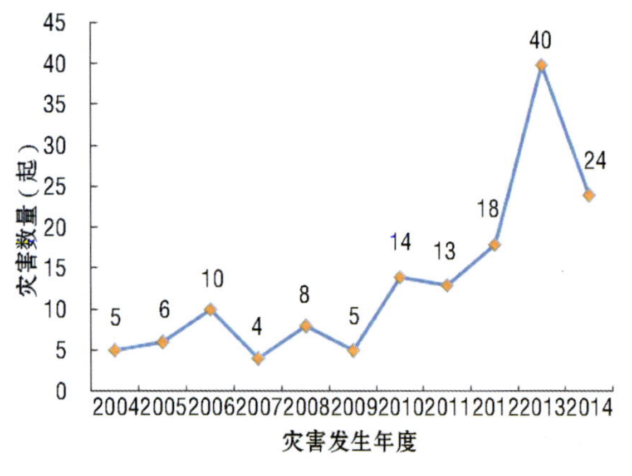

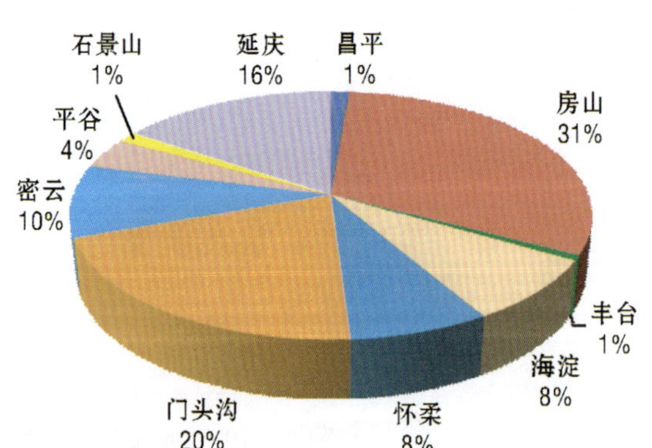

图 3-20　2004—2014 年北京市突发性地质灾害发生情况统计

年内，全市共发生 24 起突发性地质灾害，无人员伤亡。灾害主要发生时间在 6—7 月份，为小型崩塌和地面塌陷，主要发生地点在房山、延庆等区县，详情见表 3-24 和图 3-21。

表 3－24　　2014 年北京市突发性地质灾害发生情况一览

序号	时间	地点	灾害类型	灾情级别
1	2014.01.21	延庆县旧县镇古城村（龙庆峡风景区外）	崩塌	小型
2	2014.03.18	房山区大安山乡瞧煤涧村	地面塌陷	小型
3	2014.03.31	房山区大安山乡大安山村	地面塌陷	小型
4	2014.04.09	怀柔区九渡河镇庙上村东南 1.5km 处	崩塌	小型
5	2014.04.15	房山区大石窝镇岩上村	地面塌陷	小型
6	2014.04.23	密云县冯家峪镇黄粱根村亿客隆山庄	崩塌	小型
7	2014.06.04	平谷区平谷镇西鹿角村	地面塌陷	小型
8	2014.06.17	怀柔区宝山镇 X006（宝碾路）K800 +150m 处	崩塌	小型
9	2014.06.17	门头沟区王平镇韭园村	地面塌陷	小型
10	2014.06.20	延庆县刘干路 K9 +300m 至 K9 +350m 处	崩塌	小型
11	2014.06.20	密云县 101 国道京沈路 K110 +450m 处	崩塌	小型
12	2014.06.23	延庆县刘干路 K14 +400m 至 K14 +450m 处	崩塌	小型
13	2014.06.23	房山区河北镇阎河路 K16 +900m 处	崩塌	小型
14	2014.06.23	房山区史家营乡金鸡台村道路	崩塌	小型
15	2014.06.26	房山区河北镇阎河路 K16 +700m 处	崩塌	小型
16	2014.07.03	门头沟区大台街道办事处清千路	崩塌	小型
17	2014.07.05	房山区张坊镇涞宝路 K5 +770m 处	崩塌	小型
18	2014.07.30	门头沟区雁翅镇淤白村	崩塌	小型
19	2014.08.05	房山区大安山乡大安山村	地面塌陷	小型
20	2014.08.31	延庆县滦赤路（S309 省道延庆段）K144 +600m 处	崩塌	小型
21	2014.09.02	延庆县 X004 县道（刘干路）K10 + 700m 处	崩塌	小型
22	2014.09.02	平谷区镇罗营镇 X002（胡关路）K27 +620m 处	崩塌	小型
23	2014.09.02	密云县水库环南线 K20 +790m 处	崩塌	小型
24	2014.09.07	延庆县滦赤路（S309 省道延庆段）K135 +300m 处	崩塌	小型

2014 年 4 月 15 日
房山区大石窝镇岩上村地面塌陷坑

2014 年 9 月 2 日
密云县水库环南线 K20+790m 处崩塌落石

图 3－21　2014 年北京市地质灾害现场

2. 缓变性地质灾害

地面沉降。北京市地面沉降区分为南北两个大区，共 8 个沉降中心，其中北区面积较大，主要包含平原区东部和北部的昌平区八仙庄，海淀区西小营，顺义区平各庄，朝阳区金盏、三间房、黑庄户，通州城区等 7 个沉降中心；南区面积较小，主要包括平原区南部的大兴区榆垡沉降中心。据监测成果统计，截至年底，全市平原区累计地面沉降量大于 500 毫米的地区面积为 1411 平方公里，累计地面沉降量大于 1 米的地区面积为 312 平方公里，见图 3－22。

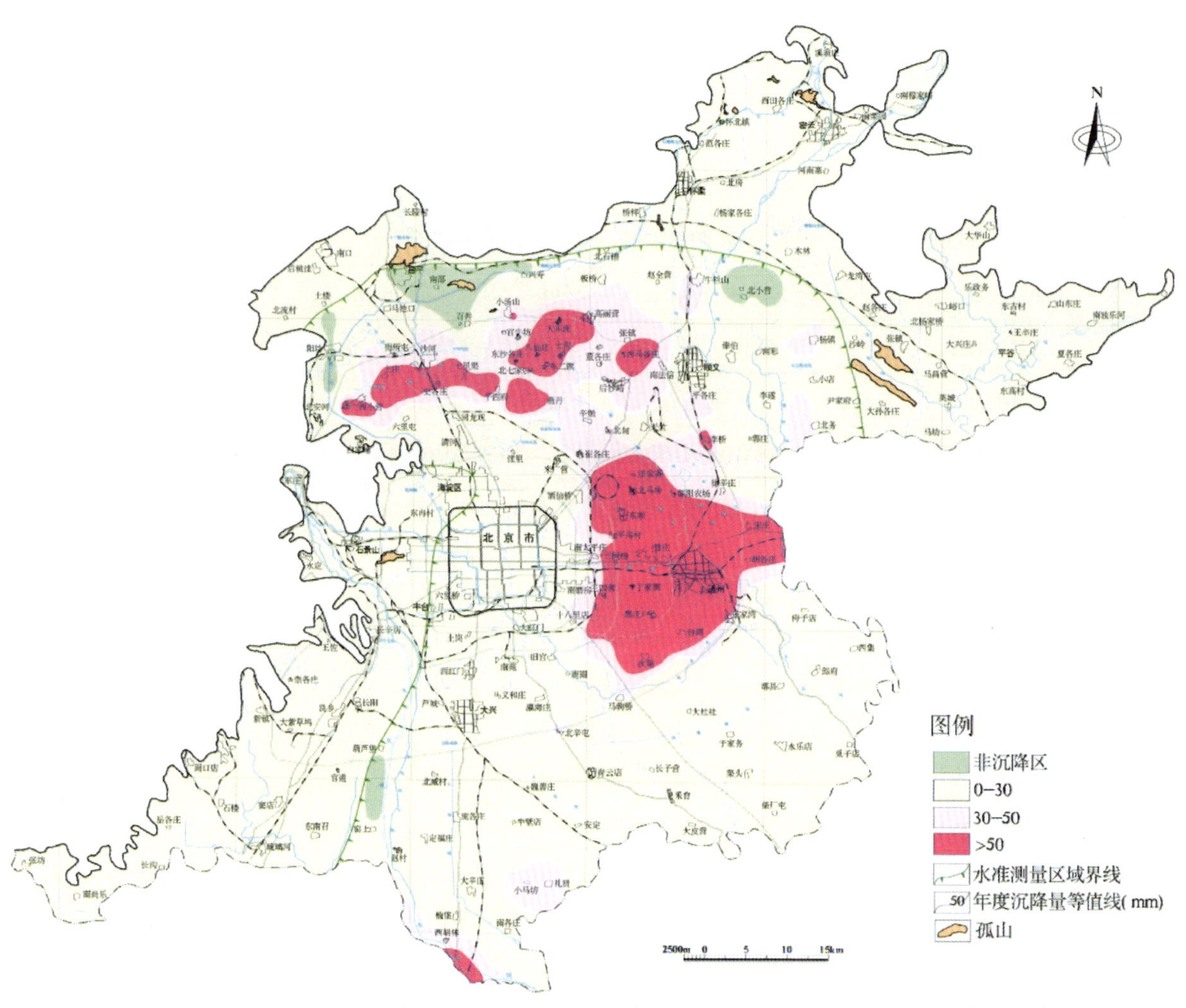

图 3－22　2014 年北京市平原区沉降量色斑图

年内，北京市平原地面沉降区平均沉降速率为 17.5 毫米/年，与 2013 年相比减小 4.2 毫米/年。水准测量最大沉降点仍位于朝阳区黑庄户地区，年沉降量为 144.2 毫米，比 2013 年增大了 0.9 毫米。另外，昌平区八仙庄、海淀区西小营—上庄、顺义区平各庄和朝阳区金盏沉降中心本年度沉降速率均大于 2013 年。大兴区榆垡—礼贤沉降中心沉降速率较去年明显减小，为 55.9 毫米/年。详情见图 3－23。

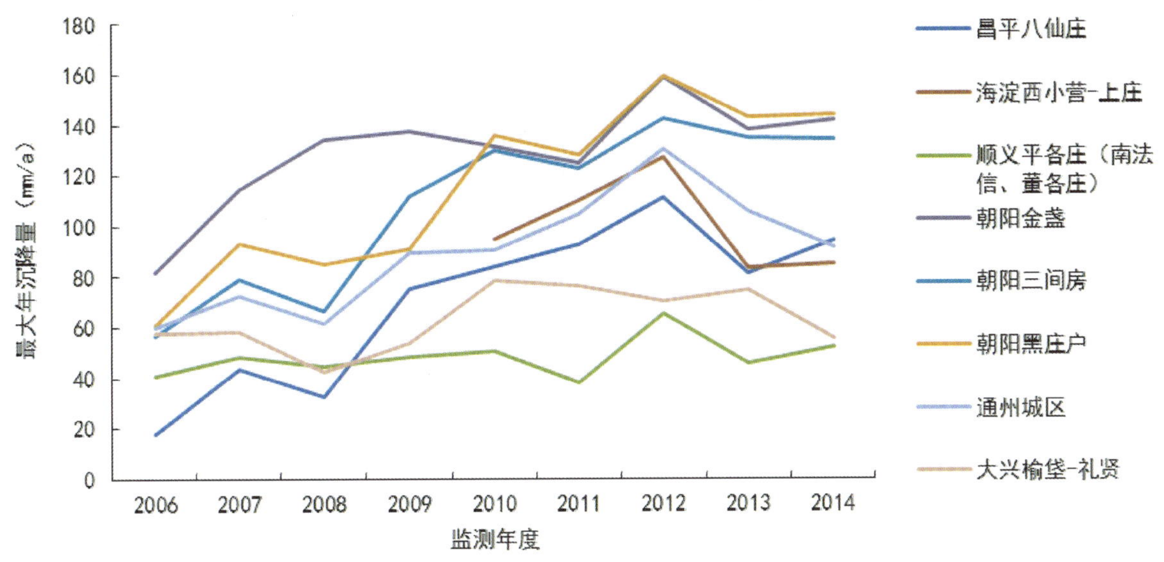

图3－23　近年来北京市各主要沉降中心最大年沉降量

地裂缝。截至年底，发现的地裂缝主要有顺义地裂缝、高丽营地裂缝、羊房地裂缝、北彩地裂缝和庙卷地裂缝等。本年水准监测成果显示，高丽营地裂缝垂直变形量达到24.14毫米/年，较2013年变形量增大10.51毫米；水平扭动方向累计变形量为40.34毫米；水平拉张方向累计变形量为35.94毫米。

【地质灾害防治】

1. 汛期地质灾害防治工作

年内，完成汛期地质灾害防治工作，坚持执行“三查”制度，对2000余处重要隐患点分级进行“检查、巡查、排查”；开展应急调查28次，确定地质灾害24起，提交应急调查（排查）报告35份。

与北京市气象局联合发布突发地质灾害气象风险预警7次，其中：黄色预警3次，蓝色预警4次。建设利用地质灾害气象风险预警平台，推动区（县）自主预警工作，10个山区县自主发布黄色预警19次、蓝色预警37次，配合转移群众8402名；研究开发地质灾害防汛移动终端，配备了相关设备99台。

2. 地质灾害监测工作

在房山、门头沟、密云3个山区（县）开展地质灾害动态、实时监测和预警工作，共安装监测设备479台，覆盖突发地质灾害隐患130处。及时报送2013年地面沉降监测成果，参与完成《北京市地面沉降防治规划（2013—2020年）》。

3. 开展地质灾害防治高标准“十有县”建设

按照《国土资源部办公厅关于开展地质灾害防治高标准“十有县”建设工作的通知》要求，开展北京市高标准“十有县”建设工作，其中房山、门头沟、延庆、昌平、密云、海淀和石景山7个区（县）通过验收。

4. 地质灾害治理

自2011年以来，财政部、国土资源部累计批复北京市地质灾害治理补助资金

10281.26万元。本年积极申请财政资金支持，共开展9个地质灾害治理项目（见表3-25），主要通过削坡、危岩清理、挡土墙以及排水沟等工程措施改善治理区地质环境，消除或减轻地质灾害威胁。

表3-25　　2014年北京市地质灾害治理项目

序号	项目名称	治理灾种	主要治理措施
1	昌平区十三陵镇碓臼峪村泥石流灾害治理工程	泥石流	拦挡坝、排导槽、沟道清理
2	房山区佛子庄乡敖峪沟泥石流灾害治理工程	泥石流	场地整理、挡土墙、护坡墙、导流槽
3	房山区霞云岭乡下石堡崩塌治理工程	崩塌	危岩清理、挡土墙、被动防护网
4	怀柔区宝山镇牛圈子西沟泥石流灾害治理工程	泥石流	沟道整治、挡土墙、排水沟
5	门头沟区斋堂镇向阳口村地质灾害治理工程	泥石流、崩塌	削坡、挡土墙、护坡面
6	密云县石城镇小岭发电站崩塌和冯家峪镇三岔口及石洞子不稳定斜坡治理工程	崩塌、不稳定斜坡	削坡、挡土墙、排水沟、路面修复
7	平谷区熊儿寨乡魏家湾村不稳定斜坡灾害治理工程	不稳定斜坡	挡土墙、植被绿化、客土回填
8	延庆县永宁镇王家堡村不稳定斜坡灾害治理工程	不稳定斜坡	削坡、挡土墙、排水沟
9	延庆县井庄镇箭杆岭村不稳定斜坡灾害治理工程	不稳定斜坡	削坡、挡土墙、排水沟

【地质灾害宣传】

年内，开展“5·12防灾减灾日”主题宣传活动，利用电视、网络、在线访谈等媒体，宣传地质灾害科普知识。共发放各类宣传品3万余份（套）、明白卡22000余份、竖立警示牌3800余块；搭建全市地质灾害隐患点及避险场地的电子地图服务平台。

【地质灾害危险性评估】

年内，北京市共对351个建设项目进行地质灾害危险性评估，其中一级备案33份，二级备案214份，三级备案104份。

【地质遗迹概况】

北京市地质遗迹资源丰富，种类较多，全市共有基础地质类、地貌景观类和地质灾害类三大类重要地质遗迹资源50处，其中世界级2处、国家级7处、省级41处。区域分布较为集中，例如西山的周口店—石景山一带、十渡地区、圣莲山地区、斋堂地区；北山的千家店地区、云蒙山地区、黄松峪地区，集中了全市60%的地质遗迹资源（见图3-24）。

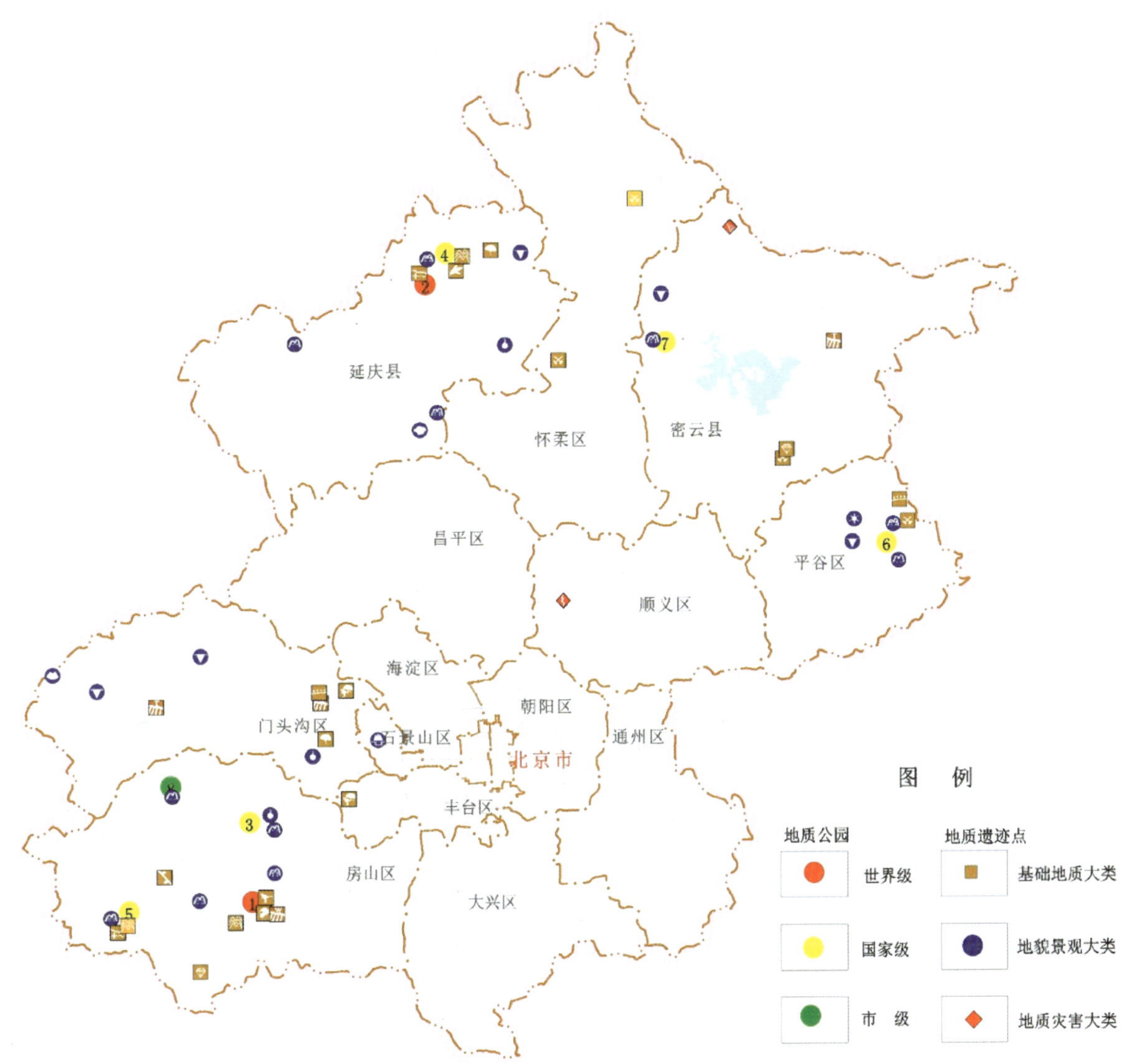

图3-24 北京市重要地质遗迹资源及地质公园分布

【地质遗迹保护】

1. 自然保护区

北京市共建立地质遗迹自然保护区3处，其中2处市级自然保护区，1处县级自然保护区，总面积为57.37平方公里，见表3-26。

表3-26 北京市地质遗迹自然保护区

序号	保护区名称	级别	所在区县	面积（km^2）	批建时间
1	房山石花洞地质遗迹自然保护区	市级	房山区	36.5	2000.12
2	延庆下德龙湾木化石自然保护区	市级	延庆县	20.5	2001.12
3	平谷大溶洞地质遗迹自然保护区	县级	平谷区	0.37	1997

2. 地质遗迹保护与研究

年内，完成《北京市地质遗迹详查评价及保护对策研究》并形成综合成果报告。完成石花洞、十渡、黄松峪国家地质公园等3个地质遗迹保护项目工程。

3. 古生物化石保护

年内，组织专家对北京自然博物馆等四家古生物化石收藏单位逐家进行定级评审。为落实国土资源部印发的《省级古生物化石保护规划编制指南》（国土资厅发〔2012〕38号），完成北京市古生物化石现状调查和《北京市古生物化石保护规划（2013年—2020年）》。

【地质公园】

北京市共建立地质公园8处，其中2处世界地质公园，5处国家地质公园，1处市级地质公园，见表3－27。

表3－27 北京市地质公园

地质公园名称	级别	遗迹类型	面积（km^2）	审批文号	批建时间
中国房山世界地质公园	世界级	古生物类、地质地貌类	1045	联合国教科文组织	2006.9.17
中国延庆世界地质公园	世界级	古生物类、地质地貌类、水文地质遗迹	620.38	联合国教科文组织	2013.9.9
北京石花洞国家地质公园	国家级	地质地貌类（岩溶地质遗迹）	33.5	国土资发〔2001〕388号	2001.12.10
北京延庆硅化木国家地质公园	国家级	古生物类、水文地质遗迹	141.40	国土资发〔2001〕388号	2001.12.10
北京十渡国家地质公园	国家级	地质地貌类（岩溶地质遗迹）、水文地质遗迹	290.37	国土资发〔2004〕16号	2004.1.19
北京平谷黄松峪国家地质公园	国家级	火构造类、地质地貌类	36.4	国土资发〔2009〕110号	2009.8.19
北京密云云蒙山国家地质公园	国家级	地质地貌类（花岗岩地貌遗迹）	238.2	国土资发〔2009〕110号	2009.8.19
北京房山区圣莲山地质公园	市级	地质地貌类（岩溶地质遗迹、水文地质遗迹）	28	市国土房管环〔2004〕666号	2004.6.10

国土部委派专家对北京市属5个国家地质公园的建设与管理工作进行监督检查。经综合评定，北京石花洞国家地质公园和北京延庆硅化木国家地质公园评估结果为优秀，其余均为合格。

7月，联合国教科文组织世界地质公园执行局专家对中国房山世界地质公园进行评估检查，并给予通过（绿牌）的评估结果。

9月、10月，中国延庆世界地质公园

和北京密云云蒙山国家地质公园分别揭碑开园。

完成《北京市地质（矿山）公园管理办法（试行）》《北京石花洞国家地质公园科学导游指南》。

【矿山地质环境问题】

截至年底，北京市有矿山企业61家，其中固体矿山31家，矿泉水30家。北京市矿山地质环境问题主要表现为矿山次生地质灾害、地貌景观破坏、水环境破坏、土地资源破坏、环境污染5种类型。

【矿山地质环境治理】

1. 管理制度建设

年内，制定并印发《北京市国土资源局关于开展地质环境类项目资料数字化工作的通知》（京国土环〔2014〕419号）、《北京市国土资源局关于进一步加强地质环境类项目管理工作的通知》（京国土环〔2014〕562号）。

2. 矿山地质环境治理示范工程

截至年底，北京市累计投入矿山环境治理资金76839万元，累计治理面积5210.56公顷，种植经济林和植树74.74万株，使用当地劳动力46.8万人/次。年内，组织实施2个矿山地质环境治理示范工程，包括23个治理区，治理总面积621.89公顷，主要分布在门头沟区和密云县，详情见表3－28。

表3－28　　2014年北京市实施的矿山地质环境治理示范工程

序号	项目名称	治理面积（公顷）
1	北京市密云水库周边废弃铁矿矿山地质环境治理示范工程（高岭镇放马峪治理区）	25.00
2	北京市密云水库周边废弃铁矿矿山地质环境治理示范工程（羊山、后栗园治理区治理区）	3.00
3	北京市密云水库周边废弃铁矿矿山地质环境治理示范工程（溪翁庄治理区）	4.00
4	北京市密云水库周边废弃铁矿矿山地质环境治理示范工程（瑶亭西沟治理区）	6.70
5	北京市密云水库周边废弃铁矿矿山地质环境治理示范工程（学艺厂治理区）	16.00
6	北京市密云水库周边废弃铁矿矿山地质环境治理示范工程（放马峪—王家会治理区）	34.50
7	北京市密云水库周边废弃铁矿矿山地质环境治理示范工程（达岩治理区）	40.00
8	北京市密云水库周边废弃铁矿矿山地质环境治理示范工程（南山马子峪治理区）	22.00
9	北京市密云水库周边废弃铁矿矿山地质环境治理示范工程（陡岭子治理区）	6.00
10	北京市密云水库周边废弃矿山地质环境治理示范工程（大窝铺治理区）	29.00
11	北京市密云水库周边废弃矿山地质环境治理示范工程（四道沟治理区）	23.13
12	北京市密云水库周边废弃矿山地质环境治理示范工程（刘家店万庄金矿治理区）	9.30
13	北京市西部山区百花山地区废弃煤矿矿山地质环境治理示范工程（长沟治理区）	56.12
14	北京市西部山区百花山地区废弃煤矿矿山地质环境治理示范工程（鲁家山治理区）	7.00

续表 3－28

序号	项目名称	治理面积（公顷）
15	北京市西部山区百花山地区废弃煤矿矿山地质环境治理示范工程（灵水村治理区）	18.00
16	北京市西部山区百花山地区废弃煤矿矿山地质环境治理示范工程（白道子治理区）	41.00
17	北京市西部山区百花山地区废弃煤矿矿山地质环境治理示范工程（西达摩治理区）	58.00
18	北京市西部山区百花山地区废弃煤矿矿山地质环境治理示范工程（河北治理区）	16.19
19	北京市西部山区百花山地区废弃煤矿矿山地质环境治理示范工程（南窖治理区）	14.27
20	北京市西部山区百花山地区废弃煤矿矿山地质环境治理示范工程（大安山后槽沟治理区）	22.40
21	北京市西部山区百花山地区废弃煤矿矿山地质环境治理示范工程（霞云岭治理区）	109.35
22	北京市西部山区百花山地区废弃煤矿矿山地质环境治理示范工程（后石门治理区）	43.33
23	北京市西部山区百花山地区废弃煤矿矿山地质环境治理示范工程（椴树港治理区）	17.60

3. 在生产矿山地质环境治理

截至年底，北京市31家在生产矿山企业全部编制了保护与治理恢复方案，累计投入工程治理费用31872万元，其中本年投入治理工程费1565万元。年内组织评审3个恢复方案、1个设计方案，验收7个保证金项目，企业缴纳保证金3626万元，返还保证金970万元。

组织验收《北京市矿山地质环境现状调查评估及治理对策研究》项目，基本摸清北京市矿山地质环境问题家底。

4. 矿山环境恢复治理保证金缴存

自2009年建立保证金制度以来，北京市累计缴存保证金33315.175万元，累计返还矿山企业保证金21770.51万元。

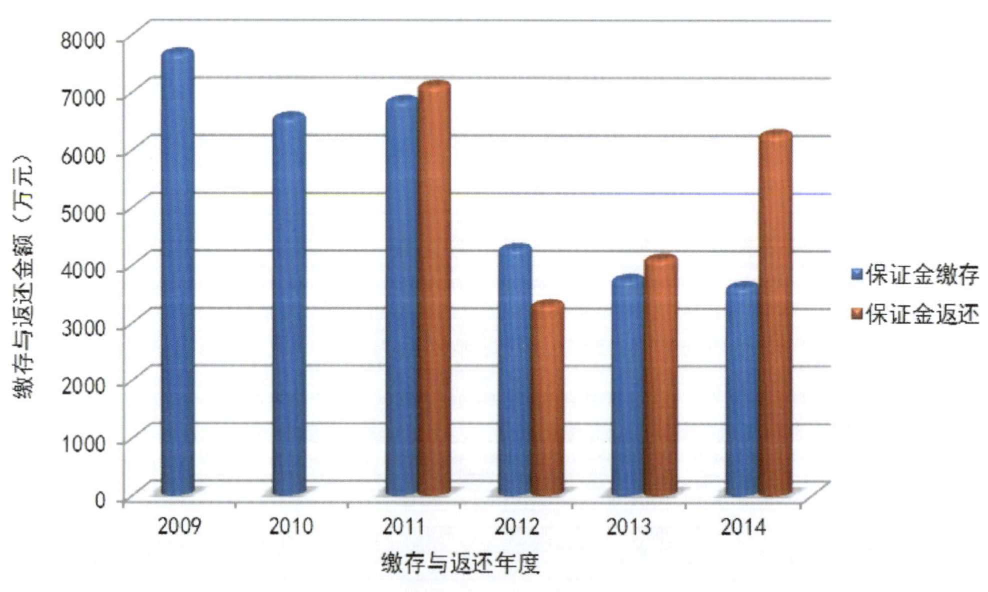

图3－25　2009—2014年北京市矿山环境恢复治理保证金缴存与返还统计

5. 清洁空气行动计划

按照北京市大气污染综合治理领导小组办公室有关要求，向北京市环境保护局提交北京市废弃矿山生态环境修复治理项目申报材料。2014 年、2015 年项目技术方案已通过京大气办组织的专家评审，进入预算评审阶段。

【矿山公园建设】

截至年底，北京市共申报建立国家矿山公园4处，见表3－29。

表3－29　　2014 年北京市矿山公园

序号	矿山公园名称	所在区县	面积（km^2）	批建时间	建设情况
1	北京平谷黄松峪国家矿山公园	平谷区	1.86	2005 年	已开园
2	北京首云国家矿山公园	密云县	3.58	2009 年	已开园
3	北京圆金梦国家矿山公园	怀柔区	5.56	2009 年	建设中
4	北京史家营国家矿山公园	房山区	58.5	2013 年	建设中

【地下水环境】

北京市地下水监测对象主要为平原区地下水水位监测和水质监测两部分。平原区已建立“立体分层”的地下水环境监测网络，实现由原来传统的以资源目的的“平面监测”转变为资源和环境并重的“立体分层”监测。

【地下水水位监测】

北京市地下水水位监测覆盖平原区6528 平方公里，共有监测井 635 眼，正常运行的监测井 613 眼。北京市平原区2014 年地下水位与 2013 年水位比较，第一层（潜水）水位平均（加权平均）下降0.6 米，第二层（第一承压）水头平均（加权平均）下降 0.68 米，第三层（第二承压）水头平均（加权平均）下降1.38 米，第四层（第三承压）水头平均（加权平均）下降2.3 米。

【地下水水质监测】

北京市共有区域水质监测井 822 眼，自上而下共监控 4 个含水层组，见表 3－30。主要监测 32 项无机指标，其中感官性状和一般化学指标 17 项，毒理学指标9 项，其他指标 6 项。

表3－30　　2014 年北京市地下水环境监测网各含水层基本情况

立体分层	底界埋深（m）	监测井控制面积（km^2）	监测井井数（眼）
第一层（潜水）	小于 50	6528	384
第二层（第一承压）	80～120	4770	209
第三层（第二承压）	150～180	3995	152
第四层（第三承压）	300	3068	77

1. 地下水综合质量状况

据本年丰水期（9 月）地下水监测资料的综合分析（见图 3－26 和表 3－31），第一、第二含水层组水质量相对较差，第三、第四含水层组水质总体较好。

2. 地下水单指标质量状况

平原区地下水主要超标指标为总硬度、锰、溶解性总固体、氨氮和硝酸盐氮。在主要超标指标中，总硬度超标面积最大，其次为锰、溶解性总固体、氨氮，硝酸盐氮超标面积最小。

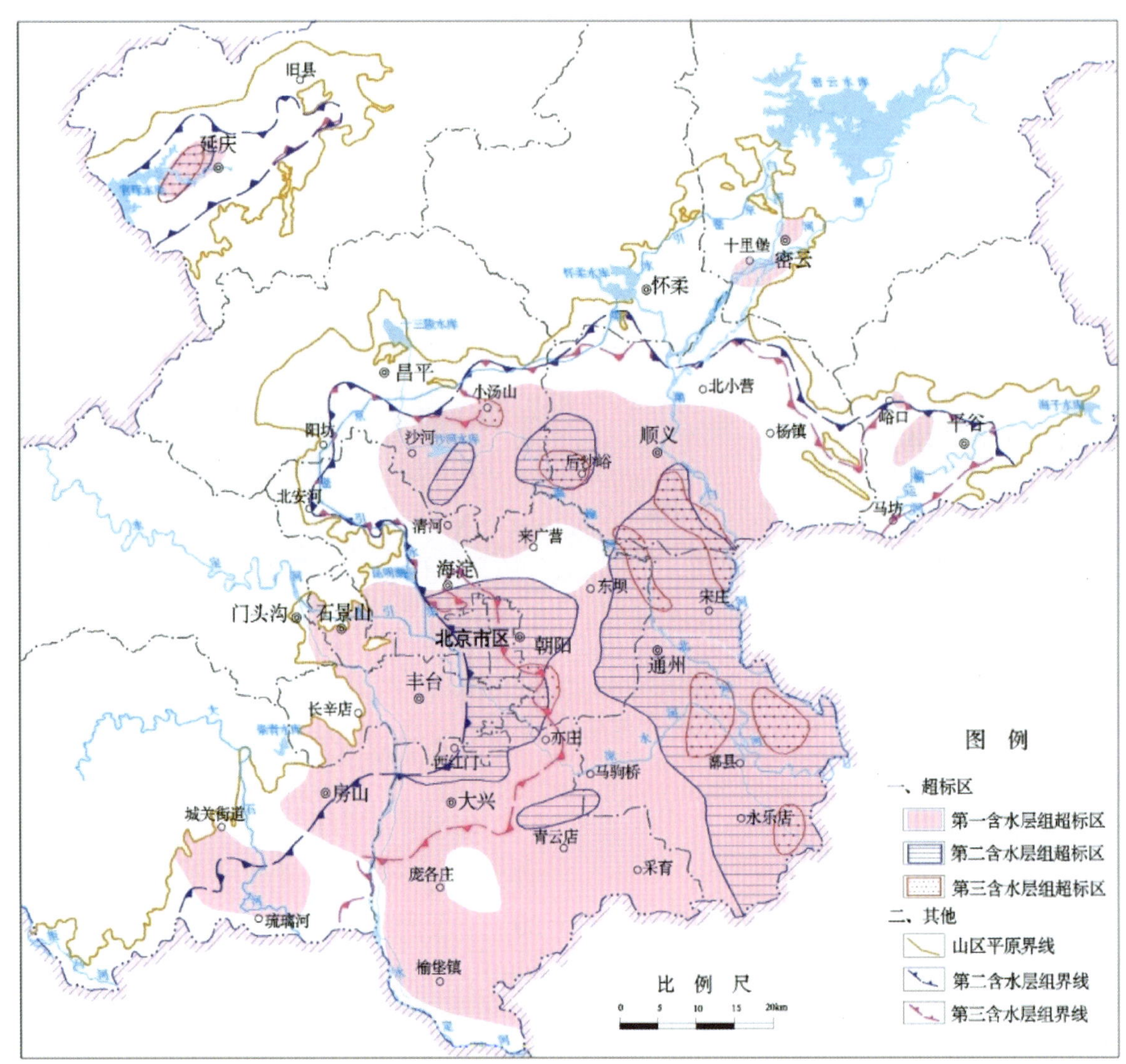

图 3－26 2014 年 9 月北京市综合质量评价超标区分布

表 3－31 2014 年 9 月北京市地下水综合质量状况

立体分层	占总监测面积比率（%）		超标指标
	优良、良好	较差、极差	
第一层（潜水）	41.02	58.98	总硬度、锰、溶解性总固体、氨氮和硝酸盐氮
第二层（第一承压）	72.12	27.88	锰、氨氮、总硬度、溶解性总固体、硝酸盐氮
第三层（第二承压）	93.74	6.26	锰、氨氮、亚硝酸盐氮
第四层（第三承压）	100	0	—

平原区地下水质总体上具有如下特征：在平面上，平原区北部地下水质好于南部，远郊区县好于城近郊区；在垂向上，第一含水层组水质最差，随着含水层组深度的增加，水质逐渐变好。

地矿行政管理

年内，北京市地矿行政管理工作严格按照《北京市矿产资源总体规划》《北京市人民政府办公厅转发市国土局关于加强矿产资源管理工作意见的通知》（京政办发〔2006〕15号）及其他有关要求扎实有序开展。

【探矿权管理】

近年来，北京市探矿权登记矿种全部为地热。年内，共受理探矿权新立5个，探矿权延续4个、保留3个；对12个有效探矿权进行年检，完成探矿权年检工作。

【地质勘查资质管理】

截至年底，北京市具有地质勘查资质证书的单位共计146家，其中68家单位通过国土资源部审批，获得甲级资质。市国土局批准了110个单位的乙级、丙级地质勘查资质（其中32家单位同时具有国土资源部颁发的甲级地质勘查资质证书）。北京市各类各级地质勘查资质共计352个，具体情况见图3－27。

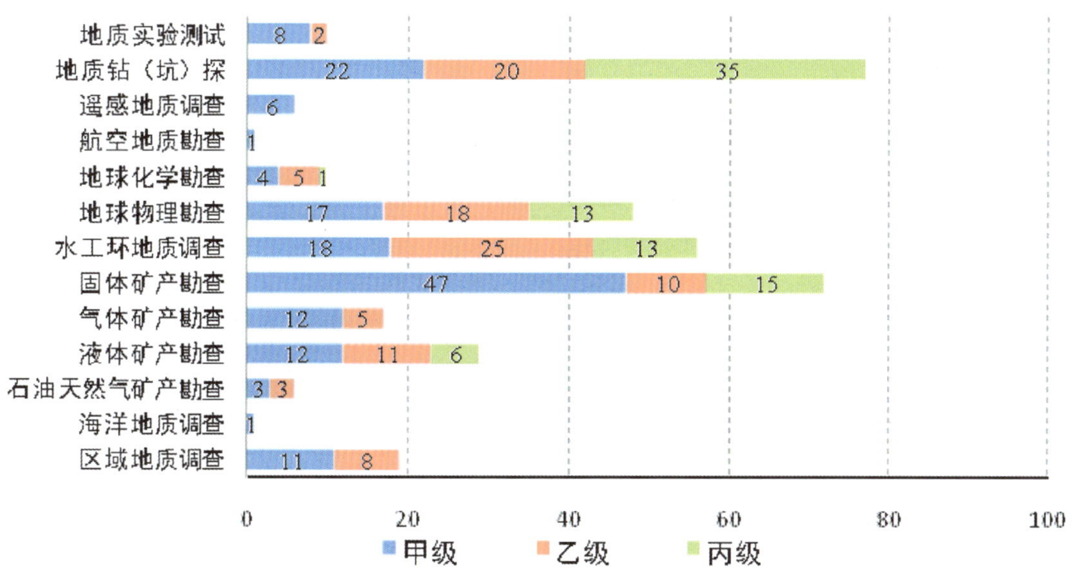

图3－27　2014年北京市各类各级地质勘查资质构成

年内，组织开展两批地质勘查资质集中受理审批工作，共办理36家，其中新立25家（含增项、减项、升级或降级10家），延续8家；全年办理资质变更3家，注销5家。

完成2013年度全市地勘单位地质勘查资质监督检查工作，编写工作总结并按要求上报国土资源部；部署本年地质勘查资质监督检查工作，已完成141家单位自查自评工作，抽查工作正在开展中。

【地质灾害资质管理】

北京市现有83家单位获得地质灾害危险性评估、勘查、设计、施工、监理资质，共189项，较2013年减少4家单位10项资质（见表3－32，6－13）。

表3－32　　2014年北京市地质灾害评估及治理工程资质数量

资质等级	评估	勘查	设计	施工	监理	小计
甲级	36	35	32	31	7	141
乙级	3	1	4	1	2	11
丙级	13	6	6	11	1	37
合计	52	42	42	43	10	189

【地质勘查项目管理】

1. 地调项目监管

按要求，对中国地调局下达北京市有关单位承担的9个公益性地质矿产调查评价项目实施监督，并依据各项目进展情况拨付项目经费。

2. 国外风险勘查项目监管

年内，组织专家对智利第三、四大区铜铁金多金属矿勘查靶区优选及评价等18个国外矿产资源风险勘查项目进行验收；按照各项目进度分批次拨付经费，并督促中色矿业集团有限公司的菲律宾宿务省坎希铜矿普查项目未使用资金按原渠道返还；汇总项目承担单位提交的8个申请拟续作项目情况，报送至中央地勘基金中心。

【地质行业形势统计】

组织开展北京市地勘单位地质勘查成果通报工作和地质勘查行业基本情况调查工作，完成半年度和年度《成果通报》，进行行业形势发展分析。

【矿产资源储量管理】

1. 矿山储量动态监督管理

开展2013年度矿山储量动态监测工作，在生产的22家固体矿山企业全部进行矿山储量动态检测，提交经评审的矿山动态储量年报并在所属区县分局备案；部署开展本年度在生产矿山的储量动态监测工作。

2. 矿产资源储量评审备案工作

年内，完成矿产资源储量评审备案并出具备案证明21份，完成4个季度的储量评审备案直报系统的填报工作，上报数据均通过国土部审核。

3. 矿产资源登记统计

开展2013年度矿产资源统计工作，根据矿产企业报送的年度统计基础表，审核汇总并录入数据库，完成《截至2013年底北京市矿产资源储量表》的编制及印刷工作。

4. 建设项目压覆重要矿产资源核查

年内，北京市共办理160件压覆重要矿产资源核查，其中出具同意压覆重要矿产资源批复6件。

【编制矿产资源年报】

完成《2013年度北京市地质矿产年报》的编制工作。该书全面反映了2013年度北京市地质矿产勘查、矿产资源储量、矿产资源开发利用、地质环境及矿政管理等方面的基本情况。

【地质资料管理】

1. 地质资料馆藏情况

截至年底，北京地质资料馆馆藏成果地质资料8883种，数字地质资料达到7169种，数据量达到594GB；实物地质资料129种，其中岩心1084箱，计5345.66米，各类地层和矿石标本990块，土壤化学样品49902件，地热井岩屑样69130件；原始地质资料132种。

2. 地质资料汇交

年内，共接收成果地质资料1366种，其中纸质资料675种、电子文档1322种；接收实物地质资料11种，其中接收21个钻孔的4845.66米岩芯、2435件土壤化学样、9口地热井5531件岩屑、采集岩矿标本913件；接收原始地质资料20种，其中多数为矿山地质环境治理项目原始地质资料。

3. 地质资料服务利用情况

年内，资料馆通过到馆借阅、电话、网站接待借阅者共计670人次，其中接待11个单位、202人次到馆借阅地质资料，累计提供532种、1064份次、65676件次地质资料服务。

4. 地质资料信息服务集群化产业化

北京市目前在全国地质资料汇交监管平台上监管项目总数为913个，年内，发放汇交凭证73个；市国土局信息中心和地质资料馆共同完成地质资料信息服务集群化共享服务平台的维护工作，已将本年新增目录数据追加到平台（共有目录数据7606条）；在地质资料馆内部署的包含三个客户端的电子阅览室，实现地质资料的网上借阅与浏览。

【固体矿产与矿泉水采矿权管理】

年内，完成划定矿区范围1个，采矿权延续9个，采矿权变更7个，采矿权转让2个，采矿权注销4个（行政注销1个，公告注销3个）；共完成16个采矿权项目的公开交易工作，其中：采矿权转让2个、出让14个。采矿权全部进入矿业权交易市场进行公开交易。

【固体矿产与矿泉水资源补偿费及采矿权价款征收】

为继续做好矿产资源补偿费的征收管理工作，制定并印发《北京市矿产资源补偿费免（减）审批办法》。

截至12月，北京市征收补偿费共计2974.38万元（不含地热）；重点矿区、主要矿种和大中型矿山企业征收情况均较好。其中：征收煤炭资源补偿费1779.7647万元，征收铁矿资源补偿费315.7288万元。

审核确认9家申请办理延续的矿山企业采矿权出让价款，年内共收取采矿权价款2115.62万元，其中包括往年分期缴纳的1441万元。

【绿色矿山建设】

年内，组织对申报第四批国家级绿色

矿山试点单位的首钢鲁家山石灰石矿进行实地核查，形成核查结果报国土部。鲁家山获得国家级绿色矿山试点单位称号。组织对其编制的《绿色矿山建设规划》进行审查，报国土部备案。

年内，组织对第一批绿色矿山试点单位首云铁矿等4个矿山开展初步验收工作，初步验收意见报国土部。现该4个矿山已通过国土部的验收正式成为国家级绿色矿山。鲁家山等9个矿山是国土资源部绿色矿山试点单位。

【矿产资源节约与综合利用专项工作】

年内，组织开展昊华公司木城涧煤矿《复杂难采厚煤层短臂综采》验收工作，项目总投入670万元，其中中央财政资金250万元。项目实现了复杂地质条件下难采煤层的回采工作，年多回收煤炭3.4万吨，增加利润680余万元。实现最大限度利用矿产资源。

会同市财政局组织开展矿产资源节约与综合利用以奖代补绩效评价工作。2010—2012年，共有8个矿山企业，获得中央奖励资金7600万元，带动矿山企业配套投入近22000万元，用于提高矿山回采率、选矿回收率及低品位矿石回收利用，废石综合利用、矿井水循环利用等方面。

【打击非法开采矿产资源工作】

年内，市国土局会同市各有关部门组织和协调各区县政府，开展打击非法开采巡查检查500余次，出动检查执法人员4000多人次，查处14起非法开采案件，拘留15人。按照《北京市非法开采、破坏性采矿造成矿产资源破坏价值鉴定实施办法》(京国土矿〔2005〕745号）的规定，年内组织完成并出具非法开采矿造成矿产资源破坏价值鉴定意见36份。

【矿产资源开发监督管理】

年内，检查矿山开采情况。北京市实检矿山42个，年检率和实地检查率均达100%；实地抽查矿山15个，抽检率为24.59%；参加年检的矿山全部合格。通过检查发现北京市矿山企业基本做到按照市矿产资源规划和开发利用方案等要求进行开发利用；各种费用多数能及时、足额缴纳；按要求进行矿山生态环境恢复治理等。6月上旬将年检结果在局内、外网公告。

【开展北京市重要矿产“三率”综合调查与评价专项工作】

按照国土部要求，2013年12月24日组织专家对《北京市主要矿产资源“三率”调查与评价报告》进行省级初评，并通过专家评审。7月，通过国土部组织的第三批省级重要矿产资源“三率”调查评价成果验收。

【地热资源采矿权管理】

年内，北京市完成地热采矿权审批13件，其中新设2件，延续5件，变更4件，转让2件。截至年底，北京市共设置地热采矿权149个。

对147个地热采矿权单位开展2013年度地热采矿权年检工作，其中108个采矿权单位通过年检，另外39个采矿权单位未通过年检。

【地热资源勘查与开发项目管理】

年内，启动《昌平新城地热资源调查评价》项目，进一步探索北京市空白区地热资源的情况。完成《2013 年北京市地热资源动态监测》《2013 年北京市地热井远程监控系统跟踪维修》和《2013 年北京市地热井远程监控设备更新》3 个市财政项目，为北京市实施地热资源的动态管理和有效保护提供有利的技术支撑。完成《北京市地热资源综合利用现状调查》项目，基本查明北京市地热井的产权归属、开采主体、利用方式及用途，建立全市地热井基础资料数据库。制定《北京市地热井泵室技术要求》和《北京市地热井封井和回填井的技术要求》，规范北京市地热井的泵房建设以及废弃地热井的管理。

【地热资源补偿费及矿业权价款征收】

年内，北京市征收地热矿产资源补偿费 2187 万元。确认地热矿业权出让价款 13 个，完成矿业权公开交易 27 个，收取出让价款 453 万元。

【地热资源动态监测】

年内，继续对各热田的开采量以及各主要热田的热储水位、水温和水质实施监测，反映出各主要热田热储水位、水温和水质的变化规律如下：

1. 年内各热田热储的水位总体仍呈下降趋势，年均水位降幅 0.5 米到 2 米（见表 3－33、图 3－28）。

2. 北京市各地热田地热水温度无明显变化。

表 3－33　　2014 年北京市各监测井水位监测汇总

序号	井号	地址	监测热储	年度水位埋深（m）				多年平均水位降深（m）
				日最低平均水位	日最高平均水位	年平均水位	比上年度下降	
1	京热－50	北京昆泰酒店地下室	东南城区热田雾迷山组	－75.64	－68.23	－71.74	1.02	1.45（2011—2014 年）
2	京热－60	松榆里小区停车场	东南城区热田雾迷山组	－86.18	－78.92	－82.35	1.2	1.12（2011—2014 年）
3	京热－66	湖锦园小区停车场	东南城区热田雾迷山组	－89.84	－82.52	－85.91	1.41	1.39（2011—2014 年）
4	京热－71	南四环集美家居停车场	东南城区热田雾迷山组	－87.84	－81.34	－84.33	0.52	0.91（2011—2014 年）
5	京热－51	天坛医院	东南城区热田铁岭组	－89.85	－83.37	－86.20	1.30	1.38（2003—2014 年）

续表 3－33

序号	井号	地址	监测热储	年度水位埋深（m）				多年平均水位降深（m）
				日最低平均水位	日最高平均水位	年平均水位	比上年度下降	
6	京热－2	天坛公园	东南城区热田铁岭组	－93.92	－86.11	－89.68	0.21	1.37（2010—2014年）
7	汤观－1	小汤山镇	小汤山热田雾迷山组	－50.06	－43.17	－45.49	0.8	1.45（1985—2014年）
8	苗圃观测井	小汤山苗圃	小汤山热田铁岭组	－44.46	－40.56	－41.78	1.50	1.68（2009—2014年）
9	208－4	骨伤科医院	李遂热田雾迷山组	－53.60	－52.05	－52.66	1.63	2.37（2003—2014年）
10	B－4	碧溪垂钓园	良乡热田雾迷山组	－90.41	－89.02	－89.76	－0.18	1.37（2003—2014年）
11	顺热－1	国都大饭店	天竺热田雾迷山组	－104.81	－99.56	－102.9	——	无

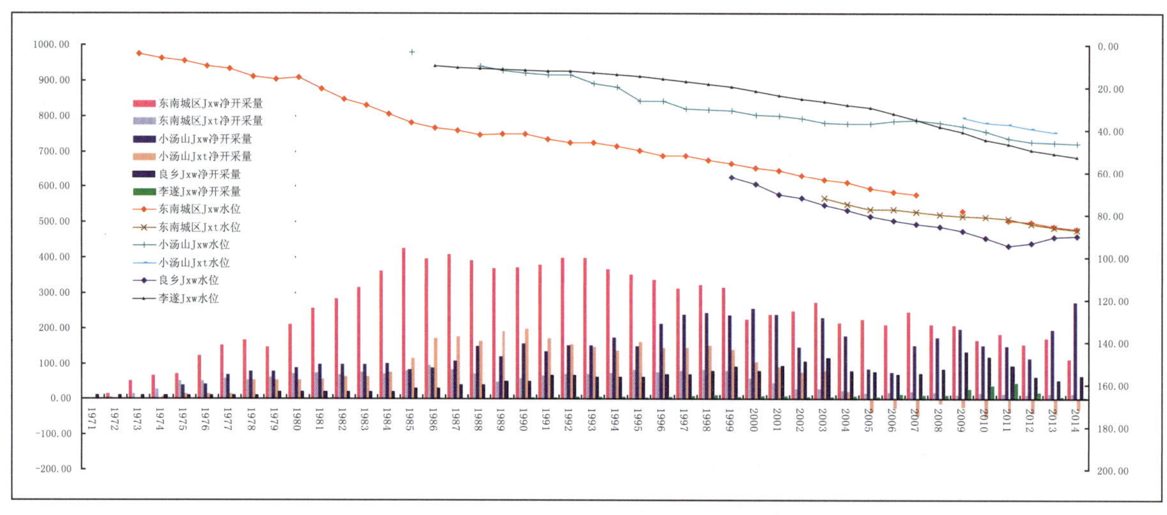

图 3－28　北京市主要热田地热水位和净开采量历年趋势

【浅层地热能开发利用管理】

北京市浅层地温能资源开发利用项目以公共建筑为主，建筑类型包括办公楼、商业建筑、工业厂房、教学楼、居民建筑、旅馆酒店、卫生建筑以及文化与体育建筑等。年内，北京市共办理浅层地热能（地源热泵）项目地质条件评估 14 件，实现供暖面积约 71.1 万平方米，见表 3－34。

表 3-34　2014 年北京市浅层地热（地埋管地源热泵）申请项目的地质条件评估项目

序号	申报单位	区县	服务面积（万平方米）
1	北京方兴亦城置业有限公司	经济技术开发区	204855
2	密云县大城子镇人民政府	密云县	13344.30
3	北京中际国华马铃薯开发中心	延庆县	19249.80
4	北京市通州区民政局	通州区	29870.57
5	北京市丰台区教育委员会	丰台区	39195.00
6	北京电影学院	通州区	81100.00
7	北京市顺义区沿河中心小学校	顺义区	17180.20
8	北京社会管理职业学院	大兴区	114583.82
9	北京市昌平区流村镇人民政府	昌平区	19793.90
10	中央民族大学	丰台区	37000.00
11	河北亚澳通讯电源有限公司北京分公司	顺义区	15220.00
12	绿友机械集团股份有限公司	顺义区	14610.82
13	北京师范大学新校区建设指挥部	昌平区	85032.00
14	北京捷安德能源投资管理有限公司	海淀区	19952.80
合计			710988.21

专项管理

北京市国土资源执法监察总队

【机构设置和职责】

北京市国土资源执法监察总队（简称执法总队）下设办公室、土地执法监察一室、土地执法监察二室、土地执法监察三室、信息科技室、业务指导室、违法线索受理室7个部门，在职执法监察人员34名。

主要工作职责：负责本市国土资源方面的执法监督工作，按照管理权限查处有关违法案件，受理有关投诉和举报，指导区县国土资源行政主管部门的执法监督工作。具体职责：国土资源违法案件的查处工作；涉及国土资源违法违规行为的信访工作；本系统国土资源执法监察工作制度建设；国土资源违法举报投诉受理工作；本市国土资源执法监察管理，组织开展卫片执法检查和动态巡查工作。

领导班子：

总队长、党支部书记　杨洪范
副总队长、副书记　郎运波
副总队长　江　卫（女）
副总队长　郑继培

【土地案件查处】

年内，共立案查处401件，同比下降21.06%，占地面积556.98公顷（耕地107.33公顷），同比分别上升35.67%，347.01%，其中结案321件364.69公顷。拆除建（构）筑物805.67万平方米，没收建（构）筑物4581.78万平方米，收回土地28.57公顷，收缴罚没款3055.36万元。共立案查处矿产违法违规28件结案28件，收缴罚没款73.1万元。

年内，通过北京市主要新闻媒体公开曝光9起案件。其中，公开通报丰台区长辛店镇辛庄农工商联合公司非法占用辛庄村集体土地建房案、丰台区花乡新发地民用建材市场中心非法占用新发地村集体土地建房案、平谷区黄松峪乡白云寺村委会非法占用白云寺村集体土地建设白云寺新民居案、昌平区流村镇北京古钟油脂有限责任公司非法占用北流村集体土地建设彩钢房案、密云县巨各庄镇黄各庄村村民朱某非法占用黄各庄村山场建设木质房屋案等5起。挂牌督办门头沟区清水镇上清水村盗采石材案、昌平区兴寿镇肖村“都市农业种植园”项目非法占地案、房山区良乡镇个体经营者葛某非法占用黑古台村集体土地建设大棚房案、北京市神洲百戏文化产业有限公司占用房山区长沟镇北正村集体土地建临时工棚案等4起。

【卫片执法检查】

年内，发现违法用地2901宗，1643.3公顷（其中耕地505.45公顷，可调整地类面积169.5公顷）。问责比例5.9%，与2013年度8.4%相比下降2.5%。其中，立案查处896宗，按非立案方式处理2005宗，没收违法建筑290.9万平方米，拆除违法建筑112.62万平方米，收缴罚款4813.64万元。履职到位率100%，查处整改到位率70%以上。发现矿产违法案件44宗，其中立案8宗，非立案36宗，行政处罚决定罚款1万元，没收违法所得4.07万元。

【动态巡查】

年内，动态巡查发现各类土地违法线索508件338.5公顷（耕地77.2公顷），通过快速反应及时制止违法行为，挽回群众各类经济损失1550万元。

【信访与12336违法举报】

年内，市国土局违法线索处理中心共接听电话7290个，受理2951件（含国土资源部转办858件）。收到反馈报告3186件，反馈率100%。

本年共受理群众信访举报198件，全部按期办结。

【视频监测】

年底，市国土局国土资源执法监察远程视频监控项目顺利完成公开招标，项目采用政府采购服务的方式实施，其中1年建设期和5年服务期，确定中国移动、中国联通、中国电信三家运营商具体实施。全市共部署466个土地执法视频监控摄像机，24个矿产执法视频监控摄像机，可实现对全市90%的耕地、95%的基本农田以及顺义区31个矿产易发区的实时监控。项目计划于2015年底正式投入运行。通过项目实施运用，北京市国土资源执法将形成“天上看、地上查、群众报、视频探”的立体执法格局。

【国土所管理】

为进一步推动国土所基础工作的科学化、规范化、制度化，全面落实《北京市国土资源管理所标准化建设规范（试行）》（京国土监〔2011〕615号）、《北京市国土资源管理所标准化建设考核暂行办法》（京国土监〔2011〕616号），会同法制处、监察处、人事处、财务处组成市国土局检查组，对14个郊区县59个国土所2013年国土所工作与标准化建设情况进行检查，促进国土所在组织机构、硬件设施、规章制度、履行职责、能力素质等方面的科学、规范与制度化建设水平的提高。其中，有16个国土所在系统内报刊和相关互联网上发表文章和调研报告34篇，其中26篇获奖；整理编印《北京市国土资源所工作人员2013年度刊发国土资源管理文选》，供国土所学习交流。

【清理整治“小产权房”】

年内，公开曝光北京市在建在售“小产权房”项目。共清理认定并在市国土局官网曝光2008年1月1日以来新建“小产权房”项目110个，其中：“小产权房”86个（占地283.4公顷，含耕地面积9公顷），农业大棚等变相“小产权房”项目24个（占地322.47公顷，含耕地面积112.13公顷），110个项目共占地605.87公顷（含耕地121.13公顷），总建筑面积约395万平方米。其中：昌平区42个，房山区23个，通州区16个，怀柔区15个，延庆县4个，大兴区3个，门头沟区2个，密云县2个，平谷区2个，顺义区1个。

有关主管部门已处理（含行政处罚）104个，正在处理6个。其中，26个已全部拆除，5个涉及占耕地部分已拆除。现已没收建筑物面积242.8万平方米，收缴罚款2841万元，拆除建筑物面积25.65万平方米。30个项目已申请法院强制执行，13名违法当事人已移送公安机关，31名责任人已移送监察机关处理。其中，1名镇党委书记、2名镇长、4名村支部书记受到免职处分。

年初，会同市住房城乡建设委、市监察局对8个重点区县24个“小产权房”项目现场开展联合督查。对于检查中发现问题，当场全部叫停，并责成相关区县严加整改。其中，对朝阳区“千亩银杏养生休闲中心”占用10公顷基本农田建设的违法别墅组织进行拆除。会同电力公司切断新建、未入住“小产权房”电力供应，并加强后期供电用途监管，对涉嫌正在进行“小产权房”建设，包括已经建成尚未入住的“小产权房”项目，坚决切断电力供应，要求电力公司加强各下属供电分公司在受理以村集体经济组织名义申请供电服务的前期审查及后期用途监管工作。

【清理整治高尔夫球场】

年内，组织对全市高尔夫球场情况进行再梳理再排查，发现存在部分在建高尔夫球场违法违规续建、扩建问题，及时以市局名义发函有关区县政府，提请高度重视，严格落实《关于开展全国高尔夫球场综合清理整治工作的通知》（发改社会〔2011〕741号）的政策要求，该停建（业）整改的必须执行。加强对高尔夫球场用地的定期巡查，严格分局“一对一”专人管控措施，按照“日常巡查明细”要求，定期反馈日常巡查情况。参加市发改委牵头组织的制定高尔夫球场退出标准和联合检查工作，拟定整改类、退出类球场涉地检查和取缔类、撤销类球场验收标准，对昌平、丰台、海淀、房山、怀柔、延庆等区县实地检查高尔夫球场清理整治进展情况，并函报市政府督查室。

【完善促进共同责任落实的措施办法】

年内，会同市财政局并经市政府同意，制定《关于暂缓拨付违法用地违法建设重点区县政府收益暂行规定》（京国土监〔2014〕第74号），并以市国土局名义出台《暂缓拨付违法用地违法建设重点区县收益工作实施细则》及相关《验收标准》《核查工作程序》《验收工作程序》等配套办法。据此，会同市财政局完成2014年前二季度暂缓拨付核查工作，对违法用地总面积全市排名前三位的区县（一季度：朝阳、通州、昌平；二季度：房山、昌平、平谷）实施暂缓拨付政府土地收益措施。

为落实市领导对朝阳区小武基村汽配仓库火灾重大责任事故的指示精神，年初，以市国土局名义向区县政府印发《关于对历年违法用地开展专项清查工作的函》（京国土监函〔2014〕120号），提请区县政府对本辖区历年违法用地，特别是违法占用农村集体土地的违法项目组织专项清查，全面掌握各地区涉地安全隐患，据实向市政府报告并提出清理整改意见。

会同市储备中心研究制定执法监察与土地一级开发、土地储备资金拨付的联动制约机制，尝试采取扣减土地一级开发新增指标等方式，辅以运用土储开发管理的其他经济制约手段，丰富部门联动源头减少土地违法违规行为的措施办法，共拆除违法建设3万处共2350万建筑平方米。

北京市土地利用事务中心

【机构与职责】

北京市土地利用事务中心（简称利用中心）是北京市国土资源局直属事业单位，于2001年1月21日经市政府批准成立，现编制60人，设“九科一室”，即办公室、出让业务科、综合一科、综合二科、综合三科、监管科、财务科、地价科、受理科和综合法制科。

主要工作职责：受北京市国土资源局委托负责按规定催缴土地有偿使用费用；承办本市征地及国有土地使用权划拨、出让、转让、出租、抵押以及地价评审的技术性、事务性、服务性工作。

领导班子：

主任	曹　慧（女）
副主任	杜　涛
副主任	姬　铮
副主任	朱　江
专职副书记	禹　佳（女）

【业务办理】

年内，共受理土地出（转）让许可类事项893件，其中：出让合同287件，出让合同变更606件；受理土地出（转）让服务类事项9件；受理管理类事项1011件。

共办结许可类事项693件，其中：出让合同196件，出让合同变更497件。办结服务类事项转让登记9件。办结管理类事项1001件，其中：招拍挂出让项目94件，协议出让补办项目12件，地价款缴纳核实895件。

【地价评审】

年内，召开地价办公室会26次，召开地价评审专家会7次，审定项目303个。

【欠费清缴】

通过发放《缴纳地价款通知单》和约谈等方式，对2013年下半年和2014年出让项目的地价款缴纳和欠缴情况进行核实，共核实土地出让合同533项（其中2013年出让合同259项，2014年出让合同274项）。年内，共发放《缴纳地价款通知单》11份、催缴《告知函》6份，收缴欠费约30亿元。

结合地价款缴纳情况证明书办理情况，继续完善出让合同缴款台账，已完成2004年至2013年出让合同缴款情况的登记工作，涉及土地出让项目约6500项。

【信息公开】

承办北京市国土资源局政府信息公开

有关出让部分的工作。

主动信息公开事项方面：在北京市国土资源局外网网站上发布出让结果、土地出让变更信息，公示的出让结果内容包括项目的受让方、土地位置、宗地面积、规划建筑面积、签约时间、规划用途、土地成交地价款、合同开竣工时间、地上容积率；公示的土地出让变更项目内容包括项目的受让方、土地位置、宗地面积、规划建筑面积、规划用途、合同地价款、变更事项。2014 年度土地出让合同办理情况和土地出让合同变更情况均已按月主动向社会公示。

依申请公开事项方面：办理依申请政府信息公开事项 96 件，均为书面申请，已全部办结。

【档案、数据统计、信息化】

基本完成前期遗留的各类案卷的清理，出（转）让档案。

进入到随办随归的良性循环；与档案馆交接共 1906 卷；与信息中心交接档案共 886 卷。完成 2011 年的评估报告档案的扫描、存档相关工作。

【行政公文】

办理公文 1431 件，其中督办件 14 件，人大建议 2 件。受理信访事项 28 件，全部办结。群众满意率 100% 。

【闲置地处置】

按照《北京市闲置土地处置工作方案（试行）》的分工，配合完成对两批 17 宗土地的调查，并下发《闲置土地调查通知书》。配合完成局储备中心 9 批 56 家企业 185 宗土地的核实房地产开发企业出让合同履行情况。

【土地出让项目批后监管】

依照《国土资源部办公厅关于建立土地利用动态巡查制度加强建设用地供后开发利用全程监管的通知》（国土资厅发〔2013〕30 号）要求，继续完善出让项目后期跟踪管理的制度、流程，充分利用科技手段，协同相关部门，跟踪管理工作进入制度化、日常化管理的轨道，形成市、区（县）分工合作机制。

规范土地出让合同约定开发建设延期审批，形成常态化、规范化的工作流程。年内，共收到延期申请 68 件，其中对符合要求的项目 17 件，已分三个批次上报、批准。

自 2009 年国土部开展出让合同专项清理工作和 2010 年北京市建立出让项目开发利用申报制度以来，市国土局一直通过建设用地开发利用情况申报和出让后期跟踪管理工作收集的项目宗地开竣工数据成果向国土部监管系统进行更新。年内，共收到 45 宗申报；根据申报及局监管子系统数据，完成国土部监测系统中约 52 宗次（包括交地、开工、竣工信息等数据）土地的开竣工数据更新。

【出让土地批后监管系统建设】

按照《北京市国土资源局关于运行出让土地批后监管系统的通知》（京国土用〔2013〕109 号）要求，自 2013 年 4 月 1 日起，对土地出让合同相关信息全程监督管理的“综合监管平台出让土地批后监管子系统”正式运行。该系统为进一步加强土地出让合同管理及土地批后监管，推进节约集约用地，强化项目用地开竣工管理提供了强大的技术保障。年内，市国土局监测系统已纳入2007—2014年度出让项目总计3724个，其中需要监测开发利用情况的（即新建协议和招拍挂出让项目）1387个，其余现状、竣工补办等出让项目为2337个。需监测项目中已对1258个项目进行了监测并实现了数据实时更新，占需监测项目数量的90%。

【配合各级审计、督察】

配合完成审计署进驻市国土局审计工作，核实出让档案并提供相关统计数据。审计期间，调取出让合同档案848宗，共计1115卷，提供电子台账及档案文书共计134批次。

协助局相关处室，配合国土部土地督察北京局、审计署驻兰州特派办的土地出让缴款情况检查及例行督察工作，提供相关资料。

【协议出让地价管理】

北京市自实行土地有偿使用制度以来，一直在摸索建立有利于公开、公平、公正的地价管理机制，至1996年协议出让地价基本定型为四级审批制，即地价委托评估、地价评审办公室初审、地价专家评审委员会审核、局长办公会审定，并于2002年以发布《关于建立北京市土地出让地价评审定期制度的通知》（京国土房管出〔2002〕174号）的形式将该制度固定下来。2015年即将全面贯彻落实《国有建设用地使用权出让地价评估技术规范（试行）》，对国有建设用地使用权出让的委托、估价过程、估价方法、定价程序、估价报告审核等方面研究制定具体实施方法。

年内，共召开地价办公室会26次，召开地价评审专家会7次，审定项目303个。

【土地出让政策研究与创新】

1. 完善行政许可及服务类事项审批程序

形成《办理国有建设用地使用权协议出让合同变更事项规则》（初稿），该规则从收件初审、事项办理分类审查、上报审批、办结归档四个方面细化了各阶段办事流程及办事规则，从而实现出让合同变更类事项有规可依，有规必依，依规办理，违规必究的良性办事流程；初步拟订了部分竣工项目办理办法，对项目受理条件、审核要点原则等内容进行了统一。

通过行政许可及服务类事项补正告知单中增加约定条款，完善了补件、退件流程。对2014年1月1日后通过系统申报的行政许可事项，根据申请单位补件超期情况直接办理退件，简化了退件流程并缩减了退件审批所需时间。

2. 土地出让政策研究

研究基准地价更新成果落实，配合相关处室完成新基准地价配套实施办法的制定，配合信息中心进行地价测算电子系统的调试工作。

研究配建保障性住房面积转为实施配套指标时地价款收取范围及标准问题，经局长专题会确定，保障性住房及自住型商品房可含相应配套面积，暂全部出让、收取政府收益的标准。

研究完善招拍挂成交项目后期操作

中，对于入市文件中未明确政府土地收益调整标准的情况、成交后须注册项目公司进行开发建设等问题。

研究外资招拍挂项目政府土地收益及合同签订过程中存在的问题。

研究出让项目部分转让法律依据及办理部分转让的过程中，征询土地共有人意见及对外公示等问题。

北京市土地整理储备中心

【机构与职责】

北京市土地整理储备中心（简称储备中心）于2001年4月28日成立，编制100名，内设“七部一室”，即财务管理部、储备管理部、开发管理部、市场交易部、项目开发一部、项目开发二部、项目开发三部、综合办公室。

主要工作职责：承担全市土地储备开发、建立政府土地储备库和土地市场交易相关工作。具体如下：

负责土地储备开发综合管理工作。参与土地储备开发政策研究；组织编制全市土地储备开发计划；负责建立土地储备库；负责市中心收储土地的期间管理工作。

负责土地储备开发项目相关工作。组织办理土地储备开发项目授权审核；组织实施市中心为主体及市中心和区县分中心联合主体的储备开发项目；组织本市土地储备机构开展土地储备开发项目监管工作；组织本市土地储备开发项目验收工作。

承担本市国有建设用地使用权市场交易工作。参与土地市场交易政策研究；组织实施国有建设用地使用权入市的招标、拍卖和挂牌交易工作；承担本市土地交易市场的相关管理工作。

负责对区县及重点功能区土地储备分中心土地储备开发和土地入市交易业务工作进行指导。

承办市政府和市国土局交办的其他事项。

领导班子：

主任	师宏亚
党总支书记	孙立钢
副主任	周同伟
副主任	吕振库
副主任	燕新程
总经济师	黄永芳（女）
副主任	丁红梅（女）（2014年8月任职）
副主任	田　锋（2014年3月调离）

【土地市场供应】

年内，市土地交易市场和10个远郊区县、北京经济技术开发区土地交易分市场共成交土地141宗，土地面积1295.28公顷，规划建筑面积1663.01万平方米，成交价款1916.90亿元，其中，政府土地收益964.77亿元。

年内，完成保障性安居工程新增落实用地678公顷，其中公租房用地76公顷，限价房用地190公顷，经济适用房用地21公顷，定向安置房用地311公顷，中央军队经济适用房用地80公顷。

年内，对于规划含有原址回迁商品住房的棚户区改造项目，首次提出将棚改前期工作及拟改造土地使用权进行一次性招标的供地模式，印发《棚户区改造前期工作及拟改造土地使用权一次性招标的指导意见（试行）》（京国土储〔2014〕289号），明确一次性招标的有关程序及审核机制。

【土地储备计划编制及实施】

由于国务院关于加强地方政府性债务管理政策对土地储备开发投融资工作产生的不确定性，2014年度土地储备计划未公布实施。

年内核批土地一级开发授权批复30个（含延期及主体变更），土地面积1290公顷。全市新增土地储备开发面积354公顷，完成土地储备开发面积1027.57公顷，实现土地储备开发投资987亿元。

表3-35　　2014年北京市土地储备开发完成区域分布

区域	完成开发面积（公顷）	比例
首都功能核心区	0	0
城市功能拓展区	264.09	26%
城市发展新区	536.24	52%
生态涵养发展区	227.24	22%
合计	1027.57	100%

【政府土地储备】

年内，新增收购储备项目1个，土地面积2.83公顷。组织办理储备土地证26个，土地面积约82公顷。

【土地储备资金筹措】

年内，筹措市级土地储备开发项目资金337亿元，其中银行贷款112亿元，市财政返还前期成本145亿元，市财政拨付国有土地收益基金80亿元。

【国有建设用地使用权交易】

年内，市土地交易市场和10个远郊区县、北京经济技术开发区土地交易分市场共成交土地141宗，土地面积1295.28公顷，规划建筑面积1663.01万平方米，成交价款1916.90亿元，其中，政府土地收益964.77亿元。

表3-36　　2014年北京市国有建设用地使用权入市交易成交统计

交易地点	成交宗数（宗）	土地总面积（万平方米）		规划建筑面积（万平方米）	成交价款（亿元）
		合计	其中建设用地		
市土地交易市场	96	1089.55	782.12	1464.60	1899.18
远郊区县土地交易市场	45	205.73	155.55	198.41	17.72
合计	141	1295.28	937.67	1663.01	1916.90

表 3－37　　2014 年北京市国有建设用地使用权入市交易成交统计（按用途分类）

	合计	住宅用地	商业用地	工业用地
面积（公顷）	1295.28	636.97	452.58	205.73
结构比例	100%	49.18%	34.94%	15.88%

表 3－38　　2014 年北京市国有建设用地使用权入市交易成交统计（按区域分类）

区域	面积（公顷）	比例（%）
首都功能核心区	2.06	0.16
城市功能拓展区	205.53	15.87
城市发展新区	788.56	60.88
生态涵养发展区	299.13	23.09
合计	1295.28	100

【历年土地市场公开出让交易情况】

截至年底，全市共有 1872 宗 16465.07 万平方米土地入市成交，成交价款为 9739.87 亿元，其中政府土地收益 4591.65 亿元。

表 3－39　　2001—2014 年北京市国有建设用地使用权入市交易成交统计

年度	成交宗数	交易类型			土地面积（万平方米）		规划建筑面积（万平方米）	成交价款（亿元）	
		招标	拍卖	挂牌	合计	其中建设用地		合计	其中政府收益
2001	1	1	0	0	13.97	13.97	14.14	3.17	0.59
2002	8	2	1	5	250.48	174.79	331.26	61.35	14.93
2003	48	3	1	44	201.7	158.7	277.87	49.14	19.05
2004	89	4	0	85	537.92	403.53	609.51	115.31	32.85
2005	50	2	0	48	357.39	242.12	451.97	117.51	39.31
2006	87	29	1	57	856.2	594.96	935.05	257.67	92.11
2007	85	41	0	44	897.92	600.63	1233.01	438.1	204.34
2008	184	26	0	158	1573.43	1110.19	1810.43	500.12	170.82
2009	250	20	1	229	1965.16	1385.27	2391.19	966.28	556.76
2010	280	81	0	199	3012.04	2070.15	3350.46	1677.27	948.05
2011	257	52	0	205	2044.54	1447.75	2481.32	1113.29	463.17
2012	169	27	0	142	1340.4	995.17	1722.22	670.61	238.09
2013	223	53	0	170	2118.64	1342.34	2448.74	1853.15	846.81
2014	141	16	0	125	1295.28	937.67	1663.01	1916.90	964.77
合计	1872	357	4	1511	16465.07	11477.24	19720.18	9739.87	4591.65

【大事记】

1 月 24 日，经局党组会议研究决定：免去田锋同志北京市土地整理储备中心副主任职务，办理调出手续。

2 月 11 日，经储备中心领导班子会研究决定，班子成员分工调整如下：孙立钢同志主持中心党总支全面工作，负责中心内部综合管理工作，分管综合办公室；丁红梅同志负责土地交易市场方面工作，分管市场交易部，同时协助党总支书记分管党务工作。其他班子成员分工不变。

3 月 17 日，市审改办、市国土局联合印发《关于优化土地储备开发项目审批流程的意见》（京审改办函〔2014〕2 号），优化后的审批流程将文物保护、交评、环评等部分审批环节提前至控规编制阶段统筹研究，将部分原需在二级开发建设中涉及的地震、人防、节能、水资源等审批环节部分内容前移至储备开发阶段研究，减少二级建设单位后续审批环节。

3 月 20 日，储备中心与北京汽车集团有限公司进行南沙滩东路 3 号第四期土地现场验收并签订土地交接单，完成该项目全部土地交接工作。

3 月 25 日，储备中心与北京城市快轨建设管理有限公司进行西城区车公庄大街 3 号政府储备土地现场验收并签订土地交接单，完成该项目政府储备土地接收工作。

4 月 2 日，储备中心与国家审计署进行朝阳区关东店 26 号地现场验收并签订土地交接单，完成该项目政府储备土地接收工作。

5 月 6 日，储备中心与丰台区分中心对丰台区西局村一级开发项目公租房地块进行现场验收并签订土地交接单，完成该项目政府储备土地接收工作。

6 月 20 日，市国土局印发《棚户区改造前期工作及拟改造土地使用权一次性招标的指导意见（试行）》（京国土储〔2014〕289 号），明确一次性招标工作的责任分工、组织实施程序及审核机制。

7 月 21 日，储备中心与市保障性住房建设投资中心签订《土地供应及公租房建设协议》，完成丰台区西局公租房地块的土地供应工作。

8 月 25 日，经局党组会议研究决定：任命丁红梅同志为储备中心副主任，免去储备中心党总支专职副书记职务。

10 月 27 日，市国土局印发《关于进一步规范区（县、功能区）土地储备机构为主体土地一级开发项目授权审批工作的通知》（京国土储〔2014〕465 号），明确自通知下发之日起，北京市所有以区（县、功能区）土地储备机构为主体的土地一级开发项目授权延期审批，由各分局办理。

北京市国土资源勘测规划中心

【机构与职责】

北京市国土资源勘测规划中心（以下简称“规划中心”）于2007年5月11日正式成立，是北京市国土资源局直属的正处级全额拨款事业单位。中心编制15人，内设“二科一室”，即：综合办公室、土地规划管理科、土地信息管理科。

主要职责：承担市国土局交办的土地利用总体规划、专项规划和矿产资源规划等有关规划编制（修编）的组织落实工作，负责有关规划成果和信息的汇总、整理、分析、应用等方面的事务性工作。

具体工作：

承担土地利用总体规划和基本农田保护规划的编制工作。协助市国土局规划部门组织开展市级土地利用总体规划和基本农田保护规划的编制、修订；拟定区县、乡镇级相关规划编制和实施的技术标准及管理办法；承担对区县、乡镇级相关规划编制和实施的技术标准及管理办法；承担对区县、乡镇级相关规划编制、修订业务指导和审查的相关工作。

负责土地利用总体规划和基本农田保护区规划成果管理。承担规划数据库的建设与更新；承担规划管理信息系统的建设与维护；承担规划技术资料的收集管理和分析应用。

承担土地利用规划调整的相关工作。办理规划调整的技术性事项；办理规划调整的相关事务性、服务性工作。

承担土地利用总体规划和基本农田保护规划实施评估相关工作。参与组织开展年度规划实施评估工作；组织分析规划实施情况，研提工作建议。

参与北京市其他专业规划的相关工作。参与北京市土地利用空间政策问题研究；承担土地利用总体规划与北京市其他建设发展规划协调衔接的技术性审核事项；参与北京市重大项目选址的相关工作。

承担矿产资源总体规划编制的相关工作。

承担国土资源规划技术指导和培训。组织开展对分局规划管理的技术指导；组织开展对分局规划管理人员及技术人员的业务培训。

承办北京市政府及北京市国土资源局交办的其他事项。

领导班子：

主　　任	陈少琼
专职副书记	范为革
副 主 任	陈　景

【土地利用总体规划管理日常业务工作】

1. 规划调整技术审查和数据库更新工作

年内，印发《北京市国土资源局关于进一步规范土地规划调整工作的通知》（京国土勘规〔2014〕170号），重点就加强重大建设项目审查、优化审查报批程序、规范规划调整方案编制等作明确具体的要求。按照中央对新时期首都工作的有关要求，组织编制完成《北京市土地利用总体规划调整工作审查细则》。总结规划调整项目经验，筛选土地规划调整方案的典型案例纳入市国土局内网规划管理专栏。

年内，共受理审查土地规划调整方案59件，完成土地规划调整方案备案231件，对其中需要更新土地规划数据库的159件及时进行更新，并将更新成果汇交市国土局信息监管平台并提供有关区县分局使用。

2. 北京市2013年度土地规划实施评价工作

年内，全面组织开展北京市土地利用总体规划实施评价工作。在历年工作的基础上，增加海淀区作为区县实施评价的试点，对规划实施评价的指标体系进行进一步丰富和优化，深化相关评价内容，形成《北京市2013年度土地利用总体规划实施评价报告》，并顺利通过专家评审验收。实施评价工作客观准确地反映近年来北京市土地利用总体规划的执行情况、实施成效及存在的问题，提出切实可行的政策建议，为下一年度即将开展的土地利用总体规划调整完善工作提供重要的基础支撑。

3. 市区乡三级基本农田保护区专项规划编制工作

市区乡三级基本农田保护区专项规划是推进土地利用总体规划实施的一项推进性规划，对于落实最严格的耕地保护制度，促进耕地和基本农田集中连片保护、提高耕地和基本农田质量具有重要意义。年内，进一步加大对平谷、昌平专项规划编制的督促指导和技术审查力度，对分局上报的专项规划成果及相应的土地利用总体规划调整方案进行认真审查，并多次与分局沟通。

结合基本农田现状分析专项工作，年内重点对房山和昌平区基本农田保护区规划进行外业抽查，严格专项规划的实施管理，切实发挥专项规划的作用。

4. 丰台区长辛店镇集体建设用地专项规划研究工作

长辛店镇是北京市6个集体建设用地专项规划编制试点乡镇之一。年内，结合市国土局2014年度调研计划组织申报了长辛店镇集体建设用地专项规划研究课题。通过对收集数据的整理分析，对该镇土地利用总体规划的实施情况进行系统梳理，并根据分析中发现的问题进一步联系分局及乡镇收集相关资料和数据，形成研究报告初稿。

【京津冀规划一体化发展工作】

1. 城市总体规划修改基础数据衔接共享工作

牵头与市国土局相关部门、市规划委和市规划院多次协调沟通，在土地利用现状、规划等基础数据的相关政策和技术口径做好对接的基础上，及时将土地利用规划管理相关数据提供市规划委，为城市总体规划修改基础数据衔接工作奠定基础。

2. 城市总体规划修改前期研究工作

年内，市国土局会同市规委共同承担城市总体规划修改4个前期专题研究工作，其中，由市国土局牵头开展“盘活存量建设用地”研究。年内，配合规划处完成“盘活存量建设用地”专题研究，其他3项专题研究工作与市规划委、市规划院进行多次沟通研讨。

3. 京津冀协同发展工作

根据国土资源部关于京津冀协同发展总体工作部署，由中国土地勘测规划院牵头，与天津市国土资源和房屋管理研究中心及河北省国土资源利用规划院等单位共同初步完成《京津冀协同发展土地利用规划（2014—2020年）》的编制。

【专项工作】

1. 雁栖河流域生态用地划定及安全评价研究

年内，开展雁栖河流域生态用地划定及安全评价研究工作，对雁栖河流域生态环境进行全面分析评价的基础上，提出该区域未来生态环境承载力及发展战略，划定基于生态安全格局的生态用地保护红线。项目研究理念先进、技术路线合理，成果具有创新性和重要参考价值，顺利通过专家评审验收。

2. 援藏县级土地规划编制工作

根据国务院批复的拉萨市级规划对拉萨市三县的规划方案成果进一步进行修改完善。年内，上述成果征求了三县政府、拉萨市国土资源规划局、拉萨市人民政府意见，并通过了西藏自治区国土资源厅评审验收。

3. 平原造林工程用地安排及政策研究工作

年内，主动就平原造林占用耕地和基本农田问题与国土资源部规划司等相关部门沟通协调，积极争取相应核减耕地保有量和基本农田保护责任或在规划期内继续视同耕地和基本农田管理等政策支持，并于9月以市政府名义正式请示上报国务院。

4. 中关村国家自主创新示范区落桩定界工作成果宣传工作

为促进中关村示范区用地高效利用和科学管理，进一步加强社会各界对中关村示范区空间规模和布局调整重要意义的认识以及对落桩定界成果的了解，推动中关村示范区落桩定界成果的应用与宣传，为首都科技创新中心影响力提供助力。一是组织编制《中关村国家自主创新示范区16园土地利用总体规划图（2006—2020年）》图册，会同中关村管委会印送各区县政府、国土分局及中关村分园管委会。二是在城市规划展览馆土地利用总体规划展厅增加示范区落桩定界相关成果内容进行长期展示。

5. 上海市创新土地管理调研工作

按照局领导在《国土资源报》上关于“认真全面学习上海先进经验，不断优化我局规划工作”的批示精神，对上海市规划和国土资源管理局的相关工作情况进行及时跟进、收集和整理，认真学习上海市创新土地管理的具体做法，并结合北京市人口和用地管理的实际情况，形成两篇专项调研信息上报市政府，其中1篇得到市长王安顺的明确批示。随后，抓紧深入推进该项工作，专程前往上海兄弟单位进行实地调研，进一步学习领会上海土地新政工作的实质与精髓，并形成正式调研报告报局领导。

6. 北京市党政机关事业单位青年“我为改革献一策”活动

参加团市委、市直机关工委、中共北京市委全面深化改革领导小组办公室、市人社局联合举办的“北京市党政机关事业单位青年‘我为改革献一策’活动”，申报创新课题《北京市市区乡三级基本农田专项规划实施管理政策研究》。课题顺利通过团市委终审被批准立项。

7. 其他重点业务工作

受国土资源部执法监察局委托，承担并启动了《视频监控网防控违法占用基本农田效果研究》项目。按照市国土局的统一工作安排，配合科技与对外合作处等处室开展空间规划地理信息多技术组合快速成图方法与标准研究、2013 年北京市耕地质量等级年度变更、2014 年度北京市耕地质量等别年度更新评价和 2014 年度北京市耕地质量等别年度监测评价试点、顺义区永久基本农田划定试点等多项局重点业务工作。

【人才队伍建设】

1. 城乡发展西北研究中心建设

以首都城乡空间发展研究西北中心为平台，与北京联合大学联合申报北京市社科基金项目《京津冀产城融合与土地利用协同发展研究》；组织员工参加由北京联合大学“北京学研究基地”主办的第十六次“北京学”学术研讨会，即新型城镇化与传统文化学术研讨会；结合工作实际，探讨平台工作成果展示机制并形成初步设想，组织海淀、昌平分局参与撰写《2014 城乡一体化蓝皮书（北京卷）》，共同推进平台建设。

2. 业务培训与规划机构资质审查工作

为落实党的群众路线教育实践活动加强分局及国土所业务培训，提升市国土局基层国土规划相关工作人员的业务素质和技术能力，年内会同规划处对市国土局系统 14 个区县分局的规划管理部门和 57 个国土所的部分工作人员进行系统的国土规划工作业务培训，对土地规划调整政策和技术审查标准、建设项目用地预审和规划实施评价相关业务进行详细解答。与北京土地学会共同完成 22 家新评选为规划乙级机构的资质审查和全市 110 家乙级规划机构的年审工作。

3. 信息交流与专栏建设

在市国土局内网新增设“规划管理”专栏，并细分为“工作动态”“政策汇编”“规划调整案例集”“学习园地”四个栏目，及时发布业务工作动态、相关政策信息、土地规划调整典型案例和相关业务知识等内容。

【大事记】

3 月，规划处与规划中心陪同副局长张维赴天津和河北国土资源主管部门，座谈研讨京津冀土地规划统筹协调、产业联动发展、重点交通基础设施互联互通以及合作推进生态环境建设等事宜，并在基础信息共享、规划会商机制等多方面达成共识，力争形成长期稳定的工作对接平台。

8月27日，市长王安顺对规划中心上报的《上海加强土地管理促进人口调控做法对本市的启示》做出明确批示，随后，规划中心抓紧深入推进该项工作，进一步学习领会上海土地新政工作的实质与精髓，并形成正式调研报告报局领导。

北京市土地权属登记事务中心

【机构与编制】

北京市土地权属登记事务中心（简称登记中心）于2004年8月3日成立，加挂北京市矿产资源储量评审中心的牌子。内设“四部、两馆、一室”，即登记一部、登记二部、调查部、信息统计部、档案馆、地质资料馆和办公室，编制33人。主要负责北京市土地登记事务性工作，承担北京市重大土地权属争议案件调查处理的事务性工作，承担北京市土地调查事务性工作，负责地籍数据统计的事务性工作，负责国土资源档案管理工作，负责本市地质资料汇交及管理工作，承担矿产资源储量评审的事务性工作。

领导班子：

主任	陈　轲
党支部书记	李海军
副主任	靳　燕（女）
副主任	田凤艳（女）
调研员	彭宏伟（女）

【土地登记】

1. 国有土地使用权登记发证情况

年内，全市国有土地登记发证17822宗。其中：国有土地使用权登记发证6890宗，发证面积6097.31公顷；国有土地抵押权登记发证5782宗，抵押贷款金额8881.06亿元；国有土地抵押权注销登记5150宗。

（1）国有土地使用权登记

全市国有土地使用权登记发证6890宗，登记发证面积为6097.31公顷，其中：初始登记1228宗，面积2675公顷；变更登记5591宗，面积3195.76公顷；注销登记71宗，面积226.55公顷。与2013年同期相比，国有土地使用权登记发证数同比减少20.77%，面积同比减少5.78%。

（2）国有土地使用权抵押登记

全市国有土地抵押登记累计10932宗。其中：国有土地使用权抵押初始登记与变更登记5782宗，抵押面积6619.20公顷，累计贷款额8881.06亿元。国有土地使用权抵押注销登记5150宗，累计注销抵押贷款4588.13亿元。与2013年同期相比，抵押发证数同比减少8.87%，抵押面积同比减少14.29%，贷款金额同比增加21.57%。

2. 开展土地登记规范化建设

按照土地登记规范化建设考核办法，通过分局之间互查、交叉检查等形式，对各分局登记窗口管理、土地登记案卷、土地登记簿和土地证书管理、登记结果的主动公开、登记信息系统应用以及登记人员勤政廉政建设等情况进行全面检查。共检查1589卷，所有案卷全部为优秀案卷，继续保持2013年“登记案卷创全优”的成绩。

3. 推动北京市不动产统一登记工作

组织《回顾土地登记十年历程，展望不动产统一登记》的课题研究；规范土地登记簿的使用和管理，夯实不动产统一登记基础；开展全市各类不动产登记现状和信息化调查研究，形成《北京市各类不动产登记现状调研报告》和《北京市各类不动产登记信息化调研报告》。

4. 开展土地登记业务研讨与培训

年内，每个季度组织区县分局召开业务研讨会或业务会审会，对登记过程中发现的疑难问题进行分析，形成共识加以规范；组织分局登记人员开展《不动产登记暂行条例》《地类认定规范》等业务的培训，提高登记人员的业务素质；完成土地登记人员持证上岗资格培训和考试工作，共计153人。

5. 建立和完善国有土地登记结果信息公开制度。截至年底全市土地登记结果主动公开达到47265条。

【土地调查】

年内，完成2013年度变更调查工作。通过“二上二下”的形式组织区县分局开展调查成果上报和疑问图斑的分析核查工作。完成国家级外业实地核实和信息标注工作，共完成7000余个监测图斑调查，并按目标要求完成数据库更新任务。

年内，开展2013年城镇地籍调查数据更新汇总工作。根据变更调查结果，结合相关经济数据，调整更新北京市2013年度城镇地籍调查数据，共更新北京市16个区县312个街道（乡镇）城镇建设用地共计164395公顷。

年内，开展2014年季度变更调查与动态遥感监测工作。开展季度遥感监测工作，对提取的4857块图斑进行内业核对和外业核查，并于二季度开展设施农用地和临时用地核查确认。开展季度实际新增建设用地统计汇总工作，按时完成季度新增建设用地季报工作。

年内，开展“北京市第二次全国土地调查”后续工作。拟定北京市第二次全国土地调查公报，组织编写《北京土地调查技术》《北京市土地调查数据集》及《北京市土地调查图集》三项专著；完成工作报告、技术报告、成果分析报告及其他专题报告编写；组织开展土地利用现状数据库整理项目。

【信息统计】

年内，完成《北京市地类认定规范》编制工作，经北京市质量技术监督局批准于2014年12月1日起实施，这是继北京市地籍调查技术规程之后又一个国土资源行业的地方标准。

年内，开展宗地统一编码应用工作。在征求区县使用宗地统一编码的意见基础上，完成北京市宗地全国统一编码验收，对全市编码转换提出统一要求。

年内，完成北京市“二次调查”数据应用提供和数据整理工作。根据国家二调办要求，整理、修改和完善北京市“二次调查”涉及边界调整数据，完成2009—2012年的界线调整后的数据库整理工作，通过国土部的质量检查。

【档案管理】

年内，开展档案业务研究与指导。组织完成《国土资源系统数字化专业档案整合应用研究》课题，向市档案局提交研究成果。解答各单位在档案整理中遇到的问题，协助审计处制定《审计档案管理办法》。加强对分局工作的指导力度，对分局档案管理工作开展考核。

年内，提供文书档案和专业档案指导，提供各类查询服务。一是加强处室与事业单位的业务档案的归档指导，共接收各类档案 3281 卷。二是利用数字档案馆系统，开展档案利用服务，提供各类档案查询 17877 卷次。

年内，继续推进档案数字化。完善数字档案馆系统，实现档案查询利用、综合统计、库房管理等各项功能，提高档案借阅和库房管理效率。继续做好日常档案的数字化工作，全年完成数字化作业共计 10092 卷，378506 页。

年内，接收北京昭德投资有限公司向市国土局捐赠从明代至新中国早期的 367 件历史房地契约，丰富馆藏内容。

【矿产储量评审及地质资料管理】

年内，加强各类地质资料管理，提供借阅服务。全年接收成果地质资料 1366 种，提供地质资料查询 65676 件次；接收实物地质资料 11 种。启动实物地质标本试采工作，采集各类标本 990 块；接收各类项目的原始地质资料 20 种。对馆内包括 20 世纪 50 年代以来形成的 46 种区调资料和新接收的原始地质资料按照立卷归档规则进行重新整理与归档。

年内，建设与利用地质资料汇交监管平台，开展成果地质资料信息服务。对汇交监管平台任务补录中探矿权、采矿权项目进行清查核对，并处理未开工、中途废弃、延期的项目，全年在平台上监管项目总数为 913 个，发汇交凭证 73 个；向地勘单位、汇交人推广地质资料汇交监管平台，截至年底有 8 家地勘单位完成注册使用。

年内，组织开展 2014 年度“北京数字城市地质资料数据中心建设试点”项目。收集筛选 912 个重要钻孔项目资料，完成钻孔数据库建设；收集各类专业的数据库标准，完成 49 类数据库结构表和属性编码表的综合研究、整理，编写数据入库整理指南；完成 322 个地热钻孔 3575 条分层信息整理入库，开展各地热田和五环内东部（以中轴线为界）平原区工程层三维模型建设；按照不同专业类型编写《地质资料信息服务数据应用说明》。

年内，规范矿产资源储量评审。全年完成各类报告评审 46 份，其中储量报告 23 份，勘查实施方案 5 份，地源热泵地质条件评估报告 18 份。

北京市国土资源局信息中心

【机构与职责】

北京市国土资源局信息中心（简称信息中心）是北京市国土资源局直属正处级全额拨款事业单位，成立于2005年3月。中心人员编制30名，内设办公室、规划发展科（分局联络科）、数据运行科（数据运行中心）、技术保障科和地灾应急科；本科以上学历23人，其中博士3名，硕士8名。5月，为做好全市地质灾害防治工作，提高对突发性地质灾害的应急处置能力，按市编办批复，北京市地质灾害应急事务中心在北京市国土资源局信息中心正式挂牌成立，中心内部成立地灾应急科，具体承担地质灾害相关事务性工作。

主要工作职责：承担北京市国土资源系统信息化建设工作，负责国土资源信息系统运行的技术支持和保障工作。同时是局信息化工作办公室和局网络与信息系统安全管理工作领导小组办公室的常设机构，负责贯彻执行局信息化工作领导小组和局网络与信息系统安全管理工作领导小组的决定，承办局信息化工作领导小组和局网络与信息系统安全管理工作领导小组的日常工作。承担地质灾害应急值守、险情汇总和上报工作，承担汛期地质灾害气象风险预警工作，协助开展地质灾害汛期排查、汛中巡查和汛后复查工作，开展地质灾害应急信息平台建设、运行管理和维护，指导各区县相关机构开展地质灾害应急响应工作，协助汛期地质灾害应急调查等事务性管理工作。局领导交办的其他工作。

领导班子：

书记、主任　　尹　岷
副书记　　付顺国
副主任　　王　丰
副主任　　李天中
副主任　　张克锋

【主要工作完成情况】

年内，完成国土资源“一张图”大数据助力市政府“六高四新”专项工作，综合监管平台促进业务管理深度和规范化程度不断增强，综合监管移动平台支撑基层业务工作人员移动办公，综合监管平台通过信息安全保护等级三级测评；北京市地质灾害应急事务中心正式挂牌成立，建成并推广北京市地质灾害预警系统，系统应用效果得到副市长林克庆充分肯定。市国土局信息综合发布系统”荣获“2014中国地理信息科技进步三等奖”；“北京市国土资源综合监管移动平台”荣获“2014年度ESRI最佳应用奖”；“局统计决策系统”荣获“十二届统计科研优秀成果评比优秀信息技术应用成果二等奖”；“一种共享型射频识别产权登记证件结构及纸质证件”获得实用新型专利。

【市国土局信息化统筹】

全年组织信息办主任办公会3次、局信安办专题会议2次、全局信息化技术培训1次、全局性信息化需求调研2次。印发《关于进一步完善信息化项目全流程管理工作的通知》，落实项目绩效预算的事前评价，组织召开项目前期需求调研和局信息办主任审议会，重点审查项目的必要性、可行性和先进性。严格项目事中管理，落实专家评审制度，组织13次重大项目技术方案专家论证会和技术评估会。强化项目合同实施管理和验收成果归档，认真执行项目管理的规章制度，规范信息化合同模版，及时跟踪、协调、汇总，督促检查各信息化项目进度执行情况。开展项目事后评估，重点评估项目整体绩效和应用成果的达标情况，为项目管理、合同审计和系统升级改造提供参考依据。

【分局信息化统筹】

年内，各分局信息化工作机构进一步优化。海淀分局成立独立的信息办专门承担本分局信息化工作，各项信息化工作推进迅速；西城、石景山、门头沟、顺义、密云和延庆等6个分局调整信息化领导小组组长、副组长，东城、房山、大兴、顺义、密云和延庆等6个分局调整信息办主任。分局信息办运行进入常态，市局和分局联动进一步加强，推进全局系统信息化工作提升。

年内，加强分局信息化调研工作。制订《2014年分局及国土所信息化调研工作方案》，主动上门服务，先后实地走访西城、海淀、平谷、密云等8个分局和10个国土所，充分了解基层在系统使用、网络设施、网站信息和信息安全方面工作情况。每一次调研活动后，形成报告，详细列出基层相关需求和问题，落实到信息化任务督办事项，并及时跟踪和督促问题的解决。

年内，大力推进分局信息化试点。在“市建区用”的总体工作原则下，市国土局加大分局信息化支撑力度，采取先试先行、先进带后进的方法，在分局开展数据整理、地籍整合、机房建设等方面的试点工作，带动全局基层信息化工作全面发展。在数据整理方面，海淀分局重点研究历史登记数据整理的技术标准规范，为全局历史档案整理提供重要参考；平谷、房山等分局也陆续开展基础数据整理、关联、挂接工作，取得一定进展。在地籍整合方面，东城、西城的地籍系统融合工作已经完成，石景山、海淀、平谷等分局正在积极推进。在机房建设方面，完成海淀分局机房、网络改造等工作。

【综合监管平台应用】

年内，市国土局持续深化平台应用，通过开发和升级改造多项业务应用子系统，改变国土资源管理方式，拓宽监管范围，丰富服务内容，提高工作效率和服务水平。完成行政审批系统配套调整，综合监管平台应用情况纳入依法行政立项行政检查，网上行政审批规范化进一步提升。

年内，推进土地储备开发项目监测系

统应用与升级工作。纳入一级开发项目1226个，全局一级开发项目全部通过系统完成填报审核。

年内，开展基准地价成果应用与查询系统建设。完成2014年8月北京市政府发布的建设用地使用权出让基准地价22类成果整理入库，涵盖12个级别、260区片和1663个街区。建立基准地价成果查询和应用系统，实现对地价成果的可查、可评、可监测、可分析和可动态更新。

年内，开展中介机构抽选系统建设。开发项目信息管理、抽选信息管理、抽选记录查询和统计分析等功能，用于各类中介机构的在线随机抽选，确保机构选取环节透明、公开、公平。

年内，完善土地出让金核对系统。进一步完善入市成交、合同签约、地价款缴纳的全流程追溯管理。截止年底，系统共纳入土地入市交易信息442条，开票缴款情况数据共2818条，出让金实际入库信息6132条，前期成本实际入库信息1200条。

年内，积极推进企业信用信息归集系统应用。实现与北京市企业信用信息网对接，同时为局内各单位提供信用信息归集平台，有效推动市国土局市区两级信用信息的归集、整合和统一发布。系统于9月正式上线，并配套发布《北京市国土资源局企业信用信息归集管理办法》。截至年底，系统共归集共享土地类许可信息1944条，矿产类许可信息23条，地质环境类资质信息37条，行政处罚信息233条，提示信息8920条。

年内，开展外事管理系统建设。针对市国土局外事工作复杂，工作量繁重等问题，初步建成外事管理系统。目前系统进入试运行阶段。

年内，积极推进行政审批系统建设，提升业务管理规范性。推进征地处、利用中心业务办理规范化管理；升级电子报盘功能，增加征地业务电子报盘数据校核，提升申报数据准确性；配合市发展改革委完成固定资产投资统一编码升级改造；结合市新建的六里桥一体化服务办公大厅，及时下放审批事项，实现市区两级所有28项行政审批事项的在线办理。

年内，积极配合市国土局监察处开展行政许可案卷检查工作。9月，对各业务部门行政审批事项办理情况进行检查，与监察处合作编写《行政许可案卷评分细则》。检查主要从要件完整性、流程同步性、审批信息一致性以及带图审批率为主。共检查189宗案卷，其中127宗为行政许可类案卷，55宗行政服务类案卷，7宗行政管理类案卷。

年内，积极推进行政复议与行政诉讼信息共享管理系统应用。

【国土资源“一张图”】

年内，完成各项成果数据汇交。按照《北京市国土资源数据管理办法》，全年接收地环处、规划处、地籍处等单位提交的2014年突发地质灾害隐患点及避险场所数据等71项数据，共计3.41TB。根据《综合监管入库标准》《数据质量检查规程》和《数据库建库规范》等，对接收的数据进行质量检查，出具详细的质量检查报告，并及时将接收的各项数据进行上图入库工作。

年内，开展多维智能大数据分析。运

用空间挖掘、商业智能、预测模型等各类先进技术，整合灰色预测、曲线拟合等20多个通用模型，建立涵盖10多个业务模型的模型库。分析人员通过智能分析工具和预测模型，在线钻取、关联聚合，进行城乡建设用地供应潜力分析、城镇土地产业增加值分析、重点工程用地选址等多类专题分析工作，实现从传统数据汇总分析到在线智能研判分析转变的跨越，推动基于数据挖掘分析的科学决策。

年内，平台实时提取生产环节各项业务数据，自动生成各类月度、季度、年度报表368张，并加入二维码防伪认证，实现无纸化同级汇交、逐级上报，去除人为干扰，确保统计数据及时性、准确性和真实性。通过智能分析工具和预测模型进行数据深度挖掘分析，形成涵盖行政审批、土地收益、土地供应、地质灾害、违法查处、人员管理等19类专题成果信息产品，通过图文结合的方式，推送到各级领导桌面。

年内，开展局内外数据共享。为满足市审计局、市防汛办、市规委、市气象局、市气象中心、市园林科学研究所、市旅游委、市政市容委、市经济信息化委员会、市地震局、市气象中心等单位开展雁栖湖绿色生态示范区建设环境绩效评估、2014年审计、北京市第一次地理国情普查等工作，根据《北京市国土资源数据管理办法》的要求，各委办局签订了数据使用承诺书，局内牵头单位填写《北京市国土资源数据拷贝申请表》，并征求数据生产主责单位和数据保管单位同意。在做好数据保障的前提下，本年度共享2005—2013年土地预审工作审批图、土地利用现状图等共计69个图层，数据量约为773.25GB。

年内，辅助领导开展专题决策。平台通过空间叠加、属性关联、时序串联，建立全市14万多宗土地的全息档案。工作人员调取任一宗档案，从时间维度，可以查看土地历年遥感影像、土地规划、利用现状、权属变更等变化信息；从空间维度，可以分析地上的道路、房屋、古树，地下的矿藏、管线，周边断裂带等地质环境和交通配套设施。有效支撑市政府“六高四新”功能区用地情况分析专项工作，配合规划处向市长汇报工作。除此之外，通过对内关联土地整治、开发等专题数据，对外衔接发改、规委、工商等委办局共享数据，支撑了2014年汛前防灾数据处理、矿山环境治理数据整理、批后监管数据维护、勘储处档案整理、高尔夫球场数据处理、节约集约用地督查等专项工作，提高辅助日常审批和专项调查工作的能力。

【综合监管移动平台建设与推广】

年内，为进一步创新基层工作人员工作方式，提升现场执法处置能力和应急指挥水平，应用移动互联新技术，进行移动关键技术研发与攻关，建设北京市国土资源综合监管移动平台，并印发《移动政务终端试用管理办法（暂行）》，成为全市委办局中第一个接入北京市移动电子政务专网并投入实际应用的单位。同时，根据副局长谢俊奇多次指示，中心领导亲自带队，对每个分局开展调研工作，基于调研情况完善移动平台功能，为各级领导提供全面、实时、直观的信息服务。

年内，大力推进移动平台推广工作。为大力推广平台应用，分别前往储备中心、西城分局、海淀分局等单位，进行推广培训，分局领导、各业务科室、国土所人员参加培训会，对移动应用的使用操作进行深入讲解，并进行答疑解惑。

年内，完成“一个平台和五个应用”建设。在多次前往基层单位调研移动应用需求基础上，设计形成“综合监管移动平台总体架构图”，并完成“一个平台和五个应用”的建设工作，具体包括综合监管移动支撑平台和移动一张图、移动执法、移动地灾、移动一点通和移动OA。

年内，通过全面推广综合监管移动平台，将其部署到国土政务本，突破了空间、时间限制，为基层人员打造了“千里眼、顺风耳”，保证基层工作人员在第一时间获取所需业务信息，及时发现突发事件，迅速处理潜在风险，使得信息流动更顺畅，管理更具效率。

【地灾应急管理工作】

5月，北京市地质灾害应急事务中心在北京市国土资源局信息中心正式挂牌成立，明确承担地质灾害应急值守、险情汇总和上报工作，承担汛期地质灾害气象风险预警工作等工作职责。同时，中心内部成立地灾应急科，具体承担地质灾害相关事务性工作。

年内，开展地灾信息化应急辅助工作。地灾信息化投入实战发挥成效，保障生命财产安全。基于综合监管平台建成地质灾害预警预报系统和移动地灾系统，建立与气象局数据共享和业务协同工作机制，完成天气预报、卫星云图、雷达回波图、临近预警等9大类气象数据的接入工作，完成“市局地质灾害预警”“分局地质灾害预警”及“突发地质灾害速报”3项流程，实现地质灾害临近预警和实时预警2种模式的市区两级全自动化预警。系统于汛期前上线，汛期间共发布预警信息30余次，为汛期地质灾害防治提供即时有效的辅助决策手段和坚强有力的技术保障。另外，提供全市地质灾害隐患点及避险场地电子地图服务，并向千龙网等网络媒体推送链接，让公众更加形象、直观了解北京市地质灾害现状，信息系统应用效果得到副市长林克庆充分肯定。

【网站群建设】

年内，出台《北京市国土资源局政府网站群考评工作实施方案》，建立网站群量化考评机制；重新规划、调整网站群网络结构、部署方式和安全配置，完成网站群系统安全加固工作；优化网站群内容管理系统性能，新增和完善系统功能，制定标准接口规范，开发应用接口，实现外网网站与综合发布系统的对接，增强主站与分站之间、网站群与业务系统之间的数据整合集成；开展外网网站栏目梳理，新增全市地质灾害隐患点和避险场所、小产权房等5类共5230条信息的地图服务和热点业务的办事引导服务；完成市局外网网站改版，新版外网网站12月28日上线运行；分别完成昌平分局、朝阳分局和密云分局外网网站改版工作，提升分局分站信息服务水平。

年内，不断提升网站服务价值。在政务公开方面，建成市国土局门户网站、各分站，共计20个站点的网站群，全年网站群新增栏目22个，全年网站群调整栏目10个。截至年底，市国土局及各区县分局发布政务信息共计24370条，网站群访问量达到806万人次。通过网站群，及时公布小产权房、大棚房、高尔夫球场违法违规用地情况，以及地质灾害易发区、避难场所、土地市场成交情况等其他信息，全方位为公众提供国土资源政务信息服务。

年内，在线服务公开方面，市国土局官网、各区县分局网站公开全部办事事项，提供全部事项的表格下载服务，搭建网上申报与办事服务平台，办事大厅提供办事事项的关键字检索，并可按业务类别、服务人群、行政类别、办理单位、办理地点5个维度进行组合条件查询和分类引导。

年内，在公众互动方面，市国土局官网公开了16项涉及市国土局投资项目市级审批事项等内容，组织民意征集3次，征集公众意见67条；在线访谈情况，围绕地质灾害防治、打造中关村科学城等社会热点问题组织开展5次在线访谈，访谈期间共1120人次参与；电子信访情况，截至12月，局网站群受理咨询投诉共计2106条，已答复2017条，已答复率96%，所有电子咨询投诉件，均做到按信访答复时限要求100%答复。

年内，通过“国土北京”官方微博、局长信箱、在线访谈等栏目，畅通群众诉求反映渠道，与网民互动沟通交流，全力维护公众切身利益。

【信息安全工作】

年内，按照“等级保护、动态防控、安全可信”的信息安全工作思路，大力推进各项信息安全保护工作。以信息安全等级保护为抓手开展安全管理，综合监管平台信息系统通过信息安全保护等级三级测评，外网站系统通过信息安全保护等级二级测评。

年内，以安全检查为契机夯实网络与信息系统安全基础，配合完成国土资源部年度网络安全检查和北京市公安局网络安全实地检查，加强全局系统的安全统筹和检查指导，切实保障网络信息安全。

年内，强化移动终端安全管理工作，针对不断凸显的办公移动终端安全隐患，8—9月印发《北京市国土资源局关于加强办公移动终端安全管理的通知》和《北京市国土资源局移动政务终端试用管理办法（暂行）》两份文件，规范办公移动终端应用安全，进一步加强国土资源信息安全，有效应对新形势、新技术带来的严峻安全挑战和关键数据信息泄露等问题。

年内，推进软件正版化工作。按照北京市软件正版化检查工作的要求，对市国土局机关处室在用计算机终端及安装软件进行清查，梳理正版软件授权文件。12月12日，北京市软件正版化工作检查组现场检查中，未发现盗版软件，对市国土局机关软件正版化工作给予充分肯定。

年内，通过开展网络与信息系统安全教育培训、技术人员培训，继续做好涉密计算机保密管理，开展两次信息安全应急演练、及时发布信息安全告警等方式，把网络安全保障工作打造为全局信息化工作新常态。

【基础设施建设和运维工作】

年内，开展业务内网试点应用。根据业务系统数据使用安全的要求，实现数据应用封闭管理，完成北京市高可信共享内网接入工作。下一步将根据相关系统迁移情况，严格按照计算机实名制的要求开展接入工作，做到专机专用，并与其他网络物理隔离。

年内，机房建设向“云集约”方式转型。由于现有主机和存储资源有限，为确保新业务系统能够上线稳定运行，积极推进2014年国土局信息化基础设施环境升级改造项目，利用虚拟化技术，打造云计算机房，对现有服务器、数据库和存储资源进行全面梳理，同时规划、部署新采购的服务器硬件资源，提高重要业务系统保障能力。利用“十一”假期，完成机房空调改造工作。

年内，参与局监测指挥中心建设。由局长魏成林主持召开监测指挥中心建设项目启动会，副局长谢俊奇牵头成立项目建设指挥办公室，成员包括监察处、财务处、审计处、执法总队、后勤服务中心、信息中心等单位，每周召开例行工作会，商讨工作方案，稳步推进工作。年底已顺利完成项目招标工作，大厅基础环境建设工作已进场施工，系统开发项目已启动。

年内，网络及基础设施运行状况安全稳定，未发生重大责任事故。全面、及时、响应服务请求，提供日常技术支持保障，为全局系统提供服务热线、国土一点通、现场支持等服务。年内，共接收10500次运维请求，日均约42次，响应率100%，解决率99%以上。国土一点通用户总量达2638个，用户平均在线率在40%以上。共新办数字CA证书158枚，补办证书60枚。加强日常巡检和监控工作，梳理编制《服务器和网络设备安全配置手册》，监控综合监管平台系统各应用系统的使用状态，运维服务组每日提前1小时—2小时，重大节假日期间安排专人值班，对应用系统可用性进行巡检，提前发现并排除系统故障。完善运维岗位管理制度，加强运维管理规范化，合理设置岗位，形成《项目驻场人员应用系统运维岗位说明书》。进一步完善网络边界防护、主机服务器安全防护等基础设施技术防护。年内共召开国土部、市政府、局系统、市应急办、汛期地灾气象会商等各类视频会议64次，为保障会议终端设备正常应用，共完成会议联调79次，设备维护性检查251次。

【内部管理和调查研究】

年内，通过开展制度、人事、财务和前期研究等日常相关工作，打造局信息中心“四位一体”的规范化管理体系和运行机制，强化中心内部建设，夯实国土资源信息化发展基础。相继修订《信息中心考勤管理规定》等3项规章制度。开展北京市不动产登记信息平台前期研究，跟踪国家在不动产统一登记领域的相关政策。组织编制《智慧国土：北京的探索与实践》，提炼成果的技术价值和科技含量。编制完成《北京市国土资源信息化成果管理及共享研究报告》等内容，提出信息化成果管理及共享的建议。

北京市国土资源局业务受理中心

【机构与职责】

北京市国土资源局业务受理中心（简称受理中心），于2003年6月成立，是市国土局常设非正式机构，承担由市国土局负责办理的35项行政许可事项和36项行政服务事项（在2013年度事项总数的基础上取消和合并9项）的受理、分办、催办、发件、收费、统计及业务咨询等工作，同时负责对区县国土分局行政服务大厅的业务指导。

根据全程办事代理制“窗口受理、限时办结、规范收费、统一发件”的要求，市国土局在市政府统一协调管理下，对外设立了行政服务窗口（分设在枣林前街市固定资产投资项目行政审批综合服务大厅和市国土局服务大厅，由受理中心具体负责管理）。包括土地、矿产、中央和军队及央企、行政公文、发件、收费共7类业务窗口，分别负责相关业务的受理、办理工作。

【业务事项受理情况】

年内，市国土局受理各类业务事项共1978件，比2013年减少970件，受理量减少32.9%。其中：土地管理类1563件，占受理总量79%；矿产管理类415件，占受理总量21%。

年内，区县国土分局受理各类业务事项共21384件，比2013年减少2848件，受理量减少11.8%。其中：土地管理类1780件，占受理总量8.3%；矿产管理类255件，占受理总量1.2%；土地登记类19349件，占受理总量90.5%。

【业务事项办结情况】

年内，市国土局办结各类事项2087件，比2013年减少899件，办理量减少30.1%。其中：土地管理类1677件，占办结总量80.4%；矿产管理类410件，占办结总量19.6%。

年内，区县国土分局办结各类事项19864件，比2013年减少2602件，办理量减少11.6%。其中：土地管理类1886件，占办结总量9.5%；矿产管理类247件，占办结总量1.2%；土地权属管理类17731件，占办结总量89.3%。

【业务事项费用收缴情况】

年内，市国土局收费窗口共收缴土地有偿使用收入2594.66亿元，其中包括前期成本1240.08亿元。

地矿类收费收入6668.80万元。其中：矿产资源补偿费4272.59万元，探矿权使用费0.28万元，采矿权使用费14.87万元，挖矿权价款1919.57万元，采矿权价款461.49万元，采矿登记费0万元，勘查登记费0元。

【表彰奖励】

年内，市国土局派驻北京市固定资产投资项目行政审批综合服务大厅受理窗口，荣获“优质服务示范窗口”和“年度最佳服务窗口”称号。窗口工作人员李娜、邓晨、宋敬伟、赵彦清四位同志，荣获“优质服务明星”称号。

【其他工作】

年内，市国土局继续推行窗口服务质量公开承诺制，从优化服务、依法行政、改进作风等方面向社会作出承诺。

年内，逐月编制发布工作简报。通过发布工作简报的方式，逐月对系统内业务办理情况进行统计分析，对市国土局存有挂起件的单位进行督办。

4月起，分局业务事项办理情况纳入局监管平台数据统计系统。

年内，按照市政府统一部署，配合完成行政审批事项进驻市政务中心服务大厅相关工作的调研。

行政管理

北京市国土资源局概况

2004 年 6 月，根据中共中央国务院关于省级以下国土资源管理体制改革的精神，北京市委市政府撤销市国土资源和房屋管理局，新组建北京市国土资源局。7 月 1 日，市国土资源局正式对外挂牌。办公地址在东城区和平里北街 2 号。同年 11 月 17 日，市政府办公厅印发《北京市国土资源局主要职责内设机构和人员编制规定》，市国土局为负责北京市土地、矿产资源行政管理的市政府组成部门。

2009 年 8 月 6 日，根据中共中央、国务院批准的北京市人民政府机构改革方案和《北京市人民政府关于机构设置的通知》(京政发〔2009〕2 号)，北京市进行新一轮机构改革调整，市国土局主要职责、内设机构基本不变。市国土局是负责北京市土地与矿产资源行政管理的市政府组成部门。市国土局设 18 个机关处室，另含机关党委（基层工作处）、工会、离退休干部处，以及市纪委派驻纪检组监察处。8 个直属单位，各区（县）设 16 个分局，为市国土局的派出机构。截至年底，实有干部职工总数 2201 人，其中公务员 671 人，参照公务员法管理人员 236 人，事业单位工作人员 1232 人，机关工勤 62 人。

【主要职责】

贯彻国家关于国土资源管理工作的法律、法规、规章和政策，起草北京市地方性法规草案、政府规章草案，并组织实施。

承担保护与合理利用土地资源、矿产资源等自然资源的责任。拟订北京市国土资源发展规划，开展国土资源经济形势分析，研究提出国土资源供需平衡的政策建议，参与全市宏观经济运行、区域协调、城乡统筹的研究并拟订涉及国土资源的调控政策和措施。

承担耕地保护、节约集约利用土地资源的责任。负责北京市耕地保护、基本农田保护和土地用途管制的监督管理，组织实施未利用土地开发、土地整理和土地复垦；负责政府土地储备管理，拟订并组织实施土地一级开发和收购储备计划；组织实施国有土地使用权招标、拍卖、挂牌出让工作。

承担优化配置土地资源的责任。编制、修订北京市土地利用总体规划、年度计划，并组织实施；指导、审核区（县）、乡（镇）土地利用总体规划，并监督落实；拟订土地供应政策，组织编制土地供应计划，并监督实施；负责建设用地预审管理。

承担规范国土资源市场秩序的责任。拟订北京市基准地价，确定土地使用权出让有关价格，指导土地价格评估工作；规范和监管矿业权市场，组织对矿业权人勘查、开采活动进行监督管理；规范和监管国土资源相关社会中介组织和行为。

负责北京市土地权属管理；组织土地资源调查及土地动态监测工作；负责土地确权、地籍登记、土地定级的管理；负责各类土地登记资料的收集、整理、共享和汇交管理。

负责北京市矿产资源和地质勘查的监督管理；拟订矿产资源开发、利用和保护规划，并组织实施；负责矿产资源储量管理，组织矿产资源的登记、统计、分析；负责地质勘查成果登记和地质资料汇交管理。

负责北京市地质环境保护的监督管理；拟订地质灾害防治工作规划、计划及应急预案，并组织实施；负责地下水环境监测；负责地热资源勘查、开发、保护的管理；组织协调重大地质灾害的整治工作。

依法征收资源收益，规范、监督资金使用；依法组织土地、矿产资源专项收入的征管，配合有关部门拟订收益分配制度，指导、监督北京市土地整理复垦开发资金的收取和使用。

负责北京市国土资源执法监察工作，依法查处各种违法违规行为；依法调处各种土地权属、探矿权属、采矿权属纠纷。

拟订北京市国土资源方面的科技发展规划，并组织实施；负责国土资源信息管理系统建设及信息、档案、综合统计工作。

承办市政府交办的其他事项。

【内设机构】

根据上述职责，市国土局设18个内设机构。

办公室

负责机关政务工作；负责文电、会务、机要、档案等机关日常运转工作；承担信息、信访、议案、建议、提案、安全保密等工作；承担重要事项的组织和督查工作。

研究室

承担北京市国土资源管理重大问题的调查研究，并提出意见、建议；承担重要文稿的起草；组织、指导市国土资源系统的调查研究工作；承担新闻发布、对外宣传有关工作；组织有关地方志、年鉴的编纂工作。

法制处

负责市国土资源系统推进依法行政综合工作；起草国土资源管理方面的地方性法规草案、政府规章草案；负责行政执法工作的监督、指导和协调；承担行政复议、应诉的有关工作；承担机关行政规范性文件的合法性审核和有关备案工作。

科技与对外合作处

承担北京市国土资源、科技管理工

作；拟订国土资源科技工作的发展规划和年度计划，并组织实施；拟订国土资源对外交流与合作的工作规划、计划，并组织实施；承担市国土资源系统外事工作；组织协调国土资源科研开发、新技术推广、科技成果评审、学术交流等工作；承担有关软科学项目的管理工作。

调控和监测处（综合处）

负责北京市国土资源经济形势分析，研究提出国土资源供需总量平衡的政策建议，参与北京市宏观经济运行及相关改革研究；拟订土地供应政策，编制土地供应计划；拟订土地市场管理、地价调控等政策措施；承担土地价格动态监测和地价指数编制工作；承担国土资源行政许可工作的组织协调和督查考核；承担国土资源行政许可事项的接待受理、证件核发、档案验收、业务档案管理等工作；承担国土资源管理业务的内部综合以及与相关部门的协调联系工作；组织市国土资源系统政府信息公开工作，承担国土资源综合统计、专业统计和数据资源共享工作，分析、上报、发布有关统计信息；指导市国土资源系统行政许可工作。

规划处

承担北京市国土资源综合规划的管理及各类规划的协调工作；拟订土地利用、矿产资源、地质环境等总体规划；编制、修订基本农田保护，土地整理、复垦、开发，矿产资源开发、利用、保护，以及地质环境保护等专项规划；指导和审核区（县）、乡（镇）土地利用总体规划，并监督落实；依法承担建设用地预审工作。

耕地保护处

承担北京市耕地保护、集体建设用地利用、农用地使用等方面的监督管理，拟订有关管理办法和政策措施，依法承担相关的行政许可工作；编制土地复垦、整理的工作规划和年度计划，拟订耕地开发复垦费标准，并组织实施；监督落实占用耕地的建设项目的占补平衡措施；组织实施土地整理储备以及宜耕土地后备资源库、补充耕地储备库建设管理等工作。

地籍处

承担北京市地籍管理工作，拟订有关管理办法和政策措施；承担土地调查（地籍调查、土地利用现状调查）、登记、统计和动态监测工作，拟订地籍管理技术规范；承担土地权属登记、确认、变更、抵押、终止等监督管理，依法调处重大土地权属纠纷；承担地籍管理信息系统建设工作。

土地利用处

承担北京市国有建设用地和土地市场管理工作，拟订有关管理办法和政策措施，依法承担相关的行政许可工作；指导土地价格评估工作；承担国有土地使用权招标、拍卖、挂牌出让的组织实施；承担企业土地资产处置的有关管理工作。

征地处

承担北京市农用地转为建设用地、征用集体土地等方面的监督管理，拟订有关管理办法和政策措施，依法承担相关的行政许可工作；承担农用地用途管制工作；监督管理土地征用安置补偿工作；组织实施征地区片综合地价测算工作。

矿产资源勘查储量处

承担北京市矿产资源储量管理和地质勘查管理工作，拟订有关管理办法和政策措施，依法承担相关的行政许可工作；组织矿产资源储量的登记、统计以及动态监测、供需形势分析；承担矿产资源储量评审机构和专业技术人员的管理工作；承担地质科技成果登记、推广，地质勘查行业技术监督，以及地质资料汇交管理等工作。

矿产资源开发处

承担北京市矿产资源开发、利用、保护的监督管理，拟订有关管理办法和政策措施，依法承担相关的行政许可工作；承担矿产资源开发秩序的整顿和规范工作；征收、管理矿产资源补偿费。

地质环境处

承担北京市地质环境保护和地质遗址保护的监督管理，拟订有关管理办法和政策措施，依法承担相关的行政许可工作；组织实施矿山环境保护与恢复治理规划；组织地质环境动态监测；承担地质灾害突发事件的应急管理工作；承担地下水勘查、评价、规划、监测、统计、分析的管理工作；承担地质遗迹管理工作；编制、发布地质环境公报。

地热处

承担北京市地热资源开发、利用、保护的监督管理，拟订有关管理办法和政策措施，依法承担相关的行政许可工作；承担地热资源勘查、开采及地热井开凿的监督管理；承担地热资源勘查开发计划的编制和勘查报告的审查工作；征收、管理地热资源有关费用。

财务处

负责机关及直属单位的财务、固定资产、内部审计等工作；依法承担北京市国土资源有关专项收入的征管工作；拟订市国土资源系统财务、资产管理制度，并组织实施。

审计处

负责市国土局系统内部审计工作管理；组织拟定相关管理政策和制度；负责领导干部经济责任审计；负责对市国土局系统重大项目的审计监督；负责市国土局系统财务制度执行情况、预算编制及执行情况、财务核算审计监督；承办领导交办的其他事项。

信访处

主要接收办理群众来信、来访、“政风行风热线”、“市长信箱”、局外网投诉，以及国土部、市信访办等上级部门转办的信访件。主要工作有：一是接访；二是办理电子信访；三是办理群众来信；四是统计报送；五是催办、督办；六是做好市国土局领导班子成员下访约访有关工作；七是维稳工作；八是完成领导交办的其他任务。

纪检、监察机构按有关规定派驻。

人事处

负责机关及直属单位的人事、机构编制等工作；组织有关教育培训、专业技术职务评定等工作；承担市国土资源系统干部队伍建设规划及部署的组织实施工作。

机关党委（基层工作处）

负责机关及直属单位的党群工作；承担市国土资源系统思想政治工作及基层建设工作。

工会

负责机关及直属单位的工会工作。

离退休干部处

负责机关及直属单位离退休人员的管理与服务工作。

纪检、监察机构按有关规定派驻。

综合行政

【公文管理】

年内，共收文 9009 件。其中包括：办文 3568 件，阅文 1832 件，杂文 487 件，督办件 219 件，协执 1206 件，政协提案 72 件，政府信息公开 1273 件，建设用地申报表 84 件，密件 268 件。全部公文均按要求完成登记、扫描工作，并根据文件内容研提拟办意见，呈报领导批示或提请相关处室、单位办理。

【审发公文情况】

年内，共发出编号文 562 个，编号便函 1289 个，党组文件 51 个，代政府发文全年共 21 个，简报 39 期，信息普刊 48 期、动态 45 期、专刊 9 期，局长办公会议纪要 18 期，局长专题会议纪要 52 期，一般性会议纪要 28 期，党组会议纪要 11 期。另外还有全年的人大 40 件、政协提案 32 件，一般信函 400 多件。

【专项工作督办情况】

年内，市国土局共收到市政府等上级部门领导批示件 680 件，其中需研提意见及报送决策督查项目进展情况的公文 219 件，219 件督办文中已完成 177 件，批转及其他原因正在办理中的 42 件，办结率 81%；阅示、阅处、落实的公文 461 件（含市国土局上报市政府请示、报告的批示件）。共上报市政府请示 239 件，报告 39 件，印发各区县分局市领导批示转阅单 114 件。

【会议组织安排情况】

组织安排年度工作会，市委、市政府、国土资源部大型视频和电视电话会，局长办公会以及安排局领导和处室领导参加局外部工作会、协调会。年内，组织协调局内部会议 1401 次，其中局长办公会 18 次。处理提请局领导或处室领导出席外部会议通知 2064 个。

【建议、提案办理情况】

年内，市国土局共收到市人大建议、市政协提案 71 件。其中建议 39 件（非会办类 8 件，会办类 31 件）；提案 32 件（非会办类 8 件，会办类 24 件）。市国土局主（单）办的建议、提案主要涉及土地储备一级开发、土地确权登记颁证、土地管理利用、耕地保护、地质灾害防治等重点工作和难点问题，基本涵盖市国土局中心工作。

【政务信息报送】

年内，市国土局收到各区县分局、机

关各处室、直属各单位政务信息2785条。编辑《国土资源信息》普刊48期、动态45期、专刊9期，向市委、市政府、国土资源部报送221条。市委《北京信息》采用48条，市政府《昨日市情》普刊采用73条、特刊采用4条，国土资源部《部内要情》采用65条，市领导批示3条。

调查研究

【国土资源改革】

年内，启动国土资源改革工作，成立市国土局全面深化改革领导小组，由局党组书记、局长魏成林任组长，其他局级领导为成员。在研究室设领导小组办公室，由局总规划师丁晓兼任主任，研究室主任张继安任副主任。成立8个专项改革工作小组，分别对接市委14个改革专项小组工作，各专项改革工作小组组长由副局级领导担任，副组长由牵头部门主要负责人担任。

年内，局长魏成林主持召开北京市国土资源局全面深化改革领导小组第一次全体会议，会议研究布置市国土局全面深化改革工作。一是制定《北京市国土资源局全面深化改革工作方案》，明确改革的指导思想、总体目标、重点任务、机构设置和工作要求；二是成立北京市国土资源局全面深化改革领导小组及领导小组办公室、领导小组专项改革工作小组，并制定相应的工作规则和细则；三是梳理市委改革任务分解方案中由国土局承担的工作，制定2014年工作要点和责任处室分工。

年内，制定《北京市国土资源局全面深化改革工作方案》，研究《北京市国土资源局全面深化改革领导小组工作规则》《北京市国土资源局全面深化改革领导小组办公室工作细则》和《北京市国土资源局全面深化改革领导小组专项工作小组工作细则》等文件。

明确全局国土资源改革任务。按照北京市委全面深化改革领导小组办公室印发的《关于贯彻实施市委十一届四次全会〈决定〉任务分解方案》，明确由市国土局牵头（或共同牵头）承担的12项改革任务，分别为：建立城乡一体的规划体系、统筹编制集体建设用地规划；在符合规划和用途管制前提下，允许农村集体经营性建设用地以出让、租赁、入股等方式发展符合首都城市功能定位的产业，实行与国有土地同等入市、同权同价；完成农村集体建设用地使用权确权登记颁证；探索建立城乡一体的土地交易平台；改革完善土地储备制度，缩小征地范围，规范征地程序，完善土地增值收益分配机制和对被征地农民合理、规范、多元保障机制，加快建立农村集体经营性建设用地产权流转和增值收益分配制度；推行工业用地弹性出让和租赁制，支持现状存量工业用地盘活利用；保障农户宅基地用益物权；落实完善最严格的耕地保护制度、水资源管理制度、林地绿地资源保护制度、环境保护制度；按照国家统一部署，对自然生态空间进行统一确权登记，建立健全自然资源资产产权制度和用途管制制度；建立耕地保护责任落实和补偿制度；调整严重污染和地下水严重超采区耕地用途，有序实现耕地、河湖修养生息；建立有效调节工业用地和居住用地合理比价机制，提高工业用地价格。

【调查研究】

年内，按照市委研究室、北京市经济社会发展研究所的安排，组织开展《首都全面深化改革政策研究》课题调研工作。组织完成《北京市农村集体建设用地入市的探索与思考》《落实最严格的土地资源和生态保护制度》调研课题，调研成果上报市委市政府作为决策参考。针对国家不动产登记局挂牌引发舆论热点，组织撰写《不动产登记局挂牌之媒体思考》一文。开展2013年、2014年北京市国土资源领域批评性报道调研，从报道内容、主体、成因等方面进行深入研究、系统分析，提出进一步加强市国土局新闻宣传工作的建议。

【综合性文稿撰写】

年内，印发《关于加强工作总结和计划管理工作的通知》，从工作总结和计划的重要性，工作总结和计划的管理，工作计划的组织落实和相关要求四个方面规范工作总结和计划管理工作。组织起草市国土局2014年度工作报告，回顾总结2013年工作，研究部署2014年和今后一个时期重点任务。起草2014年上半年工作报告，对照年初工作安排和当前面临的形势，查找差距、不足，总结经验、教训，安排下半年工作。起草市国土局落实十八届四中全会精神推进法治化建设的局领导署名文章——《深入贯彻落实十八届四中全会精神 不断提升国土资源管理法治化水平》。文章从强化法治思维，深刻认识全面推进法治建设对国土资源管理工作的重大意义；推进科学立法，不断完善国土资源法规制度体系；深入推进依法行政，加快国土资源管理部门法治化建设；加强法治宣传教育，为国土资源管理营造全民守法社会氛围四个方面提出了市国土局全面推进法治建设的工作思路。起草市国土局领导班子群众路线教育实践活动整改方案、活动工作总结、整改落实情况报告及市国土局领导班子民主生活会有关材料等。

【主动宣传和舆论引导】

年内，印发《北京市国土资源局2014年度新闻宣传要点和工作安排》。向社会公布北京市2014年度土地供应计划并分两批公布地块信息，接受中央电视台和北京电视台专访，为北京市土地供应工作营造良好的舆论环境。组织中央电视台、北京电视台等媒体对基准地价更新成果听证会进行现场报道。通过市国土局网站公布北京市第二次全国土地调查主要数据成果。组织地质灾害防治工作宣传。通过市国土局网站、官方微博、首都之窗、千龙网等筹划制作北京市地质灾害隐患点和避险场所查询地图，向社会公众提供详实准确科学的地质灾害防治查询信息。通过北京电视台、北京电台和千龙网进行专题直播访谈，针对市区两级工作重点、汛期不同阶段任务安排，通过具体事例、数据资料介绍地质灾害防治工作情况。通过市国土局政务微博及时发布地质灾害气象风险预警信息和地质灾害介绍、避险自救知识，图文并茂、形象生动，受到网友欢迎。

【政风行风热线《走进直播间》】

8月13日，樊文祯副巡视员带队做客政风行风热线《走进直播间》栏目，向广大网友介绍北京市第二次全国土地调查工作情况，现场播放宣传短片，形象地展示了北京市土地调查工作情况。此次访谈通过首都之窗网站现场直播，市国土局政务微博、官方网站《在线访谈》栏目进行转载。通过此次活动进一步加强了与广大网友的沟通交流，促进社会公众客观全面的了解北京市二次调查工作。

【开展4期《在线访谈》】

年内，开展4期《在线访谈》并在市国土局网站同步播出。内容分别为："打造中关村万亿产业增长级，建设发展中关村科学城"；"锐观察：汛期防灾守土有责"；"北京汛期地质灾害防治在线访谈"；"建成区土地资源节约集约利用——西城区节约集约用地成效显著"。

【组织召开2次土地市场形势分析座谈会】

1月2日和7月2日，市国土局组织召开2次土地市场形势分析座谈会。邀请市外宣办、市网信办、中央和市属主要媒体负责同志及跑口记者、部分高校和专业机构专家参加座谈，介绍土地市场运行情况，听取各方对促进北京市土地市场健康持续发展的意见建议。座谈会及时权威发布了半年和全年的土地市场数据信息，与媒体定期沟通交流，引导舆论走向的效果明显。

【发布《舆情监测》82期】

舆情监测增加对热点、敏感舆情的专报和分析研判，全年共发布《舆情监测》82期。坚持季度舆情分析报告制度，对当季度舆情总体情况进行详细分析和下一季度舆情走势做出预判，并向局长办公会汇报。年内，报送季度舆情分析报告4期。

【政务微博】

2月，《人民日报》报道市国土局向国土资源和住建部报送"小产权房"分类处理意见。为避免误读和炒作，市国土局确定有关口径，通过政务微博正面解释北京分类处理"小产权房"仅是建议，具体政策和处理措施尚在过程中，稳妥开展舆论引导工作，平稳有效地冷却该热点。5月8日和5月27日，"北京五环内不再出让商业用地""北京今年或停止普通商品房住宅用地供应"的不实消息被传出。市国土局监测后立即开展应对工作，通过核实情况、研定口径、制定调控方案，于事发当天通过政务微博及时澄清—使社会公众和媒体及时、准确了解真实情况，避免引发炒作。同时，在市网信办主持下就《北京今年或停止普通商品房住宅用地供应》相关错误报道约谈财经网，财经网就错误报道道歉。对于微博中出现的网友提问、政策咨询和举报质疑，市国土局及时掌握、迅速部署，通过线下核实情况、线上交流沟通等形式较好的回应公众合理诉求。

【修志】

年内，撰写完成《北京志·国土资源志》的初稿，并上报市地方志办。7月组织3次市国土资源业内专家对初稿进行评议，9月邀请市地方志办专家对初稿进行审核评议。撰写初审评议审读报告，同时对《北京志·国土资源志》的初稿进行修改。

【年鉴】

年内，完成《北京市国土资源年鉴2014》的编撰、出版工作。组织完成《国土资源年鉴2014》、2014年《北京年鉴》和《北京市房地产年鉴2014》中涉及市国土局职能部分的供稿工作。《北京市国土资源年鉴2013》荣获首届北京市年鉴综合质量评比专业年鉴类二等奖。

信息公开

【主动公开】

年内，市国土局主动公开政府信息12176条，主动公开数量比2013年减少8421件，全文电子化率100%。其中机构职能12条，占0.1%；法规文件7条，占0.06%；规划计划6条，占0.05%；行政职责1条，占0.01%；业务动态12150条，占99.78%。

【依申请公开】

年内，市国土局收到公民、法人和其他组织提交的政府信息公开申请7390件，比2013年增加3595件。其中当面申请5604件，占75.83%；以传真方式申请8件，占0.11%；以互联网方式申请21件，占0.28%；以信函形式申请1759件，占23.8%。申请内容主要涉及土地预审、征地、土地利用、土地登记、土地储备及相关政策信息。

年内，市国土局答复政府信息公开申请7337件，比2013年增加3344件。其中同意公开3167件，占43.16%；同意部分公开76件，占1.04%；不予公开42件，占0.57%；信息不存在的3469件，占47.28%；非本机关掌握的251件，占3.42%；申请内容不明确的262件，占3.57%；非政府信息的29件，占0.4%；已主动公开的41件，占0.56%。

【收费情况】

年内，市国土局共收取依申请公开政府信息检索费、复印费4711.7元，其中免收困难人员政府信息检索费、复印费632.1元，对政府信息的邮寄费用全部免收。

【咨询服务】

年内，市国土局接受公民、法人及其他组织政府信息公开方面的咨询9900人次。其中，现场咨询5600人次，占总数的57%；电话咨询4300人次，占总数的43%。

【政府信息公开宣传培训】

召开年度工作培训部署会。4月，市国土局组织政府信息公开工作培训部署会，局总规划师丁晓就如何提高政府信息公开工作标准提出要求。市国土局征地处、朝阳分局分别进行经验交流发言；法制处结合政府信息公开行政复议、行政诉讼的案例进行分析讲解；信息中心对北京市政府信息公开管理系统的操作应用、信息发布进行讲授辅导。

组织政府信息公开规定专题培训。11月份，市国土局就新出台的北京市政府信息公开规定组织召开专题培训会。市政府办公厅信息公开一处处长陈曦结合规定的出台背景、市委市政府的最新要求、规定的新增亮点并结合工作中实际操作案例，进行讲授辅导。局总规划师丁晓对北京市政府信息公开规定的学习落实做出指示，要求全局系统在2015年1月1日新规定正式实施前做好各项准备工作。

分期组织岗位轮训。年内，按每期两个分局参加、集中三个月时间的方式，在市国土局组织各单位一线工作人员开展政府信息公开工作轮训。期间，结合工作实际，编撰政府信息公开案例10份。

【向社会发布政府信息公开工作要点落实情况】

年内，市国土局结合自身工作实际，对一年来政府信息公开工作开展的整体情况及取得的成绩进行认真梳理。重点从总体情况、重点领域、热点回应、依申请公开、平台建设等五个方面，通过图片展示及相关文字链接等方式系统总结政府信息公开工作要点的落实情况。12月份在市局门户网站向社会发布。

科技与对外合作

【工作职责】

承担本市国土资源科技管理工作；负责拟订国土资源科技政策、规划和计划，并组织实施；负责组织协调国土资源科研开发、新技术推广、科技成果评审、学术交流；承担有关软科学项目的管理；负责本市国土资源行业技术标准的归口管理；组织开展国土资源科普工作；拟定国土资源对外交流与合作的工作规划和计划并组织实施；负责局系统因公出国（境）事务的管理；负责局系统涉外工作；承办领导交办的其他事项。

现有人员5人，其中，正、副处长各1名，副调研员1名，主任科员2名。

【科技工作】

组织开展国土资源公益性行业科研专项项目。组织开展《典型城镇村节地技术研究与示范》项目验收结题工作。推进《面向公众的首都土地利用服务关键技术研究与应用》项目实施。推荐上报《京津冀土地优化利用一体化管控关键技术与应用》《京津冀不动产统一登记技术及示范》《赣南稀土矿区生态地质环境高分遥感监测研究示范》项目为2015年度国土资源公益性行业科研专项。

组织实施市科委市科技计划（绿色通道）项目。会同相关部门协调解决《北京地区页岩气资源成藏机理及关键技术研究》项目配套经费问题。推动《农村集体土地智慧产权系统关键技术与示范》《北斗与卫星遥感融合的国土资源移动管理技术系统研制》两个市科委绿色通道项目顺利实施。

申报推荐2014年度国土资源科学技术奖。推荐《北京规划新城前期区域工程地质勘查评价》等5个项目，为2014年度国土资源科学技术奖备选项目，并进行内网公示。此外，向国土部推荐国土资源科学技术奖评审专家22人。

推进重点实验室和野外科研基地建设。推动国土规划与开发重点实验室建设，指导综合勘查技术—北京房山野外基地、平原区地下水—北京野外基地、浅层地温能—北京野外基地三个基地的建设单位进一步完善管理机制，细化野外基地建设内容，做好迎接验收检查和“挂牌”工作的前期准备。

【国土资源标准化工作】

初步建立北京市国土资源标准体系。组织召开《北京市国土资源标准化管理战略研究》项目验收会，项目成果通过专家审查，主要成果有：《北京市国土资源标准体系》《北京市国土资源地方标准》等。通过该项目研究，初步构建完成北京市国土资源标准化体系，将为国土资源标准化工作提供长期战略规划，有利于推动北京市国土资源领域标准制修订工作。

《地类认定规范》批准发布。按照北京市地方标准制定的有关程序，组织召开《地类认定规范》（送审稿）专家初审会，完成该项标准的报批手续。市国土局报批的《地类认定规范》（地方标准）正式批准公布，标准编号：DB11/T 1108—2014。《地类认定规范》（地方标准），适用于北京市土地调查等工作，为地类认定提供依据。

全面梳理国土资源领域标准。梳理完成国土资源领域国家标准、行业标准共计456项。对国土资源部出台的年度国土资源行业标准制修订计划进行清理，统一登记造册，2008—2014年已列入计划的标准制修订项目共计292项。

召开标准化工作调研会。按照局长魏成林在《关于推进国土资源标准化工作的意见》上做出的批示，11月5日，组织召开北京市国土资源标准化工作调研会，面向全局业务处室开展国土资源标准化工作宣传培训，就下一步工作要点提出具体化的措施和意见。副巡视员周旭峰着重阐述标准的重大意义、认清市国土局标准化工作现状、当前的任务和下一步工作部署等四个方面内容。

搭建标准信息共享平台。在市国土局内网新增设立《标准化工作》栏目，更新发布标准信息，公布已批准实施的国土资源领域国家标准、行业标准，以及已列入国土资源行业标准年度制修订计划的标准制定项目，为市国土局宣传贯彻标准化工作，研究、制定和修订北京市国土资源行业地方标准提供信息保障。

【科普工作】

按照国土资源部办公厅通知要求，组织开展第45个世界地球日科普宣传周活动，宣传主题是：“珍惜地球资源，转变发展方式——节约集约利用国土资源，共同保护自然生态空间”。4月22日，在北京市育才学校举行“第45个世界地球日主题宣传活动周启动仪式”。与会领导为北京市育才学校学生代表赠送科普图书，并与600余名中学生观看地球日科普剧表演。

各区县国土分局认真开展丰富多彩的宣传活动：市国土局领导及相关处室分别到各区县分局设立会场参加现场宣传活动，局领导在活动现场向群众发放地球日宣传资料，解答群众咨询，带动各区县政府、各乡镇（街道）开展地球日科普宣传活动；将宣传挂图、宣传资料发送至各乡镇、街道，各国土管理所在辖区内的乡镇设立多个宣传站点，在农村群众中传播国土资源科普知识；积极与本地区中小学校联系，选择本地区1—2所中小学作为宣传点，开展地球日科普进校园活动。

在地球日期间，市国土局统一购置并发放各类宣传材料：宣传展板40块、宣传横幅7条、宣传标语15条，北京市国土资源科普基地读物5000册，《中国国土资源报》“地球日”北京特刊12000份，彩色挂图400份，知识手册10000份，宣传折页20000份，地灾知识2000册，案例解答3000册，法制知识3000册，科普视频光盘1000套。参加本次宣传活动周的受众人数约12000人。

通过宣传国土资源的国情国策，提高北京市社会各界爱护地球、珍惜资源、促进生态文明、共建美丽中国的意识。

【因公出国（境）工作】

贯彻执行财政部、外交部《关于印发〈因公临时出国经费管理办法〉的通知》及市委外事领导小组《关于印发〈北京市关于进一步规范局级以下国家工作人员因公临时出国的办法〉的通知》要求，认真执行因公出国管理相关规定，严格控制经费支出。年内，组织局系统共35人出国（境）培训和出访，其中：自组出国访问团1批次，4人；自组培训团1批次，19人；承办随团出访8批次，8人；承办随团培训4批次，4人。

严格执行年度因公临时出国计划。认真贯彻中央及市外办有关管理规定，科学制订年度因公临时出国计划，认真执行因公临时出国计划报批制度，严格控制出国团组人数、国家数和在外停留天数，执行限量管理规定。

强化出访团组管理措施。按照规定，市国土局自组的出访团组均有明确的公务目的和实质内容，且严格限定在市国土局业务主管范围内。实行出访团组团长负责制，申报出访任务时，出访日程需经团长本人亲笔签名确认。采取集中形式对团组全体人员进行行前教育，严格执行对外方针政策，严守外事纪律。

加强因公出国经费审批源头管理。加强经费审批与任务审批联动机制，每个出访团组费用的核定和审批，均需财务部门和科技与对外合作处填写《因公临时出国任务和预算审批意见表》后方可报批；认真执行《因公临时出国（境）经费管理办法》，严格按照规定，安排交通工具和食宿；加强对出国团组的行前教育，认真贯彻“勤俭办外事”的原则；严格按照有关规定，确定因公临时出国经费所列支的内容和标准。

建立因公出国团组公示制度。按照中央和市外办的要求，在市国土局内网如实公示有关团组和人员信息，公示内容包括：团组全体人员的姓名、单位和职务，出访国家、目的及预期成果、日程安排和预算信息等情况。此外，明确规定出访团组在回国后20个工作日内将出访（培训）总结报送科技合作处，在市国土局内网公布，实现资源共享。

【对外交流与合作】

积极探索建立国际友好国土局的渠道，与市政府外事办公室联系，并就友好国土局建设事宜进行调研座谈。积极与国外相关机构进行广泛深入的友好磋商和洽谈。年内，接待芬兰农林部及芬兰水协会代表团、阿富汗喀布尔市代表团、澳大利亚西澳大利亚州代表团、老挝政府副总理阿桑·劳里等来访任务，为开展对外友好合作与交流奠定良好基础。

财务审计

【非税收入上缴】

本年全市土地出让总收入上缴财政专户2594.66亿元，其中土地储备前期成本1240.08亿元，政府收益1354.58亿元，政府收益同期增长60.98%。

实现矿产类非税收入共计8556.81万元。其中，矿产资源补偿费收入5614.52万元，探矿权、采矿权使用费及价款收入2942.29万元。

收缴执法罚没收入共计9848.90万元，比上年同期增长30.94%。其中违法占地罚没收入2146.03万元，非法开采矿产资源罚没收入78.71万元。

代收防洪费3.20亿元。

【年度预决算】

年内，批复预算资金238.99亿元，其中市财政一般预算资金7.23亿元，中央项目资金1.76亿元，储备前期成本返还230亿元。

本年年终决算全年收入244.07亿元，其中财政资金238.99亿元，经营收入6989.84万元，其他收入4.38亿元；全年支出244.62亿元。

【经费管理】

落实财政新规。按市级财政标准，明确差旅费、会议费、培训费、因公出国（境）费支出范围、程序及标准，严格按照新政实施，并及时更新局《财务知识手册—报销分册》。

严把预算关口。提升部门预算审核层级，2015年部门预算在局联审小组审核的基础上，由各项目立项主体部门进行项目情况汇报，局一把手、主管领导参加会审。

坚持信息公开。坚持内部信息公开，加强内部监督。年内定期发布三公支出情况，收入完成情况，预算执行进度及政府采购执行情况。

【单位内控建设】

年内，在市国土局机关《北京市国土资源局内部控制手册》初稿的基础上，对业务流程、风险防控及应对措施进行修订完善，并重点针对信息化辅助工作进行调研。

在全局系统内推进内控建设工作。局属16个区县分局及事业单位储备中心启动内控建设工作。各单位制定工作方案、成立领导机构、开展制度梳理及内部诊断。系统共290余人次参与访谈，其中领导班子成员60余人次。截至年底，各单位完成《北京市国土资源局内部控制手册》制定工作，并通过专家组评审。

按内控建设要求，不相容岗位分离、岗位制衡等要求，加强关键岗位职责梳理，印制《财务处岗位职责手册》。

【政府采购】

中介服务机构管理。利用信息化管理手段，辅助政府采购管理，完善招投标代理机构选取系统；加强对服务机构库的管理，初步拟定《北京市国土资源局服务机构库管理办法》，明确机构库建立、抽取、维护等方面的实施细则。

履行政府采购职能。进一步强化区县分局的政府采购主体责任。年内，局系统共办理项目招标采购70项，招标金额为5亿元。其中市国土局机关及直属单位办理政府采购19项，采购金额为1.35亿元；协助指导分局办理项目采购51项，采购金额约4亿元。

【财务监督检查】

年内，市国土局接受国家审计署对北京市的土地收支情况审计；国土部土地督察局进行的专项督查；国土部、财政部联合开展的矿山环境治理示范工程检查；北京市审计局的预算执行审计。

年内，完成市财政局组织的市国土局2个项目的绩效考评工作，完成3个项目的绩效自评工作，考评结果优秀。年内，财政强化绩效评估方式，启动大型项目事前绩效评估机制，市国土局《北京市土地资源质量综合地质评价第一阶段》（生态地球化学子课题）项目，被市财政局列为纳入事前评估项目，经多次优化可研报告和预算方案，顺利通过专家评审。

年内，完成土地开发整理、矿山治理、遗迹保护等专项资金近50个项目的财务预检工作，保障项目终验及时高效。

年内，重点开展市国土局系统的往来账务清理工作，逐项核发清理意见，全局系统清理往来款项5307多万元，上缴市财政2454万元。

【人员管理及培训】

年内，分两期组织全局系统共150余人参加财务继续教育培训，集中学习最新财务制度、内控制度规范建设、审计工作重点及常见问题等专题。

年内，针对各单位分管财务领导调整的新情况，组织分局、事业单位财务主管领导财务管理专题培训班，邀请市财政局有关处室领导，就预算管理、政府采购、监督检查等几个方面进行专题培训。

年内，为配合开展地矿专项资金管理，邀请行业领导和专家对财务人员开展国外风险勘查资金管理专项培训，从项目开展到财务验收进行全面的讲解。

【其他工作】

年内，按要求完成部门预、决算信息公开，并做好媒体解释说明工作；完成系统内事业单位的产权登记工作，对资产管理库进行更新和完善；完成4个出国出境团组的换汇工作；完成“三公经费”统计报表报送及监督工作；做好年度账户开立、变更、注销等工作，全年开立账户16个，注销账户3个；完成行政单位新旧账会计科目衔接工作；协调地税、财政、香海公司、市政府办公用房管理部门等多个部门，与远东仪表公司签订办公用房置换使用协议，解决市局现址办公用房问题。

【完善审计制度建设】

5月，针对开展社会审计时在委托社会审计、审计成果提交、审计报告质量、审计档案管理等方面存在的问题，从明确委托单位责任，社会审计工作质量，社会审计工作监督等方面，制定《局委托社会审计工作办法》(京国土审〔2014〕225号)。按照各类审计档案的管理职责，归档范围和内容，档案移交及管理，档案的利用及监督检查方面，要求落实各类审计的档案整理立卷工作，制定《局审计档案管理办法》(京国土审〔2014〕224号)。加上2012—2013年已经制定的7项局内部审计制度，进一步完善审计工作制度体系，使局内部审计制度建设更全面。

【开展内部审计】

经济责任审计。2013年开展的第三批次6位领导干部的经济责任审计结果向局党组总结汇报，完成报告送达、督促整改工作。首次开展延庆分局、门头沟分局两位领导干部的任中经济责任审计，将审计关口前移，便于及时发现问题，早整改。截至年底，经济责任审计工作累计开展4批。

预算执行审计。在预算执行自查自纠的基础上，按照审计计划对机关后勤服务中心2013年度预算执行情况开展审计；完成海淀、大兴、密云分局，土地登记中心和土地利用中心5个二级预算单位2012年度部门预算执行情况审计收尾工作。

政府投资项目审计。出国（境）经费预算执行审计：继2012年后开展2013年度因公出国（境）专项经费预算执行情况的审计检查，提出有关意见和建议，出国（境）业务管理部门对审计提出的问题进行剖析，明确整改措施，在后续的项目管理工作中逐年完善。地质遗迹保护项目审计：按照年度审计计划和地质环境处的要求，专门制定《地质遗迹保护项目审计实施方案》印发被审计单位，开展中央资金的地质遗迹保护项目专项审计调查，形成调查报告。本次审计的地质遗迹保护项目包括2004—2011年房山分局承担的北京十渡地质遗迹保护项目，石花洞地质遗迹保护项目，平谷分局承担的黄松峪地质遗迹保护项目，密云分局承担的云蒙山地质遗迹保护项目，共4个园区13个项目，资金总额4161万元。

【接受政府审计】

年内，市国土局各区县分局、机关各处室、直属各单位积极配合政府审计工作。2月，协助市审计局“2013年城镇保障性安居工程跟踪审计”及时提供审计资料，保障审计工作的顺利进行。

8月起，配合国家审计兰州特派办做好北京市土地出让金收支和耕地保护专项审计。主要审计2008—2013年土地出让金和土地征收、储备、供应，以及耕地、基本农田总体情况；同时查找土地征收、供应、使用、整治和土地出让金管理、使用等环节存在的问题；以国土系统为主，涉及财政、住房建设及规划等部门，以及相关用地单位和土地整治项目单位。市国土局及各分局为配合好此次审计，成立领导小组指定专人，从业务培训、资料提供、后勤保障、督促检查等方面全方位协助工作。

【审计专题调研工作】

开展国土十年审计情况专题调研报告。作为市国土局机关党委组织的国土资源局十年专题调研的内容之一，梳理2004—2014年国土资源系统十年来，市国土局由被动接受政府审计、到自己主动借助社会审计规范工作、到积极推进内部审计加强内部控制的发展变化过程，从审计发挥监督作用、不断强化自身监督的角度，6月完成《国土十年的审计监督》的调研报告。报告分析了审计监督作为加强行政管理的重要举措之一对国土部门的工作起到的促进作用，回顾接受国家审计署、市审计局等监督部门审计检查的情况，阐述建立内部审计机构以来的内审工作，总结局领导对审计工作的重视和今后对内部审计工作的要求。

落实市政府办公厅《关于进一步加强内部审计工作意见》(京政办发〔2013〕36号)，在其实施一周年之际，撰写《北京市国土资源局关于落实内审意见加强内部监督》的报告，向北京市内部审计协会汇报文件执行情况。市内审协会以《贯彻落实意见 加强内部监督》为题，将报告收录到2014年第4期北京审计杂志。

信访工作

【基本情况】

北京市国土资源局信访处于2012年4月正式成立，前身为市局信访室，隶属于市局办公室。信访处现有信访工作人员8名。

市国土局信访处主要接收办理群众来信、来访、网上信访（含政风行风热线、市长信箱、局长信箱、网上咨询、民意征集），以及国土资源部、国家土地督察北京局、市信访办等上级部门转办的信访件；负责市国土局系统的矛盾纠纷排查调处和维护稳定工作；承办领导交办的其他事项。

【强化组织领导】

市局党组、局主要领导和主管领导高度重视信访工作，定期听取情况汇报，认真研究部署信访工作，形成强有力的领导机制。截至年底，局党组书记、局长魏成林对信访工作23次作出重要批示、对群众来信明确指示报结果的70件次、局长办公会上5次听取信访工作汇报并做讲评。主管局长李军同志8次主持召开信访工作例会和信访工作专题会议并提出具体工作要求。年内，市国土局市、区县两级领导下访约访工作继续稳步推进，通过带案下访、重点约访、领导包案等方式，接待信访群众350批次/910人次，协调和化解大量疑难信访问题。市国土局领导还高度关注各区县分局每月信访专题会议召开情况，魏成林做出批示：“在局长办公会上通报”，李军同志批示：“各分局信访工作越抓越实，请信访处及时以信息的形式通报情况，表扬工作扎实的区县分局”。西城、海淀、丰台、通州、顺义等区县国土分局始终坚持信访专题会议由主要领导主持召开，海淀、房山、大兴、顺义、密云等区县国土分局专题会议纪要报送及时、格式规范、内容翔实，丰台国土分局召开信访专题会时将区信访办和相关部门召集到一起共同研究化解信访举报问题。

【按照法定途径分类处理信访诉求】

严格落实国务院《信访条例》、《北京市信访条例》和国土资源部《国土资源信访规定》，加强对信访事项、行政事项、司法事项的判别，坚持依法依规受理国土资源信访诉求；按照法定途经优先、信访途径补充的原则，坚决将信访和举报进行分离，在出台下发《严格区分国土资源信访范围有关问题的通知》的基础上建立“1＋2”模式，引导信访人通过法定途径依法维权，“1”是全局上下牢固树立依法行政和依法履责理念，防止出现不作为、乱作为；“2”是对信访举报事项的两种处理的方式，一种方式是将涉法涉诉问题从信访中剥离，不再纳入信访和信访举报途径；第二种方式是将信访举报事项的终结纳入涉法涉诉渠道，鼓励和引导信访人通过行政复议和行政诉讼的方式维权。近两年来，信访人到市局申请复查的数量从过去的每年约200件下降到目前的9件；对没有纳入信访渠道的信访举报问题协调制定规范性意见。市国土局相关部门已就信访举报案件查处的程序制定规范性意见，信访举报问题在区县国土分局一级全部纳入法定渠道，进一步夯实有权处理部门的责任和义务；认真履行信访事项、举报案件的督查、督办职责，设定专人从事信访举报案件的督查督办工作；强化信访工作责任，规范信访工作流程，健全来信来访登记台账、受理告知、交办、办理（受理）和结果存档等制度，力求信访程序到位。

【维护信访工作良好秩序】

年内，市国土局重点加大对缠访、闹访等异常上访的化解力度，年初对长期到市局缠访、闹访的人员和反映的问题逐一重新进行梳理，形成报告并经主管领导批示后，交由执法总队、涉案各区县国土分局，对上访人反映问题的事实再次进行核实。加强与区县政府协调沟通，市国土局领导先后深入朝阳、顺义、怀柔、昌平等多个区县，与当地主要领导共同研究化解缠访、闹访问题，年内，市国土局8次函告相关区县党委政府，通报属地群众到市国土局缠访、闹访情况，并提出化解问题的建议意见。加强与属地公安分局、治安支队和派出所联系。7、8月份，朝阳、海淀、顺义、大兴等8名上访人员相互串联、抱团取暖，多次到市国土局缠访、闹访，连续20多天在市国土局信访室和大门口滞留。信访处及时启动应急预案，在协调基层政府、派出所和区县分局做好稳控工作的同时，争取市维稳办、信访办和市公安局内保局的大力支持，对劝说训诫后依然我行我素、无理取闹的上访人进行依法打击，刑事、治安拘留6人。缠访、闹访态势得到控制，信访形势趋于正常。

【固化经验、创新方法】

继续坚持市国土局6项信访工作制度。年内，坚持每3个月在局长办公会上通报信访工作情况、每2个月召开信访工作例会、每月对全局信访工作情况进行通报、每月市局领导干部下访约访制度、每月各区县分局召开信访工作专题会议并形成会议纪要并报送市局、每日由市局信访处汇总当天信访情况上报局领导并反馈相关区县分局。六项制度的落实，得到国务院《信访条例》执法检查组的肯定。

注重在实际工作中创新信访工作方法。年初，市国土局建立信访员制度，相关业务处室指定1名负责人和1名工作人员作为信访联络员，随时接待上访群众，做到咨询类、政策建议类、简单的业务类问题随来随接，信访员全年共接访135批次/390人次。

采取以会代训等方式，提升做好信访工作的本领。在信访例会中穿插业务处室授课，年内，先后有6个处室为全局信访部门领导和工作人员授课；专题组织信访事项、行政事项、司法事项判别培训，邀请北京市法制办同志进行授课辅导；认真梳理征地、土地确权、土地储备、执法工作流程，把与市国土局相关的重点业务工作的每一个重点环节在流程中标注，使从事信访工作的人员熟知主要业务工作、职责范围，为面对面给上访群众做好政策解释、疏通民怨打下基础。

【加强信访队伍建设】

市国土局主要领导、主管领导对信访队伍建设十分重视。在2012年4月协调市委市政府成立信访处后，考虑到编制少（4人）、任务重的情况，在人员配备上给予大力支持，连续两年从接收的军转干部中挑选2名素质较高同志从事信访工作。同时，在本年6月建立起基层遴选到市国土局的年轻干部先到信访处锻炼一年的制度，并将从基层借调到市国土局信访部门长期从事信访工作的同志的关系转到市国土局。目前，信访处工作人员达到8人。

【信访情况统计】

年内，市国土局系统共办理来信、来访7163件次，与2013年同期相比信访总量基本持平。其中，市国土局办理来信、来访4514件次，与2013年同期相比下降19.5%；区县国土分局共办理来信、来访2649件次，与2013年同期相比上升26.8%。

年内，市国土局共办理来访请求1622批次/3965人次，与2013年同期相比批次、人次分别上升22.4%、4.8%，其中登记受理来访289批次/1137人次，同比批次上升46.9%、人次下降5.6%。在登记受理的来访件中，集体访50批次/635人次，同比批次上升25.0%、人次下降29.6%。登记重复访78批次/307人次，同比批次上升8.3%、人次下降19.4%。

年内，市国土局登记来访批次较少的区县：东城区1批次，西城区、门头沟区各3批次，石景山区5批次。登记来访批次上升幅度较大的区县：平谷区上升155.6%、房山区上升143.8%、顺义区上升138.5%、通州区上升100%、大兴区上升66.7%。

年内，市国土局登记集体访中，5个区县批次、人次双下降，其中，西城区集体访批次下降100%、朝阳区下降40%、丰台区下降66.7%、门头沟区下降100%、密云县下降50%。东城区连续四年未出现集体访，石景山区连续三年未出现集体访，大兴区连续两年未出现集体访，西城区本年度未出现集体访。登记集体访批次上升幅度较大的区县：海淀区上升50%，房山区上升266.7%，顺义区、昌平区、怀柔区各上升200%。

年内，市国土局登记重复访中，4个区县重访批次呈下降趋势，门头沟区下降50%、房山区下降14.3%、昌平区下降50%、怀柔区下降12.5%。东城区、西城区连续两年未出现重复来访。登记重复访中上升幅度较大的区县：丰台区上升400%、通州区上升20%、顺义区上升28.6%、平谷区上升40%、延庆县上升50%。

年内，市国土局共办理来信733件次，同比上升9.1%。733件次来信中，联名信共82件次/5514人次，同比件次、人次分别下降13.7%、2%。其中，东城区、西城区、朝阳区、石景山区、顺义区、怀柔区、密云县等7个区县呈下降趋势，石景山区下降达到82.8%。海淀区、大兴区、延庆县上升幅度超过100%。

年内，市国土局共办理电子信访件2107件次，同比下降37.4%，按时办结2019件次，按时办结率95.8%。其中，政风行风热线21件次，按时办结21件次，按时办结率100%；市长信箱13件次，按时办结13件次，按时办结率100%；局长信箱1522件次，按时办结1446件次，按时办结率95%；网上咨询551件次，按时办结539件次，按时办结率97.8%。

年内，市国土局共办理上级部门转、交办信访件56件次，已全部办结。

年内，市国土局共受理复查申请9件次。

年内，市国土局登记的来信、来访事项中，有三个需要关注的重点：一是反映违法违规用地问题609件次，占登记信访总数59.6%，违法违规用地依然是群众关注的热点，也是今后信访工作的重点。二是相比违法违规用地，征地补偿安置问题83件次，占登记信访总数的8.1%，虽然征地问题不是市国土局占第一位的信访问题，但因涉及历史遗留问题和群体性利益，信访量有逐年提高的趋势。三是因土地一级开发引发的信访问题呈上升趋势，已达到信访量的10%左右，其中以拆迁补偿和安置问题最为突出，这项工作也是市国土局今后关注的重点之一。

人事教育

【机构编制工作】

机构和人员编制核查工作。根据中编办和市编办关于开展机构和人员编制核查工作的有关精神，及时在全局系统组织学习培训，并制定印发《北京市国土资源局机构和人员编制核查落实工作方案》。组织各单位通过整理机构编制审批文件、查阅人员信息档案、比对检查等方式完成机构和人员编制核查工作，并通过市编办审核验收。

完善机构设置。根据市编办《关于同意在北京市国土资源局信息中心加挂北京市地质灾害应急事务中心牌子的函》和北京市事业单位岗位设置有关文件规定，完成信息中心和服务中心岗位设置调整备案工作。

事业单位管理岗位设置试点工作。制定印发《北京市国土资源局进一步完善事业单位管理岗位设置试点实施方案》，在各分局所属科级事业单位（除参公管理和工资规范管理单位）的管理岗位中进行试点，按照一定比例设置不同层级的职员岗位。9 月完成管理岗位设置工作，12 月完成岗位聘用结果审核备案工作。

【领导班子和干部队伍建设工作】

年内，共召开局党组（扩大）会议 11 次，讨论干部工作 8 次，组织系统内民主推荐 7 次，提拔处级干部 10 人。注重从基层一线岗位选用干部，共有 7 名来自分局、事业单位的干部被提拔到处级职位，占新提任处级干部总数的 70%。注重选拔女性干部，共有 4 名女性干部被提拔到处级职位，占新提任处级干部总数的 40%；注重调动各年龄段干部的主观能动性，为 4 名长期在一线工作的老同志解决处级待遇问题，占新提任处级干部总数的 40%。

【干部交流工作】

遴选优秀基层干部。根据市委组织部、市人力社保局的统一部署，结合市国土局相关业务处室用人需求，组织开展本年度公开遴选公务员工作。择优遴选 10 名来自局系统各区县分局和参公事业单位人员，进入市局机关处室和执法总队等 6 个部门工作。

干部挂职锻炼工作。继续做好“三个一百”干部挂职锻炼工作，选派 2 名处级干部分别到贵阳市、中央金融机构挂职，接收 4 名来自中央机关、金融机构、区县政府的干部到市国土局挂职。

【教育培训工作】

处级领导干部培训。依托市委党校，先后自主举办学习贯彻习近平总书记系列讲话和党的十八届三中全会精神轮训班、学习贯彻《党政领导干部选拔用任用工作条例》培训班和处级领导干部能力提升培训班，对系统内处级领导干部进行集中脱产培训，增强各级领导干部贯彻落实中央、市委决策部署的思想自觉和行动自觉。

抓好科级干部示范培训。针对市国土局系统垂直管理体制下，分局科级干部基数大、担任领导职务人数多的实际情况，自主举办科级干部示范培训班，从形势任务、作风建设、业务知识、能力素质、经验交流五个专题设置培训课程，对分局优秀科级领导干部重点进行培训，提高履职能力。

开展事业单位工作人员培训。参照市人力社保局关于公务员初任培训的要求和形式，按照“零基础”设置课程，对全局系统新招聘的75名事业单位工作人员进行脱产集中培训，帮助干部迅速适应角色变化，尽快进入工作状态。

注重国土资源专业知识培训。在重点抓好处级领导干部、中青年干部和基层干部培训三条主线的基础上，继续与中国地质大学联合举办国土资源业务知识培训班，按照“本科生”设置，每年利用10个月的时间，专门对非国土资源管理专业毕业的优秀年轻干部和军队转业干部进行国土资源业务知识培训，提高业务水平和专业技能。

年内，累计培训9865人次，其中：局级干部45人次，处级干部1926人次，科级及以下干部7545人次，专业技术人员349人次，超额完成本年初制定的干部教育培训目标任务。在线学习参学人数921人，实现完成率100%的目标。进一步拓宽培训渠道，丰富培训内容，提高培训质量。

【人才引进工作】

完成考试录用公务员工作。年内，市国土局系统共招录公务员8名，包括3名应届毕业生和5名两年以上基层工作经历社会在职人员，其中硕士研究生学历3名。

做好事业单位公开招聘工作。年内，市国土局严格按照《北京市事业单位公开招聘工作人员实施办法》和《北京市国土资源局关于进一步加强和规范事业单位公开招聘工作有关问题的通知》等政策要求，组织开展面向社会公开招聘事业单位工作人员工作。全局系统16个事业单位共录用工作人员52名，全部为本科以上学历，其中硕士研究生17人，占录用人员总数的32.7%；社会在职人员31人，占录用人员总数的59.6%。进一步优化市国土局系统事业单位人员的学历结构和经历结构。

完成军转干部安置工作。全额完成本年度军转干部安置指标，共接收军转干部17人，其中团职干部8名，非团职干部9名，全部具有大学以上学历。

【职位管理和流动调配工作】

年内，共办理市国土局系统机关、事

业单位干部核定职务169人次，包括公务员115人次，事业单位54人次。其中晋升干部职务163人，交流轮岗干部6人次。办理公务员转任8人次，调任12人次。

【干部考核工作】

完成本年度考核。市国土局党组组织对各分局、局属各单位领导班子进行考核测评，并对全系统公务员进行量化考评。局系统公务员共1142人参加考核，218人考核等次为优秀，55人获三等功，217人获嘉奖。事业单位（不含参公和工资规范管理的事业单位）共990人参加考核，194人考核等次为优秀。

【专项工作】

局系统党的群众路线教育实践活动总结及深化整改工作。参与局系统的整改落实工作，汇总整理各处室的整改任务与整改任务工作计划，建立工作台账；做好各分局、直属单位召开民主生活会前的联络工作；协助局系统做好群众路线教育实践活动的总结，汇总整理二级单位总结会上的民主测评结果；根据市委要求做好教育实践活动的深化整改工作，收集二级班子深化整改情况，与局办公室共同做好深化整改的迎检工作，得到市委检查组的认可。

市委巡视工作。上半年市委第五巡视组对市国土局进行巡视。一是汇总近三年局相关工作情况文件资料共计35类170余份；二是组织召开巡视工作动员会、通报会、总结会等会议，并配合组织问卷调查；三是按照市委巡视组要求组织局纪检监察、组织人事、国土执法、土地储备、信访等部门进行专题汇报；四是安排市委巡视组与局班子成员、部分区县纪委书记、分管副区县长、部分用地单位负责人和国土系统干部职工进行个别谈话，共计382人次；五是配合市委巡视组对10个区县分局进行延伸巡视。六是起草《局党组对市委巡视组反馈问题和建议整改方案》《局党组关于市委第五巡视组反馈意见整改情况报告》等文件，按时将《局党组关于巡视整改情况的通报》向党内和社会公开，接收社会监督和咨询。

牵头开展市国土局党的建设制度改革工作小组任务。根据局深化改革领导小组整体工作部署，牵头负责局党的建设制度改革工作小组工作，及时制定《局党的建设制度改革工作小组2014年工作方案》，并顺利完成本年工作任务。协助完成北京市不动产登记机构的组建工作，与市编办积极沟通，联合上报《关于建立北京市不动产登记工作联席会议制度的请示》，已经市政府批复同意，为下一步配合建立北京市不动产登记工作联系会议制度打下了基础。

推动党员领导干部民主生活会有关工作。根据市纪委、市委组织部和市委指导组有关工作精神，制定《北京市国土资源局2014年度领导班子民主生活会方案》，统筹协调、积极推动局领导班子民主生活会前集体学习、征求意见、谈心谈话、撰写对照检查材料等各项准备工作按照有关部署高效保质完成。制定并印发《中共北京市国土资源局党组关于开好2014年度党员领导干部民主生活会的通知》，对各区县分局、直属各单位召开民主生活会进行统一部署，指导各单位按照工作进度做好民主生活会前各项准备工作。

协助做好审计迎检工作。根据有关工作要求，向派驻我局的审计组及时提供各类机构编制文件材料和2008—2013年全局系统职工名册；做好与市国土局牵头部门的沟通协调工作，确保审计工作按时推进。

法制建设

【行政审批制度改革】

取消下放行政审批事项。截至年底，经市政府确定，取消行政审批事项6项：地热勘查答复意见、开办独立选（洗）矿厂批准、办理地价款缴纳情况证明书、农用地转为建设用地前期工作、集体土地征收前期工作、注销土地预告登记；下放区县政府行政审批事项19项：农村村民宅基地审批、乡镇（村）公共设施、公益事业使用集体建设用地审批，乡镇（村）企业使用集体建设用地审批、开发未确定土地使用权国有荒山、荒地、荒滩审批、以及土地登记15项（除在京中央单位、驻京军队、武警、保密单位外）；下放区县分局行政审批事项4项：建设项目施工和地质勘查临时用地审批、办理《建设用地批准书》、征收集体土地结案、权限内的建设项目用地预审。

在农用地转为建设用地前期工作和集体土地征收前期工作取消后，市国土局结合北京市征地及农转用工作实际情况，制定《北京市国土资源局关于征地及农转用管理等有关问题的通知》（京国土征〔2013〕649号），自2014年1月1日起执行。通知明确了3项内容：一是各分局要将拟定建设项目《一书四方案》、开展征地补偿安置公示等纳入日常性工作。二是将《建设用地批准书》下放各分局办理，并调整到供地环节之后。三是将原在办理建设用地批准书时审核耕地占用税缴纳情况的环节，调整到办理征地结案环节。

在办理地价款缴纳情况证明书的取消后，5月8日印发《关于地价款缴纳情况证明书办理方式的通知》（京国土法〔2014〕218号），通知明确3项内容：一是与市局签订合同的单位申领《地价款缴纳情况证明书》，通过市固定资产投资大厅中环办公楼窗口报件和领件；与区县分局签订合同的单位申领《地价款缴纳情况证明书》，通过区县分局窗口报件和领件。二是窗口收件后出具收件单，一个工作日后申报人可在市国土局门户网站查询办理情况，申报单位除必交的申报材料外，可视情况选择相应的补充材料一并提交，不再提交电子报盘。三是办理地价款缴纳情况证明书，市国土局和分局均通过市局综合监管平台办理。

梳理市局和区县分局行政审批事项。为深入推进行政审批制度改革，对市局和分局承担的行政审批事项再次进行梳理，分别于7月、9月将梳理结果报送市审改办。经统计，市局拟保留行政审批事项共24项，区县分局拟保留行政审批事项共21项。

按照市委全面深化改革领导小组《关于梳理行政处罚权力事项编制行政处罚权力清单有关事宜的通知》要求，对市国土局管理范围内现行有效的法律、行政法规、地方性法规、部门规章、政府规章中涉及的行政处罚职能进行梳理。经市政府法制办确认，国土资源行政处罚职权共101项，并绘制行政处罚权力运行流程图。

优化土地储备和一级开发流程。为进一步优化本市土地储备开发项目审批办理流程，市国土局与市编办联合印发《关于优化土地储备开发项目审批流程的意见》(京审改办函〔2014〕2号)，对土地一级开发项目和收储项目审批流程从项目授权、规划条件报审、前期准备工作等方面进行规范。

【公开投资项目市级审批事项清单】

7月14日，根据市审改办《关于公开本市投资项目市级审批事项清单的通知》(京审改办函〔2014〕3号)要求，将《北京市国土资源局投资项目市级审批事项清单》(包含区县分局承办并由区县政府批准的事项)共16项，在市国土局门户网站以公告的形式予以公布。每一审批事项均包括事项名称、事项类别、设定依据、审批对象、实施机关、收费依据及标准、受理方式、受理地点、办理时限、办理处室、申请材料、审批流程、审查内容、审查标准、批准形式、有效时限16个方面内容。

【行政审批和行政执法案卷评查】

8月，法制处与监察处等单位抽检2013年4月1日至2014年3月31日期间全系统具有行政执法和行政审批职能的处室（中心）16个区县分局在办结的297卷行政审批及行政处罚案卷，发现并纠正一些行政审批和行政执法过程中的问题，促进全系统依法行政工作开展。

【法制宣传】

年内，组织开展以“节约集约利用土地，转变土地利用方式”为主题的第24个全国土地日和“12·4国家宪法日”暨全国法制宣传日活动。一是“6·25”和“12·4”当天，各区县分局在本地区设立宣传站点，摆放宣传展板、播放宣传片、发放宣传材料、现场咨询答疑，开展主题宣传活动；二是深入村镇、社区、项目现场等，宣传国土资源法律法规；三是“6·25”期间，在《中国国土资源报》发行《北京市国土资源局全国土地日特刊》。

【行政复议和行政诉讼】

截至年底，办理行政复议答复205件。在205件行政复议答复案件中，维持144件、驳回或终止21件，撤销6件，责令履行3件，确认违法1件，尚未审结30件。办理答复行政复议意见书2件。

截至年底，人民法院受理诉讼案件411件，其中法院驳回诉讼请求和裁定驳回起诉336件，原告撤诉16件，判决限期履责的6件，撤销2件，终止1件，撤销并限期重做17件，确认违法4件，尚未审结29件。

【其他工作】

在市国土局门户网站新建《行政规范性文件公开征求意见》栏目。凡需要由市国土局制发行政规范性文件，均应通过该栏目公开向社会征求意见。

党群工作

【党员队伍教育管理】

加强政治理论学习。组织学习贯彻党的十八届三中、四中全会精神，学习习近平总书记系列讲话，特别是到北京视察工作时的重要讲话精神，学习市委十一届三次、四次、五次全会精神。

发挥中心组学习的引领作用。年初制定《局领导班子理论中心组学习计划》，参加市委组织的局党组中心组理论学习（扩大）5 次。

经常性教育与集中培训相结合。年内，共聘请专家、学者 7 人，组织全系统党员干部进行辅导报告、专题视频播放集中学习 18 次。

丰富组织生活的形式。9 月，组织各单位党总支（支部）书记、党务干部、今年转正的党员、预备期党员，以及入党积极分子等 30 余人到北京市经济技术开发区党建教育基地开展“坚定理想信念，做合格共产党员”的主题党日活动。

【党建工作】

迎接党建专项检查。迎接市直机关工委关于《中国共产党党和国家机关基层组织工作条例》专项检查，从 9 个方面开展自查，撰写自查报告、收集整理汇总 4 年来贯彻落实该条例的迎接检查材料 26 册。

组织在职党员到社区宣传。6 月，组织部分党支部党员到和平家园社区开展“七一”共产党员进社区献爱心活动，义务宣传地质灾害的防治工作。发放《地质灾害防治应急手册》(200 册)、《地质灾害防治宣传单》(500 张)、《地质灾害防治宣传光盘》(200 张）和地质灾害防治手提袋（200 个），进一步普及社区居民地质灾害防治知识。同时，在“七一”“十一”节日期间，局机关党委专职副书记带队到社区看望慰问 6 名老党员。

强化党建管理。印发党群信息 13 期，下发通知 17 件，总支、支部换届选举请示批复 38 件，基层支部书记、委员任免、增补批复 3 件，上报市工委调研课题 2 篇。

推进服务型党组织建设。年内，共指导基层支部审批办理 6 名预备党员的转正，发展预备党员 2 名，推荐报告 4 名入党积极分子参加市直工委的学习培训，接收转入党员组织关系 20 人次、转出 18 人次。

组织共产党员献爱心活动。“七一”前夕，机关党委组织各处室、直属单位开展2014年度共产党员献爱心活动，共捐款金额5.116万元，捐款人数426人。其中：共产党员379人，捐款4.761万元；民主党派及群众47人，捐款0.355万元。

强化党费收缴和帮扶工作。强化党员义务责任，全年收缴党费17.1万元。关心关爱党员干部，落实“七一”向困难党员帮扶工作。

【探索党建工作新方式】

组织“国土资源十年改革与展望”调研活动。各党总支、支部立足十年国土资源改革的发展变化，结合“最佳党日活动”开展系列调研活动。全局系统有45个部门上报62篇调研文章，约34万字。下半年，机关党委牵头根据市国土局全面深化改革8个专项小组所承担的工作内容，又将调研文章分层次、分专题，举办了3场论坛研讨，共有15个部门代表作主题演讲。

组织“最佳党日”活动。年内，机关党委共收集汇总33个基层党组织2013年总结上报的“最佳党日”活动情况。分别按照分局、机关处室、局属单位3个部分，组织3场“最佳党日”活动经验交流会，共有16个单位党总支、支部在会上进行交流。

【扎实推进换届工作】

上半年，机关党委下发《关于进行基层党支部（党总支）换届选举的通知》。9月，组织机关各处室及局属各单位党总支（支部）书记、党务干部进行业务学习培训。年内，共有6个直属事业单位、11个处室完成的总支、支部换届选举工作。

【强化廉政建设责任制】

年内，为局机关、直属各单位支部及党员干部订购党建相关书籍资料近3000册。组织全系统落实开展“北京榜样”的推荐活动，向市直工委上报19人作为市国土局推荐的“北京榜样”。4月24日，局党组理论中心组全体领导干部及部分处室的主要领导集中收听收看了市委市政府理论中心组学习扩大会，专题学习焦裕禄精神。及时下发《党政领导干部廉政新规图解》，组织局机关全体党员干部参观市检察院反腐教育展，播放《小官巨贪》《廉政微短剧》等视频宣传片。

【学习型工会组织建设】

学习贯彻习近平总书记系列重要讲话精神以及党中央和市委重要会议精神。配合机关党委，运用多种形式加强形势政策宣传教育，组织工会干部和干部职工认真学习习近平总书记系列重要讲话精神、党的十八届三中全会和市委十一届三次、四次、五次全会精神，深入细致地做好干部职工思想教育工作。

积极培育和践行社会主义核心价值观。组织干部职工积极参加市直机关“中国梦—公仆情”书画摄影展览活动，增进干部职工对实现中国梦的共识。通过“国土博爱献温暖”等志愿服务活动，把培育和践行社会主义核心价值观融入到职工思想教育和职工文化建设中。

【组织干部职工创先争优】

大力弘扬劳模精神。通过事迹报告

会、党群基层信息等方式，大力弘扬宣传劳模精神，以劳模事迹引领带动广大干部职工。做好劳模的管理服务工作，建立困难劳模档案，坚持开展“两节”送温暖、“五一”关爱劳模、劳模疗休养等慰问活动。

参加各类先进的评选推荐工作。积极组织首都劳动奖状、奖章、北京市工人先锋号、“孝星”和“孝亲敬老楷模”推荐评选工作，其中市储备中心荣获“首都劳动奖状”。

【维护工会会员权益】

继续深化服务干部职工工作。为全体工会会员办理京卡·服务卡。在三八妇女节前夕，组织局机关女职工到安琪E家体验中心开展“劳动创造美·心灵之旅”活动。组织市国土局女干部职工参加市直机关“健康身心、美丽人生”主题讲座周活动。五四青年节、八一建军节等特殊节日举办相应慰问活动。

开展关爱干部职工活动。建立困难职工、困难劳模档案，开展“两节”送温暖、“五一节”关爱劳模、深入一线慰问窗口单位干部职工等活动。对因病住院职工及时看望，对困难职工及时补助，对婚、育职工及时慰问。年内，还特别增加对即将退休会员慰问。

落实职工的保险福利待遇。为市国土局全体干部职工办理职工重大疾病互助保险，为全体在职女职工上双份的重大疾病保险。

重视职工工作生活条件的改善。高度重视干部职工的心理健康问题，邀请市经信委于福进行心理健康维护等知识讲座。积极组织建立职工消费合作社，已有415名工会会员报名加入职工消费合作社，约占会员总数的80%。适时组织台湾金钻凤梨、蓝莓、葡萄、台湾香蜜凤梨、迎政职业女装和赣南脐橙的团购活动。

【丰富干部职工文化生活】

组织开展机关兴趣小组活动。局机关工会组建了包括烹饪、健步走、书法、摄影、瑜伽、乒乓球、台球、桥牌、读书、太极拳、跳操共11个兴趣小组，报名参加各兴趣小组活动的人员共计440余人。年内共组织开展各类兴趣小组活动80余次。

注重日常文体活动的开展。坚持组织干部职工在每天下午定时做工间操，每周一中午开设太极拳班，每周二晚上开设健身舞班，每周四中午开设瑜伽班，为培育积极健康的国土机关文化打下良好基础。

组织开展文体竞赛。利用业余时间和中午休息时间先后组织干部职工开展桥牌、台球、乒乓球、双升扑克牌比赛，鼓励职工开展积极健康的文体活动。

组织参加市直机关第四届职工运动会。组织干部职工100余人，参加市直机关第四届职工运动会，取得团体总分三等奖的成绩。

组织开展“处长深入基层服务基层”活动。7月5日，组织局机关、局属事业单位处级实职干部，利用周末休息时间赴首钢园区开展“深入基层、服务基层”第四次活动。活动开展过程中，严格执行中央八项规定和北京市委十五条意见的有关要求。

【工会自身建设】

加强职工之家建设。尽力改善干部职工业余健身条件，更新了3台跑步机，为乒乓球室铺设了地胶，确保了广大职工安全健身的需求。通过职工自愿捐书和工会购买图书的形式在职工之家建立了会员“自助图书角”。目前图书角已经藏书近1200册，其中：职工自愿捐献1000余册，工会出资购买了200余册。

加强工会干部队伍建设。采取召开座谈会、集中学习等多种方式组织学习培训，不断提高工会干部的政治素质和实际工作能力。

严格规范管理。注重工会的各项规章制度建设，先后制定《局直属机关工会信息工作制度》等政策规定。工会委员会实行例会制，集体研究审议有关工会工作的重要事项。认真落实中央八项规定精神和《党政机关厉行节约反对浪费条例》，严格工会会费管理工作。

【加强学习型团组织建设】

认真学习贯彻习近平总书记系列讲话和相关重要会议精神。协助机关党委，通过参加辅导报告、专题研讨、读书交流等多种方式，积极动员和组织机关团员青年深入学习、领会习总书记重要讲话以及中央和北京市委相关重要会议精神。

组织“网络正能量传递行动”专题培训会。市国土局作为北京市“网络正能量传递行动”第二批骨干单位，局机关团委联合研究室（新宣办）于5月26日组织专题培训会，邀请相关专家面向团员青年开展网络正能量传递行动专题培训。局党组副书记、副局长张维，团市委副书记黄克瀛等领导同志出席培训会，副局长张维作培训动员。

积极参加团市委和市直机关团工委组织的各项学习培训活动。组织市国土局共青团干部和青年骨干积极参加团市委机关事业系统团委书记学习沙龙、青年新媒体工作培训会、市直机关青年公务员读书大讲堂，以及党政机关事业单位共青团与青年工作骨干培训班等活动。

组织团干部赴南水北调中线工程参观学习。11月15日，组织国土系统共青团干部和青年骨干赴北京市南水北调工程团城湖管理处参观学习交流，参观团城湖蓄水池、南水北调工程展览馆和典型设施实物展。

【组织开展各项主题文化活动】

开展“五四青年节”综合素质拓展教育活动。局机关团委于4月29日组织市国土局青年职工60余人赴大兴星光影视园，进行主题为“凝聚青春力量，促进团队合作”的综合素质拓展教育活动。

组织单身青年职工参加和平里街道青年联谊活动。4月19日，局机关团委联合机关工会，组织单身青年职工参加和平里街道团工委在青年湖公园举办的“缘定和平里，相约四月天”青年联谊活动。

积极推进长效化志愿服务。3月5日，以交通场站为重点，开展“送春风”志愿服务，组织团员青年到地铁5号线和平里北街站进行义务文明引导服务和绿色出行宣传。组织开展第二次“国土博爱献温暖”志愿服务活动，倡议青年职工将家中闲置的物品捐献给青海省湟中县贫困地区。

承接新青年城市体验营之走进政府机关活动。北京团市委于11月29日在北京市组织开展新青年城市体验营之走进政府机关活动。受团市委委托，市国土局承担了顺义区社区青年汇组织的45名青年市民的参观任务。

【积极服务团员青年成长成才】

积极倡导岗位创新。协助北京土地学会等单位联合举办第六届北京土地青年学术论文交流活动，鼓励国土系统40岁以下的青年同志撰写提交论文。

组织参加团市委“我为改革献一策”活动。局机关团委联合研究室、人事处组织“我为国土改革献一策”活动，鼓励局系统35周岁以下青年同志立足本职岗位改革创新。通过广泛征集，市国土局登记中心、规划中心、西城分局等单位共申报创新项目5项。在此基础上，推荐优秀创新项目参加团市委“我为改革献一策”活动。

积极参加市直机关青年微视频展示活动。市直机关团工委于6月组织开展市直机关青年微视频展示活动。市国土局机关团委组织各区县分局国土所青年同志参加此项活动，报送2件微视频作品。

【团组织自身建设】

及时调整补充团委委员队伍。针对有些团委委员人事变动等情况，通过民主讨论、投票的方式及时补充、调整团委委员会。

加强团建基础工作。进一步完善工作制度，修订和实施团委和团支部工作制度。做好团员教育和团籍的管理，完成年度团员统计任务。积极开展“推优入党”工作。

离退休干部管理

【离退休干部管理概况】

截至年底，市国土资源系统共有离退休干部职工 689 人。其中，离休干部 35 人（局机关 33 人，局属事业单位 2 人），退休干部 576 人（局机关 285 人，分局 183 人，局属事业单位 108 人），退休职工 78 人（局机关 16 人，分局 31 人，局属事业单位 31 人）。

现有离退休干部党总支 1 个。党支部 14 个（其中，离休干部党支部 2 个，离退休干部混编党支部 1 个，退休干部党支部 11 个）。

现有离退休党员 515 名。其中，离休干部党员 32 名（局机关 30 名，局属事业单位 2 名），退休干部党员 456 名（局机关 235 名，分局 134 名，局属事业单位 87 名），退休职工党员 27 名（局机关 6 名，分局 11 名，局属事业单位 10 名）。

现有离退休干部专职工作人员 14 人。其中，离退休干部处 7 人，老干部活动站 7 人。

【离退休干部职工服务与管理】

局党组认真贯彻落实《北京市离退休干部工作领导责任制》，春节、五一、国庆等重大节日，局领导深入老同志家中、医院和养老院，走访慰问各自联系的离休老领导；“春节团拜会”等重大活动，局领导悉数到场与全体老同志共庆佳节，并向老同志通报工作。在局党组和局领导的关心下，年内先后对处（站）会议室和活动室进行装修改造，新购会议桌椅和棋牌桌椅，为老同志参加活动创造良好环境；为老干部活动室增添三台外网机和局内网机，满足老同志上网需求；为工作人员购置复印机、台式计算机、便携式计算机、办公柜等设备，改善工作人员的办公条件。

离退休干部思想政治建设和党支部建设进一步加强。以十八届三中、四中全会和习近平总书记系列重要讲话精神为主要内容，引导老同志自觉贯彻落实中央决策部署。为方便老同志学习，编印《资料选编》共 12 期计 4200 余份，定期邮寄给老同志；为老同志选购《深入学习习近平同志系列讲话精神》和《党的十八届四中全会〈决定〉辅导百问》等学习辅导材料，及时发送到老同志手中；在老干部工作网页上开辟学习、交流专栏，为老同志打造网络学习平台，创造交流条件。

组织各离退休干部党支部委员会和离退休干部党总支委员会的换届改选工作，7 个党支部调整了 4 个支部书记，5 位支部委员，进一步优化年龄结构。年内，按计划组织开展支部活动28次，参加活动人数达800人。先后选派12名退休干部党支部书记、委员分3批参加市老干部局组织的离退休干部党支部书记培训班。

按照局党组相关要求，对涉及在企业兼职的1名局级退休干部、在社会团体兼职的8名局级和11名处级退休干部反复做好解释工作，并认真做好这些老同志各项材料的收集整理工作，及时向局党组进行了汇报，按照要求对符合兼职条件的老同志进行备案工作。

组织春节慰问、春节茶话会和五一、国庆慰问等活动，共走访看望离退休干部260多人次，重点看望长期不能参加活动和不能自理的22位离休老同志。按照上级通知，及时调整局机关离退休老同志的职务补贴；为23名离休干部办理优诊卡；为37名离休干部增加护理费；组织340名离退休干部职工参加年度体检，协助机关后勤服务中心为42名老同志变更定点医院，为3名退休劳模办理医疗呼救服务入网用户登记；编印《保健与养生》12期计4200余份；登门为21位离休老同志祝金婚、贺寿；协助家属为10名去世的离退休干部办理善后事宜；做好4名退休干部接收工作；为老同志看病、体检派车88次，接送老同志参加活动用车138次。

【开展各类文体活动】

以“与党同心，与祖国同行”为主题，以兴趣小组活动为平台，年内组织老同志开展书画、歌咏、摄影、篆刻、手工制作等活动48次，参加人数达166人。组织老同志主题书画摄影展和游览北京植物园的就近参观活动。积极参加市直系统组织的“讲传统话作风”征文活动，高玉芳同志撰写的《父爱如山》和赵骢同志撰写的《老书记》两篇征文入选市直机关工委编辑的《讲传统、话作风》一书；积极参加国土部组织的“爱我国土”摄影展，其中廖琼华同志的作品《我们的生活充满阳光》获得三等奖，刘瑞莲等4名同志的作品获得纪念奖。年内，狄从等6名老同志的书画作品，刊登于《北京土地》杂志上。云南鲁甸地震发生后，众多离退休干部积极参加所在社区的捐款捐物活动，支援地震灾民。退休干部五支部还组织本支部的77名党员开展集体捐献活动，4530元捐款通过北京市慈善协会向地震灾区捐献。

【自身建设】

认真组织开展政策业务知识学习。年内，处（站）工作人员认真学习各级领导关于老干部工作转型发展、科学发展的讲话，进一步认清当前离退休干部面临的形势和任务。全国离退休干部“双先”表彰大会和全国老干部局长会议召开后，处（站）领导专门抽出时间组织全体工作人员学习习近平、刘云山、赵乐际同志的重要讲话精神，帮助工作人员进一步提高做好离退休干部服务管理工作的信心。年内先后安排12人次，参加国土部离退休干部局、北京市老干部局和市直机关工委组织的业务培训班，推荐2名年轻同志参加局机关组织的国土资源管理相关业务知识培训，组织3名高级工参加技师任前培训。

推进老干部工作转型发展。年内，根

据老干部转型发展的新要求，对处（站）相关工作制度进行修改、完善，进一步规范、细化各项规章制度，基本建立起一套管理规范、流程明确的工作机制，保证各项工作有章可循，职责清晰，流程规范。在利用社区资源进一步做好离退休干部服务工作中，对离退休干部居住较为集中的13个社区进行实地走访调研，在向社区介绍离退休老同志情况、了解社区“四就近”工作开展情况的同时，对走访调研情况进行归纳和总结，形成《关于利用社区资源深入做好离退休干部服务工作的调查与思考》的调研报告，被市直机关工委评为2014年度老干部工作优秀调研报告。针对离退休同志的实际，在老同志活动方式上，增加文化养老相关内容，得到全体老同志的肯定。

切实抓好处（站）基础建设。年内，处（站）针对“党的群众路线教育实践活动”中查摆出来的主要问题，认真分析原因，制定整改措施，切实付诸实施，努力加强自身建设。先后对处（站）名下的固定资产进行检查清理，对处（站）每个房间及每个人名下的固定资产进行认真梳理，逐一粘贴资产标签，完成资产盘盈、盘亏及需报废情况的梳理。进一步加强离退休干部信息管理系统建设，做好局系统离退休干部信息统计分析工作，完善相关基础数据，提高离退休干部工作决策科学化水平。认真落实安全稳定工作的相关任务，对处（站）的消防器材进行更换，加强节假日和重要敏感时期的值班，确保单位在两会、四中全会和APEC会议期间各项安全。

纪检监察

【落实党组主体责任和纪检组监督责任】

市国土局认真贯彻执行党风廉政建设责任制，落实“一岗双责”。按照中央和市委关于党风廉政建设责任制的新要求，研究制订《中共北京市国土资源局党组关于落实党风廉政建设党组主体责任纪检组监督责任的实施意见》，明确党组班子、主要负责人、其他成员的主体责任和纪检组的监督责任，以及落实“两个责任”的相关工作机制和具体要求。

【纪检监察部门转职能、转方式、转作风】

按照市纪委的工作部署，市国土局调整党风廉政建设和反腐败工作的运行机制，将党风廉政建设和反腐败工作领导小组办公室由驻局监察处调整为局机关党委，并增加审计处为成员单位，调整后的领导小组办公室由机关党委、办公室、人事处、审计处、驻局监察处组成。清理纪检监察部门参加的议事协调机构，驻局纪检组监察处参加的各类议事协调机构由22个减少到7个，调整后原则上不再参加新的议事协调机构，地价评审、政府采购等工作不再实时到场监督，相关文件也不再会签。按照市纪委要求，驻局纪检组长不再分管纪检监察之外的工作，各分局纪检组长不再分管国土资源业务工作。

【查处违纪违法案件】

年内，市国土局纪检监察部门收到信访举报112件次，调查初核49件次，函询4件次，行政问责1人，立案3人，给予党纪政纪处分3人。坚持案件线索集体排查分析制度，健全完善案件线索报告、与区县纪委协调沟通、违法违纪案件通报、回查等制度。

【干部警示教育和监督】

注重发挥查办案件的治本功能，对2011年以来全系统查办的8起违纪违法案件进行集中通报。落实廉政谈话教育制度，对个别领导干部存在的苗头性问题及时进行警示性约谈，局处两级纪检监察领导分别对13名新任处级干部、95名新任科级干部进行任前廉政谈话。

后勤服务

【治安保卫消防工作】

年内，组织开展消防、内部安全检查14次，未发生火灾隐患等安全事故；配合有关部门完成信访接待工作，参与并缓解上访137次，2000余人次；做好单位内部的消防安全工作。6月，组织工作人员进行燃气泄漏应急演练，获市政府颁发的优秀组织奖；关注土地拍卖市场，防止安全事故发生。按照事前有预案、活动有措施，事后有总结的原则，开展土地拍卖的安全保卫和现场管理工作，共投入安保人员100人次，完成30余次土地拍卖的安全保卫工作。

【爱国卫生、计划生育、无偿献血工作】

按照北京市爱卫会统一部署和要求，积极开展环境整治和综合治理活动，年内清除垃圾12吨，可回收物3.3吨，塑料制品1.6吨，保证机关办公环境的清洁和整齐。

利用局域网积极开展计划生育政策和妇幼保健知识宣传活动，为孕产妇发放育儿书籍30册，为32名职工办理生育服务证，确保全局无超计划生育。

积极响应北京市无偿献血号召，组织市国土局机关和局属事业单位5名工作人员参加无偿献血，用实际行动践行诠释北京精神。

【职工餐厅服务工作】

年内，通过每周食谱、服务园地意见栏，加强沟通交流，广泛听取干部职工意见和建议；增加食品花样品种，满足职工就餐需求；协助市国土局烹饪兴趣活动小组开展活动。安排高级厨师制定活动计划，准备讲课材料，创造实习操作条件，使兴趣活动小组的活动有序进行；推动外卖食品网上预订和选购，方便机关职工生活。本年职工餐厅共接待用餐21万人次，桌餐47桌次。

【公务车辆服务保障工作】

加强公务车辆管理，合理调配机关公务用车，保证机关重点工作用车。广泛开展驾驶员安全教育，定期对车辆进行维护和保养，确保车辆运行安全，本年车辆安全行使60万公里。

【住房补贴工作】

按照北京市房改办的统一部署和要求，上报审核局系统住房补贴66人，共计66万元。为300余名职工办理住房补贴及公积金的申报、增减和支取工作。

【医疗保险工作】

按照北京市医疗保险政策规定，为270名同志办理医药费报销、医疗保险、异地就医、定点医院变更、计划生育险申报及领取生育津贴工作。为独生子女审核报销医药费93人次。

【健康教育和体检工作】

通过局域网信息平台宣传健康知识和生活小常识，年内完善和更新生活信息64条，丰富职工健康知识，提高职工健康意识。5月，组织机关各处室、部分事业单位及离退休职工进行健康体检，总体检人数486人。

【会议服务保障工作】

安排机关处室和局属事业单位内部会议2028次，协助机关处室外出办会10余次；按照北京市政府统一安排，参加科博会、京交会及文博会的对口接待工作，得到组委会和代表团肯定。

【办公用品服务保障工作】

严格执行北京市政府采购规定，厉行节约，定点采购。年内采购、印制办公用品56次，发放办公用品300人次。订阅报纸和期刊230种，杂志1180册，接待阅览人数2400多人次。

第四部分
区县国土资源管理

北京市国土资源局东城分局

【土地资源概况】

东城区位于北京市中轴线以东的城区东部，坐标为北纬39°51′—39°58′，东经116°21′—116°26′。北、东两面与朝阳区相接，南与丰台区相接，西与西城区相邻。辖区设17个街道办事处。

东城区辖区总面积4182.04公顷，所属地类全部为城镇村及工矿用地。

【机构设置】

北京市国土资源局东城分局（简称东城分局）内设办公室、综合科、地籍科、国土资源利用科、重点工程科、财务科、政工科、执法监察科和纪检监察科9个职能科室；下设北京市东城区土地权属登记事务中心、北京市东城区土地利用事务中心、北京市土地整理储备中心东城区分中心3个事业单位。在职人员76名，其中公务员37名，工勤人员5名，事业编人员34名。

分局领导班子：

局　长	林　毅
党组书记	李凤海
副局长	童四见
副局长	刘翠华（女）
副局长	孔德智
副局长	陈建宁
纪检组长	窦丰启

【建设项目用地预审】

年内，完成28个建设项目的用地预审，涉及国有建设用地92.92公顷。办理预审函复4个。

【土地供应计划及实施】

完成年度国有建设用地供应计划和保障性安居工程用地供应计划编制工作。年内，土地供应计划安排用地项目6宗2.29公顷，实现供地项目1宗0.27公顷。

【土地储备开发】

完成年度土地储备开发计划编制工作。正义路南延道路项目已完成立项批复、规划、预审、交评、环评、拆迁许可等前期手续的办理及1个产籍户的搬迁工作。协助实施单位开展前期工作，启动金宝街3号地南半部项目。加快“城中村”项目的用地收储，青龙胡同项目基本具备入市条件；双玉中街项目已完成前期整治工作。前门地区G10、G11地块已完成成本审定。确定地铁6、8号线周边及扩拆地块以入库方式完成储备供应。开展“下工地，进现场”系列活动，走访调研重点项目企业，做好以企业为主体的项目监管服务工作。

【批后监管】

完成出让和划拨用地项目现场检查、监测及数据上报工作，建立常态监测上报工作机制。制定出让和划拨项目供后监管工作实施方案，针对出让和划拨项目开展动态巡查。加强闲置地管理，完成区内涉嫌闲置的 43 宗项目的现况调查，汇总整理《东城区涉嫌闲置土地情况报告》。

【地籍管理和土地登记】

开展东城区地籍管理数据更新调查工作。年内完成体育馆路、崇外、龙潭、东花市、天坛等五个地籍区的外业调查及测量工作。推进地籍信息系统的应用运行工作，全面实现业务审批、事项查询的地籍管理信息化工作模式。推进“大宗地”土地登记工作，完成国家机关事务管理局、国家林业局、东城区房管局等多家单位及重点项目的国有土地使用证的颁发工作。年内，完成国有建设用地使用权登记发证 181 宗，国有建设用地抵押权登记发证 338 宗，抵押注销 294 件，土地权属审查 92 宗。

【依法行政、执法监察】

制定《2014 年推进依法行政落实行政执法责任制工作计划》《2014 年法制宣传教育工作计划》《2014 年度领导干部学法计划》等并认真组织实施。核查群众举报违法用地违法采矿 2 件，经查证举报情况均不属实。开展辖区内 3 处高尔夫球场摸排工作。开展国土资源执法监察工作立项行政检查工作自查。利用“4・22 地球日”、“6・25 土地日”、“12・4”国家宪法日暨全国法制宣传日、“六五”普法等契机，采取多种形式开展主题宣传活动。

【信息化建设】

深化行政审批、“一张图”、统计决策、地籍信息管理、公务员考核等模块在综合监管平台系统上的应用，逐步实现了信息集聚、动态监测、辅助决策、在线指挥等功能。年内，对网络系统、设备终端、防病毒系统、中心机房环境监测系统等 11 台网络设备、4 台服务器及其他相关附属设备进行全面监控、及时维护和安全检查，完成设备维修 672 次，网络系统故障排除 28 次，监控系统调试 6 次。以“公开为原则、不公开为例外”的原则，开展政府信息主动公开工作，主动公开政府信息 2586 条，主动公开图片信息 106 条，微博信息 41 条。8 月 20 日，分局新版门户网站正式上线运行，成为北京市国土资源系统 2014 年第一个完成门户网站改版的分局。新版门户网站设置一级栏目 10 个、二级栏目 54 个、新增内容 32 项，成为分局与群众和企业之间沟通的桥梁。

【地热资源管理】

年内，完成辖区 15 家地热采矿权单位年检工作。将年检工作程序、年检时间、材料要求、缴费方式等事项逐一告知地热单位，分 4 个阶段开展年检工作。

【信访工作】

年内，开展 4 次重点矛盾纠纷排查，将信访事项、矛盾隐患划分关注等级，采用不同的处理方式办理。年内，共接信接访66件，办理“12345”北京市非紧急救助热线答复22件，全部在时限内答复完毕。

【政府信息公开】

编制2013年政府信息公开年报，修改完善政府信息公开指南。累计上网公开政府信息2586条，受理依申请政府信息公开1019件，全部在时限内答复完毕。完成土地登记结果主动公开494条。

【调研工作】

完成《加强土地宏观调控，保障城区经济发展》国土资源改革十年调研课题；完成东城区工业用地情况调查及东城区国有建设用地二级市场专题调研工作；完成东城区2014年度养老设施用地土地供应情况调查。

【大事记】

4月22日，市委第五巡视组到东城分局开展延伸巡视工作。

6月24日，东城区副区长秦海翔到东城分局现场调研东城区土地管理工作。

7月8日，市国土局副巡视员樊文祯带队到东城分局调研东城区地籍更新调查专项工作。

7月9日，召开东城区地籍管理数据更新调查工作动员会，东城区地籍管理数据更新调查工作正式启动。

8月20日，东城分局新版门户网站正式上线运行，成为市国土资源系统2014年第一个完成门户网站改版的分局。新版门户网站设置一级栏目10个、二级栏目54个、新增内容32项，成为分局与群众和企业之间沟通的桥梁。

10月17日，开展划拨土地动态巡查工作，对西革新里危改地块土地一级开发回迁区建设工程项目进行现场探勘。

11月28日，市国土局副局长师宏亚带队到东城区前门大街调研。东城区副区长陈之常、秦海翔一同参加调研。

12月12日，举办东城区“北京市基准地价更新成果”业务培训会。东城区城建系统11个委办局、辖区20家重点建设单位及分局领导和相关工作人员共100余人参加了培训。

12月25日，组织召开地籍管理数据成果应用研讨会，北京市测绘设计研究院、河北省第二测绘院相关领导参会。

北京市国土资源局西城分局

【土地资源概况】

西城区是首都功能核心区之一，坐标为北纬 39°53′—39°51′，东经 116°18′—116°23′。东与东城区相连，西与海淀区、丰台区接壤，北与海淀区、朝阳区毗邻，南与丰台区相连。辖区设西长安街、新街口、月坛、展览路、德胜、什刹海、金融街、大栅栏、天桥、椿树、陶然亭、广安门内、牛街、白纸坊、广安门外 15 个街道。

西城区辖区总面积 5033.13 公顷，所属地类全部为城镇村及工矿用地。

【机构设置】

北京市国土资源局西城分局（简称西城分局）内设办公室、综合科、地籍科、国土资源利用科、重点工程科、财务科、政工科、执法监察科、纪检监察科 9 个职能科室。下设北京市西城区土地权属登记事务中心、北京市西城区土地利用事务中心、北京市土地整理储备中心西城区分中心、北京市土地整理储备中心金融街分中心 4 个事业单位。在职人员 80 人。

分局领导班子：

局长	李　伟
党组书记、副局长	靳　薇（女）
副局长	吕仕锋
副局长	程建英（女）
副局长	黄东华
纪检组长	刘宽新
副局长	高　扬（女）

【建设项目用地预审】

年内，共 31 个建设项目通过用地预审，总用地面积约 60.22 公顷。其中商服用地 4 个，约 9.36 公顷；公共管理与公共服务用地 14 个，约 11.15 公顷；市政基础设施用地 7 个，约 7.37 公顷；住宅用地 1 个，约 0.05 公顷；储备用地 5 个，约 32.29 公顷。

【土地供应计划及实施】

本年土地供应计划共申报建设项目 13 个，约 13.55 公顷。其中交通运输用地 2 宗，约 0.95 公顷；公共管理与公共设施用地 10 宗，约 9.03 公顷；商服用地 1 宗，约 3.57 公顷。

年内，完成土地供应面积 13.09 公顷，其中区政府以划拨方式供应国有建设用地项目 9 个（含供应计划外项目），占地面积合计约 8.47 公顷。

【土地市场交易】

华嘉小区项目于 8 月 20 日以挂牌方式完成了土地入市交易，实现土地供应，土地开发补偿费为268746.45万元。

【土地储备开发】

年内，编制完成西城区2014年度土地储备开发计划，共申报建设项目14个，约48.04公顷，计划总投资52.37亿元，其中，计划完成开发并实现供应项目2个，约6.08公顷。实际完成开发约11公顷，实现土地供应约4.62公顷。因区政府决定将月坛体育中心项目撤项，投资计划变成33.34亿元，完成投资28.03亿元，占计划总额84%。

年内，加强西城区23个土地一级开发、25个"城中村"环境整治项目月监管，定期梳理项目信息、进展情况及存在困难。开展广安联储一期项目拆迁以及A地块入市，拆迁工作完成83%，并完成项目土地预审和拆迁许可证延期以及权属审查、成本审计、市政咨询等入市前期准备；推进大栅栏煤市街以东C3、H地块、丰盛危改小区西区C区、桃园二期F1、庄胜二期HJKL地块一级开发；推动西便门内大街东西两侧、南菜园街72号等历史遗留项目收储进展。

【土地调查】

年内，编制完成《北京市国土资源局西城分局闲置土地调查工作实施方案》，规范闲置土地调查及处置工作流程，强化土地批后监管力度，节约集约利用土地。

年内，完成辖区内涉及的46个出让批后监管项目（宗地总面积约为72.71公顷）清册数据更新，掌握项目建设实施情况，推动项目进展。按时填报《市国土局出让土地批后监管系统》15个涉及项目（面积为24.93公顷），下发《竣工提醒通知单》1个，《竣工违约通知书》6个。

年内，开展天桥演艺区土地专项调查工作，完成《天桥演艺区土地调查专项工作报告》，对天桥演艺区的发展提供数据、理论支持。

【土地权属登记】

年内，完成各类国有土地使用权登记859件。其中国有土地使用权土地登记434件、抵押登记224件、抵押注销登记201件。抵押登记涉及评估金额944.78亿元、贷款金额408.77亿元。制定《西城分局加快推进国有公共服务系统登记发证工作方案》，推进公交集团、自来水集团、电力公司土地确权登记发证工作，完成电力公司第一批符合条件的土地登记工作。

年内，针对地籍登记工作中，国有土地使用权收回注销、831历史遗留发证问题、历史大宗供地的分期开发所涉及的土地登记、企业改制涉及土地资产处置等四类问题，形成研究报告，解决了一批关注度高的土地登记问题；对土地登记审批业务流程及系统流程进行调整，减少审批环节，实现"两审一批"及登记流程规范化；在全市率先实现各类土地登记业务、地籍调查、系统数据以及档案的全国宗地统一编码升级和对应，实现宗地编码的规范化；试点地籍系统并入监管平台论证、开发、测试等工作，并完成并入全面投入试运行；数字档案馆通过验收，正式投入使用，运转情况良好。

6月，制定《北京市国土资源局西城分局电子档案管理规定》，促进档案管理工作规范化、标准化、制度化。

【土地执法监察】

年内，开展“4·22”地球日、“6·25”土地日、“12·4”法制日等执法宣传，开展“六五”普法宣传活动，宣传国土法规政策，发放宣传资料4600余份、宣传品2000余个。

【信息化建设】

1月，综合监管平台——地籍系统正式单轨运行。8月，新版门户网站正式上线运行。10月，完成综合监管平台移动OA办公终端使用培训，正式推进移动OA政务办公试点应用。

【地热资源管理】

开展西城区地热资源开发利用2013年度年检工作。主要检查地热开发利用单位的地热井泵房构造、管道通路、水表、远程计量设备等设施的年度运转情况、水温水位变化幅度、用途用量和缴费情况。

【信访工作】

年内，受理来信26件（不含“经租房”46件），接待来访268人次。妥善处理城镇私房历史遗留问题群访8起，避免矛盾激化，办结率100%，未发生集体上访。

【调研课题】

年内，完成《西城区菜市场用地现状调查分析报告》《西城区工矿仓储用地现状调查分析报告》《西城区公交场站用地现状调查分析报告》三个调研报告，全面调查辖区菜市场、工矿仓储和公交场站用地情况，摸清可利用土地资源底数，为优化配置区域土地资源提供数据支撑；完成《西城区盘活存量用地研究报告》，为促进区域集约用地、产业升级和人口疏解建言献策；开展西城区棚改项目供地方式调研；完成金融街区域土地资源调查，服务功能街区建设；总结分局改革十年调研工作情况；完成《西城区土地闲置项目调查分析报告》，通过分析评价系统实现定期更新；小业主楼盘表调研成果实现系统应用，提高工作效率。

【大事记】

4月22日，西城分局和北京育才学校共同承办第45个“世界地球日”主题宣传活动周启动仪式,《中国国土资源报》《西城报》等媒体进行报道。

6月25日，西城分局在大观园南广场设立“6·25”全国土地日主题宣传活动分会场，设置宣传咨询台，向社会公众提供土地管理法规宣传和政策咨询，《中国国土资源报》对活动进行了报道。

8月20日，华嘉小区项目以挂牌方式完成土地入市交易，实现土地供应，土地开发补偿费为268746.45万元。该项目用地面积2.07公顷，规划建筑规模11.77万平方米，用地性质为商业金融及二类居住用地。

9月，编制完成《棚户区改造前期工作及拟改造土地使用权一次性招标实施细则》(征求意见稿)。该细则的制定为西城区开展棚户区改造工作打下基础。

北京市国土资源局朝阳分局

【土地资源概况】

朝阳区位于北京市区的东部和东北部，地理坐标北纬为39°48′—40°09′，东经为116°21′—116°42′。东与通州区毗邻，西与海淀区、西城区、东城区三区毗邻，南与丰台区、大兴区两区毗邻，北与顺义区、昌平区两区毗邻。辖区设41个街道办事处（乡、镇）。

朝阳区辖区面积45478.12公顷，土地利用现状面积详见表4－1。

表4－1　　2013年北京市朝阳区土地利用现状汇总　　单位：公顷

行政区域名称	朝阳区
土地调查面积	45478.12
耕地（01）	2690.88
园地（02）	713.27
林地（03）	3683.63
草地（04）	12.18
城镇村及工矿用地（20）	33556.90
交通运输用地（10）	2269.27
水域及水利设施用地（11）	2163.96
其他土地（12）	388.03

【机构设置】

北京市国土资源局朝阳分局（简称朝阳分局）内设办公室、政工科、财务科、纪检监察科、综合科、耕地保护科（矿产资源科）、土地利用科、地籍科8个科室；下设北京市朝阳区土地权属登记事务中心，北京市朝阳区国土资源执法监察队，北京市朝阳区土地利用事务中心，北京市土地整理储备中心朝阳分中心，北京市土地整理储备中心商务区分中心，国土资源管理所一、二、三所8个事业单位。现有正式在编人员107名，其中公务员32名、机关工勤1名、事业单位74名。

分局领导班子：

局　长　　　　赵北亭

党组书记、副局长	李　燕（女）
副局长	张雅明
纪检组长	吴　江
副局长	武　鸿
副局长	胡良俊
副局长	张长峰

【土地利用总体规划】

年内，对建设用地空间管制图层、土地规划用途分区图层和基本农田及建设用地地块图层进行更新维护，共涉及调整图斑约1200块，调整698.48公顷。4个项目经市国土局批准完成土地利用总体规划调整数据更新，涉及用地总面积35.69公顷。

【建设项目用地预审】

年内，办结建设项目用地预审100件，涉及用地总面积约为1656.58公顷。

【征地及农用地转用项目用地管理】

年内，受理集体土地征收（农转用）前期工作申请11个，用地总面积253.35公顷；完成建设项目征地结案20件，用地总面积437.96公顷。

【土地整理及耕地占补平衡】

开展高标准基本农田建设工作，启动金盏乡长店村土地复垦项目。严格落实耕地占补平衡管理要求，保障土地储备、保障房建设等重点工程的顺利推进，实现耕地占补平衡的目标。向市政府上报的2014年建设项目占用耕地面积35.04公顷，全部完成耕地补充任务。

【土地供应计划及实施】

年内，公开供应一般经营性用地6宗，供地面积约49公顷。

【保障性住房用地供应】

年内，完成保障房项目用地供应9宗，供应土地面积约61.66公顷。保障性安居工程用地指标任务61公顷，已完成供应105.87公顷，完成比例为173.6%。其中，公租房7公顷，已供7.09公顷，完成比例为101.3%；限价房6公顷，已供50.26公顷，完成比例为837.7%；经适房7公顷，已全部完成；定向安置房41公顷，已供41.52公顷，完成比例为101.3%。

【土地储备开发】

年内，完成住宅腾退693户（25.82万平方米）、非住宅腾退218户（91.25万平方米）。完成历时10年的和平一、二、三村土地一级开发项目拆迁区域内5204户居民的拆迁工作。投入32亿元完成转居转工约18000人。偿还到期贷款297亿元，提前偿还2015年到期贷款19.79亿元。年度融资规模280亿元全部落实到位。孙河乡土地储备项目引入BT模式开展市政建设，9月开工。土地储备商务区分中心正式纳入国土部核发的《土地储备机构名录》(2014年版)。CBD核心区Z9、Z10项目竞得人缴纳土地开发建设补偿费共计约28.55亿元。处置CBD核心区二期剩余安置房源323套，回笼资金约3.74亿元。CBD核心区土地储备大市政建设工作全面启动，内部市政道路部分完工，光华路中水具备开工条件。

【土地调查】

年内，朝阳区农村集体建设用地使用

权确权登记颁证工作应开展集体建设用地使用权3377宗，面积5753.56公顷，已全部完成。其中历史发证91宗，面积368.91公顷；未发证集体建设用地使用权3286宗，面积5384.65公顷，符合确权条件的使用权宗地320宗，面积201.86公顷（其中包含达到确权登记发证条件30宗，面积8.91公顷，只确权不颁证290宗地，面积192.95公顷）；不符合确权条件的使用权宗地2966宗，面积5182.79公顷。共填制地籍调查表3377宗，绘制宗地草图3377幅，发出确权指界通知书5104份，设置喷涂或钉桩界址点41046个，解决争议37宗。截至2014年底，朝阳区农村集体建设用地使用权确权登记颁证工作的调查率达到100%，确权登记颁证率100%。

【土地权属登记】

年内，朝阳区国有土地使用权、抵押权累计登记发证7095宗（不含军产、央产、保密产），占全市发证总量的39.81%，其中国有土地使用权登记发证2805宗，占全市发证总量的40.71%；国有土地抵押权登记发证2239宗，占全市发证总量的38.72%，抵押贷款金额3060.28亿元；国有土地使用权抵押权注销登记2051宗，占全市总量的39.83%。涉及贷款金额3060.28亿元、占全市的34.46%。

【土地执法监察】

年内，立案查处违法用地案件81件，涉及土地面积134.01公顷，没收建筑物总面积326691平方米，罚款550.1万元。针对违法用地，依法履职到位181宗，依法履职到位率为100%；整改查处到位143宗，整改查处到位率为79%；违法问责比例为9.2%，顺利通过2014年卫片执法监督检查省级验收。

立案查处北京德龙庄园生态农业有限公司违法占地建设高尔夫球场，拆除整改违法占地60余公顷，其中基本农田55.3公顷。对存在续建、扩建行为的观唐、西谛桃源、奥园高尔夫球场进行整改，对占用耕地的观唐、西谛桃源、黄港高尔夫球场退出所占耕地。至此朝阳区高尔夫球场不再存在占用耕地和基本农田现象。

查处新增占用耕地违法案件2件，占用耕地57.17公顷，占用基本农田案件10件，占用基本农田56.89公顷。查处常营千亩银杏养生休闲中心等重大违法占用耕地和基本农田案。

以非法开采砂石为重点，建立完善了区、乡、村的三级监察网络。调查处理非法采砂举报3件。

规范化国土所建设，将三个国土所全部下沉到各自管辖区域内办公。

【矿产资源概况】

朝阳区矿产资源主要是地热、矿泉水。共有114眼地热井，其中报废井20眼、未成井3眼、成井后待用井47眼、观测井1眼、回灌井6眼、开采井37眼。有采矿许可证在用单位31家。原有3家矿泉水企业，现已全部停产，采矿权已注销。

【地质勘查储量管理】

年内，完成建设项目压覆重要矿产资源核查5件，对在朝阳区注册的8家地勘单位实地进行了实地抽查。

【矿产资源开发管理】

年内，对已注销采矿权的3眼矿泉水井进行了检查。

【地热资源管理】

建立健全地热井管理档案，组织地热开发利用单位分片工作会议，年内，对在用31家地热井的管理使用情况进行年检，组织辖区内地热开发利用单位开展安全大检查。

【地质灾害防治】

修订《朝阳区突法性地质灾害应急预案》，深入街道、乡村、学校进行宣传教育，发放宣传资料、物品4000余份，提高群测群防积极性。

【信访工作】

年内，受理群众举报71件，信访138件，均予以妥善答复。

【调研课题】

《“六分人才、八分使用、十分发展”——论朝阳国土分局特色十年干部工作机制》被评为市国土局优秀调研报告。

《朝阳区土地储备现状分析与战略》《集体土地流转对土地储备的影响》《朝阳区土地储备引入社会资本的研究》和《朝阳区土地储备投融资模式及资金利用效率》4个调研课题通过专家评审。

《北京市商务中心区土地空间资源调控规划（2014—2020）》通过专家论证。

【大事记】

1月9日，北京市朝阳区百子湾路14号住宅混合公建用地项目成交，土地竞得人为北京建工置地有限任责公司。北京市朝阳区东坝单店二类居住、小学用地项目成交，土地竞得人为北京金隅嘉业房地产开发有限公司。

1月20日，北京市朝阳区崔各庄乡来广营北路二类居住用地项目成交，土地竞得人为北京东洲房地产开发有限公司。

1月22日，清偿CBD核心区项目全部银行贷款。

3月7日，成功收缴CBD核心区Z9、Z10开发建设补偿费共计约28.55亿元。

3月14日，举办党务工作培训交流讲座，朝阳分局党总支委员、党支部委员以及妇委会、青联成员等共41人参加培训。

3月27日，北京市朝阳区来广营乡LGY－04、LGY－03、LGY－06地块二类居住、小学、中学用地（配建限价商品住房）项目成交，土地竞得人为天津金碧投资有限公司。

4月22日，开展第45个“世界地球日”的主题宣传活动。

5月1日，《土地空间资源调控规划管理系统》原型完成建设工作，并取得计算机软件著作权开始试测。

5月4日，邀请丰台分局青年干部参加朝阳分局举办的“踏青春之路，展国土之风”大型户外低碳健身活动和“时间都去哪儿了”为主题的青春诗会。

5月30日，完成历时10年的和平一、二、三村土地一级开发项目拆迁区域内5204户居民的拆迁工作。

6月25日，通过“五结合”的系列活动，大力开展土地日宣传工作。

6月26日，组织“共产党员献爱心”活动，募集善款8400元。

6月30日，朝阳分局聘请北京市检察院第二分院反渎职侵权局局长李华伟同志，为全体干部职工讲授《基层预防和查处职务犯罪》。

8月30日，孙河乡土地储备区域规划城市支路及市政管线工程BT项目正式开工。

9月3日，“148公顷”土地一级开发项目7条市政道路顺利移交朝阳区道路养护中心。

9月9日，国土部正式批准土地储备商务区分中心纳入第四批储备机构名录。

11月21日，北京市朝阳区东坝南区1105－659、029地块二类居住、商业金融用地项目成交，土地竞得人为湖南富兴集团有限公司。北京市朝阳区东坝南区1105－667地块二类居住用地（限价商品住房）项目成交，土地竞得人为北京首开天成房地产开发有限公司。

北京市国土资源局海淀分局

【土地资源概况】

海淀区位于北京市城区西北部，地理坐标北纬39°53′—40°09′，东经116°03′—116°23′。东与西城区、朝阳区相邻，南接丰台区、西城区，西与石景山区、门头沟区交界，北接昌平区。地处太行山余脉西山山脉与华北平原西北边缘交会地带，地势西高东低。西部山区统称西山，山势基本为南北走向，以百望山为界，将海淀区天然划分为南、北两部分，山南习称“山前”，山北则称“山后”。

海淀区辖区面积43076.87公顷，土地利用现状面积详见表4－2。

表4－2　2013年北京市海淀区土地利用现状汇总　单位：公顷

行政区域名称	海淀区
土地调查面积	43076.87
耕地（01）	2059.98
园地（02）	2614.33
林地（03）	10555.78
草地（04）	49.76
城镇村及工矿用地（20）	24121.89
交通运输用地（10）	1544.61
水域及水利设施用地（11）	1666.33
其他土地（12）	464.19

【机构设置】

北京市国土资源局海淀分局（简称“海淀分局”）内设办公室、综合科、地籍科、土地利用科、耕地保护科、地质矿产科、财务科、政工科、纪检监察科等9个科室；下设海淀区土地权属登记事务中心、海淀区土地利用事务中心、海淀区国土资源执法监察队、北京市土地整理储备中心海淀区分中心、北京市国土资源局海淀分局第一国土资源管理所、北京市国土资源局海淀分局第二国土资源管理所、北京市国土资源局海淀分局第三国土资源管理所等7个事业单位。全局现有人员105人，其中公务员33人、事业单位工作人员70人、工勤2人，科级领导干部30人。

分局领导班子：

党组书记、局长	梁桂明
副局长	武克非
副局长	和金庆
副局长	向　文（女）
纪检组长	许　荔（女）
副局长	纪　妍

【土地利用总体规划】

海淀区被市国土局列为唯一土地利用总体规划实施评价区级试点，评价成果通过专家评审。海淀分局强化合规性审核，引导合理集约利用土地，年内，完成翠湖南路等6个项目、面积73.4公顷的土地规划动态维护工作，办理了66个项目用地预审手续。

创新土地整治规划实施机制，积极开展海淀区土地整治规划《综合试点方案》和《实施方案》的编制上报工作；拟制完成土地整治项目《管理实施办法》，加强唐家岭、北坞、翠湖湿地耕地项目综合整治，启动上庄镇高标准基本农田建设项目，选取5个村及西郊农场共9个地块作为整治范围，规模140.78公顷。

【土地征收】

严格落实计划，抓好服务指导。年内，受理征地申请23件，总用地面积372.4公顷。批准用地总面积159.7公顷，新增建设用地面积85.3公顷，批准征用集体土地面积141.4公顷。组织召开中关村翠湖科技园D22地块开发项目听证会，收到良好效果。

【耕地保护】

年内，会同海淀区农委研究探索基本农田和耕地保护制度奖励机制；推进管理责任落实，完成市区镇村四级责任书签订；以边补边占方式落实11个征地项目21.7公顷的耕地补充，收缴开垦费649.5万元；加强土地出让金和耕地保护审计整改工作，向区政府上报重点项目耕地占补平衡指标情况报告和占补解决方案。

【土地供应计划及实施】

海淀区2014年土地供应分解指标223公顷，海淀分局全年完成104个项目，面积257公顷，收缴地价款550万元。

年内，承担固定资产投资供地项目19个，面积约76公顷，投资约188亿元。计划内完成供地项目13个，面积约43公顷，投资约101亿元，完成率53%；计划外完成供应项目94个，面积约97公顷。中关村科学城指挥部年度需推进的固定资产投资项目共计55个（含4个土地供应后促开工项目），已开工40个、竣工5个、未开工10个，实际完成投资155.7亿元，新增70万平方米产业空间。

年内，重点推进城市学院等10个市区重点项目供地，完成15个园区产业项目、11个住宅项目、80个公共服务设施项目的土地供应，以及2宗商服项目用地入市交易；完成永丰基地两个地块、西二旗公租房项目征地前期准备，并对7个开发用项项目进行约谈和实地踏勘。

年内，加大对338个出让划拨项目（市国土局175个、海淀分局局163个）的监查力度，完成91个项目的踏勘和巡查，动态监测221次，发放开工、竣工违约通知单43份。

【保障性住房用地供应】

年内，年度保障性安居工程供地任务为79公顷，达到土地供应标准的项目5个，面积约89公顷，完成供地任务的113%。其中公租房项目2个，土地面积约32.6公顷；安置房项目3个，土地面积约56.3公顷。

【土地储备开发】

年内，在施一级开发与收储项目41个，面积297.01公顷（一级开发项目5个、面积163.08公顷，收储项目36个、面积133.93公顷），年度项目投资总额约为48.7亿元。实现土地供应共计21宗，面积约104.99公顷，供地总价114.75亿元。其中，居住用地5宗，商业金融用地6宗，教育科研用地9宗，F1住宅混合公建用地1宗。

年内，市财政局下发融资16亿元，实际融资使用12.46亿元，完成比率77.8%。贷款还款13.65亿元，年度贷款余额70.76亿元。2014年项目支出计划总额172.26亿元，实际支出56.66亿元（计划内48.28亿元，计划外8.38亿元），执行比率32.89%。制定实施《土地储备资金预决算实施办法（试行）》《筹融资实施办法（试行）》和《土地储备资金使用监督管理实施办法（试行）》，规范了资金管理工作。

年内，重点推进完成学北项目前期开发准备和搬迁，凤凰岭旅游设施项目地上物清理和规划方案调整，八家地区整体改造项目一级开发和供地，玲珑巷项目开发前期手续办理和拆迁、征地协议签订，门头项目成本审核和土地置换，翠湖地块辛店BCD项目地块规划实施方案相关材料上报，爱文国际学校项目林转用手续办理，党校西项目拆迁腾退和临绿工程，营会寺项目的拆迁和战略合作协议签订，东升科技园二期项目征地手续办理等工作。

【地籍管理】

年内，完成集体建设用地地籍调查共计2857宗，面积4905.2公顷，调查率100%。采取会审机制审议集体建设用地使用权238宗，完成确权登记34宗，只确权不发证宗地204宗。起草《海淀区土地变更调查工作细则（试行）》，以温泉镇为试点开展耕地和基本农田核实工作。完成土地权属审查215件、土地权属争议案件和土地登记疑难案件42件，解决了一批历史遗留问题。

【土地执法监察】

2013年度土地卫片执法查处共计153宗，均已作相应处理，并通过北京市的验收。海淀区依法履职到位率100%，整改查处到位率93.39%，问责比例6.37%，土地卫片执法检查验收106.5分。2014年土地变更调查卫片执法检查前三季度涉及海淀区区变化图斑210宗，确定新增建设用地95宗，海淀分局以两个“零容忍”为尺度严格查处，做到新生违法建设

“零增长”。加大动态巡查处理力度，发现违法违规用地 77 宗（违占耕地 10 宗、非耕地 67 宗），占用面积 37.8 公顷（占用耕地 9.07 公顷），已通过拆除整改、列入违法用地查处台账等方式进行相应处理。收到热线举报线索 55 件，基本按时回复。会同区农委对 2008—2013 年期间处罚的违法占地使用整改现状进行摸底调查，制定全区 34 宗违占整改可行性处理意见；先后两次采取行动，开展压占土地“回头看”清理整治，加强市折子工程、区督办项目执法检查和“小产权房”项目清查。认真调查处理西北旺镇东玉河村京新高速两侧渣土压占土地情况，及时向公安和监察部门转送案宗；会同区监察局拟定《关于向北京市海淀区监察局移送土地违法案件办法》，完善案件办理程序和常态化移送机制。

【信息化建设】

年内，完成土地业务数据整理及地籍管理信息系统与综合监管平台的整合，完善内外网建设和 OA 公文流转、信息公开模块，推进移动执法和移动地灾模块建设应用，签订《信息安全责任书》《保密协议》，确保数据应用安全。

【地质矿产管理和地质灾害预防】

年内，积极组织地热利用、矿产开发企业年检和资质审查；认真履行“地质灾害防汛专项分指挥部”职责，采取超常措施抓好汛期灾害预防和应急工作；自主研发地质灾害隐患智能语音警示杆，设置在重要隐患点及风景区险要地段，提供防险避灾警示服务。

【土地登记及业务受理】

年内，完善土地登记信息统计制度，每季度末对国有土地登记与抵押情况进行分析，为海淀区国民经济信息提供数据参考。全年完成国有土地登记 1920 件，其中：国有土地使用权登记 750 件，面积 437 公顷；国有土地抵押权登记 650 件，抵押土地金额 883.65 亿元；国有土地抵押权注销登记 520 件。

【行政审批制度改革】

年内，探索区级项目试点模式，建立模块化工作机制；制定《国土分局审批目录》，研制供地阶段的审批流程图，承接市国土局最新下放的 22 项审批事项业务；供地阶段确定的两批共 8 个试点项目正在按模块化运行要求加紧办理征供地手续。

【法制宣传工作】

年内，会同相关单位在“4·22”世界地球日、“6·25”土地日期间到紫竹院公园组织开展普法宣传活动，通过展板巡展、赠送科普书籍等形式将宣传延伸到学校、乡村、街道，提高人们善待地球、保护环境、节约集约利用资源、依法依规用地等法制意识。依托国土资源报、海淀报和电视台以及《国土在线访谈》等媒介平台，宣传国土资源相关政策和法律法规。

【行政诉讼和政府信息公开工作】

年内，办理行政复议、诉讼类案件 83 起（行政诉讼 34 起、复议 49 起），与 2013 年相比数量剧增 7.55 倍。受理政府信息公开申请768件，比前六年信息公开申请总量还多350件。探索以协调会形式组织疑难会诊解决疑难案例模式，基本做到按期答复。

【信访和人大建议办理工作】

加强与海淀区各委办局、镇、村沟通，有效化解矛盾，年内，接待来访人员166批次、319人次，接收来信22件次；接收处理市国土局、区信访办转交办信访件42件，办理局长信箱、区政府非紧急救助电子件141件；办理市级、区级人大建议5件。

【调研课题】

完成《海淀区两规衔接相关问题及解决对策》《海淀区基本农田及保护区土地利用情况报告》《国土海淀分局2014年政府信息公开工作形势分析》《2014年行政败诉案件原因分析》4份调研分析报告，为加强服务、推动相关机制创新和领导决策提供参考依据。完成海淀区2014年季度土地利用和管理形势分析报告，充分发挥土地利用和管理观测点的风向标作用。对2006—2013年海淀区开展用地预审的项目进行梳理，重点调查了2011—2013年的项目，形成调研报告。组织完成区政府关注课题的研究，形成《创新“三山五园”历史文化景区土地生态整治实施机制研究》报告。组织全局2013年调研课题评奖工作，上报的5篇调研报告中2篇获奖，1篇纳入汇编。

【大事记】

1月15日，海淀区综合行政服务中心在多功能厅召开2013年度总结表彰会。海淀分局受理中心荣获“2013年度优质服务窗口”，张彩霞、张振帅、刘洋同志被评为“2013年度岗位服务能手”。

2月17日，北京三元嘉业房地产开发有限公司通过招标出让，以22.25亿元取得北京市海淀区上庄镇B10地块R2二类居住用地项目的土地使用权。

2月21日，会同测绘、土地整理规划设计单位，选取确定了上庄镇7个地块、约140公顷基本农田作为海淀区高标准基本农田地块试点，为2015年前实现高标准基本农田建设任务创造条件。

3月26日，海淀分局召开2014年动态巡查工作部署会，全区各镇核查队队长、国土所长参会。通报各镇2013年度土地卫片查处进展工作情况，下发《海淀区2014年度土地动态巡查工作方案》，研讨加强巡查联动机制工作办法。

3月24日，国家土地总督察办公室下发国土督办发〔2014〕7号文件，通报2013年度土地利用和管理形势观测分析工作成效突出观测点和优秀个人，海淀区荣获国家“2013年度土地利用和管理形势观测分析工作成效突出观测点”称号，海淀分局地籍科副科长朱琳获得优秀个人称号。

4月4日，国土部批复海淀区创新土地整治规划实施机制工作方案。

4月22日，会同武警6支队22中队，在紫竹院公园北门举办第45个世界地球日宣传活动，副区长龚宗元和市国土局审计处、研究室领导参加，展出展板15块，发放材料2000余份。

4月25日，局长梁桂明、副局长纪

妍等一行三人作为访谈嘉宾，参加市国土局2014年第一期《在线访谈》栏目，围绕“打造中关村万亿产业增长极，建设发展中关村科学城”主题，展开土地供应、集约节约利用土地和保障民生等方面的访谈。

5月12日，海淀分局在西山国家森林公园举办以“城镇化与防灾”为主题的地质灾害防治宣传活动，普及地质灾害知识、防治手段、应急办法，展板宣传，现场发送《北京市突发地质灾害宣传手册》和《“临灾避险”五步法》科普动画光盘等宣传材料。

5月21日，海淀分局组织科以上干部20余人，参观海淀区廉政教育基地——海淀区看守所，起警示教育作用。

6月8日下午，会同区气象局首次发布海淀区地质灾害蓝色预警。该系统依托海淀气象云图，通过独享应急专线链路和高清视频会议终端设备支持，搭建汛期地质灾害应急预警平台，发挥地质灾害防治实时保障功能。次日，区防汛抗旱指挥部副主任杨克刚检查地质灾害防汛专项分指挥部工作情况，听取海淀分局汛前准备工作汇报，观摩预警平台演示，对分指基础工作给予高度好评。

6月25日上午，海淀分局召开海淀区创新土地整治规划机制交流座谈会，局长梁桂明介绍创新土地整治规划机制的背景和进展情况，中国人民大学严金明介绍海淀区创新土地整治规划机制实施方案。6月27日，市国土局总规划师丁晓、海淀分局局长梁桂明，对海淀区创新土地整治中设施农用地建设和新农村改造集约节约用地展开调研。

6月23—29日，举办第24个全国“土地日”主题宣传周活动，悬挂宣传标语、发放宣传材料，并在海淀区新闻媒体刊登宣传文章，促进节约集约利用土地。

8月1日，区委常委会第114次会议审议通过《海淀区创新土地整治规划实施机制实施方案》；9月1日，该方案由区政府上报市国土局。

8月4日，绿地控股集团有限公司通过挂牌出让，分别以11.01亿元、11.3亿元取得海淀北部地区整体开发中关村翠湖科技园HD－0302－194、HD－0302－223地块C2商业金融用地，中关村翠湖科技园HD－0302－195、HD－0302－224地块C2商业金融用地的土地使用权。

8月15日，国家审计署审计组进驻海淀分局，开展对海淀区2008—2013年土地出让收支和耕地保护情况审计。

9月28日，北京威凯建设发展有限责任公司通过挂牌出让，以2.54亿元取得海淀北部地区整体开发中关村环保科技示范园3－3－209地块F3其他类多功能用地的土地使用权。

10月13日，海淀分局局长梁桂明主持召开分局审计工作专题会，并抓紧对存在的问题进行整改。10月下旬，国家审计署向海淀区政府下发审计报告，区政府提出整改反馈意见。国家审计署结束对海淀区2008—2013年土地出让收支和耕地保护情况审计工作。

10月25日，海淀分局与国家宗教局在凤凰岭龙泉寺，举行中国佛教学院建设用地交接仪式，国家宗教局、中国佛学院、中国佛教协会和海淀区政府有关领导参加。

12 月 4 日，北京金地兴业房地产有限公司、北京永同昌房地产开发有限公司、北京中金元泰销售有限公司联合体，通过挂牌出让以 6.09 亿元取得北京市海淀区太平庄村 2 号地项目（原星竹园）F1 住宅混合公建用地的土地使用权。

12 月 11 日，石家庄市国土资源局地籍管理处一行到海淀分局，就农村集体建设用地使用权确权登记发证和农村集体建设用地审批等工作进行交流，相互分享工作经验。

12 月 26 日，机关党委召开换届选举党员大会，在职和退休共 75 名党员参加。机关党委书记许荔做报告，选举产生新一届机关党委委员，梁桂明、王晋龙、郝建颖、赵英伟当选。

11 月 26 日，市国土局向市政府上报《海淀区创新土地整治规划实施机制实施方案》，12 月 31 日，市政府批准同意方案，标志着这项工作进入实质性推进阶段。

12 月 31 日，副区长龚宗元主持召开建设用地审查会，审议 2015 年度国有建设用地供应计划建议方案、保障性安居工程用地供应计划编制情况，并确认集体建设用地使用权确权登记情况。

海淀区通过地质灾害防治高标准“十有县”验收。按照国土资源部办公厅的通知要求，海淀分局对海淀区近年来地质灾害防治工作开展情况进行了梳理申报，经市国土局审核并报国土部批准，12 月下旬通过了海淀区 2014 年度地质灾害防治高标准“十有县”的验收。

北京市国土资源局丰台分局

【土地资源概况】

丰台区位于北京市的西南部，坐标北纬39°46′—39°54′，东经116°04′—116°28′。东临朝阳区，北接东城区、西城区、海淀区和石景山区，西北为门头沟区，西南和东南为房山区和大兴区。辖区设21个街道办事处（乡、镇）。

丰台区辖区面积30552.63公顷，土地利用现状面积详见表4－3。

表4－3　2013年北京市丰台区土地利用现状汇总　单位：公顷

行政区域名称	丰台区
土地调查面积	30552.63
耕地（01）	2178.84
园地（02）	769.65
林地（03）	4283.98
草地（04）	81.71
城镇村及工矿用地（20）	19093.02
交通运输用地（10）	2698.96
水域及水利设施用地（11）	1230.71
其他土地（12）	215.76

【机构设置】

北京市国土资源局丰台分局（简称丰台分局）内设办公室（财务科）、综合科、地籍科、耕地保护科、土地利用科、地质矿产科、政工科、纪检监察科8个职能科室，其中办公室加挂财务科牌子；下设土地权属登记事务中心、土地利用事务中心、土地整理储备分中心、国土资源执法监察队、第一国土所、第二国土所、第三国土所7个事业单位。

截至年底，丰台分局编制内工作人员100名。其中处级干部9名，科级干部48名（含主任科员4名、副主任科员12名）；公务员32名，机关工勤4名；参照公务员管理事业单位人员15名；纳入规范管理事业单位人员8名，全额拨款事业单位工作人员41名。

分局领导班子：

局长、党组副书记　　李文忠
党组书记、副局长　　赵　舒（女）
副局长　　董志坚
副局长　　陈春节
副局长　　杨　坤（女）
纪检组长　　张文泉（2014.7.21 免职）
副局长　　姜新焕（女）
纪检组长　　石　莉（女）（2014.12.11 任职）

【土地利用总体规划】

年内，在新一轮丰台区土地利用总体规划实施过程中，坚持规划的严肃性与准确性，对土地利用总体规划进行动态维护或局部修改。对 10 个项目进行规划修改或动态维护工作，使用城乡建设用地机动指标 4.285 公顷、特交水建设用地机动指标 37.15 公顷，保证项目依法合规审批。

【建设项目用地预审】

年内，完成土地预审项目 60 件，总用地面积约 789.84 公顷，涉及农用地 104.29 公顷，其中耕地 57.72 公顷；建设用地 682.23 公顷，未利用地 3.32 公顷。其中居住用地 13 宗，储备开发用地 3 宗，交通运输用地 11 宗，公共管理与公共服务用地 24 宗，特殊用地 1 宗，商服用地 6 宗，工矿仓储用地 2 宗。

【征地及农用地转用项目用地管理】

年内，共完成征（占）地 8 宗，审批用地面积 189.1 公顷。严格农转用审批程序，严格执行土地利用总体规划，分别与丰台区 5 个乡镇人民政府、1 个办事处、2 个国有农场及 36 个村委会签订了耕地保护目标管理责任书，确保全区 2600 公顷耕地保有量的实现。

【土地整理与耕地占补平衡】

年内，共有 3 个项目使用耕地 4.02 公顷，全部实现占补平衡。积极开展丰台区土地整治规划编制工作，《丰台区土地整治规划（2011—2015 年）》已取得区政府批复，市国土局已备案。努力引导乡镇开展土地整理工作，以解决耕地占补平衡指标不足问题，确保丰台区的耕地保有量。

【土地供应计划及实施】

年内，编制完成《北京市丰台区 2014 年度国有建设用地供应计划建议方案》和项目表，2014 年度土地供应计划完成 30 个项目，土地供应 219 公顷。全年共受理民生、教育等 28 个划拨申报项目，先后为丰台区南苑乡石榴庄村回迁安置房、丰台区小屯馨城（公共租赁住房及学校用地）等 11 个项目办理划拨批复，建设用地面积 55 公顷；为丰台区卢沟桥乡周庄子村农民回迁安置房、首都医科大学附属北京天坛医院迁建等 26 个项目办理了划拨决定书，建设用地面积 68 公顷。

【保障性住房用地供应】

年内，编制完成《丰台区 2014 年度保障性安居工程用地供应计划》，超额完成 89 公顷新增保障性安居工程供地任务，累计实现保障房用地供应约 92.41 公顷（定向安置房 68.45 公顷、限价房 23.96 公顷），约占计划指标的 104%。

【土地市场交易】

年内，累计实现经营性用地成交土地总面积约91.78公顷，约占计划供地指标128.62公顷的71%；规划建筑规模约166.07万平方米，成交价约281.76亿元，位居全市第二；实现政府土地收益约154.76亿元。按项目性质划分，丽泽商务区、科技园区两个重点功能区成交土地面积约11.4公顷，约占成交土地总面积的12%；重点村成交土地面积约32.67公顷，约占成交土地总面积的36%；其他项目成交土地面积约47.71公顷，约占成交土地总面积的52%。

【土地储备开发】

年内，土地储备开发项目累计完成投资约272.42亿元，约占计划投资规模121.94亿元的223%；与去年完成投资规模162.12亿元相比，增长约68%。重点保障两大重点功能区（丽泽商务区和科技园区）、重点村白盆窑、西局及石榴庄，重点工程亚林西、分钟寺、造甲村、万泉寺等项目年度投资，累计投资约175.11亿元，约占全区完成投资总额的64%，有利推动上述项目的征地、拆迁进度。

年内，累计完成土地开发约143.08公顷，占计划完成开发规模148.92公顷的96%。

【土地调查】

年内，前三季度土地变更调查涉及丰台区图斑187个，土地面积140公顷，耕地38公顷。经核查，违法用地图斑93个，土地面积60.55公顷，耕地16.6公顷，其中一般性违法图斑49个，土地面积18公顷，耕地3.74公顷，全部拆除整改到位。

国土部2014年度土地变更调查涉及丰台区图斑584个，面积331.52公顷，耕地159.91公顷。其中，需整改图斑（新增建设用地）416个，面积196.73公顷，耕地95.21公顷。130个图斑已拆除清理到位，土地面积50.15公顷，耕地31.36公顷。21个图斑办理设施农用地手续，土地面积21.87公顷，耕地17.48公顷；35个图斑办理临时用地手续，面积15.73公顷，耕地11.95公顷。

【农村集体土地使用权确权登记】

年内，启动农村集体建设用地使用权确权登记工作，丰台区共有集体建设用地3544宗，面积3950.69公顷，历史发证161宗。丰台区农村集体建设用地应调查6个乡镇，59个行政村，1933宗地，已完成调查、测绘、资料收集等工作。对外业调查的1933宗建设用地按照《北京市关于加快推进农村集体土地确权登记发证工作的意见》要求逐宗梳理，最终确认1664宗建设用地符合确权条件，46宗建设用地符合发证条件。报请区政府批准并公告后，完成全部46宗集体建设用地登记工作及1664宗集体建设用地确权工作。

【土地权属登记】

年内，办结国有土地使用权登记524件（其中初始登记93件、变更登记422件、注销登记9件）；中央在京单位国有土地使用权登记10件（其中初始登记8

件、变更登记2件)；办结国有土地使用权抵押登记864件(其中国有土地使用权抵押登记427件、国有土地使用权抵押变更登记24件、国有土地使用权抵押注销登记413件)。

【土地执法监察】

年内，国土部下达丰台区2014年卫片图斑307个，其中合法图斑82个，土地面积58.21公顷，耕地20.07公顷；违法图斑225个，178宗地，土地面积193.22公顷，耕地34.84公顷，可调整地类19.89公顷。在区政府领导下，各部门协调联动、密切配合，大力推进整改工作。通过整改，丰台区违法用地履职到位率达100%，整改查处到位率84.2%，问责比例下降到8.02%。顺利通过市级验收。

【信息化建设】

年内，在市局信息中心的配合下，丰台分局内网升级改造工作已顺利完成，公文流转系统已于12月中旬正式运行，该系统的运行进一步规范分局公文办理流程、提高工作效率、提升分局办公自动化水平。完成外网门户网站改版工作，分局新版外网门户网站9月份正式上线运行。新版门户网站设置一级栏目7个、二级栏目43个，在原有门户网站的基础上新增服务内容24项，其中行政许可、服务类结果公示放到网站首页醒目位置。新版网站进一步充实内容，提高分局各项业务管理与服务的公开性、透明度，加强与服务对象的互动，树立政府部门形象。

【矿产资源概况】

丰台区主要矿产包括地热、矿泉水、冶金用白云岩、制灰用灰岩、水泥配料用页岩。年内，没有新增矿产地和新查明重要矿产资源储量。开发利用的矿种有矿泉水资源及地热资源2种。已开发利用矿产地22处，其中矿泉水2处，地热20处。办理探矿权预登记2起，采矿权预登记3起。

【矿产资源开发管理】

年内，开展矿产资源巡查检查工作，扩大巡查范围，调整巡查路线，增加巡查次数，督促地方政府加强对易发生偷挖盗采地区及未利用地的管理，防止非法开采行为发生。配合区属部门联合开展打击非法沙石加工、取缔非法沙石厂的执法检查工作。及时处理群众举报并组织乡镇政府到现场调查核实。年内未发现有组织的非法开采矿产资源行为。

【地热资源管理】

年内，积极开展地热资源和矿泉水资源开发利用管理工作，对丰台区地热开采情况进行调查和年检，区内共有地热井30眼，其中有20眼正在使用，7眼待用，3眼停用，1眼报废，3眼正在勘查。

【地质灾害防治】

年内，加强地质灾害防治，确保人民生命财产安全。与区气象局合作建立丰台区地质灾害气象预警预报机制，及时发布地质灾害应急预警，加强汛期预警值守，确保安全度汛。争取防治资金337万元，组织开展千灵山不稳定斜坡治理项目和后甫营羊圈头村不稳定斜坡地质灾害隐患治理项目，并顺利通过市局组织的验收。

【出让土地批后监管工作】

年内，以市国土局出让土地批后监管系统为依托，严格按监测流程对全区出让土地开发利用情况进行调查，督促受让方依出让合同约定时限开竣工，进一步加强动态巡查工作力度，防止土地闲置，提高土地利用效率。全年共对92个出让土地项目开展206次调查工作，已累计上传系统各类扫描件2024件。

【信访工作】

年内，重新梳理制定完善分局举报事项办理工作流程、12336违法线索处理工作流程、信访工作制度、信访维稳突发事件应急处理机制（预案），聘请专家为分局工作人员进行信访培训，提高分局人员的接访能力。

全年信访总量235件。其中受理来信121件，接待来访115批次/369人次。积极利用网络平台解答百姓诉求，全年接受电子访39件，通过12336举报平台受理举报105件。对于群众的来信来访，分局均严格按照程序进行答复，做到件件有答复，事事有回音，切实解决群众关切。

【调研课题】

年内，配合丰台区城市总体规划修改工作，开展城乡建设用地实施与潜力分析的重点专题研究，提出合理确定城乡建设用地规模，进一步优化丰台区城乡用地结构及空间布局的建议。结合发展形势和区域功能定位的调整，开展区土地资源梳理及节约集约利用研究工作，系统梳理区域土地资源利用状况，并形成初步成果，为丰台区探索土地的合理利用方式提供支撑。

【大事记】

1月8日，市国土局、市监察局、市住建委组成联合督导组，对丰台区“小产权房”清理整治情况进行督导检查。

2月26日，丰台分局召开2014年工作会议。分局全体干部职工参加会议，分局党组书记赵舒主持会议。

3月11日，国家土地督察北京局主任董毓敏带队到丰台国土分局对丰台区征地、执法工作进行审核督察。

4月2日，市国土局副局长张维主持召开专题会议，研究丰台区东河沿回迁安置房项目土地利用总体规划空间布局落实方案。市国土局副巡视员樊文祯、规划处、耕保处、规划中心及储备中心参加会议。

4月22日，举办“共建美丽家园”地球日千人签名活动。市国土局副巡视员郭创兴、利用处副处长贾骥与分局领导、干部职工共同就国土资源国情国策、地球地质知识，向参与活动的广大群众进行宣传和讲解。

5月4日，丰台分局会同朝阳分局组织青年到奥林匹克森林公园开展十公里健步长走活动，通过团队协作，在赛程中完成丰富、趣味的任务。期间，进行了以“时间都去哪儿了”为主题的青春诗会。活动中展现出两个分局青年的蓬勃朝气和文采风貌。

5月6日，由丰台储备分中心作为主体实施的丰台区城乡一体化小瓦窑村旧村改造项目，回迁安置房正式入住。

5月12日，丰台分局在北宫森林公园组织开展第6个“防灾减灾日”现场宣传活动。

5月15日，市国土局局长魏成林、副巡视员周旭峰带领地环处、地研所等部门组成的检查组到丰台区检查指导防汛及地质灾害防治工作。丰台区区长冀岩、副区长刘文洪及区属相关部门负责同志陪同检查。

6月13日，市国土局副局长师宏亚、市储备中心领导和城六区分局相关领导组织召开城六区土地储备工作交流会，结合近期土地储备开发工作中的热点难点问题进行研讨，对储备开发模式、融资、拆迁、规划制定、区域经济运行等问题进行沟通和交流。

6月25日，副区长刘文洪、丰台分局领导班子和各乡镇主管领导参加“6·25”全国土地日宣传活动。

9月18日，丰台区首次采用资格预审方式出让审核的项目（丰台区科技园区东区三期1516－43号商业金融用地）。该项目于10月8日开始挂牌竞价，于10月21日正式成交。丰台区首次在土地供应方式中采取资格预审方式，按照园区整体化建设要求，有效保障产业功能定位的落实，促进园区产业集聚发展。

11月24日，为进一步提高工作效率，方便办事群众，丰台分局创新工作方式方法，精简整合登记程序，编制出台《抵押登记服务手册》，该手册详细介绍抵押、抵押注销等业务流程，从收件到表格填写，统一规范，方便快捷，实现小业主抵押注销即时办理立等可取。

12月12日，副区长刘文洪带领检查组到丰台分局进行党风廉政建设责任制专项检查并分别与处级干部、科级以下代表座谈。

12月17日，市国土局组织专家组，对丰台分局承担的丰台区千灵山页岩矿不稳定斜坡及后甫营羊圈头村不稳定斜坡2个地质灾害治理项目，进行竣工验收。

北京市国土资源局石景山分局

【土地资源概况】

石景山区在北京市西部，因永定河畔的石景山而得名。山地占总面积的35.7%，平原占总面积的64.3%，绿化覆盖率45%，常住人口61.6万人。东与海淀区相连；南与丰台区搭界；西与门头沟区相邻；北与海淀区相邻。

石景山区辖区面积8438.21公顷，土地利用现状面积详见表4－4。

表4－4　　2013年北京市石景山区土地利用现状汇总　　单位：公顷

行政区域名称	石景山区
土地调查面积	8438.21
耕地（01）	66.63
园地（02）	66.09
林地（03）	2371.88
草地（04）	7.09
城镇村及工矿用地（20）	5379.73
交通运输用地（10）	220.00
水域及水利设施用地（11）	310.34
其他土地（12）	16.45

【机构设置】

北京市国土资源局石景山分局为北京市国土资源局的派出机构，在市国土资源局领导下，按照管理权限，负责组织实施本行政区域内土地、矿产资源行政管理工作。下设北京市土地整理储备中心石景山区分中心、北京市石景山区土地权属登记事务中心（北京市石景山区土地利用事务中心）、北京市石景山区国土资源执法监察队、北京市国土资源局石景山分局国土资源管理所4个事业单位。编制人数共70人，其中行政编制27人、事业编制43人，新增设财务科、服务大厅。2014年接收军队转业干部1人，招录2名事业单位工作人员，1名参公管理单位人员退休，1名机关工作人员调出。年底在编在岗人员共65名，其中机关工作人员27

名、参照公务员法管理事业单位人员 9 名、纳入工资规范管理事业单位人员 10 名、事业单位人员 19 名。

分局领导班子：

局长	左小兵
党组书记、副局长	霍　丽（女）
副局长	张　坚
纪检组长	马桂兰（女）
副局长	唐于龙
副局长	尚宏瑛（女）

【土地利用总体规划】

年内，共审查 10 个建设项目的土地规划合规情况，全部符合土地利用总体规划。

【建设项目用地预审】

年内，完成 10 个项目的建设项目用地预审审批工作，审批用地面积约 51.66 公顷。

【征地及农用地转用项目用地管理】

年内，编制完成本年度石景山区土地利用计划。2014 年石景山区农用地转用和土地征收项目 16 件（新增项目 4 件，2012 年之前已申报未实施项目 12 件），总用地面积约 73.5378 公顷；其中农用地约 4.06 公顷（占用耕地 0.11 公顷）。张贴西黄村综合改造 C 地块土地一级开发项目、石景山区油库沟治理工程项目公告，共计 7.0357 公顷。

【土地供应计划及实施】

年内，石景山区国有建设用地计划供应总量 78.41 公顷，实际供应总量 38.27 公顷。完成《石景山区 2015 年度国有建设用地供应计划建议方案及附表》的编制工作。

【保障性住房用地供应】

年内，保障性安居工程用地计划供应项目 3 个，计划供地面积 4.2 公顷，完成供地面积 3.9 公顷，完成计划供地的 93%。

【土地市场交易】

年内，完成第二水泥管厂居住托幼地块、香山南路 28 号 C2 商业金融用地、刘娘府 A1 部分地块、老古城综合改造项目部分地块等 4 个项目土地供应，总用地面积 28.66 公顷，建筑面积 67.83 万平方米，成交金额共计 134.07 亿元。年度回笼资金 92.39 亿元，其中分中心回笼资金 27.53 亿元；实现政府收益 41.68 亿元，其中可返还区财政 10.5 亿元。

【土地储备开发】

年内，全区土地储备项目 30 个，年度无新增项目，全部为 2013 年底结转项目。项目总用地面积 694.48 公顷，规划建筑面积 606.55 万平方米。

【土地调查】

为准确掌握本年度石景山区土地利用实际变化情况，保持土地调查数据的现势性，该区开展了本年度土地变更调查与遥感监测工作。重点做实以下工作任务：遥感监测工作。根据国土部下发的 2014 年度新增建设用地、往年临时用地、2013 年度土地变更调查和卫片执法检查拆除遥感监测图斑，共计对 123 个监测图斑进行了实地测量、外业核查、内业整理和成果上报工作。完成土地利用现状变更调查工作。以日常变更为基础，以实地现状认定地类为原则，利用年度遥感监测成果，按照土地变更调查的有关要求，调查年度内每块变化图斑的地类、范围、权属和面积等情况。实现土地调查数据库更新工作。按照土地变更调查的有关标准和要求，对调查结果进行汇总整理。按照数据库更新标准和要求，采用增量更新的方式，更新土地调查数据库。上报土地调查统计汇总数据。利用数据库汇总功能，汇总石景山区土地利用变化情况，形成上报了区级土地变更调查成果。

通过调查，全面掌握石景山区年度土地利用现状变化情况，及时更新土地调查数据库，提高土地基础数据的社会化服务水平，为变更调查成果在建设用地批后监管、耕地目标责任考核、土地执法督察等相关工作中的“一查多用”提供有力的数据支撑。

【土地权属登记】

年内，共受理权属类业务 479 件，办结 400 件。其中：土地登记 51 件，抵押登记 45 件，抵押注销登记 32 件；小业主土地登记 96 件，抵押登记 59 件，抵押注销登记 91 件，完成 26 个项目的权属审查告知业务。另外，在日常工作中严格执行退件制度，全年累计退件 27 件。年内，中心共完成政府信息公开查询的答复 10 件，主动做到按市局要求及时向中国土地市场网上传大业主抵押登记数据，向石景山分局外网及首都之窗网站政府信息公开目录中录入土地登记类数据 51 条（不含储备及小业主登记发证），抵押登记类（只含大业主抵押，不含小业主、储备抵押及抵押注销）数据 26 条。

【土地执法监察】

根据《国土资源部关于开展 2014 年度土地矿产卫片监督检查工作的通知》（国土资发〔2015〕2 号）、《北京市国土资源局关于开展 2014 年度土地卫片执法检查工作的通知》（京国土监〔2015〕107 号）的文件精神，共核查国土部下发图斑 123 宗，总面积 44.57 公顷，耕地面积 8.45 公顷。其中，国土部下发疑似违法用地（W）图斑 47 宗，总面积 12.61 公顷，耕地 0.1 公顷。

对违法用地符合立案条件的 1 个违法主体进行立案处理，共没收建筑物 2097.25 平方米，罚款 69235.54 元。

【信息化建设】

综合监管平台应用情况。年内，应用综合监管平台共收 23 件，办结 22 件，未办结 1 件。其中许可类 17 件，办结 16 件，未办结 1 件；服务类 6 件，办结 6 件，未办结 0 件，每个办结案件都达到《北京市国土资源局行政许可事项和行政服务事项办理规则》中的案件闭合要求。电子报盘应收件 23 件，实际收件 23 件，执行电子报盘比例为 100%。

石景山区国土综合信息系统应用情况。年内，石景山分局应用国土综合信息系统辅助完成土地发证等各项工作任务，共受理数套商品房土地出让业务 6 件，地籍调查业务 53 件，土地登记业务（包括权利设定登记，变更登记，分摊登记）

143 件（其中小业主 90 件），抵押登记业务 102 件（其中小业主 58 件），抵押注销登记业务 71 件（其中小业主 39 件），土地权属审查业务 34 件，公文流转业务 632 件。总共受理 1041 件，办结 1018 件，通过督办和业务调度实现良好的办结率。

数据资源建设情况。截至年底，石景山分局信息系统累计形成了 275G 的基础数据，包括基础地形图、航空遥感影像、宗地图、地下管网等数据资源；82.8G 的业务数据，包括土地规划、土地利用、土地地籍、矿产资源和土地储备等数据资源。

运维及基础工作情况。完成信息化设备日常运维和信息安全自查整改工作，加强机房设施日常检查及运维，提高分局整体 IT 管理水平。加强信息资源整合，积极推进监管平台在分局中业务的应用。开展分局办公 OA 与市局监管平台事务管理系统的整合部署工作；开展分局地籍、登记发证系统与市局系统的前期调研及业务关系梳理工作。

【矿产资源概况】

截至年底，石景山区域已探明的矿产资源有无烟煤、凝灰岩、陶粒岩、铸石辉绿岩、砂石、矿泉水、地热等矿产资源。

【地质勘查储量管理】

年内，完成矿产资源储量登记工作，办理建设用地是否压覆矿产资源核查工作。

【矿产资源开发管理】

年内，开展矿泉水企业开发利用年检工作；落实矿产资源补偿费征收；办理有关矿泉水厂采矿权延续工作；对矿泉水企业资源数据进行统计，完成数据模块更新工作；开展矿泉水企业原水的水质检测工作。

【地热资源管理】

年内，开展地热资源开发利用预申请有关工作，加强地热资源开发利用保护工作。

【地质灾害防治】

年内，配合市国土局完成石景山区域 1:5 万地质灾害祥查工作及避险场地调查工作。经专家评审，石景山区域共确定地质灾害隐患点 24 处，涉及金顶街、广宁、苹果园、五里坨 4 个街道，隐患点多为人工削坡违章建房形成人工边坡造成隐患。结合区域地质灾害防治特点，扎实做好汛期地质灾害防治工作。汛期成立应急队伍，落实值班、巡查检查、信息报送、地质灾害报告等相关制度，《防灾明白卡》发到有关街道、隐患点的居民，完善分局年度地质灾害防治方案、应急预案，更新应急通讯录。与有关街道签订《责任书》，协调街道与群测群防员签订《责任书》，把防灾贯穿到地质灾害防治工作全过程。按照各司其职，多方出资，密切配合，共同做好地质灾害隐患点治理工作，国土分局对 5 处隐患点完成治理等相关工作，区有关单位已治理隐患点 7 处。最大限度地降低和减少地质灾害给人类生命财产带来的损失。

【信访工作】

认真落实信访代理制，改变以往由信访人反复跑腿，转变为分局工作人员代理处理，方便群众诉求，降低社会不安定因素，增强工作人员服务意识，加大源头治理力度，提高矛盾解决质量，减少重复访。年内，受理信访 53 件，同比下降 54%，全部办结。

【调研课题】

年内，完成区委、区政府组织的调研课题《石景山区土地资源分析研究报告》《石景山区集体土地现状问题及解决建议》《新型城镇化背景下的集体土地流转探索》《新形势下石景山区土地集约高效利用保障机制研究》《基于公共治理视角下的土地管理机制变革探索》。

【大事记】

1 月，为全力推进西部项目开发，成立西部项目工作推进组。

8 月，完成国家审计署土地出让金收支和耕地保护情况专项审计、国家土地督察局北京局节约集约专项督察工作，全面梳理 2008—2014 年 9 月 30 号石景山区所有的征收、划拨、出让和耕地保护占补平衡项目。2008—2014 年，石景山区征收土地项目共计 31 个，土地总面积 491. 4488 公顷，26 个土地划拨项目共计划拨面积 66. 803 公顷；76 个出让项目，17 个项目占用 61. 5117 公顷耕地并异地补充 61. 5117 公顷耕地，111 项业务 295 套住宅的数套商品房补交出让金收缴 638. 9964 万元出让金工作。按照要求将全部办件文字数据、矢量数据录入市局办公系统。

北京市国土资源局门头沟分局

【土地资源概况】

门头沟区位于北京市西部，坐标为北纬39°48′—40°10′，东经115°25′—116°10′。东临海淀区和石景山区，南接房山区和丰台区，西部及西北部与河北省的涞水县、涿鹿县和怀来县接壤，北与昌平区为邻。辖区设13个街道办事处（乡、镇）。

门头沟区辖区面积144785.16公顷，土地利用现状面积详见表4－5。

表4－5　　2013年北京市门头沟区土地利用现状汇总　　单位：公顷

行政区域名称	门头沟区
土地调查面积	144785.16
耕地（01）	883.42
园地（02）	5259.34
林地（03）	100231.3
草地（04）	22982.31
城镇村及工矿用地（20）	8205.51
交通运输用地（10）	1470.50
水域及水利设施用地（11）	1564.87
其他土地（12）	4187.91

【机构设置】

北京市国土资源局门头沟分局（简称门头沟分局）内设办公室（财务科）、综合科、地籍科、土地利用科（耕地保护科）、地质矿产科和政工科6个职能机构，并单设纪检监察科。下设北京市土地整理储备中心门头沟区分中心，北京市门头沟区国土资源执法监察队，北京市门头沟区土地权属登记事务中心，北京市门头沟区土地利用事务中心及北京市国土资源局门头沟分局第一、第二、第三、第四等4个国土资源管理所（办公地点分别设在永定、军庄、王平、斋堂）等8个事业单位。编制101名，实有人数83名。

分局领导班子：

党组副书记、局长　　　王桂忠

副局长　　　　　　　金建伟
副局长　　　　　　　王晓明
副局长　　　　　　　华金玉
纪检组长　　　　　　杜钢钎

【土地利用总体规划】

年内，完成门头沟区市区乡三级基本农田保护区专项规划和门头沟区土地整治规划编制工作，完成建设项目动态维护10个，完成建设项目规划修改1个。

【建设项目用地预审】

年内，完成建设项目用地预审52个，面积287.74公顷。

【征地及农用地转用项目用地管理】

年内，完成集体土地征收前期工作8项，面积253.68公顷；完成征地结案12项，面积316.99公顷；受理国有土地使用权划拨22项，面积25.1686公顷。

【土地整治项目及耕地占补平衡】

年内，完成清水镇黄安坨等两村土地开发项目验收；在施土地整治项目2个，即：妙峰山镇上苇甸等两村土地整理项目、雁翅镇田庄村土地开发项目；获得规划设计批复项目3个，即：斋堂镇火村等两村土地整理项目、清水镇塔河村土地整理项目、妙峰山镇涧沟村土地整理项目。

共使用耕地指标0.8877公顷，收缴耕地开垦费19.9733万元。

【土地供应计划及实施】

年内，编制完成区《2015年度土地供应计划》，计划供应土地109.8928公顷。2014年实际完成供地124.1115公顷（市批出让项目98.9429公顷，区批划拨项目25.1686公顷）。

【保障性住房用地供应】

年内，计划完成政策性住房供地指标19公顷，实际完成供地36.96公顷，其中，完成定向安置房供地33.47公顷，完成公租房供地1.28公顷，经济适用住房1.81公顷，限价商品房0.4公顷。

【土地市场交易】

年内，完成土地入市交易8宗，成交面积126.35公顷，成交额234.84亿元，土地收益139.21亿元。

【土地储备开发】

年内，实施土地一级开发项目15个，其中，市区联储及分中心为主体项目10个，社会企业投资项目5个，收储项目2个（新港水泥厂、龙凤山食品厂）。完成土地储备开发面积91.1公顷，完成土储备开发投资248.63亿元（其中收储项目2.3亿元）。

【土地调查】

年内，集体土地所有权登记颁证成果通过市级验收。开展集体建设用地使用权确权登记颁证工作，调查率达到100%，确权率达到71.3%。

【农村宅基地调查】

截至年底，门头沟区29877宗宅基地实现调查率100%，指界签字率83.9%。全部档案按照规范进行了检查、整理，经过数字化工作后全部移交档案室，宅基地数据库搭建完毕。

【土地权属登记】

年内，共办理各类国有土地使用权登记 99 宗，面积 180 公顷；办理各类抵押权登记 67 宗，面积 299 公顷，抵押金额 214.69 亿元，评估金额 496.05 亿元。在本年登记规范化检查中，未出现原则性问题，全市百分案卷排名第三名，案卷综合排名第二名。

【土地执法监察】

年内，开展 2013 年度土地卫片执法检查工作。共核实图斑 47 个（38 宗地），涉及违法用地 38 宗，其中，立案查处 3 宗，罚款 6.4 万余元，没收建筑物 4590.42 平方米；非立案方式处理 35 宗，拆除建（构）筑物面积 0.15 万平方米。移交区纪检监察部门追究责任人案件 0 宗。开展利用集体土地违法建设销售（变相销售）住宅执法检查，未发现新增违法行为。全年共发现疑似违法违规用地行为 180 起，已按相关规定进行处理。

【信息化建设】

建立节假日网络和信息系统巡查制度，保障办公设备正常使用；深化综合事务管理系统应用，实现行政审批、信息发布、公文处理、会议管理、车辆管理、办公用品管理等行政办公事项网上办理。

【矿产资源概况】

门头沟区矿产资源较为丰富，主要矿种包括煤炭、石灰石、叶腊石、砂石等。截至年底，门头沟区保有固体矿山企业 4 家，矿泉水企业 3 家。

【地质勘查储量管理】

年内，定期与固体矿山进行图纸交换，指导 4 家固体矿山按时完成储量动态监测等专项工作。

【矿产资源开发管理】

年内，指导协助木城涧煤矿等 3 家矿山获批国家级绿色矿山试点工作；严格按照有关法律法规规定，协助办理采矿权延续 2 个；对门头沟区全部 4 家固体矿山及 3 家矿泉水厂，深入现场监督检查，全年未发现越界开采行为，年检合格率 100%。开展北京市西部山区百花山地区废弃矿山地质环境治理示范工程中达摩沟口、长峪沟三期、王平口等三个治理区工程建设，完成投资 4000 万元，治理面积 173.16 万平方米。

【地质灾害防治】

在汛前，分局对涉及居民点、学校、景区和重点道路等地灾隐患进行排查，树立警示牌，建立台账；与相关单位和镇街签订地质灾害防治工作责任书，相关镇街与地质灾害群测群防员责任书，开展大规模地灾防治宣传，组织、协调应急演练 15 次，参与群众 1500 余人。在汛期，分局联合气象局共发布地灾预警蓝色 7 次，升级并发布黄色 1 次。全部预警信息及降雨信息发至市局地环处、门头沟区各相关部门、各镇办事处和全体 181 名群测群防员。全年共启动应急调查 4 次，其中崩塌 3 次、地面塌陷 1 次。

完成雁翅镇碣石村、永定镇岢罗坨、雁翅镇房良村、清水镇塔河村、斋堂镇柏峪村、雁翅镇田庄村、斋堂镇向阳口、大台灰地西马、清水镇洪水口、清水镇李家庄等10个地质灾害治理工程，完成投资2278.77万元，有效保护了300户622人和道路过往行人的生命财产安全。

【信访工作】

年内，共接到群众反映事项155件，其中涉地类148件，涉矿类7件，全部办结。

【调研课题】

完成《督察督办对提高执行力的研究与思考》《行政事业单位内部控制存在问题及对策》《北京市国土资源局门头沟分局门户网站建设情况调研》《宅基地地籍调查问题研究与对策分析》《门头沟区集体土地流转方式的分析与探讨》《门头沟区建设用地盘活利用调查报告》《治理地质环境，促进生态文明》《关于分局机关党建工作调研报告》《关于加强纪检监察廉政文化建设的思考》《关于对制而不止违法用地如何履职尽责的调研报告》《关于门头沟区预留产业用地政策的探索》《关于如何在永定镇地区开展打击私挖盗采工作的调研报告》《关于国土资源管理所信访举报分类处理的调研报告》《以精细化管理促国土所跨越发展》《有关违法违规用地遏制难的调研》的调研报告。

【大事记】

1月20日，门头沟区委常委、常务副区长陈国才到门头沟分局调研，听取分局关于2014年拟供应经营性用地项目情况，以及拆迁、规划、市政等方面意见和建议的汇报。

3月4日，市国土局副局长谢俊奇带领地籍处、登记中心和市颁证办一行8人到门头沟区，就宅基地调查工作进行专题调研。门头沟分局汇报了全区开展宅基地调查工作的背景、目的、技术路线、取得的成果和存在的主要问题。作业单位汇报了数据库建设思路、总体框架以及进展情况。调研组与分局、作业单位分别从测量标准、权属依据、档案收集等方面进行探讨。

4月11日，市国土局副局长张维带领市局规划处、地环处、规划中心、储备中心一行到门头沟区，就门头沟区重点项目进行调研，门头沟区区委书记韩子荣主持召开了调研座谈会，常务副区长陈国才、副区长张永、区委办主任郑伟革及区相关委办局负责同志参加会议。门头沟分局汇报了龙泉镇04－08街区新增土地一级开发项目等5个土地储备项目及门头沟区涉及规划调整项目情况，与会领导就项目开发方式、联储模式、资金回笼、留地安置等问题进行深入探讨。

5月13日，市国土局副巡视员樊文祯带队到门头沟区，就宅基地地籍调查和集体建设用地使用权确权登记颁证工作进行调研。听取门头沟分局相关工作情况汇报，并就宅基地的法定面积、主体确定、数据库建设等方面提出意见建议和具体工作要求。

5月22日，国土部储量司监督管理处处长张应红带领部经济研究院研究所的工作人员到昊华集团木城涧煤矿，就矿山储量动态管理工作进行调研。市国土局储量处有关领导陪同调研。

5月28日，市国土局储备中心领导到门头沟区专题调研永定镇岢罗坨、秋坡、石佛三村地质环境综合整治项目。听取分局相关情况汇报，并对项目方案提出具体修改意见。

6月10日，门头沟区区领导陈国才到门头沟分局就土地入市工作进行调研。分局汇报2013年供地完成情况及2014年全区拟供地项目情况，提出拆迁、规划、市政、考古等方面的问题和建议。

9月3日，门头沟区委常委、区纪委书记赵潮英带队到门头沟分局就开展“四风”突出问题专项整治工作进行检查指导，分局局长王桂忠分别从坚决纠正损害群众利益行为，坚决遏制违法用地和违法建设，整治“形象工程”和“政绩工程”专项行动，整治工程建设领域管理制度执行不力问题等方面汇报牵头任务和协办任务的落实情况。

10月23日，市国土局领导师宏亚带领市储备中心各部门负责人到门头沟区，就土地储备工作进行调研。常务副区长陈国才，区相关委办局及镇政府负责人参加调研。门头沟分局汇报了2014年土地储备工作完成情况、2014—2015年土地供应计划情况、土地储备开发项目存量情况，以及存在的问题。

12月23日，门头沟区常务副区长陈国才到门头沟分局就土地入市工作进行调研。听取分局关于S1线区域组团05地块（部分）地块、城子大街国有资源整合改造升级地块土地一级开发项目、原住建委地块及7平方公里项目进展情况，以及规划、市政、考古等方面存在的问题和建议。

北京市国土资源局房山分局

【土地资源概况】

房山区位于北京市西南部，坐标为北纬39°30′—39°55′，东经115°25′—116°15′。东北与丰台区相邻，东与大兴区以一水相隔，南和西面与河北省涿州市、涞水县相连，北与门头沟区以百花山为界。辖区设28个街道办事处（乡、镇）。

房山区辖区面积199472.67公顷，土地利用现状面积详见表4－6。

表4－6　　2013年北京市房山区土地利用现状汇总　　单位：公顷

行政区域名称	房山区
土地调查面积	199472.67
耕地（01）	25180.42
园地（02）	15671.89
林地（03）	60692.03
草地（04）	45634.31
城镇村及工矿用地（20）	30691.74
交通运输用地（10）	5115.84
水域及水利设施用地（11）	7034.92
其他土地（12）	9451.52

【机构设置】

北京市国土资源局房山分局（简称房山分局）现有9个行政科室、10个事业单位（参公事业单位1个、规范事业单位1个、全额拨款事业单位8个）、3个内设机构。

9个行政科室分别是：办公室、综合科、地籍科、耕地保护科、土地利用科、地质矿产科、财务科、政工科、纪检监察科。

10个事业单位分别是：参照公务员管理的事业单位1个（土地权属登记事务中心）、纳入规范管理的事业单位1个（执法监察队）、全额拨款的事业单位8个（土地整理储备中心、土地利用事务中心和6个国土所）。

3个内设机构是：法制科、信访室、

新闻宣传办。

分局领导班子：

党组书记、局长　　　　　于英虎
党组副书记、纪检组长　李泽田
副局长　　　　　　　　　周振国
副局长　　　　　　　　　鲁永来
副局长　　　　　　　　　石广欣（女）
副局长　　　　　　　　　王景岗
（2014 年 10 月 10 日免职）
副局长　　　　　　　　　王慧文
（2014 年 12 月 26 日任职）

【土地利用总体规划】

年内，房山分局完成动态维护项目 3 个、规划修改项目 1 个，为引导科学合理利用土地、严格土地用途管制奠定基础，优化土地利用总体规划布局。

【建设项目用地预审】

年内，房山分局共受理各项手续 1433 件，其中土地预审 65 件（包含绿通项目 12 件），总规模 513.93 公顷，政府信息公开 573 件，土地登记 221 件，土地抵押及注销 216 件，农业设施出图 204 件，压矿核查 47 件，地灾评估 39 件，土地划拨 16 件，其他用地手续 52 件。

【征地及农用地转用项目用地管理】

年内，房山分局共受理征占地项目 11 宗，用地面积 26.3079 公顷，其中新增建设用地 9.4467 公顷，农用地转用 6.8635 公顷，占用耕地 1.6493 公顷。受理划拨项目 14 宗，涉及供地面积 26.4512 公顷。办理征地结案 6 宗，用地面积为 105.1354 公顷，60545.3658 万元征地补偿安置费用全部监管到账，涉及农转非人员 816 名。

【土地整理及耕地占补平衡】

年内，房山分局共有在施各类土地开发整理项目 15 个，其中市级项目 11 个，区级项目 4 个。建设总规模 2956 公顷，预算投资 1.79 亿元，预计新增耕地 395.33 公顷。共完成 11 个项目（约 2.8 公顷）的耕地占补平衡工作。

完成高标准基本农田建设任务。年内，共完成高标准基本农田建设 2180 公顷。同时，按照《2015 年北京市房山区高标准基本农田建设实施方案》，分局新整合 2 个高标准基本农田建设项目。涉及阎村镇、琉璃河镇等 2 个乡镇。建设总规模 1666.67 公顷，预计 2015 年底完成验收。

【土地供应计划及实施】

房山区 2014 年市级供地指标为 307 公顷，完成供地 211 公顷，完成计划的 69%。协议出让及划拨用地 10 宗，约 155 公顷。

【保障性住房用地供应】

年内，完成保障房供地 53 公顷，完成计划的 67%，定向安置房投资 8 亿元。

【土地市场交易】

年内，完成供地 211 公顷，完成计划的 69%，实现政府土地收入 98 亿元，政府收益 67 亿元。

【土地储备开发】

年内，共完成土地储备投资 15.47 亿元（完成计划的 52%），完成土地储备开发 147.7 公顷（完成计划的 84%）。

【土地调查和土地权属登记】

完成土地日常登记工作。年内，办理国有土地使用权初始登记119宗，国有土地使用权变更登记88宗，国有土地使用权注销登记88宗，国有建设用地使用权抵押登记92宗，国有建设用地使用权抵押注销登记105宗，完成日常发证地籍调查工作152宗。

房山区集体土地使用权确权登记发证工作通过市级验收。按照中央和北京市有关精神和部署，房山区于2013年3月启动集体建设用地使用权确权登记发证工作，涉及23个乡、镇（街道办事处），465个村集体经济组织，共调查农村集体土地使用权6380宗，土地面积6279.38公顷，其中不符合确权条件的3860宗，土地面积3967.26公顷，符合确权条件的2441宗（不含历史已发证79宗），土地面积2187.13公顷。在符合确权条件的当中，符合登记发证的327宗，土地面积89.35公顷，只确权不发证的2114宗，土地面积2097.78公顷。

完成农村集体土地使用权确权登记颁证工作。此项工作自2013年度3月开始，历时22个月，至2014年年底结束。经最终核实房山区集体建设用地使用权共6380宗，面积6277.64公顷。其中：符合确权条件的2441宗（不含历史已发证79宗），面积2190.23公顷；不符合确权条件的3860宗，面积3965.52公顷。在符合确权条件的当中，符合登记发证的327宗，面积89.36公顷，只确权不发证的2114宗，面积2100.87公顷。

开展各类土地权属审查。年内，共受理接件411件，其中完成土地权属审查127件，为执法队提供权属地类证明129件，回复乡镇和各类项目查询权属复函54件，政府信息公开查询71件，土地储备中心回函16件，提供图件14件。

【土地执法监察】

年内，房山分局以国土部卫片为数据为基础，联合区有关部门积极开展卫片执法工作，严厉打击违法建设违法用地行为，土地执法工作取得一定成效。国土部卫片共下发B、W、PJ三类图斑总面积294.31公顷，耕地面积163.10公顷。其中，国土部下发疑似违法用地（W）图斑420宗，总面积220.65公顷，耕地115.83公顷（其中可调整地类面积19.38公顷）。疑似违法用地（W）图斑420宗数据中，扣除可调整地类面积，具体情况如下：合法用地6宗，总面积2.97公顷，耕地面积0.55公顷；违法用地406宗，总面积216.04公顷，耕地面积95.90公顷；军事用地项目8宗，占地面积1.64公顷，耕地面积0.22公顷。违法占用耕地面积占新增建设用地占用耕地总面积的比例为70.6%，问责比例为10.2%。针对违法用地，共依法履职到位406宗，依法履职到位率为100%；整改查处到位271宗，整改查处到位率为80.2%。

做好土地违法案件查处工作。本年共下达行政处罚决定书46宗，占地面积42.79公顷，拆除构筑物21567.69平方米，没收建筑面积297890.2平方米，退还土地32.67公顷，罚没款370.94万元。

【土地出让及批后监管】

年内，共签订出让合同14宗，其中

协议出让1宗（为历史遗留项目），挂牌出让13宗（为新建项目）。目前出让土地面积共76.930391公顷，土地成交总额9.2639亿元，收取政府收益1.0004亿元。

根据批后监管工作的任务分工、监管内容，并充分利用综合监管平台出让土地批后监管子系统，开展土地出让合同相关信息的全程监督管理，对房山区出让后土地的开发建设情况进行认真的梳理、核查，有效地加强供应后土地监管工作。

【信息化建设】

截至年底，房山分局设备保有量近500台，维护办公应用系统4套。一年日常运维超过2000人次，互联网、政务外网、金财网运行稳定，监管平台、地籍信息管理系统、公务员考核系统运行良好，未发生大面积的网络中断及其他事故。计算机终端、视频会议系统、打印存储设备、监控系统、视频会议系统、机房设备运行稳定，为全局业务工作正常运转保驾护航。分局网站得到社会好评，全年发布信息3000余条。网站浏览数量在全市16个区县排名第一，网站质量排名全市第三，今年依然代表北京市参加国土部县级国土资源网站评比。

完成机房改造验收工作，房山分局机房作为市国土局标杆机房在全市推广。完成国土所网络改造建设项目申报工作，项目得到市国土局信息中心的认可，计划在房山区进行国土所信息化建设试点。大力推广移动政务网办公系统。截至年底，房山分局系统设备35台，为一线业务工作及日常办公带来极大方便。

【矿产资源概况】

房山区已发现矿产资源种类20余种，以煤炭、建材为主的非金属矿产分布，储量大、品种多，质量好，是房山区有特色的优势矿产。截至年底，共有矿山企业19家，其中非煤矿山6家，矿泉水1家，地热12家。

【矿产资源开发管理】

年内，继续保持打击非法开采高压态势。圆满完成2012年度矿产卫片执法检查，违法图斑全部查处整改到位；全年立案查处越界开采、无证开采案件8起，没收非法矿产品451.1立方米，罚没款96867.13元，行政处罚履行到位，全部结案；移送公安机关非法采矿案件2起；配合公安部门出具矿产资源破坏价值鉴定结论7份。

【地质环境管理】

收缴矿山地质环境恢复治理保证金。2014年，房山区共征缴矿山地质环境恢复治理保证金1511.55万元，返还344.92万元，北京昊华股份有限责任公司大安山煤矿、长沟峪煤矿、北京市小蒋沟采石厂、北京琉璃河水泥有限公司高庄砂岩矿4家矿山自主实施了矿山地质环境恢复治理项目。

推进北京市西部山区百花山地区废弃煤矿矿山地质环境治理示范工程建设。该项目是一个三年治理计划，2012年度治理工程是该计划的第一年。2012年度治理工程，国家拨付资金5994.4万元，分布在史家营、大石窝、长沟3个乡镇共4

个治理区，治理区总面积196.2公顷，除长沟治理区正在施工外，其余3个治理区通过竣工验收。2013年度示范工程项目任务书已经下达，共获得中央财政补助资金5195万元，治理区面积约240公顷，共6个治理区。目前，大安山、河北两个治理区已开工建设，南窖、霞云岭两个治理区已完成招投标工作，计划2015年3、4月份开工建设。其余两个治理区勘察报告和设计方案已通过了市国土局组织的专家评审，并已报市国土局进行财务评审。本年度示范工程项目已落地，争取国拨资金约2000万元，治理面积约53.33公顷。

完成2013年度矿山地质环境治理示范项目评估核查的迎检工作。为加快推进矿山地质环境治理示范工程建设，确保示范工程成效和财政资金安全有效，国土资源部、财政部于5月初对房山区示范工程开展情况进行评估核查，通过对项目前期工作情况、项目施工进展情况、资金使用情况、工程实施的初步成效和预期成果近期等方面的检查评估，房山矿区的工作得到核查组的充分肯定。

争取市政府2013—2017年度清洁空气计划资金。北京市清洁空气行动计划项目是北京市大气污染综合治理领导小组办公室下达的一个跨年度的计划项目，主要工作任务是恢复矿区植被、植树造林，时间跨度为2013—2017年。年内，总体修复计划已上报市国土局。房山区计划在大石窝、青龙湖等14个乡镇229个矿区展开工作，计划争取项目资金约11亿元。

【地质灾害防治】

统一地质灾害预警发布工作。针对市国土局关于地质灾害预警发布工作的调整，多次与区应急办、防汛办、气象局及应急调查队进行沟通，制定了《房山区地质灾害气象风险预警发布工作方案》和工作流程，形成四方会商机制，方案经区政府同意后发布实施。

完成地质灾害防治高标准“十有县”的申报工作。按照国土部、市国土局工作部署，组织开展相关工作，申报地质灾害防治高标准“十有县”。2014年底已被国土部评为地质灾害防治高标准“十有县”。

开展地质灾害应急演练。分别联合史家营乡人民政府承办北京市地质灾害应急演练，联合霞云岭乡人民政府承办房山区地质灾害应急演练，演练内容涵盖监测预警、指挥决策、群众避险转移、应急救援等应对突发性地质灾害的各个方面，并模拟强降雨、持续降雨天气来临前、出现临灾征兆后，特别是针对断路、通信中断等特殊情况下的群众撤离和安置。通过开展应急演练提高基层队伍应急能力。

开展地质灾害应急调查。年内，共开展地质灾害应急调查8起。分别为：房山区张坊镇涞宝路K5+770m处崩塌灾害、房山区大安山乡大安山村地面塌陷灾害（2起）、房山区河北镇阎河路K16+700处崩塌灾害、房山区史家营乡金鸡台村道路崩塌灾害、房山区河北镇阎河路K16+900处崩塌灾害、房山区大石窝镇岩上村地面塌陷灾害、房山区大安山乡瞧煤涧村地面塌陷灾害，针对以上地质灾害都进行积极处置。

稳步推进地质灾害治理工程。“7·21”后，国土部、财政局共计投入2162.78万元用于我区地质灾害隐患治理，涉及8个山区乡镇的11处隐患点，11处隐患点已全部通过竣工验收。地质灾害项目的实施可有效减轻地质灾害隐患带来的威胁，保障当地人民群众的生命财产安全，改善生态环境。

【信访工作】

全年，共接待来信、来访举报226件（其中来信举报145件、来访举报81件），受理举报案件168件，全部做到按时答复，依法依归办结完毕，做到事事有反馈、件件有答复。

【大事记】

2月18日，房山分局组织完成两个地质灾害治理项目的招标工作，其中：佛子庄乡上英水村不稳定斜坡地质灾害治理项目，预算90.9万元，中标单位为北京路桥瑞通养护中心有限公司；佛子庄乡陈家台村崩塌地质灾害治理项目，预算404.2万元，中标单位为北京路桥瑞通养护中心有限公司与北京正泰恒通爆破工程有限公司联合体。

4月，房山分局加强管理严防“小产权房”。联合乡镇每月对辖区内进行一次专项巡查，随时掌握小产权房最新动态。根据台账信息，制定重点巡查路线，对城乡结合部、乡镇交界处等部位常查常看，不留死角。注意收集售房广告、短信和网络中介等信息，加强实地排查处置。

5月14日，房山分局国土三所全市率先使用航拍遥控飞机加强国土资源动态监管，负责管理窦店、琉璃河、韩村河3个乡镇、104个村、287平方公里土地。

5月16日，市国土局局长魏成林到房山区调研，实地查看了史家营乡金鸡台村道路、史家营村和曹家坊村地质灾害隐患点。区政协主席唐淑荣陪同调研。

6月17日，房山分局联合区打击非法开采小分队在周口店镇穆岩寺地区进行多轴飞行器（无人机）试飞。

8月1日，市国土局副局长师宏亚及区领导唐淑荣、曾赞荣就云居寺文化景区文化宫项目用地建设与管理情况到大石窝镇调研。

8月8日，区委书记刘伟到房山分局调研，听取相关工作汇报。

7月31日、8月1日，房山分局、周口店镇、周口店派出所等联合对周口店镇黄山店大北沟、龙宝峪中沟、黄院中沟、黄院原房山矿四处黄山店大北沟、龙宝峪中沟、黄院中沟、黄院原房山矿四处非法盗采“黑井口”实施炸封，共出动执法人员100余人次、车辆20台次，累计使用炸窑6000公斤、雷管4000发。

10月20日，房山区西部山区百花山地区废弃煤矿矿山地质环境治理示范工程（大安山乡后槽沟治理区）举行开工仪式。

12月5日，老挝政府副总理阿桑·劳里到房山区参观城市发展建设情况，国土资源部科技与国际合作司司长姜建军，市国土局副巡视员周旭峰，房山区委副书记、代区长曾赞荣，区委常委、副区长吴会杰陪同参观。阿桑·劳里一行参观了良乡大学城、长阳科技园项目、小清河观光带、万科长阳半岛项目、北京四中房山分校和长阳主题文化馆。

北京市国土资源局通州分局

【土地资源概况】

通州区位于北京市东南部，坐标北纬39°36′—40°02′，东经116°32′—116°54′，地处京杭大运河起点。西邻朝阳区、大兴区；北与顺义区接壤；东隔潮白河与河北省三河市、大厂回族自治县、香河县相连；南和天津市武清县、河北省廊坊市交界。

通州区辖10个镇，1个民族乡，475个行政村，4个街道办事处，110个社区居委会。

通州区辖区面积90579.21公顷，土地利用现状面积详见表4-7。

表4-7　2013年北京市通州区土地利用现状汇总　单位：公顷

行政区域名称	通州区
土地调查面积	90579.21
耕地（01）	33799.52
园地（02）	3507.33
林地（03）	7893.73
草地（04）	121.86
城镇村及工矿用地（20）	29920.68
交通运输用地（10）	4785.45
水域及水利设施用地（11）	8657.90
其他土地（12）	1892.74

【机构设置】

北京市国土资源局通州分局（简称通州分局）内设办公室、综合科、地籍科、耕地保护科、土地利用科、财务科、政工科、纪检监察科等8个科室，机关行政编制31名（实有人数26人）；其中局党组书记1人，局长1人，党组副书记1人，副局长4人，纪检组长1人；科级领导职数8正3副。机关工勤编制4名（实有人数4人）。下设北京市通州区土地权属登记事务中心、北京市通州区土地利用事务中心、北京市土地整理储备中心通州区分中心、北京市通州区国土资源执法监察队、北京市国土资源局通州分局第一国土资源管理所、北京市国土资源局通州分局第二国土资源管理所、北京市国土资源局通州分局第三国土资源管理所、北京市国土资源局通州分局第四国土资源管理所等8个事业单位，编制82名，实有人数76人。

分局领导班子：

党组书记　　刘占恩
局长　　靳京
副局长　　张士祥
副局长　　康振宇
副局长　　王满屯
副局长　　王玥（女）
纪检组长　　张洪兴

【土地利用总体规划】

年内，开展规划动态维护审查工作，提高精细度。根据《北京市国土资源局关于进一步规范土地规划调整工作的通知》精神，加强规划动态维护方案审查的精细度，对每一个项目的用地规模和选址位置进行充分论证，现场核实，在与项目单位、乡镇做好密切沟通的基础上，争取市国土局相关处室的支持，使规划方案获得批复。对北京电影学院等5个项目的规划动态维护工作，其中市国土局审批动态维护项目1个，分局审批动态维护项目4个，全部为公益基础设施和民生工程，项目总面积88.21公顷，共使用城乡建设用地机动指标7.61公顷，使用特殊、交通、水利建设用地机动指标0.33公顷。

年内，开展规划审查工作。根据相关部门需要，积极为循环经济产业园、通州殡仪馆等项目选址工作解决土地规划方面的问题，使项目顺利落地；为60余个征求意见的项目进行规划用途核查。

年内，协调解决文化旅游区规划相关工作。通过多次协调、沟通，取得市级规划部门对国际旅游度假区涉及文化旅游区20个地块土地规划问题的批复，同意按照符合土地规划先行开展项目一级开发、办理征地手续，待控制性详细规划确定后再统一完成土地利用总体规划的调整工作，保障项目用地手续的顺利办理。为解决国际旅游度假区相关配套工程建设问题和文化旅游区剩余22个地块的土地规划问题，通州区政府已请示市政府，市政府已批转市国土局和市规划委研提意见。

年内，开展城市总体规划修改专题研究工作。根据城市总体规划修改的要求，以通州区人口、经济发展和土地利用现状为切入点，深入分析城乡建设用地增长趋势和特点，研究潜力，预测需求，开展《通州区城乡建设用地实施与潜力研究》工作，专题研究的初稿编制已完成。

【建设项目用地预审】

年内，共办理建设项目用地预审111件，总用地面积为1181.56公顷。其中，工业类项目22个，用地面积346.17公顷；科教文卫类项目18个，用地面积73.59公顷；基础设施类项目35个，用地面积140.84公顷；商业、居住类项目34个，用地面积612.91公顷；旧村改造类项目2个，用地面积8.05公顷。

【征地及农用地转用项目用地管理】

年内，办理征地项目26个，征地面

积562.8014公顷，农转非3901人，转非劳动力2171人，超转1339人；获得市政府批复征占地项目5个，总用地面积64.85公顷。其中，农用地38.64公顷，涉及占用耕地24.4公顷。商住类项目1个，面积33.06公顷；公共服务设施类项目3个，面积11.4公顷；工业类项目1个，面积20.39公顷。征地项目涉及农转非377人，其中转劳207人、超转140人。

【土地整理及耕地占补平衡】

年内，组织实施5个高标准基本农田建设项目，建设总规模3862.64公顷，拟建成高标准基本农田3594.7公顷，预计总投资13949.78万元。为通州区7个建设项目提供占补平衡指标，补充耕地面积86.7502公顷。

【土地供应计划及实施】

年内，国有建设用地计划供应总指标292公顷，实际供应土地25宗，面积225.72公顷，完成计划指标的77%。其中，工矿仓储用地5宗，面积26.97公顷，完成计划的67%；商服及商品住宅用地14宗，面积173.56公顷，完成计划的101%；各类政策性住房项目用地6宗，面积25.19公顷，完成计划的31%。

【保障性住房用地供应】

年内，完成各类保障房项目供地6宗，用地面积25.19公顷。其中，公租房0.94公顷，经适房10.74公顷，限价房5.07公顷，定向安置房8.44公顷。另外，供应自住型商品房用地9.69公顷。

【土地市场交易】

年内，通过土地市场供应土地19宗，总用地面积214.97公顷，建设用地181.7公顷，建筑规模286.86万平方米，成交总额199.69亿元，政府土地收益64.97亿元。其中，经营性用地14宗，总用地面积188公顷，建设用地161.57公顷，建筑规模260.98万平方米，成交总额198.16亿元，政府土地收益64.76亿元（其中，住宅用地2宗，总用地面积24.33公顷，建设用地20.36公顷，建筑规模54.24万平方米，成交总额26.78亿元，政府土地收益9.8亿元）；工业项目5宗，总用地面积26.97公顷，建设用地20.13公顷，建筑规模25.88万平方米，成交总额1.53亿元，政府土地收益0.21亿元。

【土地储备开发】

年内，土地储备开发在施项目61个，总占地面积约4098.94公顷，其中，联储项目3个，用地面积约2615.22公顷，包括3号地、环渤海高端总部基地、文化旅游区项目；以分局储备中心为主体项目31个，用地面积约720.85公顷；社会企业为主体项目27个，用地面积约762.87公顷。

【土地调查】

年内，国土部下发通州区2014年度土地变更调查监测图斑1433块，实际变化拆分图斑1474块，总面积2083.9公顷。根据各乡镇监测图斑量，由权属登记中心牵头提供技术支持，国土所按照分管的乡镇成立调查小组，逐块图斑进行核实，根据拍照影像资料，研判是否为新增建设用地。经调查核实，初步显示：新增图斑共302块，面积247.45公顷，其中，占耕地面积87.64公顷，占基本农田面积10.42公顷；伪变化图斑1172块，总面积1836.45公顷。违法图斑230块，占地面积150.87公顷，其中占用耕地66.1公顷，占用基本农田9.71公顷。

【土地权属登记】

截至年底，国有土地使用权登记发证289宗，其中初始登记57宗，面积127.34公顷，变更登记232宗，面积456.19公顷；注销国有土地使用权1宗，面积6.37公顷。

国有建设用地抵押权登记338件，抵押面积1082.548公顷，抵押价值1815.43亿元，抵押金额760.89亿元。其中国有建设用地使用权抵押初始登记249件，抵押面积624.684公顷，抵押价值1087.63亿元，抵押金额495.37亿元；抵押权变更登记89件，抵押面积457.864公顷，抵押价值727.80亿元，抵押金额265.52亿元（其中政府储备融资14件，抵押金额64.97亿元）；抵押权注销登记321件，注销抵押面积1154.519公顷。

根据京政办函〔2010〕7号和京政办发〔2011〕58号文件的规定，调查符合二调成果的集体建设用地7194宗，面积5840.77公顷，其中历史已颁发集体建设用地使用证共639宗，面积738.59公顷；未发证宗地共6556宗，面积5102.18公顷，符合确权条件集体建设用地共1787宗，面积998.1公顷，按照规定只确权不发证集体建设用地1406宗，面积902.34公顷，可登记颁发集体建设用地使用权证381宗，面积95.76公顷，已按程序确权登记颁证，确权总量位居全市第二，实现应确尽确、应发尽发的目标。

【土地执法监察】

年内，加大执法工作力度。以“节约集约利用土地，转变土地利用方式”为主题开展第24个“全国土地日”宣传活动，全区设立宣传站点12个，发放宣传材料近万份，接受群众咨询1000多人次；严格落实《北京市行政处罚案卷标准》《国土资源行政处罚办法》《国土资源违法行为查处工作规程》等法规，不断加大研究探索违法用地案件查处工作的难点和重点问题解决途径，增强案件处理的准确性、公正性，进一步规范行政执法行为，加大国土资源行政处罚力度；严格落实土地例行督察整改工作要求，通过多途径督导、多频次检查，形成相关部门合力，不断推进乡镇主责落实整改工作。紧密结合严厉打击“两违”专项行动，充分运用通州区专项工作的严打利剑，保持对新增违法用地的查处力度，完成年度卫片检查工作；强化打击“小产权房”联合执法机制，坚持开展全区涉嫌“小产权房”拉网式排查清理工作，与各乡镇政府清理整治形成合力，联合监管严控新增发生、严打交易过户，斩断“小产权房”建设和销售的利益链条，做到早发现、早报告、早处置，切实做到行政执法履职到位。年内，查处违法用地376宗，占地面积202.38公顷。其中，耕地面积76.45公顷。通过市级年度卫片执法检查验收工作，问责比例为6.1%。下发行政处罚决定书89份，收缴罚款551.5万元，履职到位率达到100%。

【信息化建设】

年内，按照办公需要，做好信息化日常运维工作，进行百余次网络、电脑及终端设备软硬件的维护；配合办公用房改造，做好网络重新部署和搭建工作，确保网络和电话同步到位；做好分局网站更新工作，在分局网站发布各类信息、公示公告409条。

【地热资源管理】

年内，依据《矿产资源开发登记管理办法》和《北京市矿产资源管理条例》的有关规定，对地热资源进行日常管理。

【地质灾害防治】

年内，完成三级地质灾害危险性评估备案9件，建设项目是否压覆重要矿产资源核查2件。

【信访工作】

年内，接待群众举报来电330个，涉及330人；来信93封，涉及269人；来访39批次，涉及64人次，信访量同比上升38%。其中，受理信访举报事项109件，办结106件，办结率97.2%，其余信访件正在办理中。接到国土资源部、市国土局转办12336违法举报线索372件，受理量同比增长10%，其中，362件办复，办复率97.3%，其余10件正在办理中。

【调研课题】

年内，魏倩撰写《关于加强新形势下机关党员干部思想教育工作的探索与思考》调研课题获通州区调研报告二等奖；邢娟撰写《实现征地多元化补偿安置的政策建议——以北京市通州区为例》荣获2014年第六届北京土地青年学术论文一等奖；马涛撰写《提高通州区国土资源执法监察效能的探讨》荣获论文二等奖。

【大事记】

1月1日，根据《北京市国土资源局启用北京市全国宗地统一代码的通知》要求，通州分局启用全国宗地统一代码。

1月6日，市国土局、市住建委和市监察局组成的市联合督察组对通州区“小产权房”清理整治工作情况进行督查。督察组听取分局主管领导关于通州区开展“小产权房”清理整治工作情况的汇报，核查通州区张家湾镇、宋庄镇四处“小产权房”现场。

2月17—18日，通州区“小产权房”联合检查小组，在通州分局纪检组组长张洪兴带领下，联合通州区住建委、规划分局、工商分局、区公安分局、区监察局等部门对3个乡镇10宗村民自住楼项目进行现场检查。

2月27日，通州分局召开党的群众路线教育实践活动总结大会，会议由分局党组书记刘占恩主持，分局局长靳京做工作报告。市局教育实践活动第二督导组组长魏成林、副组长高英军莅会指导。分局局长靳京代表分局领导班子汇报开展党的群众路线教育实践活动的总体情况。局长魏成林对分局群众路线教育实践活动的开展情况给予充分肯定。

3月27日，北京首寰文化旅游投资

有限公司以19.3亿元竞得北京国际旅游度假区核心区地块（挂牌成交），该地块总用地面积133.71公顷，其中建设用地面积120.95公顷，建筑控制规模79.81万平方米。

4月22日，通州分局在玉桥社区公园开展“珍惜地球资源，转变发展方式——节约集约利用国土资源　共同保护自然生态空间”主题宣传活动。市国土局副巡视员刘占恩、耕保处处长关爱军等领导参加宣传。

5月12日，通州分局举办“防灾减灾日”宣传活动。发放防灾减灾宣传手册80余份，现场解答相关问题20余条。

6月5日，国家土地督察北京局督察组召开通州区土地资源保护和利用情况调研座谈会，通州区发改、农委、新农村办公室、规划、国土等部门领导及永乐店镇政府、永乐经开发区管委会主管领导、部分村村民代表参加座谈。

8月6日，受通州区政府授权，通州分局局长靳京主持召开通州区2014年闲置土地部门联席会第一次会议。会议分析认定金路伟业物流有限公司、东明伟业（北京）文化发展有限公司等14宗土地的闲置原因，初步确定闲置土地的处置方案。

8月15日，国家审计署组织兰州特派办等审计部门共29人，对通州区2008—2013年土地出让金收支和耕地保护情况进行审计。10月17日，审计组向通州区政府提交审计报告征求意见稿，涉及8类18项问题。

11月2日，北京市通州区永顺镇TZ00－0104－0031地块R2二类居住用地（配建限价商品住房）地块通过挂牌方式成交。该地块总用地面积63927.2平方米，建设用地面积63927.2平方米，建筑控制规模159818平方米。北京德俊置业有限公司和北京房地置业发展有限公司联合体竞得该地块，成交价款为人民币9.6亿元。

12月3日，通州分局围绕“弘扬宪法精神，建设法治中国”主题，在梨园镇中心广场开展法制宣传活动。

北京市国土资源局顺义分局

【土地资源概况】

顺义区位于北京市东北部，坐标为40°00′—40°18′，东经116°28′—116°58′。东邻平谷区，北连怀柔区、密云县，西接昌平区、朝阳区，南接通州区、河北省三河市。辖区设19个乡（镇）。

顺义区辖区面积101950.63公顷，土地利用现状面积详见表4－8。

表4－8　　2013年北京市顺义区土地利用现状汇总　　单位：公顷

行政区域名称	顺义区
土地调查面积	101950.63
耕地（01）	33797.30
园地（02）	4952.40
林地（03）	15276.70
草地（04）	1754.73
城镇村及工矿用地（20）	28262.77
交通运输用地（10）	7195.30
水域及水利设施用地（11）	7665.62
其他土地（12）	3045.81

【机构设置】

北京市国土资源局顺义分局（简称市国土局顺义分局），是北京市国土资源局在顺义区负责本行政区域内土地与矿产资源行政管理的派出机构。分局内设土地利用科、地籍科、耕地保护科、地质矿产科、综合科、财务科、办公室、政工科、纪检监察科9个职能科室。机关行政编制34名，实有24名。机关工勤编制5名，实有5名。下设北京市顺义区土地权属登记事务中心、北京市顺义区国土资源执法监察队、北京市土地整理储备中心顺义区分中心、北京市顺义区土地利用事务中心、第一国土资源管理所、第二国土资源管理所、第三国土资源管理所、第四国土资源管理所8个事业单位，编制87名，实有74名。

分局领导班子：

党组书记、局长	韩凤桐
副局长	王军生
副局长	纪品良
副局长	赵丽婷（女）
纪检组长	张晓梅（女）
副局长	杜井龙

【建设项目预审】

年内，顺义分局共办理建设用地项目预审 76 件，涉及面积 839.84 公顷。

【征地审批】

年内，共办理征地结案 8 宗，用地面积 118.09 公顷。完成集体土地征收前期工作 14 宗，上报征地面积约 152.62 公顷；办理国有建设用地使用权划拨 5 宗，划拨面积约 12.41 公顷；完成国有建设用地使用权工业用地出让 9 宗，出让面积约 33.24 公顷，签署合同地价款约 3.57 亿元；办理国有建设用地使用权转让 2 宗，转让面积约 4.21 公顷。加大催缴陈欠地价款力度，全年累计催收陈欠地价款 2492.24 万元。

【高标准基本农田建设】

年内，开展土地利用总体规划局部修改和指标落实工作，共调整面积 96.42 公顷；完成占补平衡 12 宗，补充耕地 101.96 公顷，收缴耕地开垦费 3538.72 万元。开展永久基本农田试点区县划定工作，完成 13 个镇涉及 286 个行政村内外业数据处理和调查工作。共办理宅基地审批 41 宗，批准面积 8200 平方米。上报存量复垦项目验收 3 个，入库新增耕地面积 412.25 公顷。

【土地储备开发】

年内，累计完成一级开发投资 57.86 亿元，一级开发面积 176.54 公顷。

【土地入市交易】

年内，全区累计完成土地入市交易 17 宗，总用地面积 175.25 公顷。总成交金额 182.75 亿元，实现政府土地收益 122.41 亿元，创历史新高。其中：经营性用地 10 宗，土地总面积 142.2 公顷，总成交金额 179.26 亿元，实现政府收益 121.48 亿元。工业项目用地 7 宗，土地总面积 33.05 公顷，总成交金额 3.49 亿元，实现政府收益 0.94 亿元。

【土地执法监察】

本年度土地矿产卫片检查中，顺义区共计发现违法用地 352 宗，占地 183.15 公顷，其中耕地 73.52 公顷。矿产卫片 7 宗，占地面积 2.63 公顷。立案查处立案 42 宗，面积 11.22 公顷，其中耕地 1.7 公顷；本年度一、二季度土地变更调查卫片共涉及全区的新增建设用地 149 宗，占地总面积 150.94 公顷。其中违法项目 82 宗，占地 46.06 公顷。一、二季度的违法用地均已处理完毕，处理率 100%。第三季度土地变更调查涉及顺义区的新增建设用地共计 218 宗，占地面积 123.72 公顷，占用耕地 45.57 公顷，对违法用地上的违法建设已移交区拆违办督促各镇加强整改。年内共拆除 426 宗，腾退土地面积 98.8 公顷，其中耕地 44.75 公顷。执法监察队及 4 个国土所全年共发现区域内违法违规用地 98 宗，占地面积 59.1 公顷，其中占用耕地 26.02 公顷，全部下发了《责令停止土地违法行为通知书》。本年度顺义区收到 12336 电话举报事项共计 402 个，其中：属实 112 个，部分属实 43 个，不属实 247 个，反馈率 100%。治理盗采点 13 个，涉及土地面积 9.7 公顷，关停 48 个砂石加工点。

【信访工作】

年内，接待群众来访 724 批 976 人次；接收来信 146 件；受理局长信箱 156 件。

【土地权属登记】

顺义区农村集体建设用地使用权宗地 5838 宗、6253.78 公顷。年内，共办理国有土地使用权登记 409 宗，登记总面积 658.31 公顷；办理土地抵押权初始登记 287 宗，抵押总面积 776.78 公顷，贷款总金额 417 亿元；办理国有土地使用权抵押权注销登记 252 宗，抵押注销总面积 647.47 公顷，抵押注销贷款总金额 234.78 亿元；办理宅基地使用权登记 445 宗。土地变更调查和地籍管理信息系统建设工作已完成变更上图、数据上报和数据库更新等各项工作。

【信息化与政府信息公开】

年内，《政府信息公开目录》栏中新增主动公开信息 774 件，受理依申请公开 683 件，及时回复率 100%。处理行政应诉和行政上诉案件 6 件，全部胜诉结案。强化档案管理、规范调整归档方案，全年共整理、归档并完成数字化档案 3884 卷。全年分局外网挂网信息 181 条，内网挂网信息 711 条；国土部采用信息 2 条，市国土局采用 43 条，区政府采用 19 条。

【矿产资源管理及地质灾害防治】

年内，顺义分局会同区应急办、水务局、气象局等部门编制了《顺义区 2014 年地质灾害防治方案》和《顺义区 2014 年地质灾害应急预案》。联系区气象局开展汛期地质灾害预报预警，加大防灾知识宣传普及力度，汛前及时完成高丽营镇西王路村和马坡镇庙卷村地质灾害隐患排查，在地质灾害隐患点设立警示标志，发放防灾、避险明白卡近 1500 份。围绕北京市清洁空气行动，开展废弃矿山生态修复工程。对牛栏山镇史家营村的废弃矿山进行生态恢复，项目涉及面积 30 公顷，资金 1130 万元。顺利完成固体矿山、矿泉水年检工作，完成合格率均为 100%。

【干部队伍建设】

以打造学习型、创新型、服务型干部为抓手，实行“三抓”管理，提高干部队伍的凝聚力和执行力。一抓思想政治教育，打牢为民思想根基。解决顺义分局在“四风”方面存在的突出问题，梳理 4 个方面整改问题，明确 18 项整改任务制定 39 条整改措施；创新党课形式，开展七一系列活动以“看、演、学、讲”四步走，强化思想作风建设，激发干部职工立足岗位、依法履职、廉洁自律、无私奉献；深入推进文明单位创建工作，打造楼道文化建设，增添文化气息，树立廉政意识。二抓绩效管理体系，落实各项规章制度。坚持领导班子议事制度，在重大决策、立项、人事任免及大额资金使用经集体讨论，落实“一把手”实现四个不直接分管制度。另外，继续完善人事任免、财务管理制度，财务部门由两位主管副职领导分管，一位负责预算、采购，一位负责执行。同时，成立人事动议组，根据工作岗位需要，提出启动干部选拔任用工作意见，就选拔任用的职位、条件、范围、方式、程序等内容提出初步建议，在一定范围内进行酝酿，形成工作方案；实行处级副职领导开展谈心谈话制度，坚持“六个必谈”原则，全年开展谈心谈话260余人次；深入抓好廉政风险防控“三个体系”建设，预防和控制廉政风险的发生，抓住清权、确权、亮权、督权四个关键环节，不断强化防控措施的完善与落实，规范权力在阳光下运行，取得了阶段性效果。三抓监督力度，突出管理实效。紧紧围绕顺义分局中心工作，督促督办，狠抓落实。年内共开展各项督查督办活动298次，落实区领导批示26件，办结率100%；对涉及顺义分局的本年度折子工程、为群众拟办重要实事，进行责任分工，明确责任单位，确定完成时限。

北京市国土资源局大兴分局

【土地资源概况】

大兴区位于北京南郊，坐标为39°26′—39°51′，东经116°13′—116°43′。东与通州区相邻，西隔永定河与房山区、河北省涿州市相望，北与丰台区、朝阳区两区相连，南与河北省固安县、廊坊市接壤。区政府所在地黄村卫星城，距北京城区约20公里。大兴区现辖有14个建制镇、8个街道办事处。

大兴区辖区面积103633.66公顷，土地利用现状面积详见表4－9。

表4－9　　**2013年北京市大兴区土地利用现状汇总**　　单位：公顷

行政区域名称	大兴区
土地调查面积	103633.66
耕地（01）	40982.51
园地（02）	8192.32
林地（03）	6493.98
草地（04）	342.12
城镇村及工矿用地（20）	34456.24
交通运输用地（10）	4060.48
水域及水利设施用地（11）	6585.20
其他土地（12）	2520.81

【机构设置】

北京市国土资源局大兴分局（简称大兴分局）成立于2005年8月17日。分局机关现设办公室、综合科、地籍科、耕地保护科、土地利用科、地质矿产科、政工科、纪检监察科共8个职能科室，编制33人，实有28人，其中工勤人员2人；下设北京市土地整理储备中心大兴区分中心、土地利用事务中心、土地权属登记事务中心、国土资源执法监察队和国土资源管理所（4个）等8个事业单位，编制87人，实有81人。

分局领导班子：

党组书记、局长　　芦亚静（女）
副局长　　国玉栋

副局长　景文成
副局长　孙龙广
纪检组长　李　刚
副局长　邵国军

【土地利用总体规划】

年内，完成《大兴区土地整治规划（2011—2015 年）》编制上报工作并取得区政府批复；完成与区规划分局、区农委、区经管站共同承担的《大兴区城乡用地管理使用统筹研究》课题研究。完成区内 4 个重点项目土地利用总体规划动态维护。

配合区园林绿化局做好本年平原造林地块选择工作；配合区经信委开展本年大兴区工业用地腾退盘活项目及工业园区基础设施项目现场验收。

【建设项目用地预审报批】

年内，共办理建设项目用地预审 40 件，面积约 509.32 公顷，回复发改委项目用地征求意见复函 100 件。

6 月初，国土资源部以国土资预审字〔2014〕77 号原则同意北京新机场建设项目及新机场外围配套项目（含天堂河改线及安置房、轨道交通新机场线（永久占地）、高速公路（不含主体）、场前联络线及四条导行道路）用地预审；10 月，大兴分局制定《关于保障北京大兴国际机场项目及安置房、天堂河（北京段）改线工程项目建设用地工作方案》；12 月初，完成天堂河（北京段）改线工程项目用地预审。

【征地及农用地转用项目用地管理】

年内，大兴分局共受理集体土地征收前期及农转用 4 件，其中 1 件已经市政府批准，1 件待批，2 件正在办理中，总用地面积 29.9442 公顷。

年内，经市政府批准的征地项目共 4 个（含 2010 年结转项目一个），总用地面积 83.6864 公顷，其中农用地 7.2002 公顷（其中耕地 0.919 公顷）。

办理张贴征地公告 7 件，办理征地结案 4 件，涉及征地补偿款共 16527.46 万元。

【土地整理及耕地占补平衡】

根据市国土局《关于做好 2014 年高标准基本农田建设有关工作的通知》（京国土耕〔2014〕102 号）内容，结合大兴区“十二五”时期总任务及已建成高标准基本农田情况，确定 2014 年大兴区拟建设 5 个高标准基本农田项目，建设规模共约 7.96 万亩，拟建成高标准基本农田 6.22 万亩。已经完成了《2014 年大兴区高标准基本农田建设年度实施方案》的编制工作，并已经下达立项批复。

年内，共完成 5 个耕地占补平衡项目，占用耕地 10.3993 公顷，收缴耕地开垦费 280.7811 万元。

【土地供应计划及实施】

年内，计划供应土地面积 260.29 公顷。截至年底，大兴区实际供应建设用地面积 251.66 公顷（其中新增建设用地 170.75 公顷），完成年度计划的 99.8%。

【保障性住房用地供应】

年内，大兴区保障性安居工程用地落实总量 114.64 公顷；其中新增供应总量中公租房用地 3.91 公顷，限价商品房用地41.89公顷；历年已供未开工等方式落实保障性安居工程用地总量中公租房用地0.33公顷，经济适用住房用地12公顷，定向安置房用地56.51公顷。

【土地市场交易】

年内，经营性用地项目地块成交9宗，总用地面积91.57公顷，建设用地面积50.77公顷，总建筑规模131.73万平方米，总成交价186.93亿元，实现政府收益136.3亿元；工业用地项目地块成交14宗，总用地面积33.51公顷，建设用地面积24.43公顷，总成交价2.39亿元，政府收益0.449亿元。

【土地储备开发】

年内，项目投资任务指标50亿元。实际完成投资53亿元，完成开发项目土地面积65公顷。

【土地调查】

开展农村集体建设用地使用权确权登记发证工作，共调查农村集体建设用地6143宗，宗地总面积5386亩，建立了大兴区农村集体建设用地确权登记发证数据库，全面摸清了全区农村集体建设用地规模、结构、利用等情况。

【土地权属登记】

年内，受理各类使用权登记件共278件，办结298件（含2013年受理2014年办结）。其中，国有土地使用权登记288宗，面积798.51公顷；集体土地使用权登记10宗，面积122.02公顷。对国有土地使用权登记按登记类型区分：初始登记109宗，面积451.51公顷；变更登记134宗，面积216.37公顷；注销登记22宗，面积87.84公顷。地籍调查业务共受理234件，办结159件（含2013年受理2014年办结）。权属审查业务共受理127件，办结150件（含2013年受理2014年办结）。勘测定界业务共受理核实勘测定界成果39件，办结19件，另对12件原有成果按市国土局要求进行格式调整。协助人民法院执行查封、解封土地62件，回复协执办理情况11件。

【土地执法监察】

年内，大兴分局继续加强国土资源执法工作，保持“打非”专项整治势头，严厉查处违法用地行为。截至年底，大兴分局共发现国土资源违法行为56起，面积93.8公顷，均已立案查处，目前已结案13宗，其余43宗正在查处中。

共拆除构建物约1.2万平方米，没收构建物8.26万平方米，收缴罚款497.48万元。申请法院强制执行案件2宗，移送区监察局涉嫌违纪案件3件，移送区公安分局涉嫌犯罪案件1件，同时已抄备区检察院备案。

【信息化建设】

年内，向各科室及各用地单位提供415个项目各类图件2035张，其中，预审223个项目233张；征地17个项目142张；执法监察122个项目732张；耕地占补平衡2个项目16张；其他类业务50个项目912张。

【地质灾害防治】

年内，组织“5·12”减灾宣传工

作。完成地质灾害评估备案工作4件。

【信访工作】

年内，大兴分局共受理信访件和举报件321件。其中，群众举报件277件（12336违法线索166件次、来访30批次/35人次、来电2批次/2人次、市局转办件32批次/32人次、匿名举报电话47批次/47人次）；分局长信箱留言44件。截至年底，已办结311件，未办结10件。

【大事记】

1月17日，包头市国土局局长张建等一行7人，就地籍管理相关工作到大兴分局调研。大兴分局局长芦亚静、副局长郜国军参加调研。

3月27日上午，市国土局总规划师丁晓带领征地处、利用处领导及工作人员到大兴区进行调研。副区长金卫东及区直相关部门领导参加调研。

5月28日，市国土局副局长李军、副总规划师丁世华到大兴分局调研，听取大兴分局相关工作汇报，指导分局重点、难点工作。主要研究国土资源执法工作中历史遗留违建的处理及早期颁发的集体建设用地使用证与现行登记发证工作的衔接等问题。

7月15日，国土资源部土地利用司副司长窦敬丽、部土地整治中心总工程师罗明、市国土资源局总规划师丁晓等领导就城乡一体化整体改造工作来到大兴区开展专题调研。国土部利用司、整治中心、中国土地勘测规划院和市国土局耕保处有关人员一同参加。

上半年，配合市国土局等相关部门完成北京新机场建设项目及新机场外围配套项目一并报国土资源部的预审工作，由国家统筹解决耕地占补平衡和基本农田核减问题。

北京市国土资源局昌平分局

【土地资源概况】

昌平区位于北京市西北部，坐标为北纬 40°02′—40°23′、东经 115°50′—116°29′，是北京的北大门，北与延庆区、怀柔区相连，东邻顺义区，南与朝阳区、海淀区毗邻，西与门头沟区和河北省怀来县接壤。全区地处温榆河冲积平原和燕山、太行山支脉的结合地带，地势西北高、东南低，北倚燕山西段军都山支脉，南俯北京小平原，主要河流属温榆河水系。全区辖 15 个镇，5 个街道办事处，306 个行政村。

昌平区辖区面积 134246.74 公顷，土地利用现状面积详见表 4 – 10。

表 4 – 10　　2013 年北京市昌平区土地利用现状汇总　　单位：公顷

行政区域名称	昌平区
土地调查面积	134246.74
耕地（01）	11694.05
园地（02）	12617.01
林地（03）	63333.30
草地（04）	1498.64
城镇村及工矿用地（20）	33894.83
交通运输用地（10）	5095.68
水域及水利设施用地（11）	4187.70
其他土地（12）	1925.53

【机构设置】

北京市国土资源局昌平分局（简称昌平分局）机关内设办公室、综合科、地籍科、土地利用科（耕地保护科）、地质矿产科、财务科、政工科共 7 个行政科室，设纪检监察科，机关行政编制 33 名，机关工勤编制 3 个（实有机关行政人员 33 名，工勤人员 3 名）；下设北京市昌平区土地权属登记事务中心、北京市昌平区土地利用中心、北京市土地整理储备中心昌平区分中心、北京市昌平区国土资源执法监察队、北京市国土资源局昌平分局第一国土资源管理所、北京市国土资源局昌平分局第二国土资源管理所、北京市国土资源局昌平分局第三国土资源管理所、北京市国土资源局昌平分局第四国土资源管理所、北京市国土资源局昌平分局第五国土资源管理所等9个事业单位，事业单位人员编制共计95名（实有84名）。

分局领导班子：

党组书记、副局长	张少伟
党组副书记、局长	汪少群
副局长	梁　英（女）
副局长	李亚琴（女）
纪检组长	王维舟
副局长	张兴国
副局长	许启明

【昌平区市区镇（街）三级基本农田保护区专项规划编制工作】

2012年8月启动昌平区《市区镇（街）三级基本农田保护区专项规划》编制工作，经多次修改与完善，2014年11月19日编制完成《昌平区市区镇（街）三级基本农田保护区专项规划》，并上报市国土局进行技术审查。

【建设项目用地预审工作】

年内，共审核完成建设项目用地预审82件，总用地面积约1107.54公顷，其中农用地546.66公顷，建设用地488.81公顷，未利用地72.07公顷。

【土地储备开发情况】

昌平区土地储备开发工作继续以“严控增量、消化存量”为重点稳步开展。年内，共计完成土地储备开发投资45.64亿元，完成土地储备开发面积86.37公顷。

【土地供应情况】

年内，共划拨项目17宗，总用地面积82.23公顷；出让项目18宗，总用地面积112.38公顷，政府土地收益总额63.06亿元，其中，协议出让项目10宗，用地总面积41.76公顷，政府土地收益总额2.51亿元；招拍挂项目8宗，用地总面积70.61公顷，政府土地收益总额60.55亿元。

【经营性项目用地入市交易工作】

年内，昌平区已完成经营性项目用地入市7宗，土地面积82.8公顷，规划建筑规模129.96万平方米，总成交额约166.8亿元，实现政府土地收益约60.92亿元，其中增值收益约55.79亿元。

【保障性安居工程土地供应】

年内，完成新增供应保障性安居工程用地5宗，土地面积约28公顷，其中，公租房用地0.5公顷，限价商品房用地11.1公顷，定向安置房16.2公顷。

【基本农田整理和土地开发工作】

年内，流村镇马刨泉村土地开发项目等6个土地整治项目竣工，建设总规模达544.13公顷。崔村镇高标准基本农田建设项目拟建成高标准基本农田733.33公顷，除更新机井工程外均已完工；流村镇黑寨村等8个村基本农田整理项目已竣工；流村镇马刨泉村土地开发整理项目和南口镇前洼村等9个村基本农田整理项目已通过验收，建设总规模506公顷，预计可新增耕地40.33公顷。

【征地及农用地审核上报情况】

年内，审核上报国家建设征地及农用地转用项目9个，用地面积164.1274公顷，其中农用地39.5459公顷、建设用地93.3891公顷、未利用地31.1924公顷。

【征地及农转用批复情况】

年内，共收到市政府征地及农转用批复14件，总用地面积339.08公顷，其中农用地169.35公顷、建设用地159.81公顷、未利用地9.92公顷。

【2013年度土地矿产卫片执法检查】

利用国土资源部卫星监测成果开展2013年度卫片执法检查，对昌平区582个疑似违法用地图斑进行调查、核查和整改验收工作。共拆除违法用地72宗，总面积15.16公顷，退还耕地面积4.83公顷。

【国有土地使用权日常登记发证工作】

年内，完成国有土地使用权日常登记发证594宗，涉及土地面积1657.8公顷；其中，国有土地使用权初始登记59宗，面积303.03公顷；国有土地使用权变更登记151宗，面积389.34公顷；土地更正登记3宗，面积39.91公顷；法院协助执行土地登记2宗，面积0.22公顷；补正土地登记4宗，面积0.71公顷；土地注销登记10宗，注销土地面积84.6公顷；国有土地使用权抵押登记201宗，抵押土地面积514公顷，抵押贷款金额749.48亿元；国有土地使用权抵押注销登记164宗，注销抵押土地面积325.99公顷，注销抵押贷款金额148.26亿元。

【农村土地确权登记颁证工作】

完成农村集体建设用地使用权确权登记颁证工作：核查历史已发证宗地1750宗；核查不符合确权登记颁证条件宗地4607宗；对6357宗地的调查档案进行整理完善并开展数据入库工作。

【治理偷挖盗采砂石工作】

年内，昌平区严厉打击偷挖盗采砂石行为，共出动执法检查8412人次，出动执法车辆1344车次，发现并制止盗采砂石违法行为14宗，查扣参与盗采的机械设备15台，全部立案并对其中11宗违法当事人实施行政处罚，剩余3宗正在查处程序之中，收缴罚款人民币30万元。对上账的82处砂石加工厂和囤料场进行全面清理，压减直接从业人员260人。

【国土资源执法监察巡查工作】

年内，基本建成国土资源远程视频监控系统，实现对昌平区耕地和基本农田全覆盖式实时监控，试运行期间，发现违法用地10余宗，初步发挥了科技手段查违控违作用。国土所巡查共发现违法用地167宗，面积62公顷，均已下达《责令停止国土资源违法行为通知书》。

【地质灾害防治工作】

完成汛前排查工作，根据排查结果，核消险户2户7人；编制《昌平区2014

年度地质灾害防治工作方案》，并于5月23日由区政府办正式发布，明确了地质灾害隐患的分布、重点防范期、防范重点和相应的防治措施；根据市级最新修订的预案，修订完成《北京市昌平区突发地质灾害应急预案》(2014年修订)，并于8月14日由昌平区应急委正式印发执行。发放明白卡757份，新发放竖立警示牌60块。首次建立和启动区级地质灾害预警发布机制，与昌平区气象局联合多次成功发布区地质灾害气象风险预警，实现了安全度汛。

【第二十四个全国土地日宣传活动】

围绕“节约集约利用土地，转变土地利用方式”的宣传主题，布置了亢山广场等9个宣传专场，发放宣传资料、挂图等10000余份；在各镇街主要路口悬挂宣传横幅，宣传国策国情，宣传《中华人民共和国土地管理法》《中华人民共和国矿产资源法》等国土资源法律法规。

【政府信息公开工作】

年内，主动公开689条，同比增加26%；受理依申请信息公开事项92件，均按时办结；接待信息公开咨询161人次。

【加强社会矛盾排查化解工作】

强化和完善信访工作机制，畅通信访救济渠道，开展社会矛盾排查化解工作，坚持重点案件领导包案制和领导接访制度。年内，共接待群众来访57批次、102人次；受理来信183件，已办结183件，办结率100%。

【重点专项工作】

年内，昌平区政府相关职能部门配合国家审计署兰州特派办，完成对昌平区土地出让收支和耕地保护情况的审计工作。

北京市国土资源局平谷分局

【土地资源概况】

平谷区位于北京市东北部，坐标为北纬40°02′—40°22′，东经116°55′—117°24′。全区现辖14个镇、2个乡、2个街道办事处，全区共设275个行政村、23个社区，人口40万。

平谷区辖区面积94824.04公顷，土地利用现状面积详见表4－11。

表4－11　　2013年北京市平谷区土地利用现状汇总　　单位：公顷

行政区域名称	平谷区
土地调查面积	94824.04
耕地（01）	11763.92
园地（02）	23484.72
林地（03）	34886.31
草地（04）	6118.73
城镇村及工矿用地（20）	10380.01
交通运输用地（10）	2506.61
水域及水利设施用地（11）	4059.27
其他土地（12）	1624.47

【机构设置】

北京市国土资源局平谷分局（简称平谷分局）为北京市国土资源局的派出机构，在市国土局的领导下，按照管理权限，负责组织实施本行政区域内土地、地质矿产资源行政管理工作。分局机关设办公室、政工科、纪检监察科、财务科、综合科、耕保征地科、土地利用科、地籍科、地质矿产科等9个行政科室；下设国土资源执法监察队，土地权属登记事务中心，土地利用事务中心，土地整理储备中心和国土资源管理一、二、三、四所等8个事业单位。年末，分局人员共有125名，其中机关工作人员34名，参照公务员管理11名，规范工资人员15名，事业单位人员 52 名，退休人员 13 名。

分局领导班子：

党组书记、副局长	付景玉
党组副书记、局长	王国韬
副局长	崔保祥
副局长	张洪元
副局长	张雅民（女）
副局长	常　亮
纪检组长	郭利军（女）（2014. 4. 21 任职）

【土地利用总体规划】

年内，根据市国土局的工作要求，开展针对《平谷区市区乡三级基本农田保护区专项规划》的土地利用总体规划修改工作，完成方案编制、实地踏勘、征求意见、向区政府汇报、专家评审等工作，现方案已正式报市政府审批。同时根据平谷区政府建设需要，平谷分局努力探索规划动态管理，统筹各类发展用地空间布局，共完成 105 宗用地动态维护项目的方案审查工作，并报市国土局备案；另有 2 宗项目的方案初审工作，已获得市国土局批准。

【建设项目用地预审】

年内，完成建设项目用地预审 35 宗，占地面积 284. 65 公顷。其中公共管理与公共服务用地 13 宗，占地 20. 17 公顷；交通运输用地 8 宗，占地 78. 60 公顷；储备用地 3 宗，占地 116. 36 公顷；工矿仓储用地 2 宗，占地 10. 14 公顷；商服用地 4 宗，占地 20. 31 公顷；住宅用地 5 宗，占地 39. 07 公顷。建设项目征求意见复函 87 宗，审查意见 137 宗。

【征地及农用地转用项目用地管理】

年内，完成 15 个镇（乡）的 91 个村的宅基地农转用审批前期工作，其中 15 个镇（乡）的 77 个村的前期手续已上报市国土局审核。已有 4 个镇的 10 个村获得市政府批准，其中东高村镇 6 个村已经取得市政府批复，国土分局代区政府已将批复转发至镇政府，尽快逐户报批宅基地，另有 4 个村的正在缴纳相关税费。做好征地费用预算、调查、协议签订、用地预审、“一书四方案”、公示等工作，共完成 6 个项目的征地批复，审批临时占地项目 3 宗、设施农用地 5 宗。

【宅基地审批】

年内，区政府将农村宅基地审批事项列为区政府折子工程。经核查，平谷区有宅基地需求的村庄总数为 216 个，其中 182 个村需办理农用地转为建设用地审批手续。年内，审批宅基地 28 户，为黄松峪、大华山、熊儿寨和镇罗营等镇 4 个乡镇的 4 个村的 183 户地灾险户办理了先行用地手续。

【土地整理及耕地占补平衡】

年内，在施土地开发整理、高标准基本农田建设项目共 10 个。4 个土地开发整理项目中，2 个项目已完工（12 月 16 日完成项目财务预检，12 月 25 日完成竣工验收）并取得区政府竣工验收批复；1 项已通过市国土局专家评审并下达规划设计批复；1 项已完成招投标工作。6 个高标准基本农田建设项目已全部完成，12 月 25 日完成竣工验收并取得区政府竣工验收批复。指导各乡镇与所辖村签订村级耕地保护目标管理责任书，并对平谷区16个乡镇、1个街道办事处的耕地保护目标管理责任完成情况进行检查考核，切实加强对基本农田和耕地的保护。办理完成10个镇的39个村宅基地农转用项目和3个征地项目的补充耕地工作，共20.13公顷。在市国土局支持下，完成平谷区红木文化产业园项目13.47公顷的耕地占补平衡工作。

【土地集约节约利用】

年内，通过国土资源节约集约模范县（市）创建活动达标复核，继续保留模范县（市）荣誉称号。

【土地供应计划及实施】

年内，土地供应47.17公顷，其中住宅用地40.46公顷，商服用地6.71公顷。

【保障性住房用地供应】

年内，完成保障性住房任务，供应土地5.15公顷。

【土地市场交易】

年内，有4个地块入市交易，土地面积62.16公顷，其中经营性用地3宗，土地面积47.17公顷，实现政府土地收益11.17亿元；工业用地1宗，土地面积14.99公顷，形成政府土地收益1048.2054万元。

【土地储备开发】

年内，实现固定资产投资240893.2054万元，其中实现经营性用地供应3宗，供应面积为47.17公顷，实现固定资产投资23.25亿元；实现工业用地供应1宗，供应总面积为14.99公顷，实现固定资产投资8393.2054万元。

【土地调查】

年内，制定并印发《平谷区农村集体建设用地使用权确权颁证工作方案及工作实施细则》。

平谷区共设集体建设用地使用权宗地2583宗，面积1592.95公顷，调查率为100%，其中历史已发证宗地132宗，面积82.38公顷，占总宗地数的5.11%；符合确权条件宗地1272宗，面积545.26公顷，占总宗地数的49.25%，确权率为100%（其中符合发证条件宗地526宗，面积200.48公顷，发证率为100%；只确权不发证宗地746宗，面积344.78公顷）；不符合确权发证条件宗地1179宗，面积965.31公顷，占总宗地数的45.64%（其中争议53宗，面积54.08公顷）。

截至年底，对于符合确权条件宗地完成报政府确权工作、对于符合发证条件宗地完成确权报政府确权及制证工作，完成“应发尽发、应确尽确”的工作目标。

【土地权属登记】

年内，共完成土地登记296件，面积1246.89万平方米，其中国有土地使用权初始登记37宗，面积114.12万平方米；国有土地使用权变更登记77宗，面积97.1万平方米；国有土地使用权注销登记2宗，面积31.87万平方米；国有土地使用权抵押登记111宗，面积396.88万平方米，抵押贷款金额162.826079亿元；国有土地使用权抵押权注销登记53宗，面积172.07万平方米；集体土地所有权登记15宗，面积434.37万平方米；补发《集体土地使用证》1宗，面积0.48万平方米。完成本年历史国有土地登记档案梳理（一期）工作，9月22日通过市国土局信息中心的验收。

【土地执法监察】

年内，开展全面巡查工作，重点巡查各类新增建设用地、在建工程、在建工程原有用途的改、扩建工程，共巡查465车次，人员947人次，巡查总路程21239公里。年内，共立案查处土地违法案件27件，做出行政处罚决定27件，罚款278.46万元。完成了2013年度卫片执法检查工作，全区问责比例为4.86%。

【信息化建设】

年内，应用综合监管平台信息发布子系统，实现分局外网网站、市国土局内网网站、政府信息公开子站信息同时发布。每月收集信息，保证主动公开政府信息于15个工作日内在网上公开，2014年主动公开政府信息共517条，其中工作动态165件，征地结案4件，征地公告3件，宅基地28件，建设用地预审35件，抵押登记97件，国有土地使用权登记105件，出让合同变更14件，土地使用权出让1件，土地转让1件，划拨前公示2件，工业和经营性国有建设用地使用权招拍挂4件，地质灾害危险性评估报告备案9件，建设项目压覆重要矿产资源核查10件，通知公告38，机构职能1件。

全面推行"一站式"服务，进一步提高业务办理效率和服务质量。共受理行政业务事项1634件（其中：行政许可事项77件、行政服务事项1557件），比上年度增加约254.1%；受理政府信息依申请公开324件，与2013年度基本持平（2013年同期为325件）；接待咨询1500余人次。

【矿产资源概况】

平谷区矿产资源丰富，已知的矿物有：金、铜、铅、锌、钨、钼、锰、铁、钾、石英岩、大理石、花岗岩、水泥灰岩、重晶石、麦饭石、白垩等20多种。黄金矿线由东到西长约60公里，曾是北京市黄金主要产地，2004年已禁采。

【矿产资源开发管理】

年内，完成涉矿乡镇执法巡查260余次，巡查里程达28000公里，出动执法人员近1000余人次，参与区政府及查违办等相关部门组织的联合执法行动41次，立案处理15起非法开采行为，扣押违法盗采车辆16辆，没收采矿灯具6盏，收缴罚金38.9万元。对东高村镇东高村虎峪、东高村镇大旺务村四洼地区、夏各庄镇安固村汉石龟沟等3个非法破坏矿产资源严重的开采点，依据《中华人民共和国矿产资源法》，将盗采人员以非法采矿罪移送公安部门依法进行处理。办理神怡谷泉矿泉水年检1件。

【地质灾害防治】

分局与12个乡镇政府签订地质灾害防治责任书、明白卡，与12个乡镇及其67名群测群防员签订责任书，发放北京市突发地质灾害村级防灾明白卡、险户明白卡。重点对熊儿寨乡南岔村、魏家湾村、刘家店镇北吉山村、金海湖镇上堡子村等地灾隐患点现场踏勘，到险户家中，查看明白卡发放情况。新增警示牌209块。

完善平谷区突发性地质灾害预案和分局工作方案、汛期地质灾害防治值班制度、地质灾害防治责任制、地质灾害巡查检查制度、地质灾害防治信息报送制度、地质灾害报告制度。分局与区防汛办、气象局、应急办联合制定了地灾风险预警管理办法。

【矿产资源环境治理】

自2012年开始治理不稳定斜坡工程，截至年底，刘家店镇北吉山村、大华山镇李家峪村、熊儿寨乡南岔村、金海湖镇上堡子村、金海湖镇彰作村不稳定斜坡治理工程已顺利完工，共消除隐患点5处，确保周边群众安全度汛。

魏家湾不稳定斜坡治理项目正在施工阶段；密云水库周边废弃铁矿矿山地质环境治理示范工程（刘家店万庄金矿治理区）项目已立项，完成财务评审、招投标工作。

【信访工作】

年内，落实分局局长每月接待日工作，采取变上访为下访、主动约谈、领导接待、立案调查等措施，将信访工作视为发现问题的渠道，做到及时发现、及时立案、及时查处。同时与乡镇、区信访办建立联动机制，召开12次信访专题会议。共接待群众来访咨询政策345件，登记转办各种途径信访举报涉嫌违法行为事项670件，所有事项均按照规定期限答复，未出现一例延时答复。实现区政府非紧急救助信访问题100%答复。

【调研课题】

年内，完成课题论文7篇，分别是《浅谈地籍管理信息化建设》《浅谈改革和完善宅基地制度》《如何完善政府信息依申请公开工作》《浅谈农村集体经营性建设用地入市》《浅谈农村集体经营性建设用地管理》《深化土地改革制度，促进城乡统筹发展》《宅基地现状及新增宅基地与土地利用总体规划契合分析》。

【大事记】

1月8日，平谷分局召开党的群众路线教育实践活动专题民主生活会。

1月15日，平谷分局2013年第四季度及2013年度国有土地登记规范化建设考核均位列全市第二。

1月24日，郭宝义任平谷分局调研员，免去党组成员、纪检组长职务。

2月19日，区政府新任副区长刘学亮就2014年土地管理工作到分局调研。

2月25日，平谷区通过国土资源部节约集约模范县（市）创建活动达标复核。

2月27日，平谷分局召开党的群众路线教育实践活动总结会，市国土局教育实践活动第一指导组组长张国玉、人事处苏贤清出席会议。

3月10日，平谷分局服务大厅就如何为客户提供优质服务接受平谷电视台采访报道。

3月17日，北京农研沟域发展促进中心中国科学院地理科学与资源研究所主任张义丰带队到平谷分局开展区域涉地生态建设规划基础资料调研工作。

4 月 21 日，郭利军任平谷分局党组成员、纪检组长职务。

4 月 22 日，市国土局勘储处处长刘刚生、地籍处副处长李红艳带队到平谷分局会同区环保局围绕“珍惜地球资源，转变发展方式——节约集约利用国土资源共同保护自然生态空间”主题，一同开展第 45 个世界地球日宣传活动。

5 月 15—16 日，平谷分局会同区农委、规划分局、监察局、查违办等部门检查考核全区 16 个镇（乡）、兴谷街道 2013 年度执行平谷区耕地保护目标管理责任工作。

5 月 21 日，国务院法制办在平谷分局召开马坊镇英城村、果各庄部分村民申请的征地工作听证会。

5 月 28 日，区政府副区长王红艳带队对防汛情况及黑水湾地灾防治情况进行检查。5 月 29 日，市国土局局长魏成林检查熊儿寨乡魏家湾村地质灾害防治情况、刘家店镇北吉山村地质灾害治理工程进行情况。6 月 7 日，区长姜帆、副区长王红艳到南独乐河镇北寨村检查地质灾害防治情况。6 月 17 日，市防汛办领导到熊儿寨乡魏家湾村检查防汛工作及地灾防治情况。6 月 20 日，市国土局副巡视员周旭峰到雨情较严重的平谷区大华山镇苏子峪村、金海湖镇黑水湾村、东高村镇大旺务村南矿山地质灾害隐患点现场进行巡查。各位领导在检查中对平谷区地质灾害防治工作给予肯定。

6 月 11 日，市国土局总规划师丁晓带队就平谷区耕地占补平衡及土地整治工作到分局调研。

6 月 17 日，市国土局执法总队针对平谷区三宗信访违法用地项目到罗营镇五里庙村、大华山镇西牛角峪村、西长峪村进行实地检查。

6 月 19—20 日，平谷分局党总支组织全体党员和入党积极分子，到卢沟桥抗日战争纪念馆开展爱国主义教育和重温入党誓词活动。

6 月 25 日，平谷分局以“珍惜土地资源 节约集约用地”为主题，开展全国“土地日”宣传活动。

6 月 25 日，市国土局副局长师宏亚带队到平谷分局指导土地储备工作。

6 月 26 日，市国土局副局长李军到平谷区实地检查“滨河森林公园”和“黄松峪乡白云寺村新民居”等两个项目开展情况，就两个项目用地问题与平谷区政府副区长刘学亮、区查违办沟通。

7 月 2 日，市国土局副巡视员樊文祯带领地籍处、征地处、登记中心调研平谷区宅基地农转用和地籍管理工作。

7 月 3 日，市国土局执法总队副总队长郑继培就平谷区滨河森林公园疑似高尔夫球场项目对平谷区园林绿化局进行约谈。

7 月 18 日，平谷分局邀请区法制办和区法院行政厅相关人员，就平谷区现阶段国土资源违法形势分析、存在的突出问题、产生问题的原因、解决问题的途径以及《国土资源行政处罚办法》的执行情况进行研讨。

7 月 31 日，专题部署平谷区农村宅基地农转用报批工作。平谷区 16 个乡镇的主管乡镇长、土地员、规划分局、相关技术单位参加。

8 月 15 日，平谷分局局长王国韬随平谷区区长姜帆一行走进市中心 12345 现场接听群众来电，解答群众关切，解决群众诉求。

9 月 16 日，国土部耕保司管制处处长李仁及市国土局耕保处副处长曲波调研平谷区耕地占补平衡工作。

9 月 16 日，平谷分局会同发改委、规划分局、财政局、重大项目办、住建委和经信委等相关部门及兴谷开发区、马坊工业园区、绿都公司等 16 家用地需求较大的单位，研究部署平谷区 2015 年度国有建设用地供应计划编制工作。

11 月 25 日，平谷分局邀请河北省承德市兴隆县国土资源局到平谷区对接跨界联合打击盗采矿产资源等工作。

12 月 9 日，平谷区副区长周泽光就土地管理工作到平谷分局进行调研。

12 月 23 日，平谷分局工会换届。选举郭利军同志为工会主席、姚军航同志为工会副主席，宋伯平同志为经审委员会主任，张海静同志为女工委员会主任。

12 月 24 日，平谷分局党总支、第一、二支部开展换届工作，选举郭利军同志为总支部书记、姚军航同志为总支部副书记，张海静同志为第一党支部书记，高晓红为第二支部书记。

12 月 29 日，平谷分局王国韬、崔保祥和张洪元等主管领导在平谷区召开“两会”期间，现场答复人大代表高度关注的土地管理中的重点问题。

北京市国土资源局怀柔分局

【土地资源概况】

怀柔区是北京市的远郊区，地处燕山南麓，北京东北部，坐标为北纬40°14′—41°04′，东经116°17′—116°55′。东临密云县，南与顺义区、昌平区相连，西与延庆县搭界，北与河北省赤城县、丰宁县、滦平县接壤。辖区设14个乡镇，共284个行政村，常住人口约30万。

怀柔区辖区面积212282.33公顷，土地利用现状面积详见表4－12。

表4－12　　2013年北京市怀柔区土地利用现状汇总　　单位：公顷

行政区域名称	怀柔区
土地调查面积	212282.33
耕地（01）	10123.31
园地（02）	17706.56
林地（03）	162740.56
草地（04）	1651.37
城镇村及工矿用地（20）	10382.39
交通运输用地（10）	2893.45
水域及水利设施用地（11）	4837.05
其他土地（12）	1947.64

【机构设置】

北京市国土资源局怀柔分局成立于2005年7月（简称“怀柔分局”），分局机关设办公室、综合科、地籍科、耕保征地科、土地利用科、地质矿产科、财务科、纪检监察科8个行政科室，行政编制41个，工勤人员4人；下设北京市土地整理储备中心怀柔区分中心、北京市怀柔区土地权属登记事务中心（北京市怀柔区土地利用事务中心）、北京市怀柔区国土资源执法监察队及6个国土所9个事业单位，事业编制93个，在岗职工88人。

分局领导班子：

局　长　　　　孙宪海

党组书记　周相民
党组副书记　唐军生
副局长　王永兴
副局长　常淑霞（女）
副局长　胡海伶（女）
副局长　要启明
副局长　桂友明

【建设项目用地预审】

年内，办理各类建设项目用地预审36件，总用地面积为526.38公顷，其中农用地278.11公顷（含耕地172.25公顷），建设用地224.57公顷，未利用地23.7公顷。

【征地及农用地转用用地管理】

年内，完成怀柔区耕地保护责任目标履行情况自查工作，签订2014年度耕地保护目标管理责任书，从严控制新增建设用地占用耕地。

年内，完成农村村民宅基地审批17户，完成乡镇（村）公共设施公益事业使用集体建设用地审批1件，完成乡镇（村）企业使用集体建设用地审批2件，完成设施农业用地审批9件，完成集体土地征收（农用地转为建设用地）审批件9件。

【土地整理与占补平衡】

年内，在施土地整理项目16个，建设总规模约3201.12公顷，总投资预算1.883127亿元。其中，8个项目已完成验收，建设规模约1043.76公顷，总投资8716.7万元，新增加耕地约80.88公顷，建成高标准基本农田约884.46公顷。

【土地市场交易】

年内，完成入市交易项目4个，土地总面积为109.40公顷，其中建设用地面积为109.37公顷，土地成交价格62.02亿元，实现政府土地收益15.3亿元。

【土地储备开发】

年内，梳理确定土地一级开发在施项目12个，土地面积约741公顷。

【土地供应计划】

年内，怀柔区供地指标为121公顷，其中住宅用地28公顷，商服用地78公顷，工矿仓储用地15公顷。截止年底，完成供地总量109.99公顷，占年度供地计划指标的91%。分别为雁栖湖生态发展示范区1、2、3组团和核心岛项目，共计108公顷；青春广场项目1.99公顷。

【保障性安居工程】

年内，确定怀柔区本年度保障性安居工程项目3个，分别为杨家园住宅项目4.1公顷、青春路6院改造项目1.6公顷和温阳昊业人才公租房项目3公顷。

截至年底，杨家园及青春路6路改造工程均已完成供地，供地面积共5.7公顷，完成供地总量的65.5%。温阳昊业人才公租房项目已取得开发主体和地块控规调整的批复，正在办理规划审批手续。

【土地日常登记工作】

国有土地使用权登记。年内，共办结国有土地使用权登记88件，面积约263.04公顷。其中国有土地出让登记78件，面积约228.65公顷；划拨登记发证10件，面积约34.39公顷。办理国有土地使用权注销登记16件，面积约40.12公顷。

土地使用权抵押登记。年内，共审查办结抵押登记发证115件，抵押面积约210.32公顷，贷款金额290.36亿元，办结土地抵押注销登记108件。

【农村集体土地确权登记颁证工作】

集体建设用地使用权确权登记颁证工作。截至年底，怀柔区农村集体建设用地共计2876宗，面积约1561.99公顷，现已全部完成地籍调查、测绘、地调表工作，顺利完成市颁证办既定的年底前完成“3个100%”的任务目标，即：地籍调查完成100%、宗地测绘完成100%、调查表填写完成100%。

集体土地所有权确权登记颁证工作。截至年底，全区农村集体土地所有权宗地共计2068宗，面积约200638.89公顷，现已全部完成调查，调查率达到100%。确权登记1894宗，确权面积约189272.90公顷。颁证1894宗，颁证率达到91.59%，均完成市国土局下达的任务目标。

【土地执法监察】

年内，共完成动态巡查3400多人次，巡查行程16.7万多公里，覆盖辖区内289个行政村。发现涉嫌土地违法行为281次，下发责令停工通知281份。

组织开展国土部2014年土地矿产卫片执法监督检查工作。国土资源部共下发B、W、PJ三类图斑总面积293.9公顷，耕地面积129.4公顷。其中，下发疑似违法用地（W）图斑281宗，总面积231公顷，耕地91.5公顷（其中可调整地类面积29.3公顷）。疑似违法用地（W）图斑281宗，总面积231公顷，耕地91.5公顷（其中可调整地类面积29.3公顷）。上报数据中，扣除可调整地类面积，具体情况如下：合法用地17宗，总面积10.6公顷，耕地面积7公顷；违法用地（不包括军事用地）149宗，总面积219.8公顷，耕地面积55.2公顷。违法问责比例为3.4%（全市第12）。违法用地依法履职到位149宗，依法履职到位率为100%；整改查处到位89宗，整改查处到位率为76.7%（全市第10）。

年内，通过卫片执法检查、动态巡查、群众举报等各种渠道发现的违法违规用地共立案调查24宗，面积96.1公顷，其中耕地6.4公顷，已全部下发处罚决定书。

年内，办理行政复议案件3件，行政诉讼案件8件。利用“4·22”世界地球日、“6·25”全国土地日、“12·4”法制宣传日进行法律法规宣传，在全区20余块LED显示屏滚动播放宣传片5000余次，悬挂横幅50余条，制作宣传展板42个，发放宣传品3万余件。

年内，打击盗采工作日常巡查11000余人次，巡查行程17万余公里。发现涉嫌盗采行为14起，查（暂）扣涉嫌盗采机械车辆26台（辆）。对盗采人员实施行政处罚22人（次），行政罚款39万元。受理群众举报70次，办理12336、市长信箱信访件26件，打击盗采联合执法队在日常巡查工作中，注重与区相关部门和镇（乡）政府的协调配合。年内，协调公安机关查处盗采行为14次，向公安机关移送涉嫌非法采矿犯罪案件2起，向镇（乡）政府发函17次。取缔拆除超范围生产砂石矿石加工厂4家。

【信息化工作】

市局综合监管平台应用。一是继续深化应用市国土资源综合监管平台系统，做好运维工作，处理业务科室针对综合监管平台提出的服务请求共计229次；二是2014年协助相关科级单位办理各类行政许可服务类业务共140卷，全部达到数据闭合标准。三是完成移动监管平台发放、系统更新及培训工作。四是“事务管理”模块录入2395件，信息发布641条，发文审批339件，发送通知34件；五是“行政审批”模块共办理各类行政许可服务类业务共169卷，其中154卷达到数据闭合标准。

信息化基础运维工作。完成本年度信息化设备采购工作，更新分局20台计算机、新安装6台打印机；做好审计组临时办公室的电话、网络、计算机、打印机的技术支持服务；完成汛期值班室的应急系统保障工作；完成会议室音响系统改造工作；办公用房改造工作，完成对20间办公室电话网络的调试工作以及计算机等设备的重新安装工作；完成国土所机柜更新和综合布线维护工作；完成监控设备检修工作，更换损坏摄像头1个，维护监控主机1次，更换监控显示器2台；完成分局机关和行政服务大厅计算机等设备的除尘清洁以及线路整理工作，共计清理计算机等设备192台；完成分局电话光纤改造，线路清理、调试，业务申报工作，并对食堂和宿舍的旧电话线路进行了更换；解决各科室计算机软硬件和网络日常维护共计492次，会场设备调试112次；完成对怀柔分局中心机房的综合布线整理和PDU电源更换工作。

【矿产资源概况】

怀柔区矿产资源较为丰富，有固体矿产资源、矿泉水、地热资源等类型。其中已发现的固体矿产有四大类、八亚类，三十多个矿种。历代已开采的矿种有金、银、铜、铁、钼、萤石、粘土、石灰石、花岗岩等十余种。截至年底怀柔区有矿山企业4个，开采矿种有铁、水泥灰岩、矿泉水等。

【矿产资源开发管理】

截至年底，怀柔区有非煤矿山企业4家，其中铁矿1家、矿泉水2家、水泥灰岩矿1家。

【地质灾害防治】

年内，突发性地质灾害隐患点共715处，地质环境点840处，其中地质灾害隐患点包括崩塌420处，泥石流223处，不稳定斜坡66处和滑坡6处。按威胁对象的不同可分为四大类：险村险户、道路、景区和其他（农田和空房）隐患点。险村险户隐患点共计227处，涉及怀柔区11个乡镇，86个行政村，5028人；道路隐患点319处，涉及国道G111怀柔段，怀柔区各省道、县乡道沿线及其他各类乡村道路；景区隐患点共计73处，涉及怀柔的数十个景区及景区范围内的部分度假村、饭店等；其他类型（农田和空房）隐患点共计96处，涉及怀柔区10个乡镇及50个行政村。按照市国土局及怀柔区有关工作要求，结合怀柔区防汛工作特点和以往汛期地质灾害的基本做法，进一步健全和完善地质灾害预案、方案、责任制等制度建设，并提高工作标准和要求，细化工作环节。及时通过下发文件、召开会议、实地检查、隐患点再排查、加强监测和值守、细化预警预报传送方式、开展应急演练等多种方式，强化地质灾害易发区域的防治工作，落实各项防治措施。通过发送地质灾害预防指南、宣传图册、手册、折页等形式，宣传普及地质灾害防治政策法规以及预防、避险、自救和互救等地质灾害防治知识和自我防护意识，提高应对能力。年内，积极争取财政资金共约1053万元，对宝山镇牛圈子村泥石流地质灾害隐患、琉璃庙镇四道沟村矿山环境进行工程治理，消除地质灾害隐患给周边群众带来的生命财产威胁。

【矿产勘查储量】

按照市局矿山储量动态管理工作要求，北京兴发水泥有限公司委托北京市地质工程设计研究院对其所属的制碱用灰岩矿区进行2014年度检测工作。并按时报送了将经专家评审后的《北京市怀柔区北京兴发水泥有限公司石灰石2014年度矿山储量年报》。北京怀柔前安岭铁矿有限公司因2014年停产，因此未进行矿山储量动态检测工作。

【行政服务事项办理】

年内，共办理行政服务事项43件，其中建设用地压覆重要矿产资源核查31件，地质灾害危险性评估备案12件。

【国土宣传与信息工作】

年内，累计报送信息840条，整理编辑多头采用1369条。多头采用数量比2013年度多70条。其中：市国土资源信息网和怀柔分局外网同时上网信息609条；市局办《国土资源信息》采用46条；《怀柔信息》《怀柔报》等采用83条；编辑《怀柔国土资源信息》100期，刊登长、短信息631条，图片237张。同时，市政府《昨日市情》采用2条；区领导批示信息1条；《怀柔信息》评优信息1条；调研信息在《怀柔调研》第9期、第27期刊登2篇。怀柔分局报送信息并采用数量在市局办组织的考评中名列各区县分局第3名，全区90个单位排第14名。

【信访工作】

年内，共接到各类信访190批（件），其中咨询47批90人次，市（区）批转件33件，市长信箱2件，北京市信访综合办公系统2件，分局长信箱26件。涉及宅基地使用问题的，有41批；涉及征占地补偿问题的，有5批；涉及违法用地的，有21批；咨询其他问题的，有16批 。办理12336举报电话135件。承办人大建议5件，政协提案1件。

【大事记】

1月7日，市国土局、市住建委和市监察局等一行7人到怀柔区就“小产权房”清理整治工作进行督导检查，怀柔区委常委副区长田文杰及分局局长孙宪海、副局长要启明、监察局、住建委等领导参加。副局长要启明详细介绍了基本情况、主要做法和下一步工作计划，以及落实2013年国土资源部、住房城乡建设部《关于坚决遏制违法建设、销售“小产权房”的紧急通知》采取的清理整治措施。

1月14日上午，市颁证办同志到怀柔区调研指导农村集体建设用地使用权颁证工作。怀柔区颁证办副主任、怀柔分局副局长常淑霞一同调研。怀柔镇、桥梓镇、庙城镇主管领导、城建办、经管站等负责同志，以及统一饮品怀柔有限公司、宝圣得机械加工厂等典型企业参加调研。

1月16日，怀柔分局组织召开党的群众路线教育实践活动“回头看”工作会，市国土局纪检监察处处长、教育实践活动指导组副组长孟庆秋参加会议。怀柔分局党组书记、副局长周相民主持会议。党组副书记、局长孙宪海汇报分局党组开展“回头看”工作的自查报告。分局班子成员汇报个人开展“回头看”情况。

1月21日，市国土局地环处处长于秀治、副处长公庆联等一行来到宝山镇牛圈子村，实地查看地质灾害隐患情况，确定工程治理意向，并初步认可牛圈子村西沟泥石流隐患项目的选址和可研。怀柔分局副调研员王冬等人陪同。

2月26日，怀柔分局党的群众路线教育实践活动总结会召开。市国土局党组成员、纪检组长、第五指导组组长周新华，监察处处长孟庆秋出席会议。怀柔分局党组书记周相民主持，党组副书记唐军生总结汇报。分局领导班子成员、机关党员干部及事业单位负责人参加会议。

3月12日，市国土局副局长李燕飞带领地环处调研怀柔区矿山地质环境问题。深入汤河口镇后安岭村、琉璃庙镇崎峰茶村和龙泉峪村三处矿山环境问题较突出的地区进行现场踏勘，分析评估拟采取工程治理的条件及难度。怀柔分局局长孙宪海、副调研员王冬和当地镇、村领导陪同调研。

5月20日，怀柔分局邀请市国土局副总规划师、法制处处长丁世华、地籍处处长郑全智、利用处处长黄刚等领导，专程就怀柔区雁栖湖置业有限公司土地地类衔接等问题进行指导。怀柔分局孙宪海局长、副局长唐军生及相关科室参加会议。

7月10日，市国土局副局长谢俊奇率土地利用处处长黄刚、土地利用中心主任曹慧等市局机关一行9人，到怀柔分局指导工作。怀柔分局局长孙宪海主持会议，分局领导班子成员及相关业务科室人员参加会议。局长孙宪海汇报分局的基本情况、上半年重点工作完成情况、主要措施和做法、存在的问题以及下一步工作安排等5个方面内容。

8月28日，怀柔区检察院、公安分局等单位领导及相关工作人员，到怀柔分局调研怀柔区打击盗采矿产资源管理工作。怀柔分局副调研员唐少明简要汇报怀柔区打击盗采工作，与会领导对打击盗采工作的立案、案件移送及日常执法巡查等工作进行探讨、分析。

8月13日，市国土局总规划师丁晓、耕保处处长关爱军、调控和监测处调研员于延江及相关处室工作人员，来怀柔区调研重大项目和耕地保护等工作。怀柔区副区长刘久刚参加会议，怀柔分局局长孙宪海主持会议，副局长王永兴、副局长桂友明分别汇报重大项目、土地整治、耕地保护等工作进展情况，与到会领导对重点项目逐一进行梳理、分析，对土地整治、耕地保护等工作存在问题进行探讨。

北京市国土资源局密云分局

【土地资源概况】

密云县位于北京市东北部，属北京市的远郊县，坐标为北纬 40°14′—40°48′，东经 116°41′—117°30′。北、东与河北省滦平县、承德县、兴隆县接壤；西、南、东南与怀柔区、顺义区、平谷区毗邻。

密云县辖区面积 222592.14 公顷，土地利用现状面积详见表 4－13。

表 4－13　2013 年北京市密云县土地利用现状汇总　单位：公顷

行政区域名称	密云县
土地调查面积	222592.14
耕地（01）	17550.07
园地（02）	29360.14
林地（03）	130062.92
草地（04）	2332.58
城镇村及工矿用地（20）	13929.81
交通运输用地（10）	3253.64
水域及水利设施用地（11）	22368.45
其他土地（12）	3734.53

【机构设置】

北京市国土资源局密云分局（简称密云分局）成立于 2005 年 5 月 21 日，分局机关设办公室（政工科）、地籍科（综合科）、耕地保护科、土地利用科、地质矿产科、财务科、纪检监察科等 7 个职能科室，编制 28 人，实有 27 人。下设土地储备分中心、权属登记事务中心、土地利用事务中心、矿产执法队、国土一所、国土二所、国土三所、国土四所、国土五所、国土六所等 10 个事业单位，编制 103 人，其中参公编制 15 人，实有 14 人，规范管理编制 15 人，实有 15 人，事业编制 73 人，实有 71 人。

分局领导班子：

党组书记　局长　　孙全春

党组副书记　副局长　　王国辅

副局长　　张义臣
纪检组长　　潘连筠
副局长　　王永望

【土地整治专项规划】

密云县土地整治专项规划经分局编制、县政府论证、市局审查、分局修改完善，于1月经市国土局正式批复。该规划是进一步落实土地利用总体规划确定的耕地保有量、耕地占补平衡等任务要求的实施性规划，主要阐明规划期内密云县土地整治的战略，明确土地整治的原则、目标，合理布局土地整治重点区域和重大工程，是指导未来土地整治工作的纲领性文件，是土地整治项目立项及审批的依据。

【建设项目用地预审】

年内，完成建设用地预审项目26个，总用地面积282.89公顷。为本年平原地区造林、京津风沙源治理二期工程等27个项目出具预审意见复函。

【征地及农用地转用项目用地管理】

年内，完成大唐制气管道密云段工程等5个项目征地前期审核工作，征地面积8.44公顷。办理农转用项目1个，转用面积15公顷。办理征地结案项目3个，结案面积1.77公顷。

【土地整理及耕地占补平衡】

年内，对5个土地开发整理项目组织验收，新增耕地约176.54公顷。800公顷高标准基本农田项目进展顺利。

【土地供应计划及实施】

严格按照国土资源部《划拨用地目录》和市国土局《实施〈划拨用地目录〉细则》的要求，年内共为3个项目核发了划拨决定书，用地总面积4.75公顷。

【土地储备开发】

年内，在施土地储备开发项目21个，总面积443.85公顷，累计已完成开发面积126.29公顷。

【土地调查】

年内，共办理土地权属审查25宗，面积90.23公顷。共处理权属争议16件。在季度变更调查的基础上，完成年度85个新增图斑的核查工作。集体建设用地使用权确权颁证工作圆满完成，确权1115宗，总面积564.18公顷，发证596宗，总面积218.34公顷。

【土地权属登记】

年内，办理国有建设用地使用权登记发证101宗，总面积174.04公顷。办理抵押登记142宗，抵押总面积352.26公顷，贷款金额48.87亿元。办理权属审查25件，涉及土地面积90.24公顷。

【土地执法监察】

年内，立案查处违法用地9宗，移交违法建设3宗，申请强制执行6宗。按时办理12336违法举报127件。

【信息化建设】

年内，为保障密云分局网络与信息系统的平稳运行，依据国家和北京市关于信息系统安全的相关规定，制定市国土局密云分局网络与信息系统应急预案。在分局政务网站改版基础上，进一步增强电子网络办公的稳定性、可靠性、快速性和安全性。

【矿产资源概况】

密云县矿产资源丰富，金属矿物有铁、金、银、钨、铬、铅、锌等，其中，铁矿已探明储量 9.67 亿吨，占全市铁矿储量 98% 以上，主要分布在水库周边地区，包括太师屯、不老屯、高岭、巨各庄、冯家峪、石城、穆家峪 7 个镇。非金属矿以砂石、石灰石为主，其中砂石储量最大，主要分布在潮白河流域和西田各庄镇、十里堡镇等地。

【地质勘查储量管理】

年内，组织密云县域内 5 家铁矿企业编制《矿山储量年报》，并组织专家进行评审。

【矿产资源开发管理】

年内，按时完成县域内 7 家矿产资源企业矿产资源开发利用年检工作，完善《矿产资源统计基础表》。完成对县属 5 家铁矿企业是否存在超层越界开采行为的执法检查工作，未发现越界开采行为。收缴矿产资源补偿费 564.72 万元，采矿权使用费 0.95 万元。

【地质灾害防治】

年内，坚持预防为主，全面开展 1:5 万地质灾害详查，指导各镇开展地质灾害防治工作，发放明白卡、树立警示牌、设立群测群防员、组织避险演练、发布避险提示短信、实施地质灾害治理项目，组建由分局工作人员和专家技术人员构成的 50 人应急调查队，最大限度保障群众生命财产安全。

【信访工作】

截至年底，接待群众来访 87 批 187 人次，其中 5 人以上（含 5 人）集体访 13 批 164 人次，同比下降 33%。办理非紧急救助和局长、市长信箱来件 54 件。有效解决信访问题，维护密云县的社会稳定。

北京市国土资源局延庆分局

【土地资源概况】

延庆县地处北京市西北部。坐标为北纬40°16′—40°47′，东经115°44′—116°34′。东、南与怀柔区、昌平区相邻，西、北与河北省怀来县、赤城县接壤。辖区设15个乡（镇）。

延庆县辖区面积199488.48公顷，土地利用现状面积详见表4－14。

表4－14　　**2013年北京市延庆县土地利用现状汇总**　　单位：公顷

行政区域名称	延庆县
土地调查面积	199488.48
耕地（01）	28386.43
园地（02）	10658.32
林地（03）	135530.35
草地（04）	2761.43
城镇村及工矿用地（20）	9357.14
交通运输用地（10）	3516.62
水域及水利设施用地（11）	6407.20
其他土地（12）	2870.99

【机构设置】

北京市国土资源局延庆分局（简称延庆分局）机关设办公室（财务科）、综合科、地籍科（地质矿产科）、土地利用科（耕地保护科）4个行政科室，设纪检监察科（政工科）。下设10个事业单位：北京市土地整理储备中心延庆县分中心、北京市延庆县土地权属登记事务中心、北京市延庆县土地利用事务中心，北京市延庆县国土资源执法监察队及6个国土资源管理所。分局编制人数127名，其中公务员22名，工勤人员2名，事业编人员103名。

分局领导班子：

党组书记、局长　　姜卫国
（2011年4月18日—2014年8月25日）

副局长　　刘亚利
（2014年8月下旬起主持全局工作）

副局长	徐　智
副局长	房秀利
纪检组长	孙仲军
副局长	李淑华（女）

【建设项目用地预审】

年内，办理建设项目用地预审 16 个，用地面积 41.675 公顷。其中建设用地面积 17.0215 公顷，未利用地面积 0.1778 公顷，农用地面积 24.4757 公顷（其中耕地面积 8.5421 公顷）。

【征地及农用地转用项目用地管理】

年内，完成农转用项目 2 个，涉及面积 2.4258 公顷。完成征地结案 5 宗，落实征地补偿费 4811.141 万元。

【土地整理及耕地占补平衡】

年内，共为 6 个建设项目实施占补平衡，共补充耕地 15.1987 公顷。完成 7 个财政投资土地整理项目验收工作，项目涉及建设规模 608.6587 公顷，核定投资总额 7557.24 万元；完成 3 个社会投资土地整理项目验收工作，项目涉及建设规模 124.526 公顷，核定投资总额 1139.45 万元。年内，高标准农田建设项目开工面积达 6333.33 公顷，涉及 8 个乡镇。

【土地供应计划及实施】

年内，上报国有建设用地供应计划建议方案项目 14 个，总用地面积 44.0390 公顷。共完成商服用地供应 1.2344 公顷，医疗卫生用地供应 26.1202 公顷，公共设施用地供应 2.8546 公顷，累计供地 30.2092 公顷。

【土地储备开发】

年内，在施储备开发项目 14 个，面积 366.67 公顷，其中：2013 年底结转项目 13 个，面积 358.78 公顷；新增项目 1 个，面积 7.89 公顷。

【土地市场交易】

年内，完成土地入市交易 1 宗，为旅游设施用地，面积 1.23 公顷，实现政府土地收益 343 万元。

【土地调查】

通过年度土地变更调查与遥感监测，共变更监测图斑 401 块，面积 234.064 公顷，其中耕地 62.337 公顷。年内，完成延庆县农村集体建设用地使用权调查工作，共调查宗地 2190 宗，面积 1320.55 公顷，调查率 100%。

【土地权属登记】

年内，共完成延庆县农村集体土地使用权确权登记发证 323 宗，占宗地总数的 14.75%。共完成国有土地使用权登记 49 宗；完成国有土地使用权抵押登记 47 宗，抵押金额 13.373892 亿元；完成国有土地使用权抵押注销登记 44 宗，抵押金额 8.43 亿元；完成国有土地使用权抵押变更登记 3 宗，抵押金额 4649.13 万元；完成集体土地所有权变更登记 12 宗。

【土地执法监察】

年内，通过动态巡查共发现涉地、涉矿违法行为 30 起，下发停工通知书 30 份。共立案查处违法占地和矿产违法案件

20起，其中：违法占地案件14起，罚款共计309.2312万元；矿产违法6起，没收违法所得共计13.45万元，罚款共计13万元。

【信息化建设】

地籍管理信息系统实现全部业务网上审批，为土地总登记的电子化与信息化奠定基础。综合监管平台系统业务办理人员均能熟练操作，综合监管平台应用不断深化。通过协调各国土管理所所在乡镇，联系歌华公司，克服国土所地理位置偏远等困难，为原本不具备连接政务外网条件的国土所连接VPN网，提高国土管理所信息化水平。年内，主动公开政府信息16条。受理依申请政府信息公开35件。

【矿产资源概况】

据《北京市延庆县国土资源及地质环境综合调查》资料统计：延庆县矿产资源丰富。金属矿产主要有铁、铜、铅、锌、钼、铂、钯7个矿种；非金属矿产主要有冶金辅助原料矿产、化工原料矿产、建筑材料矿产等共计13个矿种；能源矿产主要有泥炭和天然气；水气矿产主要是含锶硅质量重碳酸钙型弱碱性微硬度低矿化度水。县内没有固体矿山企业。

【矿产资源开发管理及地热资源管理】

年内，完成4家地热探矿权初检工作；完成4家地热采矿权和1家矿泉水采矿权年度检查工作。年内，共完成建设项目是否压覆重要矿产资源核查5件。

【地质灾害防治工作】

年内，通过制定地质灾害防治方案、预案，层层签订责任书，开展多角度全方位宣传，组织群测群防员培训，严格预警发布，执行值班和速报制度，落实演练计划，落实汛前、汛中、汛后三查工作，完善台账信息等一系列措施，夯实日常防治基础工作。年内共发生5起山体崩塌事件，均无人员财产损失。年内共完成地质灾害危险性评估报告备案2件。完成井庄镇G110国道西侧不稳定斜坡地质灾害治理项目，启动永宁镇王家堡村、井庄镇箭杆岭村不稳定斜坡地质灾害治理项目。

【信访工作】

年内，共接待来访139批次199人次，其中群体访2批次，11人次。年内，受理群众来信19件；受理国土违法举报45件。所有群众来信来访均得到及时答复，未发生重大不良信访事件。

【大事记】

1月22日，延庆分局通过了国土资源节约集约模范县（市）创建活动达标考核。

2月28日，延庆分局组织井庄镇政府、二道河村、项目设计单位、监理公司、施工单位负责人员参加井庄镇G110国道不稳定斜坡地质灾害防治工程第一次现场会议，标志着延庆县井庄镇G110国道不稳定斜坡地质灾害防治工程正式启动。

3月5日，延庆分局召开党的群众路线教育实践活动总结大会。分局党组书记、局长姜卫国对分局深入开展党的群众路线教育实践活动做总结。市国土局对分局党的群众路线教育实践活动取得的成效给予了充分肯定。

4月23日，延庆县井庄镇东红山村等15个村基本农田整理项目、延庆县刘斌堡乡刘斌堡村等6个村基本农田整理项目、延庆县永宁镇新华营村等7个村基本农田整理项目、延庆县张山营镇西羊坊村等12个村基本农田整理项目获得规划设计批复，延庆县2014年度高标准基本农田建设进入实施阶段。

4月24日，延庆分局组织各国土所、地矿科及县旅游局、县公路局及13个有地质灾害隐患点的乡镇等相关单位主管领导召开专题会议，对延庆县2014年地质灾害防治工作进行动员部署。

5月15日，市国土局登记中心到延庆分局检查2014年土地使用权和抵押权登记案卷规范化情况与土地登记信息系统应用情况，并抽查部分土地登记卡。经查，分局登记案卷规范、信息系统运行良好。

7月15日，延庆分局各国土所VPN网连接成功。

7月17日，通过公开招考，延庆分局新录入5名工作人员，5名工作人员均为本科及以上学历，分局人员结构得到进一步优化。

9月12日，延庆县刘斌堡乡刘斌堡村等6个村基本农田整理项目开工建设；延庆县永宁镇新华营村等7个村基本农田整理项目开工建设。

9月10日，中国延庆世界地质公园举行揭碑开园仪式，国土资源部地质环境司司长关凤峻，市国土局局长魏成林等出席仪式。

10月22日，北京市延庆县旧县镇三里庄村西北地块C8旅游设施用地完成交易，北京天润霞葡萄酒庄有限公司以800万元竞得。

10月24日，延庆分局组织县农委、农业局、审计局、统计局召开专题会议，部署2011—2013年度耕地保护情况自查工作。

11月6日，延庆分局与县拆违办共同对延庆县2014年土地违法案件尚未按期完成整改任务的乡镇进行警示约谈。

12月3日，副县长魏怡主持召开延庆县土地开发整理项目竣工验收会，经评审，4个项目通过竣工验收，总规模为454.10公顷，新增耕地365.22公顷。

北京市国土资源局经济技术开发区分局

【土地资源概况】

北京经济技术开发区（以下简称开发区）目前对北京东南部地区约57平方公里的区域实施经济管辖，其管理范围如下：

1994年8月25日国务院《关于同意设立北京经济技术开发区的批复》（国函〔1994〕89号）批准开发区规划面积10平方公里，四至范围为：东到东环路，南到新凤河，西至凉水河，北至北环路。

2002年8月8日，《关于北京经济技术开发区扩大发展用地的复函》（外经贸资开函〔2002〕779号）和《北京市人民政府关于北京经济技术开发区扩大发展用地的通知》（京政发〔2003〕10号）批准开发区在一期15.8平方公里的基础上向京津塘高速路东和凉水河以西扩展，其中，京津塘路以东约14平方公里，四至范围为：京津塘路以东，大羊坊路以南，大羊坊路及通马路以西，凉水河以北；凉水河以西约10平方公里，四至范围为：凉水河以西，旧头路以东，六环路及新凤河以北。

2000年8月22日，《关于对北京经济技术开发区启动北侧绿化隔离带绿化试点工作的批复》（京国土房管权字〔2000〕第234号）批准开发区启动北侧绿化隔离带试点工作，绿化带内建设用地涉及有偿使用的，出让合同由开发区管委会房地局签订，土地置换等房地报批手续，可由开发区房地局统一办理，开发区管委会保证北侧绿化带的实现。2001年7月3日，《关于北京经济技术开发区北侧绿化隔离地区土地置换的批复》（京政地〔2001〕92号）同意由开发区管委会实施北侧绿化带拆迁安置及绿化工作，组织实施498公顷绿化隔离地区的土地置换方案，通过土地转换和整理后，将原零星分散的建设用地都整理到北侧绿化带南部，绿化用地则集中到北部。至此，北侧绿化带总用地面积4.98平方公里，南起开发区北环路北红线，东至京津塘高速公路西红线，北至规划公路一环，西至凉水河东岸纳入开发区管理范围。

2010年，根据《北京市人民政府关于同意授权北京经济技术开发区管委会统一开发和管理亦庄新城范围内大兴区12平方公里产业及配套用地的批复》（京政函〔2010〕59号），北京市人民政府同意授权北京经济技术开发区管理委员会按照《北京经济技术开发区条例》和《北京市人民政府关于实施〈北京经济技术开发区条例〉办法》，统一开发和管理亦庄新城范围内大兴区12平方公里产业和配套用地。

【机构设置】

北京市国土资源局经济技术开发区分局（简称经济技术开发区分局）职能如下：根据国家及本市有关规定，负责办理开发区内国有土地使用权出让手续；受理开发区内国有土地使用权登记申请，按规定报市政府批准后，代发国有土地使用证。编制7名，领导职数1正2副。

本年从事国土资源管理的工作人员4名，其中公务员2名，事业单位编制2名。

分局领导领导班子：

局　长	王俊杰
书　记	尚健明
副局长	张　丹
调研员	庞　雁（女）
调研员	魏　军

【土地供应计划及实施】

年内，根据开发区项目引进情况和土地一级开发进度以及近年来土地供应情况，编制开发区2014年土地供应计划。

年内，北京经济技术开发区计划供地面积122.06公顷，其中工业仓储用地56.8公顷；商服用地30.14公顷；住宅用地35.12公顷，含商品住宅29.43公顷，公租房用地面积5.69公顷。

截至年底，北京经济技术开发区共计出让土地66.88公顷，其中包括工业仓储用地10宗，面积27.22公顷；商服用地3宗，面积13.72公顷；住宅用地3宗，面积18.97公顷（含公租房用地约5.89公顷）；科教用地1宗，面积3.48公顷；市政用地1宗，面积3.49公顷。

【保障性住房用地供应】

年内，供应保障性住房用地5.89公顷，全部为公租房用地。

【土地市场交易】

年内，共签订出让合同18宗，总面积66.88公顷，其中工业用地10宗，27.22公顷；商服用地3宗，13.72公顷；住宅用地3宗，18.97公顷；科教用地1宗，3.48公顷；市政用地1宗，3.49公顷。

【土地权属登记】

年内，经济技术开发区分局继续加强土地登记规范化建设工作，顺利通过市土地登记中心组织的4个季度土地登记规范化检查，各项土地登记权属数据如下：

初始登记。全年共办理初始登记登记23宗，登记面积148.38公顷。其中，划拨国有建设用地使用权登记1宗，面积0.39公顷；出让国有建设用地使用权初始登记22宗，面积147.99公顷。

转移登记。全年共办理转移登记14宗，登记面积39.57公顷。

抵押登记。全年办理抵押登记188宗，抵押土地面积412.291公顷，抵押物价值777.44亿元，贷款金额248.66亿元。其中，商服用地14宗，面积41.094公顷，评估金额214.83亿元，贷款金额98.41亿元；工矿仓储用地170宗，面积343.415公顷，评估金额507.21亿元，贷款金额135.6亿元；住宅用地4宗，面积27.782公顷，评估金额55.4亿元，贷款金额14.64亿元。具体见下表：

项目	宗数（宗）	面积（公顷）	评估金额（亿元）	贷款金额（亿元）
商服用地	14	41.094	214.83	98.41
工矿仓储用地	170	343.415	507.21	135.6
公用管理与公共服务用地	0	0	0	0
住宅用地	4	27.782	55.4	14.64
交通运输用地	0	0	0	0
政府储备用地	0	0	0	0
综合用地	0	0	0	0
特殊用地	0	0	0	0
其他土地	0	0	0	0
总　计	188	412.291	777.44	248.66

全年共办理抵押注销登记134宗，注销抵押登记面积319.852公顷。

【盘活低效项目用地】

年内，经济技术开发区分局通过土地置换、取消竞得资格、终止挂牌出让、法院拍卖、出租转用、纳税入区等方式盘活项目约42.33公顷。

【调研课题】

年内，为推进起步区产业转型升级，经济技术开发区分局积极主动与国土部、市国土局联系，结合实际起草《起步区转型升级土地再开发利用方案》，根据不同土地用途和不同用地主体提出依法收回、政府收储、权益转换、就地改造等开发利用方案。市国土局副局长谢俊奇专门带队到开发区调研，提出以开发区为试点，与市国土局联合开展工业用地再开发利用的研究。

【大事记】

4月22日，组织第45个“世界地球日”宣传活动。经济技术开发区分局工作人员在分局领导和市国土局办公室领导的带领下走进了北京二中亦庄学校，向学校师生赠送了300本关于地球日主题方面的图书资料，并对本次宣传主题做详细介绍。免费向群众和来开发区管委会办事的企业人员发放地球日宣传材料。同时，在分局和开发区管委会网站设立世界地球日宣传专栏。通过宣传，进一步扩大世界地球日活动的社会影响力，提高人民群众对国土资源国情、区情的了解，增强保护地球自然生态环境的意识。

6月25日，组织第24个“全国土地日”宣传活动。经济技术开发区分局在博大大厦设立宣传台，张贴宣传材料，免费向群众发放全国土地日宣传材料，进行互动交流，并在博大大厦一层大屏幕对“全国土地日”主题进行滚动宣传。同时，在分局和开发区管委会网站设立全国土地日宣传专栏。通过宣传，普及国土资源知识，共建全社会科学发展、共保国土资源的社会新风尚。

第五部分
学术社团

北京土地学会

【学会概况】

北京土地学会（简称土地学会）成立于2002年7月31日，是北京地区从事土地管理、土地科技、土地经济理论研究的具有社会公益性质的非营利性社会团体。

土地学会内设机构“四部一室”：综合办公室、学术部、培训部、编辑部、咨询部。年内，驻会工作人员6名。土地学会下设8个专业委员会，即土地经济和土地市场专业委员会、土地科普和学科教育专业委员会、耕地保护与土地整理专业委员会、地籍管理和土地信息技术专业委员会、土地利用规划专业委员会、土地价格和土地估价专业委员会、土地法学专业委员会、土地储备开发专业委员会。

年内，新增团体会员12名，截至年底，共有团体会员197个。

【理事大会】

年内，召开土地学会第三届理事会第二次会议暨土地制度改革学术报告会。大会听取《北京土地学会2013年工作报告和2014年工作计划》《北京土地学会财务工作报告》《北京土地学会监事会报告》；审议通过《关于北京土地学会第三届理事会调整理事、常务理事的建议》《关于北京土地学会第三届理事会调整部分专业委员会人员设置的建议》，根据工作需要和形势要求，对第三届理事会部分理事、常务理事以及专业委员会人员进行调整。调整后，学会理事人数为126人，常务理事人数为43人，8个专业委员会的主任、副主任、秘书长、副秘书长人数为32人。会议邀请北京大学国家发展研究院副教授徐建国做主题为《保障城镇化建设合理用地，建立统一城乡建设用地市场》的学术报告，对深化土地制度改革的方向、目标、改革途径进行深层次阐述和探讨。

【学术交流】

学术论坛。年内，学会组织召开2次主题学术论坛活动。

组织“推进土地制度改革，规范经营性集体建设用地入市”学术论坛，学会邀请市国土局副局长李军、市国土局海淀分局局长梁桂明、北京大学法学院教授楼建波、市怀柔区人民法院研究室主任祝兴栋分别以《推进我市农村集体经营性建设用地入市的几点思考》《我国集体建设用地流转制度研究》《未来高新集体产业园区发展模式探讨》《集体土地收益分配法律制度的健全和完善》为题，从理论、实践与研究成果等多个方面进行重点分析与全面解读。

组织“完善产权管理体制机制，推动不动产统一登记制度建设”为主题的北京土地科学管理学术论坛，学会邀请市国土局副局长谢俊奇，市国土局门头沟分局调研员姜伯辉，国土资源部第一届不动产登记工作专家委员会专家、国土资源部法律中心产权处处长刘燕萍，北京超图软件股份有限公司总工程师梁军等从不同角度，就不动产统一登记的确立发展，不动产统一登记的制度框架安排，不动产登记暂行条例的主要内容与关键问题和信息管理平台建设等方面做主题发言和互动交流。来自市科协、市国土局各机关处室、区县分局、会员单位、兄弟学会及高校等不同单位的350人次参加了主题学术论坛活动。

学术研讨。年内，组织主题学术研讨1次。学会会同北京房地产法学会举办“建立城乡统一的建设用地市场，促进农村集体建设用地流转”学术研讨会，邀请中国土地学会副理事长黄小虎、北京金诚同达律师事务所律师杨建津、中国人民大学教授俞明轩、北京市农村经济研究中心城郊经济研究所所长张文茂、北京市房地产法学会秘书长高喜善、中国农业大学教授朱道林出席研讨并做主题发言。会议就农村集体建设用地流转的制度构建、流转方式、收益分配、政府监管体系以及试点经验借鉴等进行交流讨论和深入剖析，并提出对策建议。研讨会有来自大专院校、科研院所、政府部门、会员单位的50余名专业人士出席。

学术讲座和学术报告。年内，会同学会各专业委员会适时举办学术讲座、学术报告会。围绕“集体建设用地入市关联效应”“我国财税体制改革及房地产税”“土地制度改革现状、问题、思路”“北京市轨道交通建设规划及实施”等主题，分别邀请社会知名专家、学者、大学教授专题讲解。本年共举办学术讲座7场，市国土系统、会员单位、兄弟学会及高校师生约800人次参加。

青年学术论文交流。北京土地青年学术论文交流是学会每年组织的一项品牌学术活动。年内，学会继续会同市国土局人事处、科技处、机关党委，在首都国土系统内部开展第六届北京土地青年学术论文交流活动。活动共收到40岁以下青年同志提交的学术论文151篇，经过专家的严格评审，分别评出一等奖15名、二等奖30名、三等奖45名、鼓励奖61名。征集论文汇编成册，印发市国土局有关部门、会员单位。分别向中国土地学会学术年会、海峡两岸学术交流会、市社科联和市科协主题论坛等各类学术交流活动推荐论文。为扩大论文交流影响，举办“北京土地青年学术论文演讲交流会”，邀请市国土资源局人事处、科技处、机关党委、研究室、分局与学会领导组成评审组，对6位一等奖论文获得者的精彩演讲进行评审打分，邀请中国农业大学教授朱道林和学会副会长史贤英进行现场点评。经点评专家的现场点评以及专家评委的打分，北京市国土资源勘测规划中心晋璟瑶、北京市国土资源局丰台分局王莉、北京市国土资源局朝阳分局康淑娟等三名青年选手获得演讲优秀奖。

区域学术交流。参加中国土地学会城

市土地分会秘书长会议；参加中国土地学会城市土地分会主任会议，会议对本年度提交的24篇调研成果进行展示汇报，北京市国土资源勘测规划中心晋璟瑶作为学会代表以《浅析小产权房查处困境与对策建议》为题的汇报发言，受到与会者好评；参加中国土地学会学术年会，由学会推选的6篇论文入选2014年中国土地学会学术年会论文集，其中市国土局土地整理储备中心黄金碧、华夏至信土地科技有限公司张建分别受邀，以《中国区域间建设用地数量配置对资本流动的影响研究》《基于不同视角的征地留用地安置面积测算研究——以北京市为例》为题做专场交流发言，其中张建的学术论文被评为“2014年中国土地学会学术年会优秀论文”。

【科普宣传】

重点主题宣传。会同市国土局相关部门组织开展“4・22”地球日、“6・25”土地日、“北京市科技周”等宣传活动。举办“6・25”土地日网上论坛，组织土地科技人员就京津冀一体化、建立城乡统一的建设用地市场、土地节约集约利用等展开讨论，共征集稿件11篇。

社会化科普宣传。年内，学会与延庆县科协邀请北京师范大学地理学与遥感科学学院教授赵烨，在延庆县人力资源和社会保障局培训中心，为延庆县150余名新任职科级公务员进行“耕地质量监测与重金属污染土地修复技术”专题培训；会同市国土局科技处、中国地质大学相关人员赴房山区良乡镇詹庄村、长沟镇北甘池村开展农村土地国情宣传调查，宣传国土资源国策国情和法规政策，同时了解农村土地利用矛盾，为制定相关政策提供参考依据；邀请中国农业大学土地资源管理系教授朱道林在海淀区西北旺镇政府为100名基层干部做《土地管理法》专题培训；与市学习科学学会在海淀区永泰小学联合举办科学家进校园科普讲座，市地质调查研究院研究员吕金波以《神奇的石头，美丽的北京》为题为在校学生做科普演讲。永泰小学五年级7个班共280名学生参加科普培训活动。

【教育培训】

北京土地学会培训中心（简称培训中心）是经北京市教育行政主管部门正式批准的社会力量办学机构。年内，培训中心围绕行业教育培训和职业素质培训共组织培训、研讨活动4次，参与学习培训人数计323人。培训内容涉及土地整治、土地一级开发、耕地质量评价、土地利用规划等多项业务内容。

【课题研究】

年内，学会继续整合资源，主动服务，积极参与国土资源管理中有关问题的研究。承接中关村管委会《中关村示范区存量土地及空间资源利用模式研究》《中关村国家自主创新示范区存量空间资源盘活利用支持资金管理办法》和通州区人民政府园区管理委员会《通州区产业园区土地利用情况研究》等3项课题研究任务，同时，继续做好市颁证办《北京市土地权属争议调查调处新机制研究》和市国土局昌平分局《探索农村集体建设用地利用新模式》2项延续性课题任务。

截至年底，《北京市土地权属争议调查调处新机制研究》和《探索农村集体建设用地利用新模式》课题，均已完成并通过专家评审验收；《中关村示范区存量土地及空间资源利用模式研究》和《中关村国家自主创新示范区存量空间资源盘活利用支持资金管理办法》课题，已完成报告初稿；《通州区产业园区土地利用情况研究》课题，已完成前期调研。

【《北京土地》】

《北京土地》为学会内部发行会刊。年内，共出版发行《北京土地》7期，其中双月刊6期、增刊1期，内容涵盖地籍管理、国土规划、耕地保护、执法监察、地矿管理等各个方面。全年共计印刷出版7600册，其中双月刊印刷出版6600册，青年论文增刊印刷出版1000册。

【承担专项工作】

第二批土地规划甲级机构资质评选推荐工作。根据中国土地学会《土地规划机构评选推荐管理办法》(土地学发〔2012〕11号）和《关于组织开展第二批土地规划甲级机构资质评选推荐工作的通知》（土地学发规字〔2014〕1号）要求，结合北京市土地规划乙级机构发展现状，年内，组织开展北京市第二批土地规划甲级机构资质评选推荐申报工作。共有12家机构申报，经材料审查、外业走访、综合评分和专家评审，确定轻工业环境保护研究所等3家单位纳入土地规划机构甲级资质推荐名录，北京苍穹数码测绘有限公司、北京方圆大地规划设计咨询有限公司2家单位纳入备选推荐名录。经中国土地学会的最终评审，以上5家机构全部纳入“第二批土地规划甲级机构资质评选推荐名录”。

北京市乙级土地规划机构评审推荐和年检工作。乙级土地规划机构评审推荐工作是中国土地学会授权各省级土地学会的专项工作。年内，学会工作组根据中国土地学会有关规定，结合《北京市土地规划乙级机构管理实施办法》，组织2批次评审推荐工作，评选推荐16家单位纳入北京市乙级规划机构名录。完成乙级规划机构年检工作，根据乙级规划机构资质基本要求，重点针对企业年度业绩和继续教育学习等情况进行年度检查，110家乙级规划机构通过年检，核发年度资质认证书。

《北京志·国土资源志》编纂工作。受市国土局委托协助局研究室承担《北京志·国土资源志》编纂工作。年内，修志办公室根据市地方志办关于第二轮修志工作部署，推进《国土资源志》的编纂及初审工作。年初，完成志书初审稿，将初审稿报送市地方志办，根据市地方志办反馈，修志工作在全市会部类志书中名居前列。2次召开志书初稿专家评审（初审）会，对专家的修改意见进行讨论和梳理，确定修改原则和方向。向《北京市·国土资源志》全体编委会成员征求志书初审稿意见，根据编委会成员的意见对志稿进行修改完善。

《北京市国土资源年鉴》编纂工作。受市国土局委托协助局研究室，连续8年承担《北京市国土资源年鉴》编纂工作。年内，学会抽调精干人员，对年鉴编写工作统一动员，严格部署，加强组织策划，对年鉴框架及其条目不断完善调整；加强教育培训，提高编写人员对年鉴的认知及写作能力；完善工作机制，制定工作计划，合理安排退稿重写、约改、审核校对等工作环节，保证年鉴编写工作的顺利进行。在市国土局主责部门和相关单位的支持下，12月，顺利完成《北京市国土资源年鉴2014》年鉴编撰任务，正式出版500册。截至年底，《北京市国土资源年鉴》累计出版发行4000册。

配合撰写《国土资源管理形势分析报告》工作。受市国土局委托协助局调控监测处承担《国土资源管理形势分析报告》编写工作。国土资源管理形势分析工作是按照国土资源部统一要求，省市级国土资源管理部门按季上报国土资源管理形势分析报告的专项工作。学会配合局调控监测处，在市国土局主导下，成立专项工作领导小组，完善组织机制，明确相关责任部门；根据国土部要求，结合市国土局实际印发工作通知和工作方案，明确工作要求；落实专项工作信息报送责任人，建立专项工作信息报送机制；优选华信中企房地产顾问（北京）有限公司为技术支撑单位，共同承担报告撰写工作；统筹协调学会各专业委员会，根据需要对形势分析报告进行会商分析。截至年底，完成四个季度的形势分析报告编写任务。

编写《北京市国土资源管理规范用语指导手册》。为实现国土资源管理术语规范统一，受市国土局委托，年内，启动《北京市国土资源管理规范用语指导手册》(以下简称《指导手册》）编制工作。与市国土局共同研究编写思路，确立编写原则，确保词条科学准确；成立《指导手册》编委会和编辑部，确定人员安排，明确工作重点，细化工作要求，制定实施方案；借助高校技术力量做好技术配合，对参编人员进行专项培训，提高编写水平；查阅参考其他同类型书目，借鉴优点，为编写工作奠定基础。截至年底，完成《指导手册》大纲及初稿；结合党的群众路线教育实践活动，在市国土局信息中心的支持配合下，在市国土局内网开辟专栏，以论坛的形式向全局系统工作人员征求意见建议，并同步梳理，完善大纲及条目。

北京房地产估价师和土地估价师协会

【协会概况】

2004年10月，经北京市社团办批准，北京房地产估价师和土地估价师协会（以下简称协会）正式成立。根据章程规定，协会分别于2007年和2012年召开了第二届理事会和第三届理事会换届会员大会。

协会的最高权力机构是会员大会。选举协会理事69名，常务理事35名。2013年12月，经向社会公开招聘和第三届理事会第二次会员代表大会表决，选举吴芳为协会第三届理事会秘书长。截止到2014年12月，在北京市从事房地产估价的机构有161家，土地评估机构91家。协会共有会员单位151家。

2011年12月，东城区和平里街道工委正式批准协会成立党支部。经过一年的发展壮大，2012年8月，协会党支部升级为党总支，现有党支部7个，正式党员48名。

【教育培训】

年内，组织各类教育培训活动10余次，共计3500余人次参加。

专业继续教育培训会。年内，协会分别在北京、成都、贵州、海南等地举办围绕房屋征收拆迁、不动产统一登记与估价为主题的估价师继续教育培训，培训人数2000余人次。

首次举办国际交流培训。年内，召开“大数据在不动产估价领域应用”研讨会，来自全国11个省市的350余人参加了研讨。来自北京、日本、中国香港等地的专家就大数据在不动产估价领域的发展和应用做精彩的演讲。会议的召开为广大土地估价工作者提供了一个崭新的学术交流平台并为行业的多元化发展以及制定行业数据标准奠定了良好的基础。

开展网络培训。年内，根据协会的工作安排及估价师的需求，开展估价师网络教育。网络教育顺应信息化发展趋势，也是协会为会员服务内容的新举措之一。共有600余人参加网络教育培训。

土地报告评审工作会。年内，协会承办中国土地估价师与土地登记代理人协会土地报告评审及土地报告评审专家培训会。培训主要针对评审报告中遇到的典型问题进行讨论讲解。来自全国的400余人参加培训。

专项培训。年内，受北京市国土资源局委托，协会承办“北京市国有建设用地使用权出让地价评估机构库”培训会。主要讲解北京市基准地价更新成果、协议出让地价评估及招拍挂出让地价评估等相关内容。来自70家入围机构的200余名机构人员参加会议。市国土局副局长谢俊奇到会并讲话。

【学术交流】

专题研讨会。年内，协会组织召开4次北京市地价动态监测形式研讨会。研讨会邀请市国土局相关处室领导、工作人员、国土部勘测规划院及行业内专家一起进行研讨，分析地价动态监测结果及下一季度的形势。

区域学术交流。年内，协会与内蒙古自治区房地产估价学会联合举行“一对一”京蒙房地产估价机构对口帮带活动；参加全国土地估价与土地登记代理行业协会负责人联席会，讨论土地估价、土地登记代理行业发展方向等；香港测量师学会产业测量组主席何展才、理事吴红梅拜访协会，就两会的现状及未来发展、合作进行讨论；参加京津沪渝估价行业协会联谊会，就加强协会功能建设，提升行业管理地位进行交流学习；参加中国土地勘测规划院地价所和中国人民大学公共管理学院举办的“环渤海地价影响因素”研讨会。

专业评审。年内，组织近60名专家，对北京市的土地估价报告进行评审。评审结束后，对报告出现比较集中的问题，在估价师继续教育中进行讲解，提高估价师的专业素养。

【课题研究】

年内，受北京市住房和城乡建设委员会委托的《北京市房屋征收拆迁中介服务机构管理机制研究》课题顺利通过专家验收。课题研究期间曾5次召开专家讨论会并赴上海等地调研。其成果为政府主管机关加强对房屋征收拆迁中介服务机构的监管提供依据。受中国土地估价师和土地登记代理人协会委托完成《土地估价报告电子化备案中数据的研究》课题，该课题正在专家验收过程中。

【专项工作】

北京市地价动态监测工作。受市国土资源局委托，协会对北京市地价进行监测并对监测数据进行汇总、分析、上报。年内，协会对地价动态监测办公室工作人员进行调整，更规范化专业化。组织61家土地评估评估机构的236名估价师对本市的467宗地进行地价监测。完成地价监测数据成果分析，上报中国土地勘测规划院。除完成地价监测的日常工作以外，还完成自2008年以来首次监测范围的大调整，保证地价动态监测数据的代表性，全面性，更加客观反映地价的现状和变化趋势，确保上报数据及时、真实、准确、完备及规范。

全国土地估价师资格考试工作。受市国土局委托，协会负责全国土地估价师资格考试（北京考区）的工作。本年度共有1195人报考4648科次。

北京市土地评估机构B级资信评审工作。年内，经过初审、专家评审、估价报告评审、公示等，经协会第三届第六次常务理事会通过，46家土地评估机构获得土地B级资信。

房屋征收评估专家鉴定。年内，协会专家鉴定办公室全年共接受社会人士对房屋征收评估的咨询100人/次，完成房屋征收鉴定报告19份，组织鉴定专家24人/次。

【内部建设】

召开会员代表大会。年内，协会第三次会员代表大会暨协会成立十周年纪念表彰会员大会在北京国谊宾馆第一会议室召开。会上，与会者一起观看协会成立十周年纪念宣传片。会长高千里向全体会员代表汇报了协会十年来的主要工作情况和下步打算。4月到8月期间，协会举办了估价报告质量评比、现场勘查评比大赛、优秀估价师、优秀共产党员评选及摄影大赛等不同类型的近10项庆祝活动，对获奖人员进行了表彰。住建部、中房学、中土协、市住房城乡建设委、市国土局的分管领导、专家及协会顾问到会祝贺。

日常工作。年内，召开4次会长办公会、2次常务理事会、1次理事会和1次会员代表大会。

文体活动。年内，配合协会成立十周年纪念活动，协会举办成立十周年开幕式暨“我们十岁了”奥森健跑活动。活动共35家会员单位的400名从业人员参加；协会还举办了第五届“估价师杯”羽毛球赛在名图羽毛球馆举行。共计24个代表队110名运动员，经过多回合激烈角逐，产生男单、女单、混合双打、男子双打和女子双打冠亚季军与团体冠军。

【党建文化工作】

协会党总支共有党员48名。年内，协会党总支秘书处支部与市国土局调控监测处联合进行党建活动，组织参观中国人民抗日战争纪念馆和八一射击场。协会党总支其他6个支部也分别组织了不同类型的读书学习和参观活动。

第六部分

统计资料

统计资料

2014年国土资源主要统计指标分析

【建设项目土地预审情况】

1—12月，北京市共批复建设用地预审项目992个，同比下降6.42%；拟用地总面积13755.09公顷，同比增加2.39%。其中，建设用地面积6524.93公顷，同比下降9.95%；农用地面积6965.78公顷，同比增加18.35%；未利用地面积265.61公顷，同比下降12.13%（详见图6－1）。

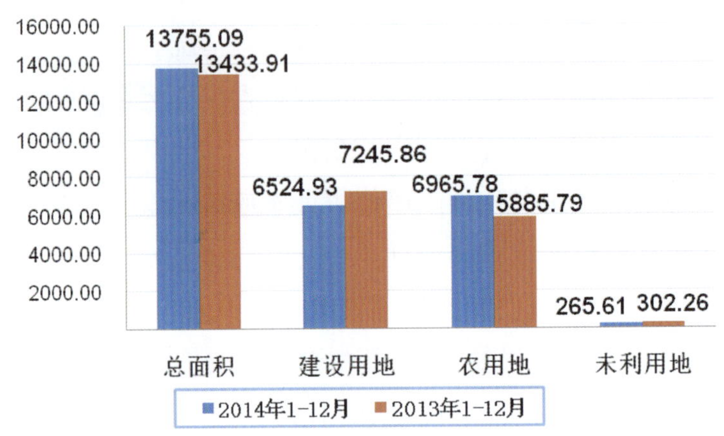

图6－1　2014年北京市建设项目土地预审情况对比（计量单位：公顷）

从项目用途结构看，交通运输用地5130.2公顷，储备用地3052.7公顷，公共管理与公共服务用地2260.86公顷，住宅用地1868.3公顷，工矿仓储用地947.25公顷，商服用地246.15公顷（详见图6－2）。

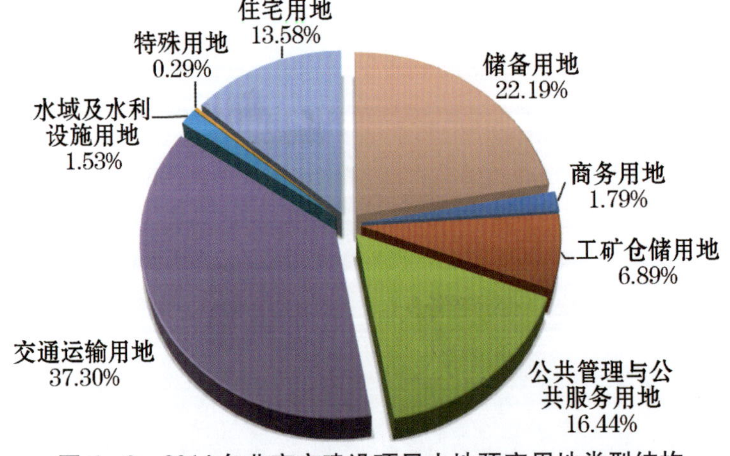

图6－2　2014年北京市建设项目土地预审用地类型结构

【批准建设用地情况】

北京市共批准建设用地总面积 1591.15 公顷，同比下降 26.62%。其中，国务院批准建设用地面积 594.08 公顷，占总批准建设用地面积的 37.34%；北京市政府批准建设用地面积 997.07 公顷，占批准建设用地总面积的 62.66%。1—12 月新增建设用 800.63 地公顷，其中，农用地转用 606.94 公顷（含耕地 246.54 公顷，同比下降 46.41%），同比下降 40.93%，未利用地 193.69 公顷，同比增长 2.86 倍。

【国有建设用地供应总量情况】

北京市国有建设用地供应 524 宗，土地面积 2577.59 公顷。其中通过出让方式供应（签订合同）197 宗，土地面积 1189.59 公顷，同比下降 31.61%；划拨方式供应 249 宗，土地面积 540.3 公顷，同比增加 54.19%；以征代划方式供应 78 宗，土地面积 847.7 公顷，同比下降 6.39%（详见图 6－3）。

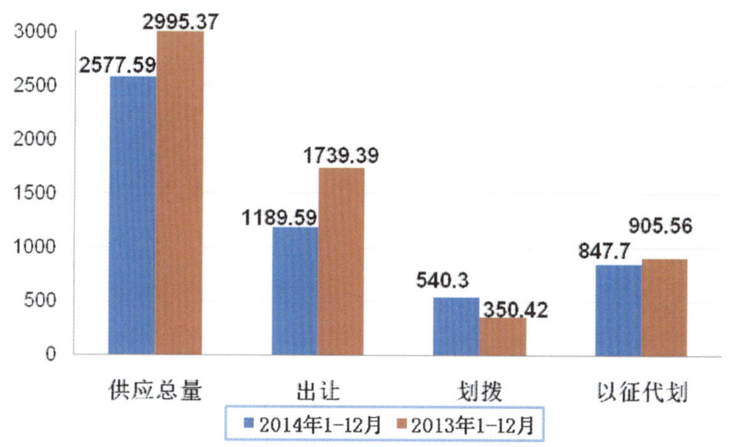

图 6－3　2014 年北京市土地供应总量情况对比（计量单位：公顷）

从供地结构上看：土地的出让、划拨、以征代划分别占国有土地供应总量的 46.15%、20.96%、32.89%。（详见图 6－4）。

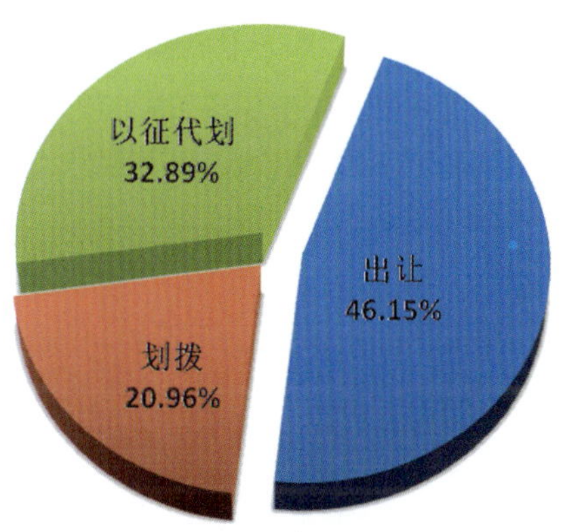

图 6－4　2014 年北京市土地供应总量情况结构

1. 出让方式（签订合同）供应情况

国有土地出让面积 1189.59 公顷，同比下降 31.61%，成交价款 1959.29 亿元，同比增加 7.78%。其中，通过土地招拍挂方式出让土地 1014.51 公顷，占出让总面积的 85.28%，以协议方式出让土地

175.08 公顷，占出让总面积的 14.72%。

从用地类型结构看：以住宅用地和商服用地为主，分别占出让总面积的39.74%、35.91%，分别同比下降 46.02%、同比增加 40.28%（详见图 6－5）。

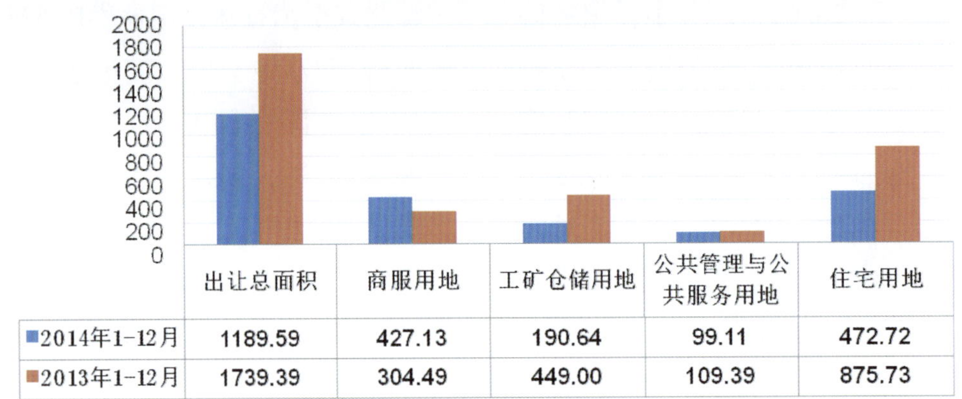

	出让总面积	商服用地	工矿仓储用地	公共管理与公共服务用地	住宅用地
2014年1-12月	1189.59	427.13	190.64	99.11	472.72
2013年1-12月	1739.39	304.49	449.00	109.39	875.73

图 6－5　2014 年北京市国有建设用地土地出让情况对比（计量单位：公顷）

2. 划拨方式供应情况

按用地类型分：公共管理与公共服务用地面积 307.55 公顷，同比增加 62.25%；住宅用地面积 139.45 公顷，同比增加 19.64%，其中，经济适用房面积 118.86 公顷，同比增加 10.77%，廉租住房用地面积 20.58 公顷，同比增长 1.22 倍；交通运输用地面积 80.29 公顷，同比增加 83.19%。

3. 以征代划方式供应情况

按用地类型分：代征道路面积 243.69 公顷，同比下降 42.57%；代征绿地 180.22 公顷，同比下降 52.51%。

【现状补办项目协议出让情况】

现状补办协议出让项目 161 宗，同比下降 29.39%；出让面积 332.43 公顷，同比增加 24.37%，成交价款 26.31 亿元，同比下降 32.73%。

按用地类型划分：工矿仓储用地 22 宗，面积为 176.35 公顷；公共管理与公共服务用地 20 宗，面积为 62.84 公顷；商服用地 87 宗，面积为 51.24 公顷；在空间分布上主要集中在顺义区、大兴区、丰台区、房山区、昌平区等 5 个区县（详见图 6－6）。

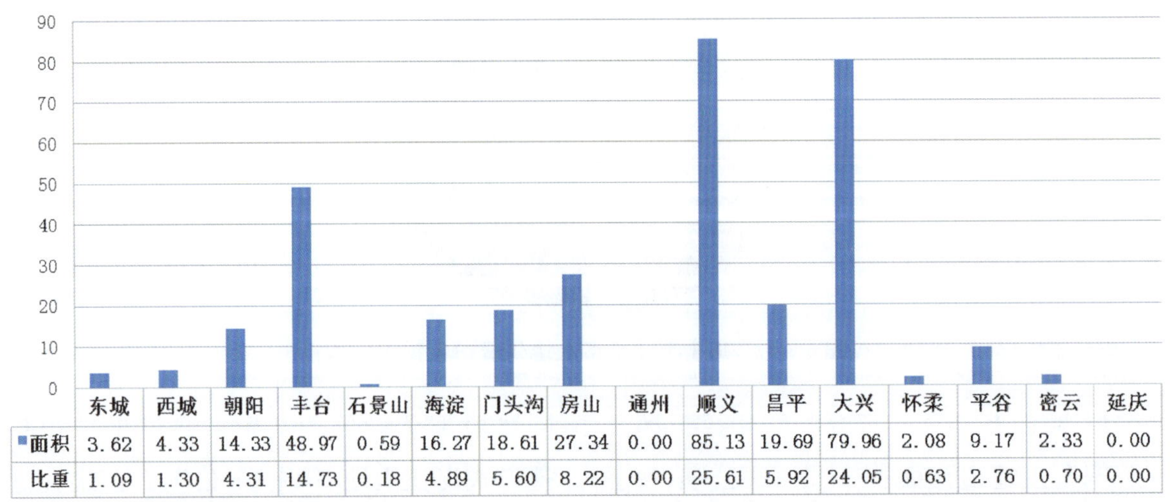

	东城	西城	朝阳	丰台	石景山	海淀	门头沟	房山	通州	顺义	昌平	大兴	怀柔	平谷	密云	延庆
面积	3.62	4.33	14.33	48.97	0.59	16.27	18.61	27.34	0.00	85.13	19.69	79.96	2.08	9.17	2.33	0.00
比重	1.09	1.30	4.31	14.73	0.18	4.89	5.60	8.22	0.00	25.61	5.92	24.05	0.63	2.76	0.70	0.00

图 6－6　2014 年北京市现状补办协议出让空间分布（计量单位：公顷）

【国有土地入市交易成交情况】

北京市国有土地入市交易 141 宗，面积 1295.29 公顷，同比下降 38.86%。按土地市场供地方式分，土地招标 123.22 公顷，土地挂牌 1172.07 公顷。按土地市场供地结构分，商服用地 452.58 公顷，同比增加 44.45%；工矿仓储用地 205.73 公顷，同比下降 62.17%；住宅用地 636.97 公顷（全部为普通商品房），同比下降 49.50%（详见图 6－7）；土地入市交易成交价款 1916.9 亿元，较去年同期同比增加 3.44%。

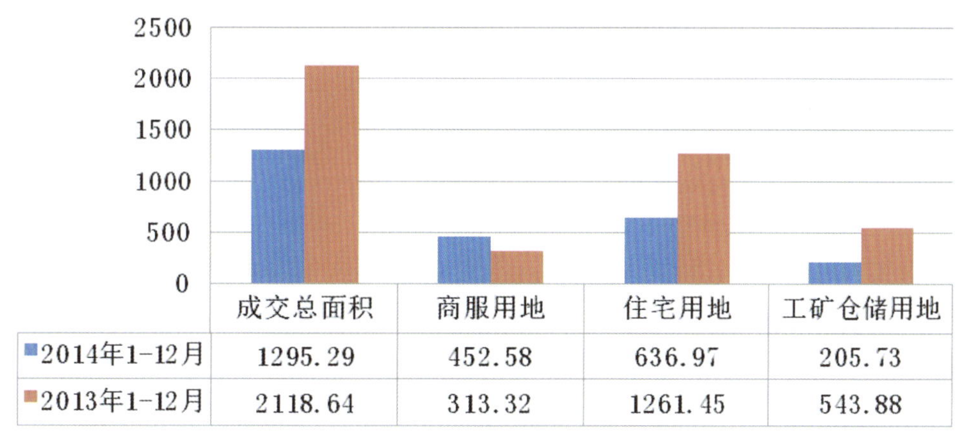

	成交总面积	商服用地	住宅用地	工矿仓储用地
2014年1-12月	1295.29	452.58	636.97	205.73
2013年1-12月	2118.64	313.32	1261.45	543.88

图 6－7　2014 年北京市国有土地入市交易成交量对比（计量单位：公顷）

【国有土地登记发证及土地抵押情况】

北京市国有土地使用权登记发证 6819 宗，同比下降 20.77%；登记发证面积 5870.76 公顷，同比下降 5.78%。

国有土地使用权抵押登记发证 5782 宗，同比下降 8.87%，抵押面积 6619.2 公顷，同比下降 14.29%，贷款金额 8881.06 亿元，同比增加 21.57%。

【地矿资源情况】

在矿产资源方面，矿产资源勘查有效许可证 12 件，同比增加 20%；主要矿种采矿有效许可证 189 个，同比下降 0.53%。

截止年底，确定地质灾害灾情 24 起，其中房山区 8 起、延庆县 6 起、门头沟区 3 起、密云县 3 起、怀柔区 2 起，平谷区 2 起，造成直接经济损失 58.8 万元。

【国土资源违法案件查处情况】

1—12 月北京市共立案查处土地违法案件 400 件，涉及土地面积 556.67 公顷，同比增加 35.59%，其中耕地 107.33 公顷，同比增长 3.47 倍；土地违法共结案 320 件，同比下降 18.16%；收缴罚没款 3055.36 万元，同比增加 4.66%。

北京市共立案查处地矿违法案件 28 件，以个人无证开采为主，目前共结案 28 件；收缴罚没款 73.1 万元，同比下降 47.68%。

表 6－1　　2014 年北京市建设项目预审批复情况（按区县分列）　　单位：公顷

	项目个数	建设用地规模					
			农用地			建设用地	未利用地
				耕地	占用基本农田		
合　计	992	13755.09	6965.78	4259.75	2303.43	6524.93	265.61
东城区	30	93.77				93.77	
西城区	37	76.75				76.75	
朝阳区	108	1679.73	296.77	118.77		1381.28	1.68
海淀区	84	473.24	267.62	55.76		202.86	3.99
丰台区	65	801.20	104.42	57.72		693.46	3.32
石景山区	13	53.01				53.01	
门头沟区	52	342.26	130.56	21.74		204.98	6.72
房山区	72	569.23	230.48	119.45	10.37	306.13	32.62
通州区	114	1248.80	663.08	356.25	37.04	568.65	17.07
顺义区	155	1636.73	645.57	271.58	5.70	974.22	16.94
昌平区	90	1145.47	548.35	231.81		523.17	73.95
大兴区	45	523.27	356.52	298.34	143.78	159.62	7.13
怀柔区	36	526.38	287.53	166.38	1.58	215.14	23.71
平谷区	36	288.12	140.78	58.06	0.25	144.08	3.26
密云县	29	312.03	147.52	72.07		156.18	8.33
延庆县	18	50.60	28.85	8.70		19.46	2.29
跨区县项目	6	3933.08	3117.73	2423.12	2104.71	750.75	64.60
备注：涉及经济技术开发区项目情况	2	1.42				1.42	

表 6 - 1　　2014 年北京市建设项目预审批复情况（按用途分列）　　单位：公顷

	项目个数	建设用地规模						备注
			农用地			建设用地	未利用地	
				耕地	占用基本农田			
合计	992	13755.09	6965.78	4259.75	2303.43	6524.93	265.61	
商服用地	55	246.15	53.94	31.84		184.71	7.50	
工矿仓储用地	110	947.25	455.04	304.34	0.92	471.42	20.79	
公共管理与公共服务用地	392	2260.86	879.30	324.96		1307.83	74.96	
交通运输用地	183	5130.20	3726.30	2648.60	2158.73	1310.55	93.35	
水域及水利设施	5	210.18	182.75	161.54	143.78	17.51	9.92	
特殊用地	10	39.45	4.03	4.03		35.42		
住宅用地	151	1868.30	494.26	178.01		1363.69	10.35	
储备用地	86	3052.70	1170.16	606.43		1833.80	48.74	

表 6－2　　2014 年北京市审批建设用地情况（一）

单位：公顷

	批准建设用地合计					国务院批准建设用地					省级政府审批				
		新增建设用地					新增建设用地					新增建设用地			
			农用地转用		未利用地			农用地转用		未利用地			农用地转用		未利用地
				耕地					耕地					耕地	
合　计	1591.1486	800.6267	606.9405	246.5358	193.6862	594.0828	202.0919	167.2380	63.0757	34.8539	997.0658	598.5348	439.7025	183.4601	158.8323
市辖区	1479.1563	759.3454	572.6428	229.0724	186.7026	594.0828	202.0919	167.2380	63.0757	34.8539	885.0735	557.2535	405.4048	165.9967	151.8487
东城区															
西城区															
朝阳区	387.5221	133.0532	133.0532	59.5291		387.5221	133.0532	133.0532	59.5291						
丰台区	118.0728	18.2745	18.2745	4.0167		88.1683	5.9769	5.9769	3.0036		29.9045	12.2976	12.2976	1.0131	
石景山区															
海淀区	171.0476	93.5861	92.7070	19.9559	0.8791	41.5593	16.4156	16.4156			129.4883	77.1705	76.2914	19.9559	0.8791
门头沟区	253.2011	214.0820	97.9093	8.4086	116.1727						253.2011	214.0820	97.9093	8.4086	116.1727
房山区	26.3079	9.4467	6.8635	1.6493	2.5832						26.3079	9.4467	6.8635	1.6493	2.5832
通州区	64.8515	38.6369	38.6369	24.4007							64.8515	38.6369	38.6369	24.4007	
顺义区	127.4762	88.8287	88.6968	63.2612	0.1319						127.4762	88.8287	88.6968	63.2612	0.1319
昌平区	148.8048	55.7459	25.5008	5.8678	30.2451						148.8048	55.7459	25.5008	5.8678	30.2451
大兴区	83.6864	42.4658	7.5496	0.9190	34.9162	71.0312	41.1314	6.2775		34.8539	12.6552	1.3344	1.2721	0.9190	0.0623
怀柔区	86.2695	54.6387	53.2211	40.4889	1.4176	5.8019	5.5148	5.5148	0.5430		80.4676	49.1239	47.7063	39.9459	1.4176
平谷区	11.9164	10.5869	10.2301	0.5752	0.3568						11.9164	10.5869	10.2301	0.5752	0.3568
县	111.9923	41.2813	34.2977	17.4634	6.9836						111.9923	41.2813	34.2977	17.4634	6.9836
密云县	15.0557	15.0431	9.6403	8.5557	5.4028						15.0557	15.0431	9.6403	8.5557	5.4028
延庆县	96.9366	26.2382	24.6574	8.9077	1.5808						96.9366	26.2382	24.6574	8.9077	1.5808

表6－2

2014年北京市审批建设用地情况（二）

单位：公顷

	城镇村建设用地							单独选址建设用地				
		商服用地	工矿仓储用地	住宅用地	公用管理与公共服务用地	交通运输用地	其他		交通运输用地	水利设施用地	能源用地	其他
合　计	1467.0931	136.9015	109.5887	224.3798	478.5995	268.1867	249.4369	124.0555	124.0555			
市辖区	1355.1008	103.0222	109.5887	222.1929	418.5998	252.2603	249.4369	124.0555	124.0555			
东城区												
西城区												
朝阳区	387.5221	48.9203		36.4810	210.2206	91.9002						
丰台区	65.0485			6.6928	5.6743	26.8776	25.8038	53.0243	53.0243			
石景山区												
海淀区	171.0476	23.4695	10.6388	32.1256	62.8061	35.3376	6.6700					
门头沟区	253.2011			50.4686	18.0681	24.5985	160.0659					
房山区	26.3079	4.3920	9.9434	3.8500	5.0056	3.1169						
通州区	64.8515		13.2569		35.0935	16.5011						
顺义区	127.4762	4.4331	42.6993	50.3746	9.9226	20.0466						
昌平区	148.8048	21.8073	0.9000	28.5102	25.2674	20.9127	51.4072					
大兴区	12.6552		7.7151		2.2143	2.7258		71.0312	71.0312			
怀柔区	86.2695		24.4352	2.3061	43.7949	10.2433	5.4900					
平谷区	11.9164			11.3840	0.5324							
经济技术开发区												
县	111.9923	33.8793		2.1869	59.9997	15.9264						
密云县	15.0557				15.0557							
延庆县	96.9366	33.8793		2.1869	44.9440	15.9264						

表 6-3

2014 年北京市国有土地供应签订合同情况（一）

（按区县分列）

单位：宗、公顷、万平方米、万元

	出让小计					协议出让				
	宗地数	面积		规划建筑面积	成交价款	宗地数	面积		规划建筑面积	成交价款
			新增					新增		
甲	1	2	3	4	5	6	7	8	9	10
合　计	197	1189. 5923	1003. 1389	2292. 0039	19592904. 89	56	175. 0803	113. 3829	383. 3743	235952. 19
市辖区	195	1162. 2377	1001. 9045	2263. 9398	19583944. 89	55	148. 9601	113. 3829	356. 1743	227792. 19
东城区	2	0. 3923		0. 8042	2085. 98	2	0. 3923		0. 8042	2085. 98
西城区	1	2. 0664		11. 7708	746000. 00					
朝阳区	20	81. 4885	27. 4054	180. 2329	1536805. 75	12	37. 1746	15. 9478	76. 0393	97474. 75
丰台区	22	60. 4494	59. 5002	177. 5046	2577890. 38	12	10. 8564	9. 9072	34. 4430	25340. 38
石景山区	5	30. 4881	24. 3220	74. 3296	1343846. 38	1	2. 0000	2. 0000	6. 5017	3146. 38
海淀区	16	51. 7795	37. 5957	109. 0508	589227. 53	10	23. 7723	20. 2672	46. 4343	41753. 53
门头沟区	12	87. 6492	87. 6492	207. 9417	2940164. 81	3	4. 9100	4. 9100	19. 3673	5164. 81
房山区	25	135. 3356	135. 3356	230. 6105	961690. 20	4	17. 3491	17. 3491	52. 1284	16022. 20
通州区	21	201. 4271	166. 1007	333. 9738	2353018. 52	1	0. 1454		0. 4788	129. 13
顺义区	20	136. 3925	126. 0260	347. 8098	1875923. 70	1	11. 5141	11. 5141	17. 2600	5178. 00
昌平区	10	96. 4840	63. 7469	202. 9097	1557533. 48	2	25. 8723	19. 2908	54. 6561	19691. 08
大兴区	34	122. 8511	122. 6250	262. 8684	2236871. 05	6	12. 4228	12. 1967	38. 8629	10012. 05
怀柔区	3	111. 9182	108. 0820	59. 0638	621993. 89	1	2. 5508		9. 1983	1793. 89
平谷区	4	43. 5158	43. 5158	65. 0692	240893. 21					
经济技术开发区										
县	2	27. 3546	1. 2344	28. 0641	8960. 00	1	26. 1202		27. 2000	8160. 00
密云县										
延庆县	2	27. 3546	1. 2344	28. 0641	8960. 00	1	26. 1202		27. 2000	8160. 00

表6－3

2014年北京市国有土地供应签订合同情况（一）

（按区县分列）

单位：宗、公顷、万平方米、万元

	招标出让					拍卖出让					挂牌出让				
	宗地数	面积		规划建筑面积	成交价款	宗地数	面积		规划建筑面积	成交价款	宗地数	面积		规划建筑面积	成交价款
			新增					新增					新增		
甲	11	12	13	14	15	16	17	18	19	20	21	22	23	24	25
合　计	21	121.4035	42.2742	351.4025	4120806.20						120	893.1085	847.4818	1557.2271	15236146.50
市辖区	21	121.4035	42.2742	351.4025	4120806.20						119	891.8741	846.2474	1556.3630	15235346.50
东城区															
西城区											1	2.0664		11.7708	746000.00
朝阳区	5	32.8563		79.0048	1015331.00						3	11.4576	11.4576	25.1888	424000.00
丰台区											10	49.5930	49.5930	143.0616	2552550.00
石景山区											4	28.4881	22.3220	67.8279	1340700.00
海淀区	2	19.0019	8.3232	43.8309	293450.00						4	9.0053	9.0053	18.7856	254024.00
门头沟区	1	10.1831	10.1831	34.7272	586600.00						8	72.5561	72.5561	153.8472	2348400.00
房山区											21	117.9865	117.9865	178.4821	945668.00
通州区	7	14.1092	4.6705	79.3900	925465.20						13	187.1725	161.4302	254.1050	1427424.20
顺义区	1	2.2913	2.2913	4.1243	37700.00						18	122.5871	112.2206	326.4255	1833045.70
昌平区	5	42.9617	16.8061	110.3253	1262260.00						3	27.6500	27.6500	37.9283	275582.40
大兴区											28	110.4283	110.4283	224.0055	2226859.00
怀柔区											2	109.3674	108.0820	49.8655	620200.00
平谷区											4	43.5158	43.5158	65.0692	240893.21
经济技术开发区															
县											1	1.2344	1.2344	0.8641	800.00
密云县															
延庆县											1	1.2344	1.2344	0.8641	800.00

表 6－3

2014 年北京市国有土地供应签订合同情况（一）

（按用地类型分列）

单位：宗、公顷、万平方米、万元

	出让小计					协议出让				
	宗地数	面积	面积：新增	规划建筑面积	成交价款	宗地数	面积	面积：新增	规划建筑面积	成交价款
甲	1	2	3	4	5	6	7	8	9	10
合　计	197	1189.5923	1003.1389	2292.0039	19592904.89	56	175.0803	113.3829	383.3743	235952.19
商服用地	73	427.1281	393.9186	766.7981	8730843.36	28	36.1090	24.1842	102.2578	90278.16
工矿仓储用地	46	190.6378	190.6378	234.5744	253996.50					
住宅用地	56	472.7173	361.5690	1127.3347	10459382.17	11	48.4738	37.7363	127.0956	40791.17
其中：高档住宅用地										
其中：普通商品住房用地	46	424.3694	323.8327	1000.3108	10419006.63	1	0.1259		0.0717	415.63
其中：中低价位、中小套型用地	2	9.4265	4.9069	20.6263	127310.00					
其中：经济适用住房用地										
其中：廉租住房用地	2	9.1323		33.7544	8559.86	2	9.1323		33.7544	8559.86
其中：其他住房用地	8	39.2156	37.7363	93.2695	31815.68	8	39.2156	37.7363	93.2695	31815.68
公共管理与公共服务用地	22	99.1091	57.0135	163.2967	148682.85	17	90.4975	51.4624	154.0209	104882.85
特殊用地										
交通运输用地										
水利设施用地										

表 6 – 3

2014 年北京市国有土地供应签订合同情况（一）

（按用地类型分列）

单位：宗、公顷、万平方米、万元

	招标出让					拍卖出让					挂牌出让				
	宗地数	面积	面积：新增	规划建筑面积	成交价款	宗地数	面积	面积：新增	规划建筑面积	成交价款	宗地数	面积	面积：新增	规划建筑面积	成交价款
甲	11	12	13	14	15	16	17	18	19	20	21	22	23	24	25
合　计	21	121.4035	42.2742	351.4025	4120806.20						120	893.1085	847.4818	1557.2271	15236146.50
商服用地	11	36.4953	27.0566	154.2225	1950765.20						34	354.5238	342.6778	510.3178	6689800.00
工矿仓储用地											46	190.6378	190.6378	234.5744	253996.50
住宅用地	9	81.8477	15.2176	194.9350	2168391.00						36	342.3958	308.6151	805.3041	8250200.00
其中：高档住宅用地															
其中：普通商品住房用地	9	81.8477	15.2176	194.9350	2168391.00						36	342.3958	308.6151	805.3041	8250200.00
其中：中低价位、中小套型用地	1	4.5196		6.8870	12310.00						1	4.9069	4.9069	13.7393	115000.00
其中：经济适用住房用地															
其中：廉租住房用地															
其中：其他住房用地															
公共管理与公共服务用地	1	3.0605		2.2450	1650.00						4	5.5511	5.5511	7.0308	42150.00
特殊用地															
交通运输用地															
水利设施用地															

表 6－3

2014 年北京市国有土地供应签订合同情况（二）

（按区县分列）

单位：宗、公顷、万平方米、万元

	划拨				租赁					其他供地方式				
	宗地数	面积		规划建筑面积	宗地数	面积		规划建筑面积	租金	宗地数	面积		规划建筑面积	收入
			新增				新增					新增		
合计	249	540. 3023	440. 6615	777. 6476										
市辖区	243	533. 7315	440. 4007	769. 5858										
东城区														
西城区	7	6. 5223		8. 8550										
朝阳区	14	45. 7366	34. 3369	138. 8046										
丰台区	27	75. 9967	57. 7742	194. 1342										
石景山区	6	7. 7862	0. 8118	3. 6282										
海淀区	76	90. 1363	78. 9440	111. 3259										
门头沟区	26	29. 8680	27. 0595	51. 1603										
房山区	16	76. 4517	75. 8445	106. 8068										
通州区	17	21. 1662	19. 4346	31. 1728										
顺义区	3	11. 3691	10. 9567	7. 0520										
昌平区	17	85. 2282	81. 1701	60. 9058										
大兴区	28	53. 7631	48. 1297	49. 8334										
怀柔区	4	27. 0844	3. 3160	5. 3464										
平谷区	2	2. 6227	2. 6227	0. 5604										
经济技术开发区														
县	6	6. 5708	0. 2608	8. 0618										
密云县	5	6. 2499	0. 2608	7. 7738										
延庆县	1	0. 3209		0. 2880										

表 6－3

2014 年北京市国有土地供应签订合同情况（二）

（按用地类型分列）

单位：宗、公顷、万平方米、万元

	划拨				租赁					其他供地方式				
	宗地数	面积	新增	规划建筑面积	宗地数	面积	新增	规划建筑面积	租金	宗地数	面积	新增	规划建筑面积	收入
合计	249	540.3023	440.6615	777.6476										
商服用地														
工矿仓储用地														
住宅用地	57	139.4461	107.9298	481.2902										
其中：高档住宅用地														
普通商品住房用地														
中低价位、中小套型用地														
经济适用住房用地	35	118.8634	92.0347	403.0096										
廉租住房用地	22	20.5827	15.8951	78.2806										
公共管理与公共服务用地	170	307.5534	276.5524	271.8677										
特殊用地	2	13.0160	13.0160	6.2064										
交通运输用地	20	80.2868	43.1633	18.2833										
水域及水利设施用地														

表 6－4

2014 年北京市国有土地使用权交易情况（一）

（按区县分列）

	转让			出租		
	宗数（宗）	面积（公顷）	转让金（万元）	宗数（宗）	面积（公顷）	租金（万元）
合　计	16	37.3373	317513.78			
市辖区	14	31.5430	314006.25			
东城区						
西城区	2	1.4123	136354.50			
朝阳区	4	5.3094	89485.62			
丰台区						
石景山区						
海淀区						
门头沟区						
房山区	1	7.2560	30469.90			
通州区	2	6.7759	17015.99			
顺义区	3	7.2046	34582.08			
昌平区						
大兴区						
怀柔区	1	3.3567	5180.39			
平谷区	1	0.2281	917.77			
经济技术开发区						
县	2	5.7943	3507.53			
密云县	1	3.0436	2896.25			
延庆县	1	2.7507	611.28			

表 6 – 4

2014 年北京市国有土地使用权交易情况（二）

（按用地类型分列）

		转让			出租		
		宗数（宗）	面积（公顷）	转让金（万元）	宗数（宗）	面积（公顷）	租金（万元）
合计		16	37.3373	317513.78			
商服用地		5	6.7028	175274.71			
工矿仓储用地		6	11.6683	22024.66			
住宅用地		3	16.6951	50066.15			
其中	别墅、高档公寓						
	普通商品房	3	16.6951	50066.15			
	经济适用房						
	其他住房						
公共管理与公共服务用地		1	1.7600	43490.86			
特殊用地		1	0.5111	26657.40			

表 6－5　　2014 年北京市国有建设用地使用权登记情况　　单位：宗、公顷

项目	国有建设用地使用权初始登记		国有建设用地使用权变更登记		国有建设用地使用权注销登记	
	宗数	面积	宗数	面积	宗数	面积
合　计	1228	2675	5591	3195.76	71	226.55
东城区	137	13.68	334	27.54		
西城区	150	29.78	240	10.79		
朝阳区	108	220.46	2537	372.68	2	1.47
丰台区	93	190.11	422	354.35	9	14.27
石景山区	27	47.52	123	26.76		
海淀区	132	255.1	692	201.11		
门头沟区	57	101	30	66.64	11	9.61
房山区	103	273.26	108	307.63		
通州区	57	127.34	232	456.19	1	6.37
顺义区	70	269.74	339	388.57		
昌平区	55	237.22	139	318.72	9	34.10
大兴区	109	451.51	134	216.37	22	87.84
怀柔区	22	114.53	52	98.43	14	39.48
平谷区	37	114.12	77	97.1	2	31.87
密云县	34	50.55	73	128.81	1	1.54
延庆县	13	30.31	36	64.97		
经济技术开发区	24	148.77	23	59.1		

表 6－6　2014 年北京市国有建设用地使用权抵押权登记情况

单位：宗、公顷、万元

项目	国有建设用地使用权抵押权初始登记		国有建设用地使用权抵押权变更登记		国有建设用地使用权抵押权注销登记	
	宗数	贷款金额	宗数	贷款金额	宗数	贷款金额
累计	5482	75781177.02	300	13029375.23	5150	45881342.01
东城区	326	7306496.52	12	1003654.64	309	4022415.79
西城区	200	3708235.42	3	329000.00	181	1812708.65
朝阳区	2116	25499856.36	29	3693887.56	1987	13315603.52
丰台区	427	4950285.77	24	823212.00	413	5064100.20
石景山区	95	1443001.25	3	156000.00	114	1236083.46
海淀区	702	10392828.44	1	800.00	559	2576517.46
门头沟区	41	1547935.53	2	35518.00	25	394604.00
房山区	88	1373481.96	13	575136.00	107	1735678.00
通州区	249	4953640.52	89	2655231.86	321	5761969.74
顺义区	271	3559290.14	16	610690.70	252	2347775.70
昌平区	171	3203983.80	28	1563630.44	171	2079005.63
大兴区	214	2671827.01	10	841894.00	221	2485646.64
怀柔区	112	1115409.86	1	3000.00	112	383805.00
平谷区	105	1371460.79	6	256800.00	53	961730.00
密云县	144	399419.00	46	140000.00	147	441364.49
延庆县	47	133738.92	3	4649.13	44	84300.00
经济技术开发区	174	2150285.73	14	336270.90	134	1178033.73

表 6－7　2014 年北京市勘查许可证发放情况　单位：个、宗、万元

矿种	勘查许可证发证			勘查权出让			
				协议出让方式		招拍挂出让方式	
	新立	有效	注销	宗数	价款金额	宗数	价款金额
合　计	5	12				5	
地热	5	12				5	

表 6－8　　2014 年北京市主要矿种采矿许可证发放情况　　单位：个、宗、万元

矿种	采矿许可证发证			采矿权出让			
	许可证数			协议出让方式		招拍挂出让方式	
	新立	有效	注销	宗数	价款金额	宗数	价款金额
合　计		189	3			19	401.00
地热		148				19	401.00
矿泉水		30	3				
煤		5					
铁矿		6					

表 6－9　　　　2014 年北京市矿产种类统计

<table>
<tr><th colspan="2" rowspan="2">矿　类</th><th colspan="3">探明有资源储量并编入储量表的矿种</th><th colspan="2">已发现但尚未探明资源储量的矿种</th></tr>
<tr><th>名称及矿产地数</th><th colspan="2">矿种数</th><th>名称</th><th>矿种数</th></tr>
<tr><td colspan="2">合　计</td><td>354</td><td colspan="2">67</td><td></td><td>60</td></tr>
<tr><td colspan="2">能源矿产</td><td>煤（29）</td><td colspan="2">1</td><td>地热、石油、天然气</td><td>3</td></tr>
<tr><td rowspan="2">金属矿产</td><td>黑色金属矿产（53）</td><td>铁（46）、锰（1）、铬（2）、钒（2）、钛（2）</td><td>5</td><td rowspan="2">19</td><td></td><td></td></tr>
<tr><td>有色、贵金属及稀有稀散元素矿产（63）</td><td>铜（8）、铅（7）、锌（9）、铝土矿（1）、钨（3）、铋（1）、钼（8）、镁（2）、铂（1）、钯（1）、金（14）、银（5）、镓（2）、镉（1）</td><td>14</td><td>镍、钴、锡、汞、锑、铑、铱、钌、锇、铌、钽、铍、锆、锶、铈、锗、铟、铊、铼、硒、碲、铀、钍</td><td>23</td></tr>
<tr><td rowspan="3">非金属矿产</td><td>冶金辅助原料非金属矿产（44）</td><td>红柱石（1）、普通萤石（1）、熔剂用灰岩（12）、冶金用白云岩（13）、冶金用石英岩（4）、铸型用砂（1）、冶金用脉石英（4）、耐火粘土（7）、铁矾土（1）</td><td>9</td><td rowspan="3">47</td><td>兰晶石、矽线石、堇青石</td><td>3</td></tr>
<tr><td>化工原料非金属矿产（43）</td><td>硫铁矿（3）、电石用灰岩（8）、制碱用灰岩（1）、含钾砂页岩（2）、含钾岩石（1）、泥炭（28）</td><td>6</td><td>磷、硼、重晶石、蛇纹岩</td><td>4</td></tr>
<tr><td>建筑材料及其他非金属矿产（122）</td><td>石棉（2）、石墨（2）、滑石（1）、长石（2）、叶腊石（1）、透辉石（3）、玉石（4）、水泥用灰岩（23）、建筑石料用灰岩（5）、制灰用灰岩（11）、泥灰岩（1）、玻璃用石英岩（1）、玻璃用砂岩（1）、水泥配料用砂岩（5）、建筑用砂（9）、砖瓦用砂（3）、水泥配料用脉石英（1）、天然油石（2）、陶粒页岩（3）、砖瓦用页岩（6）、水泥配料用页岩（2）、陶瓷土（3）、砖瓦用粘土（7）、水泥配料用粘土（6）、饰面用角闪岩（1）、饰面用辉长岩（1）、饰面用闪长岩（1）、铸石用辉绿岩（2）、建筑用花岗岩（1）、饰面用花岗岩（4）、饰面用大理岩（7）、饰面用板岩（1）</td><td>32</td><td>兰石棉、石膏、高岭土、蛭石、沸石、石榴子石、伊利石、累托石、海泡石、冰洲石、云母、电气石、方解石、方柱石、板岩、陶粒用粘土、白垩、砚石、光学水晶、熔炼水晶、压电水晶、刚玉、麦饭石、透闪石</td><td>24</td></tr>
<tr><td colspan="2">水气矿产</td><td></td><td colspan="2"></td><td>地下水、矿泉水、医疗矿泉水</td><td>3</td></tr>
</table>

注：矿种后括号内数字为矿产地数

表 6 – 10　　2014 年北京市重要地质遗迹资源一览

大类	类	亚类	遗迹点或集中区
基础地质	地层剖面	层型剖面	马兰组层型剖面、周口店组层型剖面、密云群
		地质事件剖面	下苇甸寒武系地质事件剖面
	构造剖面	不整合面	下苇甸古生界与新元古界不整合面 黄松峪中元古界与太古界不整合面
		褶皱与变形	七渡背斜、孤山口固体流变构造、排字岭单斜
		断裂	霞云岭逆冲推覆构造
	岩石剖面	沉积岩剖面	千沟沉积岩剖面、六渡沉积岩剖面
	冰川遗迹	擦痕及漂砾	模式口—八大处古冰川遗迹
	重要化石产地	古人类化石	周口店古人类化石
		古生物群化石	大灰厂白垩纪热河生物群、灰峪石炭纪—二叠纪古生物化石
		古植物化石	千家店侏罗纪木化石群、岳家坡侏罗纪门头沟植物群
		古动物化石	周口店动物群
		古生物遗迹化石产地	千家店侏罗纪恐龙足迹化石产地
	重要岩矿石产地	典型矿物岩石命名地	密云沙厂斜长环球斑花岗岩产地、大石窝汉白玉产地
		矿业遗址	沙厂铁矿产地、兰营萤石矿产地、塔洼金矿产地、杨树底下金矿产地
地貌景观	岩土体地貌	岩溶地貌	十渡岩溶地貌、东关上—上方山洞穴群岩溶地貌、圣莲山岩溶地貌、黄松峪京东大溶洞岩溶地貌、佛子庄洞穴群岩溶地貌、旧县镇龙庆峡岩溶地貌
		侵入岩地貌	房山花岗岩地貌、云蒙山花岗岩地貌、莲花山花岗岩地貌
		碎屑岩地貌	黄松峪石英砂岩地貌、六道河石英砂岩地貌
	水体地貌	潭	大庄科潭
		泉	珍珠泉乡珍珠泉、潭柘寺镇潭柘寺泉、河北镇河北泉
	火山地貌	火山机构	黄松峪火山机构
		火山岩地貌	灵山火山岩地貌
	构造地貌	峡谷	鱼子山京东大峡谷地貌、沙梁子乌龙峡谷地貌、白河峡谷地貌、永定河峡谷地貌、龙门涧峡谷地貌
地质灾害	地震遗迹	地裂缝	高丽营镇西王路村地裂缝
	其他地质灾害	泥石流	番字牌西沟泥石流

表 6 – 11

2014 年北京市矿产资源开发利用情况（按经济类型分列）

单位：个、宗、万元

企业经济类型	矿山企业数（家）					从业人员	年产矿量		实际采矿能力	工业总产值	综合利用产值（万元）	矿产品销售收入（万元）	利润总额
	合计	大型	中型	小型	小矿	（个）	万吨	万立方米	（万吨/年）	（万元）			（万元）
合计	57	6	14	35	2	19743	2932. 85	0	2407. 27	506282. 51	50058. 35	454028. 5	22850. 35
一、内资企业	53	6	14	31	2	19563	2929. 3	0	2407. 27	503812. 51	50058. 35	452037. 5	22717. 2
国有企业	12	3	4	5	0	1501	1607. 74	0	463. 4	66069. 11	18064. 44	42069. 4	178. 02
集体企业	7	0	2	5	0	816	207. 66	0	247. 28	30981. 07	5277. 08	25217. 47	1326. 43
股份合作企业	2	0	0	2	0	50	0. 8	0	12	0	0	0	0
有限责任公司	24	1	5	17	1	3066	519. 53	0	987. 03	90879. 33	26716. 83	85353. 63	7657. 56
股份有限公司	7	2	3	1	1	14128	592. 76	0	697. 56	315883	0	299397	13555. 19
其他企业	1	0	0	1	0	2	0. 8	0	0	0	0	0	0
二、港、澳台商投资企业	1	0	0	1	0	94	0. 38	0	0	2391	0	1912	117. 15
港、澳台商投资企业	1	0	0	1	0	94	0. 38	0	0	2391	0	1912	117. 15
三、外商投资企业	3	0	0	3	0	86	3. 17	0	0	79	0	79	16
外商投资企业	3	0	0	3	0	86	3. 17	0	0	79	0	79	16

备注：截止 2014 年底共有矿山企业 61 家，其中 4 家因采矿权使用证到期拟申请办理延续，未办理注销手续

表 6－12　　2014 年北京市地质勘查资质证书统计

统计截止日期：2014 年 12 月 31 日

序号	证书编号	单位名称	资质类别和资质等级
1	1201011500123	北京宝地益联地质勘查工程技术有限公司	固体矿产勘查：甲级；水文地质、工程地质、环境地质调查：甲级；地球物理勘查：甲级
	11201311600006		气体矿产勘查：乙级
			地质钻探：丙级
2	1201321300167	北京地大捷飞勘测技术研究院有限公司	固体矿产勘查：甲级；地球物理勘查：甲级
	11201421300047		地质钻探：丙级
3	1201321500014	北京华清荣昊新能源开发有限责任公司	地质钻探：甲级
	11201511500015		液体矿产勘查：乙级；水文地质、工程地质、环境地质调查：乙级
4	1201311500211	北京金有地质勘查有限责任公司	固体矿产勘查：甲级
	11201411100062		地质钻（坑）探：乙级
			水文地质、工程地质、环境地质调查：丙级
5	1201211602194	北京九尊能源技术股份有限公司	气体矿产勘查：甲级
	11201411600031		地质钻探：乙级
6	1201311500213	北京勘察技术工程有限公司	固体矿产勘查：甲级；地球物理勘查：甲级
	11201321500010		区域地质调查：乙级；水文地质、工程地质、环境地质调查：乙级；地球化学勘查：乙级
			地质钻探：丙级
7	1201331500219	北京市大地开源地质工程有限公司	地质钻探：甲级
	11201431500030		固体矿产勘查：乙级
8	1201331100205	北京市地质调查研究院	区域地质调查：甲级；固体矿产勘查：甲级
	11201011100018		液体矿产勘查：乙级；水文地质、工程地质、环境地质调查：乙级；地球化学勘查：乙级
			地球物理勘查：丙级
9	1201331100218	北京市地质矿产勘查开发总公司	液体矿产勘查：甲级；固体矿产勘查：甲级；水文地质、工程地质、环境地质调查：甲级；地质钻探：甲级
	11201431100009		地球物理勘查：乙级
10	1201331500223	北京中资环钻探有限公司	地质钻探：甲级
	11201111500004		固体矿产勘查：丙级

续表 6 – 12

序号	证书编号	单位名称	资质类别和资质等级
11	1201311100199	核工业北京地质研究院	区域地质调查：甲级；固体矿产勘查：甲级；水文地质、工程地质、环境地质调查：甲级；地球物理勘查：甲级；地球化学勘查：甲级；遥感地质调查：甲级；地质实验测试（岩矿鉴定、岩矿测试）：甲级
	11201411100011		地质实验测试（选冶试验）：乙级
12	1201211502193	明达化工地质有限责任公司	固体矿产勘查：甲级；地质钻（坑）探：甲级
	11201311500009		水文地质、工程地质、环境地质调查：乙级
13	1201331500222	派力工程有限公司	地质钻探：甲级
	11201531900004		液体矿产勘查：乙级；固体矿产勘查：乙级；水文地质、工程地质、环境地质调查：乙级
14	1201011100013	首钢地质勘查院地质研究所	固体矿产勘查：甲级；地质钻探：甲级
	11201411100001		区域地质调查：乙级；水文地质、工程地质、环境地质调查：乙级；地球物理勘查：乙级
15	1201331500224	正元国际矿业有限公司	固体矿产勘查：甲级
	11201431100040		水文地质、工程地质、环境地质调查：丙级；地球化学勘查：丙级
16	1201311500208	中材地质工程勘查研究院有限公司	固体矿产勘查：甲级
	11201411100044		区域地质调查：乙级；水文地质、工程地质、环境地质调查：乙级；地球物理勘查：乙级
			地质钻探：丙级
17	1201011500126	中地宝联（北京）国土资源勘查技术有限公司	固体矿产勘查：甲级
	11201421500069		地质钻探：丙级
18	1201311500214	中地地矿建设有限公司	固体矿产勘查：甲级
	11201411500022		水文地质、工程地质、环境地质调查：乙级；地质钻探：乙级
19	1201011100011	中国地质科学院地质力学研究所	固体矿产勘查：甲级；水文地质、工程地质、环境地质调查：甲级
	11201311100018		区域地质调查：乙级
20	1201011100014	中国地质矿业总公司	固体矿产勘查：甲级
	11201411100042		地质钻（坑）探：乙级

续表 6 – 12

序号	证书编号	单位名称	资质类别和资质等级
21	1201331500220	中国黄金集团地质有限公司	固体矿产勘查：甲级
	11201311100014		地质钻探：丙级
22	1201311100201	中国建筑材料工业地质勘查中心北京总队	固体矿产勘查：甲级
	11201411100025		区域地质调查：乙级；地质实验测试（岩矿测试）：乙级
			水文地质、工程地质、环境地质调查：丙级；地质钻探：丙级
23	1201311100200	中国煤炭地质总局地球物理勘探研究院	区域地质调查：甲级；气体矿产勘查：甲级；固体矿产勘查：甲级；地球物理勘查：甲级
	11201211102011		液体矿产勘查：乙级；水文地质、工程地质、环境地质调查：乙级
			地质钻探：丙级
24	1201211102197	中国煤炭地质总局特种技术勘探中心	区域地质调查：甲级；液体矿产勘查：甲级；气体矿产勘查：甲级；固体矿产勘查：甲级；水文地质、工程地质、环境地质调查：甲级；地球物理勘查：甲级；地球化学勘查：甲级
	11201211102009		地质钻探：丙级
25	1201321100185	中化地质矿山总局化工地质调查总院	固体矿产勘查：甲级
	11201511100006		水文地质、工程地质、环境地质调查：乙级；地球物理勘查：乙级
			地质钻探：丙级
26	1201411100239	北京市地质工程设计研究院	固体矿产勘查：甲级；地质钻探：甲级
	11201411100064		液体矿产勘查：乙级；固体矿产勘查：乙级；水文地质、工程地质、环境地质调查：乙级；地质钻探：乙级
27	1201411100240	北京市地质研究所	区域地质调查：甲级；固体矿产勘查：甲级；水文地质、工程地质、环境地质调查：甲级
	11201511100013		地球物理勘查：乙级
28	1201411100241	北京市地质工程勘察院	液体矿产勘查：甲级；水文地质、工程地质、环境地质调查：甲级
	11201431100026		地球物理勘查：丙级

续表 6－12

序号	证书编号	单位名称	资质类别和资质等级
29	1201411100026	中国地质科学院矿产资源研究所	液体矿产勘查：甲级；固体矿产勘查：甲级；地球物理勘查：甲级；地质实验测试（岩矿鉴定）：甲级
	11201411100066		区域地质调查：乙级；地球化学勘查：乙级
30	1201431100027	北京市地质勘察技术院	地球物理勘查：甲级
	11201311100004		液体矿产勘查：乙级；气体矿产勘查：乙级；水文地质、工程地质、环境地质调查：乙级；地球化学勘查：乙级
31	1201411100032	北京市华清地热开发有限责任公司	液体矿产勘查：甲级；水文地质、工程地质、环境地质调查：甲级
	11201511100007		地球物理勘查：乙级；地球化学勘查：乙级；地质钻探：乙级
			固体矿产勘查：丙级
32	1201411600033	中矿资源勘探股份有限公司	固体矿产勘查：甲级；地球物理勘查：甲级；地质钻探：甲级
	11201121600027		水文地质、工程地质、环境地质调查：乙级；地质坑探：乙级
			地球物理勘查：丙级
33	11201411500065	北京三泰通地勘察技术发展有限公司	地球物理勘查：丙级
34	1201311500207	北京奥瑞安能源技术开发有限公司	气体矿产勘查：甲级；固体矿产勘查：甲级；地质钻探：甲级
35	1201311500055	北京宝益地环工程技术咨询有限责任公司	液体矿产勘查：甲级；水文地质、工程地质、环境地质调查：甲级
36	1201311100054	北京大地高科煤层气工程技术研究院	液体矿产勘查：甲级；气体矿产勘查：甲级；固体矿产勘查：甲级；水文地质、工程地质、环境地质调查：甲级；地质钻探：甲级
37	1201311500053	北京京地顺成工程技术咨询有限公司	固体矿产勘查：甲级
38	1201011100125	北京矿冶研究总院	地质实验测试：甲级
39	1201211502192	北京西蒙矿产勘查有限责任公司	固体矿产勘查：甲级

续表 6 – 12

序号	证书编号	单位名称	资质类别和资质等级
40	1201311300210	北京中地创见工程勘察设计院	液体矿产勘查：甲级；固体矿产勘查：甲级；地质钻探：甲级
41	1201211502196	北京中煤大地技术开发有限公司	气体矿产勘查：甲级；固体矿产勘查：甲级；地质钻探：甲级
42	1201221602141	北京中色金泰地质勘查科技有限公司	固体矿产勘查：甲级；地质钻探：甲级
43	1201111500027	北京中色泰格地质资源勘查科技有限公司	固体矿产勘查：甲级；地球物理勘查：甲级
44	1201311500206	北京中色物探有限公司	固体矿产勘查：甲级；地球物理勘查：甲级
45	1201211502195	神华地质勘查有限责任公司	液体矿产勘查：甲级；气体矿产勘查：甲级；固体矿产勘查：甲级；水文地质、工程地质、环境地质调查：甲级；地球物理勘查：甲级；遥感地质调查：甲级；地质钻探：甲级
46	1201211502035	五矿勘查开发有限公司	固体矿产勘查：甲级
47	1201311100203	有色金属矿产地质调查中心	区域地质调查：甲级；固体矿产勘查：甲级；遥感地质调查：甲级
48	1201011500127	中地国际工程有限公司	地质钻探：甲级
49	1201111500185	中地远洋（北京）矿业技术有限公司	固体矿产勘查：甲级
50	1201311100204	中国地质调查局油气资源调查中心	气体矿产勘查：甲级
51	1201221102022	中国地质工程集团公司	水文地质、工程地质、环境地质调查：甲级；地质钻探：甲级
52	1201311100051	中国地质科学院地质研究所	区域地质调查：甲级；固体矿产勘查：甲级
53	1201331100865	中国国土资源航空物探遥感中心	航空地质调查：甲级；遥感地质调查：甲级
54	1201331100864	中国煤炭地质总局勘查总院	区域地质调查：甲级；液体矿产勘查：甲级；气体矿产勘查：甲级；固体矿产勘查：甲级；水文地质、工程地质、环境地质调查：甲级；地球物理勘查：甲级；遥感地质调查：甲级；地质钻（坑）探：甲级

续表 6－12

序号	证书编号	单位名称	资质类别和资质等级
55	1201321100010	中国冶金地质总局矿产资源研究院	区域地质调查：甲级；固体矿产勘查：甲级；遥感地质调查：甲级
56	1201331500221	中联煤层气有限责任公司	气体矿产勘查：甲级
57	1201311600209	中色地科矿产勘查股份有限公司	固体矿产勘查：甲级；地球物理勘查：甲级；地球化学勘查：甲级；地质钻探：甲级
58	1201011500130	中色金地资源科技有限公司	固体矿产勘查：甲级
59	1201011500131	中铁资源地质勘查有限公司	固体矿产勘查：甲级
60	1201411100238	中国地质大学（北京）地质调查研究院	区域地质调查：甲级；固体矿产勘查：甲级；水文地质、工程地质、环境地质调查：甲级；地球物理勘查：甲级；地球化学勘查：甲级
61	1201431500242	中石油煤层气有限责任公司	气体矿产勘查：甲级
62	1201411500243	煤炭科学技术研究院有限公司	水文地质、工程地质、环境地质调查：甲级；地球物理勘查：甲级
63	1201411100244	中煤地质工程总公司	区域地质调查：甲级；液体矿产勘查：甲级；气体矿产勘查：甲级；固体矿产勘查：甲级；水文地质、工程地质、环境地质调查：甲级；地球物理勘查：甲级；地质钻探：甲级
64	1201431100028	北京市水文地质工程地质大队（北京市地质环境监测总站）	液体矿产勘查：甲级；水文地质、工程地质、环境地质调查：甲级
65	1201411500030	北京盛元金土能源投资有限公司	固体矿产勘查：甲级
66	1201411500031	北京中煤地荣达地质技术咨询有限责任公司	固体矿产勘查：甲级；水文地质、工程地质、环境地质调查：甲级
67	1201331100217	中国海洋石油总公司	海洋地质调查：甲级；石油天然气矿产勘查（海洋）：甲级
			石油天然气矿产勘查（陆地）：乙级
68	1201331100216	中国石油化工集团公司	石油天然气矿产勘查（陆地）：甲级
			石油天然气矿产勘查（海洋）：乙级

续表6－12

序号	证书编号	单位名称	资质类别和资质等级
69	1201331100215	中国石油天然气集团公司	石油天然气矿产勘查（陆地）：甲级
			石油天然气矿产勘查（海洋）：乙级
70	11201411500068	北京中矿大地地球探测工程技术有限公司	地球物理勘查：乙级
71	11201431100067	北京市地热研究院	液体矿产勘查：乙级；水文地质、工程地质、环境地质调查：乙级
72	11201421500070	北京中核大地矿业勘查开发有限公司	水文地质、工程地质、环境地质调查：乙级；地球物理勘查：乙级
73	11201411500061	瑞华通正非常规油气技术检测（北京）有限公司	地质钻探：丙级
74	11201411500060	北京一龙恒业石油工程技术有限公司	地质钻探：丙级
75	11201411500059	北京融达辉投资有限公司	固体矿产勘查：乙级
			地球物理勘查：丙级；地质钻探：丙级
76	11201431600058	北京华清双泉水井工程有限公司	地球物理勘查：乙级
			液体矿产勘查：丙级；水文地质、工程地质、环境地质调查：丙级
77	11201431500057	北京航天勘察设计研究院有限公司	液体矿产勘查：乙级；水文地质、工程地质、环境地质调查：乙级；地质钻探：乙级
78	11201411500056	众通（北京）能源技术有限公司	地质钻探：丙级
79	11201411500055	北京汇力中新化工石油仪器设备有限公司	地质钻探：丙级
80	11201431500054	北京天地鸿图测绘有限公司	固体矿产勘查：丙级
81	11201421500053	北京帝测科技股份有限公司	固体矿产勘查：丙级
82	11201521100017	中国电力工程顾问集团华北电力设计院有限公司	水文地质、工程地质、环境地质调查：乙级
			液体矿产勘查：丙级
83	11201411500051	北京泰利新能源科技发展有限公司	地质钻探：丙级

续表 6－12

序号	证书编号	单位名称	资质类别和资质等级
84	11201411500050	中投华夏能源技术开发有限公司	地质钻探：乙级
85	11201531500001	北京众合兴勘查技术有限公司	地质钻探：乙级
86	11201421500046	依科瑞德（北京）能源科技有限公司	地质钻探：乙级
87	11201421500045	凯地钻探（北京）股份有限公司	地质钻探：丙级
88	11201411500041	德惠同利（北京）石油技术服务有限公司	地质钻探：乙级
89	11201431500039	北京众博达石油科技有限公司	地质钻探：丙级
90	11201421500037	北京中地调国际矿业投资有限公司	固体矿产勘查：丙级
91	11201431500036	北京恩地科技发展有限责任公司	固体矿产勘查：乙级
92	11201431100035	北京京煤集团地质勘探队	固体矿产勘查：丙级；地质钻探：丙级
93	11201431100034	北京地大地质科技公司	地质钻探：乙级
			水文地质、工程地质、环境地质调查：丙级
94	11201411500033	北京欧华联科技有限责任公司	地球物理勘查：丙级
95	11201421500071	北京派普维尔管线技术有限公司	地球物理勘查：丙级
96	11201411500029	北京市华研地质勘查有限公司	液体矿产勘查：乙级；水文地质、工程地质、环境地质调查：乙级；地质钻探：乙级
97	11201411100028	北京岩土工程勘察院	水文地质、工程地质、环境地质调查：乙级
			固体矿产勘查：丙级
98	11201432300024	明科矿业（中国）有限公司	固体矿产勘查：乙级
99	11201431500023	北京华夏建龙矿业科技有限公司	固体矿产勘查：乙级
100	11201411500021	恒达新创（北京）地球物理技术有限公司	地球物理勘查：乙级

续表6－12

序号	证书编号	单位名称	资质类别和资质等级
101	11201431500020	北京石大开元石油技术有限公司	地质钻探：丙级
102	11201511500014	北京华地四维勘测技术有限公司	地球物理勘查：乙级
103	11201431500018	北京盛世蓝筹矿业投资有限公司	固体矿产勘查：乙级
104	11201431500017	北京中交工程勘察有限公司	水文地质、工程地质、环境地质调查：丙级
105	11201411100016	中国科学院地理科学与资源研究所	液体矿产勘查：丙级；水文地质、工程地质、环境地质调查：丙级
106	11201411500015	北京中煤建机电设备有限公司	地球物理勘查：丙级；地质钻探：丙级
107	11201431500014	北京市勘察设计研究院有限公司	水文地质、工程地质、环境地质调查：乙级；地质钻探：乙级 液体矿产勘查：丙级
108	11201411500013	北京中色资源环境工程有限公司	水文地质、工程地质、环境地质调查：乙级
109	11201411500012	北京水木丰岳地质环境科技有限公司	水文地质、工程地质、环境地质调查：丙级
110	11201431500010	北京星辰地质勘查有限责任公司	液体矿产勘查：丙级；水文地质、工程地质、环境地质调查：丙级；地质钻探：丙级
111	11201431500008	中航勘察设计研究院有限公司	水文地质、工程地质、环境地质调查：乙级
112	11201411900007	北京英沣特能源技术有限公司	液体矿产勘查：乙级 水文地质、工程地质、环境地质调查：丙级；地球物理勘查：丙级
113	11201411600006	兴和鹏能源技术（北京）股份有限公司	地质钻探：丙级
114	11201411500005	北京华安奥特科技有限公司	地球物理勘查：乙级 固体矿产勘查：丙级；水文地质、工程地质、环境地质调查：丙级
115	11201411500004	北京华油油气技术开发有限公司	地质钻探：丙级

续表 6－12

序号	证书编号	单位名称	资质类别和资质等级
116	11201431500003	北京市华清源泉地质勘查有限责任公司	地质钻探：丙级
117	11201321500030	北京隆科兴市政管网技术有限公司	地球物理勘查：乙级
118	11201321600028	北京贞成华亿能源技术有限公司	气体矿产勘查：乙级
119	11201311500026	北京华清荣益地能科技开发有限公司	水文地质、工程地质、环境地质调查：丙级；地质钻探：丙级
120	11201311100025	中国华电工程（集团）有限公司	气体矿产勘查：乙级
121	11201311500024	北京市中成华瑞油气技术有限公司	地质钻探：丙级
122	11201311500022	北京汇盛达勘探技术有限公司	地质钻探：丙级
123	11201311100021	中化石油勘探开发有限公司	气体矿产勘查：乙级
124	11201311500017	北京城建勘测设计研究院有限责任公司	区域地质调查：乙级；水文地质、工程地质、环境地质调查：乙级
125	11201311600013	北京科若思技术开发股份有限公司	地球物理勘查：丙级；地质钻探：丙级
126	11201321500012	北京东兴普搏地质勘查有限公司	地质钻探：乙级
127	11201311600008	北京桔灯地球物理勘探股份有限公司	地球物理勘查：乙级 固体矿产勘查：丙级
128	11201311500005	北京恒金源钻探技术有限公司	地质钻探：乙级
129	11201521500018	北京波特光盛石油技术有限公司	地质钻探：丙级
130	11201221502019	中铁第五勘察设计院集团有限公司	液体矿产勘查：乙级；水文地质、工程地质、环境地质调查：乙级 固体矿产勘查：丙级
131	11201211502013	北京惠友达勘察有限公司	固体矿产勘查：丙级；地球物理勘查：丙级

续表6－12

序号	证书编号	单位名称	资质类别和资质等级
132	11201211502012	北京合地威技术开发有限公司	地球物理勘查：乙级
			地质钻探：丙级
133	11201221102003	中兵勘察设计研究院	水文地质、工程地质、环境地质调查：乙级；地球物理勘查：乙级
			地质钻探：丙级
134	11201111100032	中海油能源发展股份有限公司	地质钻探：乙级
135	11201111500029	北京高科能源投资有限公司	地质钻探：丙级
136	11201521500016	北京市水工环地热工程勘察有限公司	液体矿产勘查：丙级；水文地质、工程地质、环境地质调查：丙级；地质钻探：丙级
137	11201111500016	北京捷奥斯地质勘查有限公司	地球物理勘查：乙级
			固体矿产勘查：丙级
138	11201531100010	国土资源实物地质资料中心	区域地质调查：乙级；固体矿产勘查：乙级
139	11201111500002	北京达创高科科技有限公司	地球物理勘查：丙级
140	11201111500001	北京安泰联合科技有限公司	地质钻探：丙级
141	11201011500020	北京雅友通路政管网技术有限公司	地球物理勘查：丙级
142	11201011500019	北京通拓工程科技有限公司	固体矿产勘查：丙级
143	11201011500014	北京布鲁兰德资源科技有限公司	固体矿产勘查：丙级
144	11201011700003	北京海地人资源咨询有限责任公司	固体矿产勘查：丙级
145	11201531500005	中科远航矿业有限公司	固体矿产勘查：乙级；地球物理勘查：乙级
146	11201311600001	北京天和众邦勘探技术股份有限公司	地质钻探：丙级

表 6－13　　北京市地质灾害治理工程单位资质一览

编号	单位名称	评估	勘查	设计	施工	监理
1	神华地质勘查有限责任公司		甲级			
2	北京市地质调查研究院	甲级	甲级	甲级		
3	北京中色资源环境工程有限公司	甲级	甲级	甲级	甲级	
4	中兵勘察设计研究院	甲级	甲级	甲级	甲级	
5	北京市地质研究所	甲级	甲级	甲级		
6	中国地震局地壳应力研究所	甲级				
7	中国地质工程集团公司		甲级		甲级	
8	北京市勘察设计研究院有限公司	甲级	甲级	甲级	甲级	
9	北京市地质矿产勘查开发总公司	甲级	甲级	甲级	甲级	
10	中国地质矿业总公司	甲级	甲级	甲级	甲级	
11	北京宝地益联地质勘查工程技术有限公司	甲级	甲级	甲级		
12	中地宝联（北京）国土资源勘查技术有限公司	甲级	甲级	甲级	甲级	
13	北京市地质工程勘察院	甲级	甲级	甲级	甲级	
14	中航勘察设计研究院	甲级	甲级	甲级	甲级	
15	建设综合勘察研究设计院	甲级	甲级	甲级		
16	中国电力工程顾问集团华北电力设计院工程有限公司			甲级		
17	中国地质科学院地质力学研究所	甲级				
18	明达化工地质有限责任公司				甲级	
19	煤炭科学研究总院	甲级	甲级	甲级	甲级	
20	中铁工程设计咨询集团有限公司	甲级	甲级			
21	中国水电顾问集团北京勘测设计研究院有限公司		甲级	甲级		
22	中建市政建设有限公司				甲级	
23	中国四海控股有限公司				甲级	
24	中国安能建设总公司				甲级	
25	北京中城建建设监理有限公司					甲级
26	北京铁城建设监理有限责任公司					甲级
27	北京市地质基础工程公司					甲级
28	北京市水文地质工程地质大队（北京市地质环境监测总站）	甲级				甲级
29	中国地质环境监测院	甲级	甲级	甲级		
30	中咨工程建设监理公司					甲级
31	北京中铁诚业工程建设监理有限公司					甲级
32	中科华圣（北京）岩土工程有限公司				甲级	

续表 6－13

编号	单位名称	评估	勘查	设计	施工	监理
33	北京中地华安地质勘查有限公司	甲级	甲级	甲级		
34	北京盛元金土能源投资有限公司	甲级	甲级	甲级	甲级	
35	北京市地质工程设计研究院	甲级	甲级	甲级		
36	北京现代金宇岩土工程有限公司		丙级	丙级	丙级	
37	北京得力合土地整理有限公司	甲级	甲级	甲级	丙级	
38	中国黄金集团地质有限公司		乙级	乙级		
39	北京昆仑利时勘察基础工程有限公司	丙级				
40	北京东方新星石化工程股份公司	甲级	甲级	乙级		乙级
41	北京勘察技术工程有限公司	丙级				
42	路域生态工程有限公司				丙级	
43	中化地质矿山总局化工地质调查总院	乙级	甲级	乙级		
44	北京神驰地质工程监理有限责任公司					丙级
45	北京爱地地质勘察基础工程公司		甲级	甲级	甲级	
46	中铁二十三局集团第二工程有限公司				丙级	
47	中铁第五勘察设计院集团有限公司	甲级	丙级	丙级	丙级	
48	中地地矿建设有限公司	甲级	甲级	乙级	甲级	
49	建研地基基础工程有限责任公司	丙级		甲级	甲级	
50	北京禹通人和地质灾害评估有限公司	丙级				
51	北京中地创见工程勘察设计院	甲级				
52	天兴江源（北京）土地整理有限公司	丙级				
53	北京腾跃联盛建筑工程有限公司				丙级	
54	北京华厦恒建设集团有限公司				丙级	
55	北京振江环境治理有限公司				丙级	
56	北京通拓工程科技有限公司	丙级	丙级	丙级	丙级	
57	中交公路规划设计院有限公司	丙级	丙级	丙级		
58	北京新兴宏图测绘有限公司	丙级				
59	中基发展建设工程有限责任公司	丙级	甲级	甲级	甲级	
60	北京市水利规划设计研究院	乙级				
61	北京得一成利环境工程技术有限责任公司	甲级	甲级	甲级	甲级	
62	北京金水源岩土工程有限公司	乙级				
63	北京华源地质环境工程有限责任公司	甲级	甲级	甲级		
64	北京中地大工程勘察设计研究院有限责任公司	甲级	甲级	甲级		

续表 6－13

编号	单位名称	评估	勘查	设计	施工	监理
65	北京岩土工程勘察院	甲级	甲级	甲级	甲级	
66	北京矿务局综合地质工程公司	丙级				
67	中煤地质工程总公司	甲级	甲级	甲级	甲级	
68	中材地质工程勘查研究院	甲级	甲级	甲级	甲级	
69	中铁十六局集团有限公司				甲级	
70	派力工程有限公司	丙级			甲级	
71	中铁二十二局集团有限公司				甲级	
72	北京综建科技有限公司				甲级	
73	中国京冶工程技术有限公司			甲级	甲级	
74	达华工程管理（集团）有限公司					乙级
75	北京博绿生态科技发展有限公司				丙级	
76	北京中核大地矿业勘查开发有限公司	甲级	甲级	甲级	甲级	
77	北京城建勘测设计研究院有限责任公司	甲级	甲级	甲级	甲级	
78	北京路桥瑞通养护中心有限公司				乙级	
79	北京龙源科建地质工程有限公司	丙级	丙级	丙级		
80	北京航天勘察设计研究院	甲级	丙级	丙级	丙级	
81	北京亿科瑞土规划设计有限公司	丙级				
82	北京地星伟业数码科技有限公司	甲级				
83	北京地星规划设计院有限公司					甲级

第七部分
附　录

2014 年北京市国土资源局行政规范性文件目录

序号	行政规范性文件名称	文号	发布日期
1	《北京市国土资源局关于征地及农转用管理等有关问题的通知》	京国土征〔2013〕649 号	2013 年 12 月 31 日
2	北京市国土资源局关于印发《北京市国土资源局土地整治项目验收管理办法》的通知	京国土耕〔2014〕57 号	2014 年 1 月 28 日
3	北京市国土资源局关于修改土地权属争议案件有关文书内容的通知	京国土籍〔2014〕152 号	2014 年 3 月 24 日
4	北京市国土资源局 北京市发展和改革委员会 北京市财政局关于印发土地储备开发项目成本预审工作规则的通知	京国土储〔2014〕207 号	2014 年 4 月 21 日

2014年政府信息公开年度报告

引言

本报告是根据《中华人民共和国政府信息公开条例》(以下简称《条例》）要求，由北京市国土资源局编制的2014年度政府信息公开年度报告。

全文包括概述，主动公开政府信息的情况，依申请公开政府信息和不予公开政府信息的情况，政府信息公开的收费及减免情况，政府信息公开咨询情况，因政府信息公开申请行政复议、提起行政诉讼的情况，政府信息公开工作存在的主要问题、改进情况和其他需要报告的事项。

本报告中所列数据的统计期限自2014年1月1日起，至2014年12月31日止。本报告的电子版可在局政府网站（http：//www. bjgtj. gov. cn）下载。如对本报告有任何疑问，请联系：北京市国土资源局政府信息公开受理室64409795。

一、概述

2014年，国土局紧紧围绕建设服务型政府、提高服务质量的总要求，贯彻落实上级有关指示精神，结合工作实际，突出工作重点，进一步加大公开力度、完善工作机制，不断适应社会发展的需要、满足社会公众的期待，更加积极主动地做好政府信息公开工作。主要特点：

（一）广开公开渠道，搭建了高效便捷的服务平台

按照“整合资源、优化功能、丰富渠道”的工作思路，积极构建形式多样、功能齐全、及时畅通、服务便捷的公开渠道和场所，提高信息提供和服务水平，满足不同群体的信息需求。

一是优化政府网站建设。年内，局信息中心组织对市局和分局网站统一进行了改版更新，梳理了我局政府网站7大版块，300多个栏目，全面整理市局、分局间提取与推送的栏目信息，逐步完善了全局系统信息资源的共享调用，保证了各站点信息的准确性、及时性和全面性。同时，进一步规范政府信息公开专栏建设，完善国土资源政府信息公开目录，为群众查询信息提供了快速便捷的获取途径。

二是注重政府网站制度建设。为进一步提高各单位信息发布质量，统一全局对外服务形象，局信息中心 4 月份印发了《北京市国土资源局网站群信息发布格式规范》(京国土信〔2014〕188 号)，该规范将信息分为标题和正文两部分共 17 项进行详解，并指导了信息发布人员的发布行为。建立健全网站群管理制度，以评促建，局信息中心 6 月份修订并印发了《北京市国土资源局政府网站群考评工作实施方案》(京国土信〔2014〕261 号)，修订后的指标权重侧重于外网网站，重点考核各单位在业务专题栏目建设、信息发布等方面的工作，考评体系更加科学、合理。

三是拓展信息公开渠道。积极利用政务微博等新媒体互动功能，创新公开方式和载体，及时发布权威政府信息，积极回应公众关切。8 月 20 日，局官方微博“国土北京”在腾讯网和人民网拓展上线，实现了与新浪网相结合的三个官方微博同步运行。经过工作实践，局官方微博主动占领网络舆论阵地，积极传递国土声音，有效提供服务信息，形成了一条兼顾信息公开和政民沟通的新渠道。

四是打造全方位信息公开平台。充分利用“走进直播间”、在线访谈；开展“地球日”、“土地日”和“媒体沙龙座谈会”等活动，搭建政府与市民的沟通互动平台，不断提升公开工作实效。为进一步做好“在线访谈”栏目有关工作，7 月份，局专门印发了《关于做好局门户网站“在线访谈”栏目有关工作的通知》，从访谈计划、访谈方案、访谈预告、访谈口径、访谈流程 5 个方面进一步规范了访谈行为，为促进信息公开工作和政府职能的转变，密切与群众的沟通联系奠定了基础。

（二）积极回应社会关切，解答热点问题

一是加强引导，为全市基准地价更新成果发布营造良好的舆论氛围。基准地价更新工作专业性和技术性较强，在风险评估时预测到可能会引起媒体和公众的关注。市委宣传部、市外宣办和市网信办对此项工作给予了大力支持，指导并协助制定稳妥的舆论引导方案。4 月 26 日，依职权公开举行基准地价更新成果听证会，舆论反映基本平稳。8 月 26 日市政府下发通知正式公布基准地价更新成果，相关报道认为此次基准地价更新，客观体现出北京地价空间分布规律，对促进市场健康发展具有积极意义。

二是服务民生，稳妥公布北京市第二次全国土地调查主要数据成果。6 月 17 日，局通过官方网站公布了此次二次调查成果，同时向中央和市属主要媒体提供新闻通稿，促进服务民生、服务有关部门在深化改革和编制有关规划中共享应用。经舆情监测，相关媒体报道客观。8 月 13 日下午，局领导带队做客政风行风热线“走进直播间”栏目，向广大网友介绍北京市第二次全国土地调查工作情况。全面系统介绍了北京市二次调查工作的整体情况、主要数据成果、科学有效组织调查过程、以及运用调查成果为国土资源管理工作和经济社会发展相关领域提供服务支撑等情况。

三是积极宣传，促进北京土地市场平稳健康发展。为落实十八届三中全会精神，引导媒体客观解读北京市土地市场工作情况，保障全市土地市场平稳有序运行，1 月 2 日和7月2日，局组织召开2次土地市场形势分析座谈会。邀请市外宣办、市网信办、中央和市属主要媒体负责同志及记者、部分高校和专业机构专家参加座谈，介绍土地市场运行情况，听取各方对促进本市土地市场健康持续发展的意见建议。参会专家认为，国土局第一时间进行权威发布和解读，对于稳定市场预期、促进社会公众客观了解情况、消除外界疑虑起到了积极作用。与此同时，根据土地市场形势变化，适时发布有关数据，介绍工作进展，加强政策解读，通过市属主要媒体、政府网站和官方微博及时进行权威发布，稳定市场预期，较好地保证了土地市场平稳有序运行。

四是舆论造势，稳步推进地质灾害防治工作。为切实落实全市防汛工作要求，通过积极宣传地灾防治工作提高公众对灾情险情的识别和避险自救能力，自5月份开始，不断加强汛期地质灾害防治宣传力度。通过政府网站、官方微博、首都之窗、千龙网等筹划制作全市地质灾害隐患点和避险场所查询地图，向社会公众提供详实准确科学的地质灾害防治查询信息；通过北京电视台、北京电台和千龙网进行专题直播访谈，针对市区两级工作重点、汛期不同阶段任务安排，通过具体事例、数据资料介绍地质灾害防治工作情况；通过局政务微博及时发布地质灾害气象风险预警信息和地质灾害介绍、避险自救知识，图文并茂、形象生动，受到网友欢迎。

五是把握先机，强化政务微博快速反应能力。在做好日常信息发布的同时，不断强化政务微博快速反应能力。5月8日和5月27日，“北京五环内不再出让商业用地”、“北京今年或停止普通商品房住宅用地供应”的不实消息被传出后，立即开展应对工作，最终均于事发当天通过政务微博及时澄清。使社会公众和媒体及时、准确的了解到真实情况，避免引发炒作，达到了一锤定音的舆论调控效果。同时，对于微博中出现的网友提问、政策咨询和举报质疑，能够及时掌握、迅速部署，通过线下核实情况、线上交流沟通等形式较好的回应公众合理诉求。

（三）创新工作方式方法，突出重点领域

按照市政府办公厅印发《关于做好重点领域政府信息公开工作的通知》（京政办发〔2012〕34号），明确推进8项重点领域信息公开的要求，征地信息作为八大重点领域之一，直接关系到人民群众的切身利益，已成为社会关注的焦点。

一是科学制定计划。针对征地信息时间跨度长，涉及内容多、分布范围广等特点，征地处不等不靠，积极行动，按照还旧账不欠新账、逐步推进的原则，精心筹划。时间上，力求及时。在2013年完成对2008年5月政府信息公开条例颁布以来产生的政府信息进行整理和主动公开的基础上；对新产生的征地信息及时公开。方法上，分级组织。市局主要负责公开征地批复；各分局主要负责公开征地公示公告、征地补偿协议、征地结案等信息。标准上，严格要求。规定凡是群众关注的、不涉密的相关信息必须公开；尽可能以扫描件的形式进行公开，最大限度地方便群众查询。

二是细化公开内容。将拟征收土地的位置、面积、补偿标准和安置方案在被征地村委会民主公开栏进行公示，在征地公示期间，被征地农村集体经济组织或农民提出听证申请的，均按照《国土资源听证规定》(国土资源部第 22 号令）的要求组织听证工作。督导区县人民政府收到征收土地批准文件后，及时在被征地的乡镇、村公告批准文件名称、文号、批准机关、批准时间征后用途等内容。征地补偿费足额支付到位、人员安置完成后，由区县国土分局办理征地结案，同时将结案情况及时对外公开。

三是严密组织实施。工作中，克服人员少、时间紧、任务重的困难，安排专门时间，指定专人负责，加强部门之间协调，促进工作有序展开。为达到及时公开、快捷查询、方便利用的目标要求，在公开征地批复时，精心设计公开字段、防伪模板，逐份进行扫描、防伪处理、校对审核、上传网络。

（四）严格质量标准，提升依申请公开办理水平

为进一步方便群众，及时修订了《北京市国土资源局政府信息公开指南》，从操作层面对国土资源政府信息依申请公开的受理范围、办理程序以及时限、告知等方面做出了具体规定，市局增加了网上电子邮件申请方式。

一是办理规范。在组织依申请公开工作中，注重把握关键环节，从受理、办理、审批，到办结、送达，严格按程序实施。征地处在办理量非常大的情况下，分片负责，严谨细致，多层审核，逐件办理。建立了信息公开工作台账，避免了重复受理、超期答复等工作漏洞的发生。

二是服务到位。全局系统十七个受理窗口的工作人员，坚持一切以群众满意为准则，做到服务态度文明礼貌、热情耐心、认真负责；各业务处（科）的具体经办人员，主动加强与申请对象的沟通，了解掌握真实诉求，认真研究答复意见。律师代表专门来信就局受理窗口热情服务表示感谢，机关党委出专刊进行了转载和宣传表彰。

三是协调联动。市局将每个申请件的答复情况通报相应分局，共享答复结果。充分发挥内部职能作用，对政府信息公开过程中出现的疑难问题，通过审核和会商等方式研究解决。

（五）加强组织管理，夯实信息公开工作基础

为提高整体建设水平，本着标本兼治，重在治本的工作思路，着力在机制建设、制度落实、人员培训上狠下功夫，基础性工作得到进一步巩固。

一是配套机制建设。建立了政府信息生成及公开属性确定同步工作机制、新闻发言人制度、信息发布审核考核机制、信息互通共享机制、复杂问题会商机制。结合文书制作严格审核公开属性；结合工作实际，重新调整修订国土局政府信息公开审查办法，对审查范围、工作机构、审查程序和工作机制等做进一步规范，以进一步提高政府信息公开保密审查的能力和水平，确保国家秘密安全。逐月对公开的规范性文件进行审定，并完成纸质文书移送工作；工作中加强信息沟通，搞好协调配合。

二是落实各项制度。工作过程中严格遵守日常管理规定、考勤制度和检查督查制

度，完善了岗位目标责任制。坚持每月通报所属单位主动公开政府信息的公开情况，按发布数量多少进行排名，通过比对相互促进；每季度编制发布政府信息公开工作简报，通报情况，指出问题，讲评具体到位。

三是加强人员培训。采取集中培训和岗位轮训相结合的方式，先后两次集中组织专题培训。为做好2015年1月1日《北京市政府信息公开规定》开始施行的准备工作，紧密联系国土资源政府信息公开工作实际，在全局组织系统培训的基础上，采取转发《规定》原文学、组织培训集中学、多法并举辅助学等方式，精心计划，严密组织，扎实工作，将相关准备落实到位。加强岗位轮训，注重训练效果。

二、政府信息主动公开情况

国土局2014年度共主动公开政府信息12176条。主动公开信息中，机构职能12条，占0.1%；法规文件7条，占0.06%；规划计划6条，占0.05%；行政职责1条，占0.01%；业务动态12150条，占99.78%。

接受公民、法人及其他组织政府信息公开方面的咨询9800人次。其中，现场咨询5600人次，占总数的57%；电话咨询4200人次，占总数的43%。

三、政府信息依申请公开情况

（一）申请情况

国土局2014年度共受理政府信息公开申请7390件。受理的7390件申请中，当面申请5604件，占75.83%；以传真方式申请8件，占0.11%；以互联网方式申请21件，占0.28%；以信函形式申请1759件，占23.8%。申请内容主要涉及土地预审、征地批复、土地一级开发授权批复及相关内容，土地权属登记情况及政策信息、土地利用及出让相关材料等内容。

（二）答复情况

国土局2014年度共答复7337件，其中：

同意公开3167件，占43.16%；

同意部分公开76件，占1.04%；

不予公开42件，占0.57%；

信息不存在的3469件，占47.28%；

非本机关掌握的251件，占3.42%；

申请内容不明确的262件，占3.57%；

非政府信息的29件，占0.4%；

已主动公开的41件，占0.56%。

（三）依申请公开政府信息收费情况

国土局2014年共收取依申请公开政府信息检索费、复印费4711.7元，对特殊困难申请人减免 632.1 元，对政府信息的邮寄费用全部免收。

四、行政复议和行政诉讼情况

（一）行政复议

2014 年，针对政府信息依申请公开发生行政复议 91 件。其中维持 63 件，驳回或终止 6 件，撤销 5 件，责令履行 1 件，未审结 15 件。

（二）行政诉讼

2014 年，针对政府信息依申请公开发生行政诉讼案 290 件。

五、主要问题和改进措施

2014 年，国土局政府信息公开工作取得了一定的成效，但还存在着一些不足：一是主动公开发布信息的标准还不够统一；二是依申请公开政府信息办理的规范性上仍需加强。申请人因对答复不满意，引发的行政复议和诉讼案件较多。

2014 年的政府信息公开工作重点：

一是加大宣传力度。结合《北京市政府信息公开规定》施行，认真落实各级对政府信息公开提出的要求，切实加强政府信息公开，提升政府工作透明度，保障人民知情权、参与权、表达权、监督权；不失时机的组织宣传做好政府信息公开工作的重要性、必要性，提高全体人员参与政府信息公开工作的主动性、自觉性。

二是进一步完善工作制度，规范工作程序。对《北京市政府信息公开规定》的理论和实操问题进行深入研究，结合本单位工作实际，制定《北京市国土资源局政府信息公开工作办法》。

三是继续加大主动公开工作力度。重点解决信息发布不及时、位置不准确、形式不统一等问题。

四是继续抓好培训工作。针对培训工作中暴露出的问题，进一步扩大培训范围，增加培训内容，明确培训要求，提升培训效果。

五是加强重难点问题的调查研究。积极参加《政府信息公开条例》修订的专题研究工作，按照市政府办公厅的分工认真抓好落实。此外，紧密联系工作实际，按照区分重点、实地调研、制定对策、会商解决的方法步骤，力争每季度研究解决一个问题，使已有的调研成果具体化，增加针对性、实用性。

附图与附表

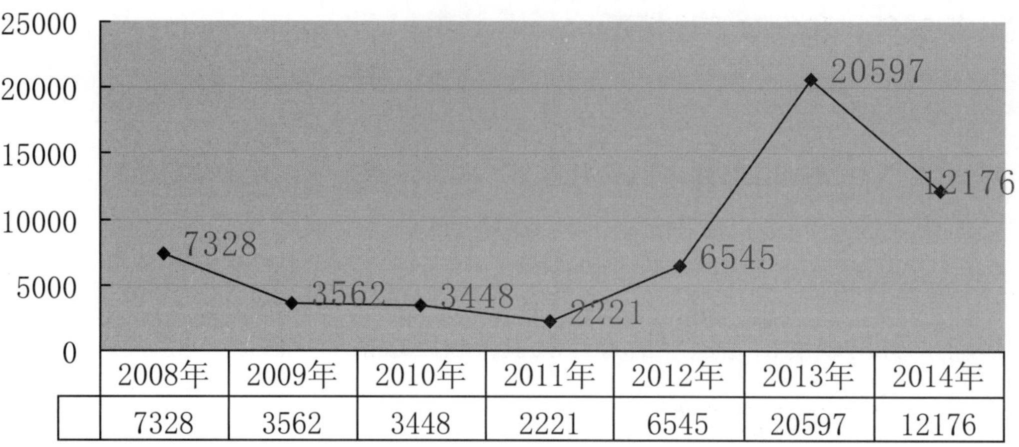

主动公开政府信息数据对比

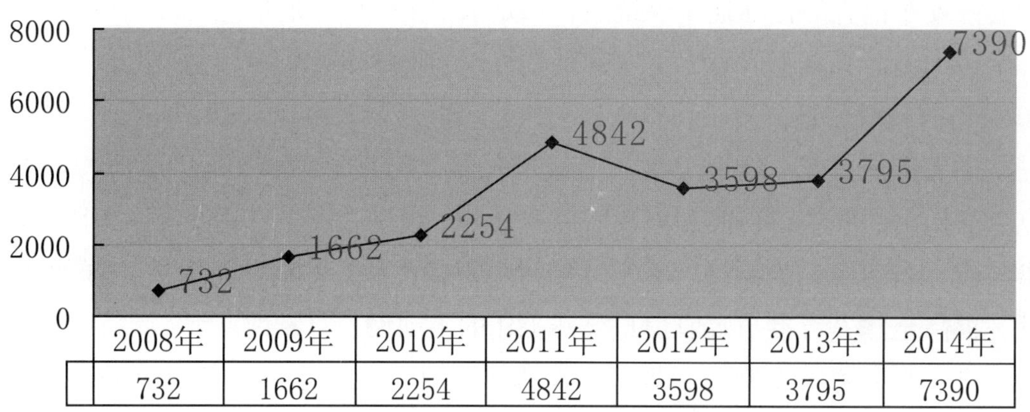

依申请公开政府信息数据对比

附表一：

主动公开情况统计

指　　标	单位	数量
主动公开信息数	条	12176
其中：全文电子化的主动公开信息数	条	12176
新增的行政规范性文件数	条	4

附表二：

依申请公开情况统计

指　　标	单位	数量
本年度申请总数	条	7390
其中：1. 当面申请数	条	5604
2. 传真申请数	条	8
3. 互联网申请数	条	21
4. 信函申请数	条	1759

续附表二

指　　标	单位	数量
对申请的答复总数	条	7337
其中：1. 同意公开答复数	条	3167
2. 同意部分公开答复数	条	76
3. 不予公开答复总数	条	42
4. 信息不存在数	条	3469
5. 非本机关掌握	条	251
6. 申请内容不明确	条	262
7. 非政府信息	条	29
8. 已主动公开	条	41

附表三：　复议、诉讼、申诉情况统计表

指　　标	单位	数量
行政复议数	件	91
行政诉讼数	件	290
行政申诉数	件	0

2014 年北京市国土资源局荣获奖励情况

集体奖项

市国土局

1. 市国土局“信息综合发布系统”荣获 2014 年中国地理信息科技进步三等奖

2. 市国土局研究设计的“北京市国土资源局统计决策系统”，荣获十二届统计科研优秀成果评比优秀信息技术应用成果二等奖

3. 市国土局主编并出版的《北京市国土资源年鉴 2013》荣获首届北京市年鉴综合质量评比专业年鉴类二等奖

4. 市国土局推荐申报的由中国地质大学（北京）等单位完成的“西南三江南段新生代金成矿系统”项目、“大洋多金属结核—结壳资源—环境属性及其开发应用基础研究”项目，分别获得 2014 年度国土资源科学技术奖一、二等奖；推荐申报的由北京市地质矿产勘查开发局等单位完成的“北京规划新城区工程地质勘查评价”项目，获得 2014 年度国土资源科学技术奖二等奖

5. 市国土局“北京市国土资源综合监管移动平台”荣获 2014 年度 ESRI 最佳应用奖

6. 市直机关四运会团体总分三等奖

7. 安全生产工作先进单位

8. 东城区交通安全先进单位

区（县）分局

▲东城分局

1. 北京市国土资源系统财务核算管理方面业绩突出单位

2. 第六届北京土地青年学术交流论文征集优秀组织奖

3. 东城区行政服务中心优秀信息窗口

▲西城分局

1. 《中心城区存量土地节约及利用》获区年度一把手调研成果二等奖

▲丰台分局

1. 2013 年度巾帼建功先进集体

2. 2013 年度北京市三八红旗集体

▲石景山分局

1. 首都文明单位标兵

2. 国土资源部授予石景山区地质灾害防治高标准“十有县”

▲通州分局

1. 首都文明单位标兵

▲门头沟分局

1. 五四红旗团支部

2. 门头沟区 2013 年度交通安全先进单位

3. 网站群信息保障优秀单位

▲延庆分局

1. 优秀市县双管单位

2. 北京市区县机关档案工作测评市级优秀单位

3. 交通安全工作先进单位

4. “法治延庆”建设先进单位

5. 在“征集延庆县建国后城乡变化摄影作品征集活动”中荣获纪念奖

6. 2013 年度应急管理考核优秀单位

▲怀柔分局

1. 国土系统资产管理、政府采购业绩突出单位

2. 被区政府评为“绩效突出部门”

3. 怀柔国土分局综合科、利用科、耕保科、权属登记中心、土地储备整理中心、第四国土所被怀柔区委、区政府评为“APEC 会议服务保障突出贡献单位”

4. 驻厅国土分局在怀柔区筹办亚太经合组织第二十二次领导人非正式会议期间被怀柔区委、区政府特授予突出贡献集体

5. 怀柔区“京华杯”足球比赛体育道德风尚奖

6. 怀柔区巾帼文明示范岗

直属事业单位

▲储备中心

1. 首都劳动奖状

2. 北京市 2014 年保障性安居工程及棚户区改造工作先进单位

▲规划中心

1. 第六届北京土地青年学术交流论文征集优秀组织奖

▲登记中心

1. 第二次全国土地调查先进集体

2. 全国地质资料信息报送工作优秀组织奖

机关处室

▲机关党委

1. 机关党委报送的《以职工之家为载体 深化服务型工会建设的探索与思考》调研报告，被市直机关工委、市机关党建研究会联合组织的2013年机关党建调研活动评为2013年度调研课题成果三等奖。

▲法制处

1. 北京市政府法制工作先进单位

▲信访处

1. 信访处组织怀柔分局、顺义分局报送的《浅析基层涉地信访案件特点、原因及对策》、《当前土地纠纷问题的成因及其对策》分别获得首都综治办组织的2014年首都综治工作重点调研成果评选三等奖和优秀奖

个人奖项

市国土局机关

1. 北京市2012—2013年度优秀外事专办员荣誉称号

   周岩

2. 2014年北京市科学技术普及工作先进个人

   王建华

3. 北京市政府法制工作先进个人

   杨波

4. 2014年度优秀交换员

   王坚

区（县）分局

▲东城分局

1. 东城区2014年安全生产先进个人

   朱生平

2. 2014年度窗口服务标兵

   张同心

3. 2014年度窗口优秀信息员

   仲丽媛

4. 2014 年度市国土资源系统财务管理业绩突出个人
   贺永洁

▲朝阳分局

1. 第二次全国土地调查先进工作者
   刘玖辉
2. 北京土地青年学术论文交流演讲比赛优秀奖
   康淑娟

▲丰台分局

1. 2013 年度丰台区巾帼建功先进个人
   郑奇蕊
2. 北京土地青年学术论文交流演讲比赛优秀奖
   王莉

▲通州分局

2. 通州区“五星”党员
   张键、马涛、魏倩、毛平平

▲延庆分局

1. 2014 世界葡萄大会先进个人
   段春凤、马冬月
2. 2014 年度社会矛盾排查化解先进工作者
   王金海

▲怀柔分局

1. 2014 年度市国土资源系统财务管理业绩突出个人
   王金玉

直属事业单位

1. 2014 年度全国地质资料信息报送工作先进个人奖
   陈祥志
2. 北京土地青年学术论文交流演讲比赛优秀奖
   晋璟瑶

2014 年北京市国土资源局调研课题目录

调查研究课题

市局机关处室（3 项）

1.《推进北京市农村集体经营性建设用地入市流转的探索与思考》（耕保处）

2.《落实最严格的土地资源和生态保护制度》（规划处）

3.《北京市土地要素市场化配置研究》（研究室）

直属事业单位

规划中心

1.《土地利用总体规划综合技术管理（2014 年度）》

2.《土地利用总体规划 2013 年度实施评价》

3.《 雁栖河流域地区生态用地划定及安全评价》

区县国土分局

东城分局

1.《加强土地宏观调控，保障城区经济发展》

2. 东城区工业用地情况调查及东城区国有建设用地二级市场专题调研工作

3. 东城区 2014 年度养老设施用地土地供应情况调查

西城分局

1.《西城区菜市场用地现状调查分析报告》

2.《西城区工矿仓储用地现状调查分析报告》

3.《西城区公交场站用地现状调查分析报告》

4.《西城区盘活存量用地研究报告》

5. 开展西城区棚改项目供地方式调研

6. 完成金融街区域土地资源调查

7. 总结分局改革十年调研工作情况

8.《西城区土地闲置项目调查分析报告》

朝阳分局

1.《朝阳区土地储备现状分析与战略》

2.《集体土地流转对土地储备的影响》

3.《朝阳区土地储备引入社会资本的研究》

4.《朝阳区土地储备投融资模式及资金利用效率》

5.《北京市商务中心区土地空间资源调控规划（2014—2020）》

海淀分局

1.《海淀区两规衔接相关问题及解决对策》

2.《海淀区基本农田及保护区土地利用情况报告》

3.《国土海淀分局 2014 年政府信息公开工作形势分析》

4.《2014 年行政败诉案件原因分析》

5.《海淀区 2014 年季度土地利用和管理形势分析报告》

6. 对 2006 年至 2013 年海淀区开展用地预审的项目进行梳理，重点调查 2011 年至 2013 年的项目，形成调研报告

7.《创新“三山五园”历史文化景区土地生态整治实施机制研究》

丰台分局

1. 开展城乡建设用地实施与潜力分析的重点专题研究

石景山分局

1.《石景山区土地资源分析研究报告》

2.《石景山区集体土地现状问题及解决建议》

3.《新型城镇化背景下的集体土地流转探索》

4.《新形势下石景山区土地集约高效利用保障机制研究》

5.《基于公共治理视角下的土地管理机制变革探索》

通州分局

1.《关于加强新形势下机关党员干部思想教育工作的探索与思考》2.《实现征地多元化补偿安置的政策建议——以北京市通州区为例》

3.《提高通州区国土资源执法监察效能的探讨》

门头沟分局

1.《督察督办对提高执行力的研究与思考》

2.《行政事业单位内部控制存在问题及对策》

3.《北京市国土资源局门头沟分局门户网站建设情况调研》

4.《宅基地地籍调查问题研究与对策分析》

5.《门头沟区集体土地流转方式的分析与探讨》

6.《门头沟区建设用地盘活利用调查报告》

7.《治理地质环境，促进生态文明》

8. 《关于门头沟分局机关党建工作调研报告》
9. 《关于加强纪检监察廉政文化建设的思考》
10. 《关于对制而不止违法用地如何履职尽责的调研报告》
11. 《关于门头沟区预留产业用地政策的探索》
12. 《关于如何在永定镇地区开展打击私挖盗采工作的调研报告》
13. 《关于国土资源管理所信访举报分类处理的调研报告》
13. 《以精细化管理促国土所跨越发展》
15. 《有关违法违规用地遏制难的调研》

平谷分局

1. 《浅谈地籍管理信息化建设》
2. 《浅谈改革和完善宅基地制度》
3. 《如何完善政府信息依申请公开工作》
4. 《浅谈农村集体经营性建设用地入市》
5. 《浅谈农村集体经营性建设用地管理》
6. 《深化土地改革制度，促进城乡统筹发展》
7. 《宅基地现状及新增宅基地与土地利用总体规划契合分析》

华清农业开发有限公司简介

公司背景

华清农业开发有限公司（以下简称“华清农业”或“公司”）成立于2010年11月，注册资本2亿元人民币。公司由清华大学牵头发起成立，以清华大学盐碱地区生态修复与固碳研究中心为依托，以“清华大学利用燃煤烟气脱硫废弃物改良盐碱地”国家发明专利为基础，整合技术、资金和相关资源，打造集盐碱地整治规划、改良实施和改良后土地综合利用于一体的专业化、规模化平台。

技术体系

公司与清华大学共建北京市盐碱及荒漠化地区生态修复与固碳工程技术研究中心，拥有稳定的研发队伍及先进的检测设备。目前，公司已经拥有包括核心专利在内的12项授权发明专利，为公司更好的开展主营业务提供技术储备。

主营业务

公司主营业务是为国土资源管理等政府部门、大型企事业单位和行业客户提供与盐碱改良相关的土地规划设计、实施方案编制、技术咨询；盐碱地改良综合工艺流程的具体实施、技术指导以及改良后土地的综合利用解决方案等服务。

业务成果

公司与多省市国土资源等相关部门合作开展占补平衡项目，为其提供土地整理项目中盐碱地治理综合解决方案的设计、实施指导等服务。项目的实施有效改善当地生态环境、增加农民收入等，得到相关部门的极大肯定和认可。

公司与多个省（自治区）和市、县政府签署了盐碱地生态修复的战略协议并积极开展项目合作。截至2014年底，华清农业已经在内蒙古、吉林、河北等地区建立盐碱地改良示范基地，合计面积近6万亩。

公司地址：北京市海淀区中关村东路1号院创新大厦B座1201室
联系电话：010-62798166　微信公众号：huaqingnongye（华清农业全拼）
联系人：徐老师13301285090　公司网址：www.hqnychina.com

公司简介

北京顺鑫绿洲锦绣园林工程有限公司（原北京绿洲锦绣园林工程有限公司），是北京顺鑫控股集团控股子公司，集园林景观工程施工与养护、高尔夫运动场设计与建造、生态修复于一体的“国家城市园林绿化壹级企业”和北京市中关村高新技术企业，并通过质量管理体系、环境管理体系和职业健康安全管理体系认证。

公司自组建以来先后承建了中南海、中直机关老干部局、新加坡使馆、昆明世博园、富力、万达、首创等地产项目、国家西气东输沿线场站植被恢复和绿化景观工程、中国神华集团生态修复项目、北京市2012-2015年平原造林工程等，各类住宅小区、庭院景观、公路景观等绿化工程。近年北京市海淀区园林绿化局屋顶花园工程获评“2011年度北京屋顶花园优质工程”海淀区图景嘉园T02地块园林景观工程获评“北京市2013年度优质工程”等。2015年被北京市园林绿化行业协会评为“AAAA”诚信企业。

公司在二十多年的打拼中，始终坚持以科技为先导，以人才为依托，以市场为导向，以诚信服务为宗旨，以发展创新为目标。并在园林绿化施工、生态治理、草坪与地被植物的培育等科研与生产中积累了丰厚的经验，努力为国家的生态建设和美化人居环境作出积极的贡献。

1

2

3

4

1 海淀区图景嘉园T02地块园林景观工程

•工程类型：住宅绿化　•工期：2012.04.25–2012.08.23　•项目地点：海淀区西北旺镇土井村东北侧　•面积：35623.62平米

2 中关村森林公园二期建设工程

•工程类型：郊野公园　•工期：2013.04.10–2013.09.30　•项目地点：海淀区唐家岭菜地西半部地块　•面积：16.9万平米

3 红桥市场屋顶改造工程

•工程类型：屋顶绿化　•工期：2012.04.15–2012.04.23　•项目地点：红桥市场

4 云南昆明至石林高速公路生态恢复项目

•工程类型：边坡生态恢复　•项目地点：云南省昆明市　•面积：40万平米

公司地址：北京市顺义区澜西园三区37号楼7层　邮编：101300　联系人：杨宏新
电话：010-62891228　传真：010-62894673　网址：http://www.oasview.com　邮箱：beijinglvzhou@126.com